21世纪特殊教育创新教材

主编单位
华东师范大学学前与特殊教育学院
南京特殊教育师范学院
华中师范大学教育科学学院
陕西师范大学教育学院
总主编：方俊明
副主编：杜晓新　雷江华　周念丽

学术委员会
主　任：方俊明
副主任：杨广学　孟万金
委　员：方俊明　杨广学　孟万金　邓　猛　杜晓新　赵　微
　　　　刘春玲

编辑委员会
主　任：方俊明
副主任：丁　勇　汪海萍　邓　猛　赵　微
委　员：方俊明　张　婷　赵汤琪　雷江华　邓　猛　朱宗顺
　　　　杜晓新　任颂羔　蒋建荣　胡世红　贺荟中　刘春玲
　　　　赵　微　周念丽　李闻戈　苏雪云　张　旭　李　芳
　　　　李　丹　孙　霞　杨广学　王　辉　王和平

21 世纪特殊教育创新教材·理论与基础系列

主编：杜晓新　　　　　审稿人：杨广学　孟万金

- 特殊教育的哲学基础（华东师范大学：方俊明）
- 特殊教育的医学基础（南京特殊教育师范学院：张婷、赵汤琪）
- 融合教育导论（华中师范大学：雷江华）
- 特殊教育学（雷江华、方俊明）
- 特殊儿童心理学（方俊明、雷江华）
- 特殊教育史（浙江师范大学：朱宗顺）
- 特殊教育研究方法（华东师范大学：杜晓新、宋永宁）
- 特殊教育发展模式（纽约市教育局：任颂羔）

21 世纪特殊教育创新教材· 发展与教育系列

主编：雷江华　　　　　审稿人：邓　猛　刘春玲

- 视觉障碍儿童的发展与教育（华中师范大学：邓猛）
- 听觉障碍儿童的发展与教育（华东师范大学：贺荟中）
- 智力障碍儿童的发展与教育（华东师范大学：刘春玲）
- 学习困难儿童的发展与教育（陕西师范大学：赵微）
- 自闭症谱系障碍儿童的发展与教育（华东师范大学：周念丽）
- 情绪与行为障碍儿童的发展与教育（华南师范大学：李闻戈）
- 超常儿童的发展与教育（华东师范大学：苏雪云；北京联合大学：张旭）

21 世纪特殊教育创新教材·康复与训练系列

主编：周念丽　　　　　审稿人：方俊明　赵　微

- 特殊儿童应用行为分析（天津体育学院：李芳；武汉麟洁健康咨询中心：李丹）
- 特殊儿童的游戏治疗（华东师范大学：周念丽）
- 特殊儿童的美术治疗（南京特殊教育师范学院：孙霞）
- 特殊儿童的音乐治疗（南京特殊教育师范学院：胡世红）
- 特殊儿童的心理治疗（华东师范大学：杨广学）
- 特殊教育的辅具与康复（南京特殊教育师范学院：蒋建荣、王辉）
- 特殊儿童的感觉统合训练（华东师范大学：王和平）

21世纪特殊教育创新教材·康复与训练系列

特殊儿童的感觉统合训练
（第二版）

王和平 著

图书在版编目(CIP)数据

特殊儿童的感觉统合训练/王和平著. —2版. —北京：北京大学出版社，2019.9
21世纪特殊教育创新教材. 康复与训练系列
ISBN 978-7-301-30508-9

Ⅰ.①特… Ⅱ.①王… Ⅲ.①感觉统合失调-训练-儿童教育-特殊教育-教材 Ⅳ.①G768

中国版本图书馆CIP数据核字（2019）第091500号

书　　名	特殊儿童的感觉统合训练（第二版） TESHU ERTONG DE GANJUE TONGHE XUNLIAN (DI-ER BAN)
著作责任者	王和平　著
丛书策划	周雁翎
丛书主持	李淑方
责任编辑	李淑方
标准书号	ISBN 978-7-301-30508-9
出版发行	北京大学出版社
地　　址	北京市海淀区成府路205号　100871
网　　址	http://www.pup.cn　新浪微博:@北京大学出版社
微信公众号	通识书苑（微信号：sartspku）　科学元典（微信号：kexueyuandian）
电子邮箱	编辑部 jyzx@pup.cn　总编室 zpup@pup.cn
电　　话	邮购部 010-62752015　发行部 010-62750672　编辑部 010-62767857
印刷者	大厂回族自治县彩虹印刷有限公司
经销者	新华书店 787毫米×1092毫米　16开本　20印张　500千字 2011年6月第1版 2019年9月第2版　2024年12月第9次印刷
定　　价	65.00元

未经许可，不得以任何方式复制或抄袭本书之部分或全部内容。
版权所有，侵权必究
举报电话：010-62752024　电子邮箱：fd@pup.cn
图书如有印装质量问题，请与出版部联系，电话：010-62756370

顾明远序

去年国家颁布的《国家中长期教育改革和发展规划纲要(2010—2020年)》专门辟一章特殊教育,提出:"全社会要关心支持特殊教育"。这里的特殊教育主要是指"促进残疾人全面发展、帮助残疾人更好地融入社会"的教育。当然,广义的特殊教育还包括超常儿童与问题儿童的教育。但毕竟残疾人更需要受到全社会的关爱和关注。

发展特殊教育(这里专指残疾人教育),首先要对特殊教育有一个认识。所谓特殊教育的特殊,是指这部分受教育者在生理上或者心理上有某种缺陷,阻碍着他的发展。特殊教育就是要帮助他排除阻碍他发展的障碍,使他得到与普通人一样的发展。残疾人并非所有智能都丧失,只是丧失一部分器官的功能。通过教育我们可以帮助他弥补缺陷,或者使他的损伤的器官功能得到部分的恢复,或者培养其他器官的功能来弥补某种器官功能的不足。因此,特殊教育的目的与普通教育的目的是一样的,就是要促进儿童身心健康的发展,只是他们需要更多的爱护和帮助。

至于超常儿童教育则又是另一种特殊教育。超常儿童更应该在普通教育中发现和培养,不能简单地过早地确定哪个儿童是超常的。不能完全相信智力测验。这方面我没有什么经验,只是想说,现在许多家长都认为自己的孩子是天才,从小就超常地培养,结果弄巧成拙,拔苗助长,反而害了孩子。

在特殊教育中倒是要重视自闭症儿童。我国特殊教育更多的是关注伤残儿童,对于自闭症儿童认识不足、关心不够。其实他们非常需要采取特殊的方法来矫正自闭症,否则他们长大以后很难融入社会。自闭症不是完全可以治愈的。但早期的鉴别和干预对他们日后的发展很有帮助。国外很关注这些儿童,也有许多经验,值得我们借鉴。

我在改革开放以后就特别感到特殊教育的重要。早在1979年我担任北京师范大学教育系主任时就筹办了我国第一个特殊教育专业，举办了第一次特殊教育国际会议。但是我个人的专业不是特殊教育，因此只能说是一位门外的倡导者，却不是专家，说不出什么道理来。

方俊明教授是改革开放后早期的心理学家，后来专门从事特殊教育二十多年，对特殊教育有深入的研究。在我国大力提倡发展特殊教育之今天，组织五十多位专家编纂这套"21世纪特殊教育创新教材"丛书，真是恰逢其时，是灌浇特殊教育的及时雨，值得高兴。方俊明教授要我为丛书写几句话，是为序。

中国教育学会理事长

北京师范大学副校长

2011年4月5日于北京求是书屋

沈晓明序

由于专业背景的关系，我长期以来对特殊教育高度关注。在担任上海市教委主任和分管教育卫生的副市长后，我积极倡导"医教结合"，希望通过多学科、多部门精诚合作，全面提升特殊教育的教育教学水平与康复水平。在各方的共同努力下，上海的特殊教育在近年来取得了长足的发展。特殊教育的办学条件不断优化，特殊教育对象的分层不断细化，特殊教育的覆盖面不断扩大，有特殊需要儿童的入学率达到上海历史上的最高水平，特殊教育发展的各项指标均位于全国特殊教育前列。本市中长期教育改革和发展规划纲要，更是把特殊教育列为一项重点任务，提出要让有特殊需要的学生在理解和关爱中成长。

上海特殊教育的成绩来自于各界人士的关心支持，更来自于教育界的辛勤付出。"21世纪特殊教育创新教材"便是华东师范大学领衔，联合四所大学，共同献给中国特殊教育界的一份丰厚的精神礼物。该丛书全篇近600万字，凝聚中国特殊教育界老中青50多名专家三年多的心血，体现出作者们潜心研究、通力合作的精神与建设和谐社会的责任感。丛书22本从理论与基础、发展与教育、康复与训练三个系列，全方位、多层次地展现了信息化时代特殊教育发展的理念、基本原理和操作方法。本套丛书选题新颖、结构严谨，拓展了特殊教育的研究范畴，从多学科的角度更新特殊教育的研究范式，让人读后受益良多。

发展特殊教育事业是党和政府坚持以人为本、弘扬人道主义精神和保障人权的重要举措，是促进残障人士全面发展和实现"平等、参与、共享"目标的有效途径。《国家中长期教育改革和发展规划纲要（2010—2020年）》明确提出,要关心和支持特殊教育,要完善特殊教育体系,要健全特殊教育保障机制。我相信,随着我国经济的发展,教育投入的增加,我国特殊教育的专业队伍会越来越壮大,科研水平会不断地提高,特殊教育的明天将更加灿烂。

沈晓明

上海交通大学医学院教授、博士生导师

世界卫生组织新生儿保健合作中心主任

上海市副市长

2011年3月

丛书总序

特殊教育是面向残疾人和其他有特殊教育需要人群的教育,是国民教育体系的重要组成部分。特殊教育的发展,关系到实现教育公平和保障残疾人受教育的权利。改革和发展我国的特殊教育是全面建设小康社会、促进社会稳定与和谐的一项急迫任务,需要全社会的关心与支持,并不断提升学科水平。

半个多世纪以来,由于教育民主思想的渗透以及国际社会的关注,特殊教育已成为世界上发展最快的教育领域之一,它在一定程度上也综合反映出一个国家或地区的政治、经济、文化和国民素质的综合水平,成为衡量社会文明进步程度的重要标志。改革开放30多年以来,在党和政府的关心下,我国的特殊教育也得到了前所未有的大发展,进入了我国历史上最好的发展时期。在"医教结合"基础上发展起来的早期教育、随班就读和融合教育正在推广和深化,特殊职业教育和高等教育也有较快的发展,这些都标志着我国特殊教育的发展进入了一个全球化、信息化的时代。

但是,作为一个发展中国家,由于起点低、人口多、各地区发展不均衡,我国特殊教育的整体发展水平与世界上特殊教育比较发达的国家和地区相比,还有一定的差距,存在一些亟待解决的主要问题。例如:如何从狭义的仅以视力、听力和智力障碍等残疾儿童为主要服务对象的特殊教育逐步转向包括各种行为问题儿童和超常儿童在内的广义的特殊教育;如何通过强有力的特教专项立法来保障特殊儿童接受义务教育的权利,进一步明确各级政府、儿童家长和教育机构的责任,使经费投入、鉴定评估等得到专项法律法规的约束;如何加强对"随班就读"的支持,使融合教育的理念能被普通教育接受并得到充分体现;如何加强对特教师资和相关的专业人员的培养和训练;如何通过跨学科的合作加强相关的基础研究和应用研究,较快地改变目前研究力量薄弱、学科发展和专业人员整体发展水平偏低的状况。

为了迎接当代特殊教育发展的挑战和尽快缩短与发达国家的差距,三年前,我们在北京大学出版社出版意向的鼓舞下,成立了"21世纪特殊教育创新教材"的丛书编辑委员会和学术委员会,集中了国内特殊教育界具有一定教学、科研能力的高级职称或具有本专业博士学位的专业人员50多人共同编写了这套丛书,以期联系我国实际,全面地介绍和深入地探讨当代特殊教育的发展理念、基本原理和操作方法。丛书分为三个系列,共22本,其中有个人完成的专著,还有多人完成的编著,共约600万字。

理论与基础系列

本系列着重探讨特殊教育的理论与基础。讨论特殊教育的存在和思维的关系,特殊教育的学科性质和任务,特殊教育学与医学、心理学、教育学、教学论等相邻学科的密切关系,力求反映出现代思维方法、相邻学科的发展水平以及融合教育的思想对现代特教发展的影响。本系列特别注重从历史、现实和研究方法的演变等不同角度来探讨当代特殊教育的特点和发展趋势。本系列由以下8种组成：

《特殊教育的哲学基础》《特殊教育的医学基础》《融合教育导论》《特殊教育学》《特殊儿童心理学》《特殊教育史》《特殊教育研究方法》《特殊教育发展模式》。

发展与教育系列

本系列从广义上的特殊教育对象出发，密切联系日常学前教育、学校教育、家庭教育、职业教育和高等教育的实际，对不同类型特殊儿童的发展与教育问题进行了分册论述。着重阐述不同类型儿童的概念、人口比率、身心特征、鉴定评估、课程设置、教育与教学方法等方面的问题。本系列由以下7种组成：

《视觉障碍儿童的发展与教育》《听觉障碍儿童的发展与教育》《智力障碍儿童的发展与教育》《学习困难儿童的发展与教育》《自闭症谱系障碍儿童的发展与教育》《情绪与行为障碍儿童的发展与教育》《超常儿童的发展与教育》。

康复与训练系列

本系列旨在体现"医教结合"的原则，结合中外的各类特殊儿童，尤其是有比较严重的身心发展障碍儿童的治疗、康复和训练的实际案例，系统地介绍了当代对特殊教育中早期鉴别、干预、康复、咨询、治疗、训练教育的原理和方法。本系列偏重于实际操作和应用，由以下7种组成：

《特殊儿童应用行为分析》《特殊儿童的游戏治疗》《特殊儿童的美术治疗》《特殊儿童的音乐治疗》《特殊儿童的心理治疗》《特殊教育的辅具与康复》《特殊儿童的感觉统合训练》。

"21世纪特殊教育创新教材"是目前国内学术界有关特殊教育问题覆盖面最广、内容较丰富、整体功能较强的一套专业丛书。在特殊教育的理论和实践方面，本套丛书比较全面和深刻地反映出了近几十年来特殊教育和相关学科的成果。一方面大量参考了国外和港台地区有关当代特殊教育发展的研究资料；另一方面总结了我国近几十年来，尤其是建立了特殊教育专业硕士、博士点之后的一些交叉学科的实证研究成果，涉及5000多种中英文的参考文献。本套丛书力求贯彻理论和实际相结合的精神，在反映国际上有关特殊教育的前沿研究的同时，也密切结合了我国社会文化的历史和现实，将特殊教育的基本理论、基础理论、儿童发展和实际的教育、教学、咨询、干预、治疗和康复等融为一体，为建立一个具有前瞻性、符合科学发展观，具有中国历史文化特色的特殊教育的学科体系奠定基础。本套丛书在全面介绍和深入探讨当代特殊教育的原理和方法的同时，力求阐明如下几个主要学术观点：

1. 人是生物遗传和"文化遗传"两者结合的产物。生物遗传只是使人变成了生命活体和奠定了形成自我意识的生物基础；"文化遗传"才可能使人真正成为社会的人、高尚的人、成为"万物之灵"，而教育便是实现"文化遗传"的必由之路。特殊教育作为一个联系社会学科和自然学科、理论学科和应用学科的"桥梁学科"，应该集中地反映教育在人的种系发展和个体发展中所发挥的巨大作用。

2. 当代特殊教育的发展是全球化、信息化教育观念的体现，它有力地展现了人类社会发展过程中物质文明与精神文明之间发展的同步性。马克思主义很早就提出了两种生产力的概念，即生活物资的生产和人自身的繁衍。伴随生产力的提高和社会的发展，人类应该有更多的精力和能力来关注自身的繁衍和一系列发展问题，这些问题一方面是通过基因工程来防治和减少疾病,实行科学的优生优育,另一方面是通过优化家庭教育、学校教育和社会教育的环境,来最大限度地增加教育在发挥个体潜能和维护社会安定团结与文明进步等方面的整体功能。

3. 人类由于科学技术的发展、生产能力的提高,已经开始逐步地摆脱了对单纯性、缓慢性的生物进化的依赖,摆脱了因生活必需的物质产品的匮乏和人口繁衍的无度性所造成"弱肉强食"型的生存竞争。人类应该开始积极主动地在物质实体、生命活体、社会成员的大系统中调整自己的位置,更加注重作为一个平等的社会成员在促进人类的科学、民主和进步过程中所应该承担的责任和义务。

4. 特殊教育的发展,尤其是融合教育思想的形成和传播,对整个教育理念、价值观念、教育内容、学习方法和教师教育等问题,提出了全面的挑战。迎接这一挑战的方法只能是充分体现时代精神,在科学发展观的指导下开展深度的教育改革。当代特殊教育的重心不再是消极地过分地局限于单纯的对生理缺陷的补偿,而是在一定补偿的基础上,积极地努力发展有特殊需要儿童的潜能。无论是特殊教育还是普通教育都应该强调培养受教育者积极乐观的人生态度和做人的责任,使其为促进人类社会的进步最大限度地发挥自身的潜能。

5. 当代特殊教育的发展,对未来的教师和教育管理者、相关的专业人员的学识、能力和人格提出了更高的要求。未来的教师和教育管理者、相关的专业人员不仅要做到在教学相长中不断地更新自己的知识,还要具备从事普通教育和特殊教育的能力,具备新时代的人格魅力,从勤奋、好学、与人为善和热爱学生的行为中,自然地展示出对人类未来的美好憧憬和追求。

6. 从历史上来看,东西方之间思维方式和文化底蕴方面的差异,导致对残疾人的态度和特殊教育的理念是大不相同的。西方文化更注重逻辑、理性和实证,从对特殊人群的漠视、抛弃到专项立法和依法治教,从提倡融合教育到专业人才的培养,从支持系统的建立到相关学科的研究,思路是清晰的,但执行是缺乏弹性的,综合效果也不十分理想,过度地依赖法律底线甚至给某些缺乏自制力和公益心的人提供了法律庇护下的利己方便。东方哲学特别重视人的内心感受、人与自然和人与人之间的协调,以及社会的平衡与稳定,但由于封建社会落后的生产力水平和封建专制,特殊教育长期停留在"同情""施舍""恩赐""点缀""粉饰太平"的水平,缺乏强有力的稳定的实际支持系统。因此,如何通过中西合璧,结合本国的实际来发展我国的特殊教育,是一个需要深入研究的问题。

7. 当代特殊教育的发展是高科技和远古人文精神的有机结合。与普通教育相比,特殊教育只有200多年的历史,但近半个世纪以来,世界特殊教育发展的广度和深度都令人吃惊。教育理念不断更新,从"关心"到"权益",从"隔离"到"融合",从"障碍补偿"到"潜能开发",从"早期干预""个别化教育"到终身教育及计算机网络教学的推广,等等,这些都充分地体现了对人本身的尊重、对个体差异的认同、对多元文化的欣赏。

本套丛书力求帮助特殊教育工作者和广大特殊儿童的家长:① 进一步认识特殊教育的本质,勇于承担自己应该承担的责任,完成特殊教育从慈善关爱型向义务权益型转化;② 进一步明确特殊教育和普通教育的目标,促进整个国民教育从精英教育向公民教育转化;③ 进一步尊重差异,发展个性,促进特殊教育从隔离教育向融合教育转型;④ 逐步实现特殊教育的专项立法,进一步促进特殊教育从号召型向依法治教的模式转变;⑤ 加强专业人员的培养,进一步促进特殊教育从低水平向高质量的转变;⑥ 加强科学研究,进一步促进特殊教育学科水平的提高。

我们希望本套丛书的出版能对落实我国中长期的教育发展规划起到积极的作用,增加人们对当代特殊教育发展状况的了解,使人们能清醒地认识到我国特殊教育发展所取得的成就、存在的差距、解决的途径和努力的方向,促进中国特殊教育的学科建设和人才培养。在教育价值上进一步体现对人的尊重、对自然的尊重;在教育目标上立足于公民教育;在教育模式上体现出对多元文化和个体差异的认同;在教育方法上本着实事求是的精神实行因材施教,充分地发挥受教育者的潜能,发展受教育者的才智与个性;在教育功能上进一步体现我国社会制度本身的优越性,促进人类的科学与民主、文明与进步。

在本套丛书编写的三年时间里,四个主编单位分别在上海、南京、武汉组织了三次有关特殊教育发展的国际论坛,使我们有机会了解世界特殊教育最新的学科发展状况。在北京大学出版社和主编单位的资助下,丛书编委会分别于 2008 年 2 月和 2009 年 3 月在南京和上海召开了两次编写工作会议,集体讨论了丛书编写的意图和大纲。为了保证丛书的质量,上海市特殊教育资源中心和华东师范大学特殊教育研究所为本套丛书的编辑出版提供了帮助。

本套丛书的三个系列之间既有内在的联系,又有相对的独立性。不同系列的著作可作为特殊教育和相关专业的教材,也可供不同层次、不同专业水平和专业需要的教育工作者以及关心特殊儿童的家长等读者阅读和参考。尽管到目前为止,"21 世纪特殊教育创新教材"可能是国内学术界有关特殊教育问题研究的内容丰富、整体功能强、在特殊教育的理论和实践方面覆盖面最广的一套丛书,但由于学科发展起点较低,编写时间仓促,作者水平有限,不尽如人意之处甚多,寄望更年轻的学者能有机会在本套丛书今后的修订中对之逐步改进和完善。

本套丛书从策划到正式出版,始终得到北京大学出版社教育出版中心主任周雁翎和责任编辑李淑方、华东师范大学学前教育学院党委书记兼上海市特殊教育资源中心主任汪海萍、南京特殊教育师范学院院长丁勇、华中师范大学教育科学学院院长邓猛、陕西师范大学教育科学学院副院长赵微等主编单位领导和参加编写的全体同人的关心和支持,在此由衷地表示感谢。

最后,特别感谢丛书付印之前,中国教育学会理事长、北京师范大学副校长顾明远教授和上海市副市长、上海交通大学医学院教授沈晓明在百忙中为丛书写序,对如何突出残疾人的教育,如何进行"医教结合",如何贯彻《国家中长期教育改革和发展规划纲要(2010—2020 年)》等问题提出了指导性的意见,给我们极大的鼓励和鞭策。

"21 世纪特殊教育创新教材"

编写委员会

(方俊明执笔)

2011 年 3 月 12 日

第二版说明

《特殊儿童的感觉统合训练》于2017年秋启动第一次修订,历时一年多。修订工作主要是改、删、增。

改。本次修订未调整原版的基本框架,保留原有的章节,修改部分正文的一二级标题。改的重点是语句表述,纠正少数错误或表述不当之处,理顺不少表述不规范语句,表述力求简练。语言文字修改涉及每个页面,表明第一版给读者造成不少麻烦,在此为自己能力不足向广大读者致歉。

删。与改结合,删除节内重复内容,力求简洁;删改不同章节相似内容,主要是第6章、第7章相同训练设备的功能解释,避免重复,力求与本节训练相适应。删除第2章、第4章中少量较难的生理医学知识。删除第6章、第7章中少数危险训练项目或难以实施的项目。删除第8章中设计落后的训练设备或使用较少的设备。

增。本次修订纯属增加的内容较少,第2章增加了少量生理学方面的知识,第5章增加了训练目标类型,第8章增加了新训练设备并在第6章的训练项目有所体现。增改删结合,以增为主是本次修订的主要特点,集中在第5章、第6章。特别是第6章第1节、第3节的"训练基本对策"变动较大,重新撰写,总结笔者近年来的教学研究和临床实践,内容更加充实,更具操作性。

本次修订吸收不少读者的建议,特别是责任编辑李淑方女士反馈的信息,本人对他们的无私奉献鞠躬致谢!修订中,研究生李金花、王颖、姚瑞、李雅蓉、胡思思、谭黎明、孟庆燕做了大量辅助工作,一并致谢!

受能力、心力不足所困,想改而改不到位之处甚多,错漏之处肯定还有,还会困扰读者,非常抱歉!

王和平

2018年12月21日

前　言

20世纪70年代初,美国南加州大学儿童心理学家艾尔丝博士(Dr. Jean Aryes)将个体的中枢神经系统的发展与心理发展相结合,提出感觉统合理论。她认为个体完成的各种活动是将各种感觉信息组合起来,经过大脑的整合作用,完成对身体内外知觉,并做出反应。个体只有经过感觉统合,神经系统的不同部分才能协调整体工作,个体与环境互动才能和谐。在创建理论的同时,她身体力行地开展应用技术的探索,开办训练机构,研究和总结训练技术,研发评估工具和训练器械。可以毫不夸张地评价:她全面、系统地构建了感觉统合训练的理论和实践。

在随后的十多年间,感觉统合训练的理论与实践在许多国家传播,成为干预儿童发展问题的重要手段之一。与此同时,感觉统合训练的受益对象也在不断拓展,现已被广泛应用于多种类型特殊儿童的康复训练以及普通儿童的教育活动中,感觉统合训练呈现出非常明显的教育化倾向。

我国于20世纪末引入感觉统合训练。十多年间,相关研究人员和实践工作者在理论研究、技术推广和创新等方面做了大量的工作。感觉统合训练已成为我国儿童发展问题干预的基本手段之一,影响力在进一步扩大。我国各大城市的一些医疗机构、许多特殊教育学校和幼儿教育机构开展了针对多类儿童的感觉统合训练,不少民营儿童训练机构开展了该领域的服务项目。

近十年是我国特殊教育快速发展的时期,社会对特殊儿童发展非常关注,特殊儿童及其家长对康复训练的需求也在不断增加,感觉统合训练等康复训练工作受到广泛重视。不少特殊教育学校和儿童训练机构已建立了专门的感觉统合训练室,配备了相应的训练设备,开展了日常训练工作。但是,我国特殊儿童感觉统合训练工作面临的最大问题是专业训练人员严重缺乏,从业人员的理论知识和实务技能亟待提高。所以,撰写可供相关人员学习和培训的专业书籍就显得既重要又紧迫。

撰写本书秉承两个基本原则。其一,理论与实践相结合,但突出实践应用,体现该领域的学科性质。本书共九章,前四章以相关理论知识介绍为主,较为全面地介绍感觉统合理论、有关的生理学和心理学知识,以及儿童感觉统合失调的表现、评估、成因及预防等。后五章主要介绍感觉统合训练的实务技术,内容以学科本位的逻辑结构为基础,并充分考虑特殊儿童伴随的各种障碍。其二,分析、总结并提炼训练技术要素。近年来,在我国相关图书和影像资料有数十种之多,互联网相关信息更是丰富多彩,其共同特点是以介绍具体训练项目及操作技术为主,对操作技术基本要素的分析总结相对缺乏,不利于专业人员的自主创新以及根据训练情境随机应变。实践中,儿童某一问题的干预有多种途径,不同儿童同类问题的干预有较大的差异,训练人员如何更新训练内容和技术,如何根据儿童的差异对训练方案进行调整往往不在于训练者掌握多少个具体训练项目,而在于对基本训练要素的把握。为此,在撰写本书期间,笔者投入相当多的精力提炼感觉统合训练实务中的技术要素,期望提高相关人员的创新能力和实践应变能力。

本书图文并茂,文字表述力求简洁易懂,并穿插了部分案例分析,可作为高等特殊教育专业本专科和研究生的专业教材,以及特殊教育教师、幼儿园教师和相关医疗工作者的岗位技能培训的辅助教材,也可为有相关背景知识的儿童家长和相关人员自学之用。

本书呈现的内容以笔者的多年教学和实践积累为基础,并参考了相关人员的有关著作或研究报告,在此向相关人员表示感谢!虽然笔者多年从事特殊儿童康复训练的教学和实践工作,但个人的成长离不开前辈们在专业领域所做的铺垫,在此对相关专业领域的前辈及同行表示感谢。书中所附案例源于笔者的临床咨询和实践,在此向相关儿童及其家长表示感谢。个别未尽之处尚恳请同仁谅解!

本书撰写过程中得到了方俊明教授、周念丽教授的信任、鼓励和大力支持,北京大学出版社的周雁翎主任、副编审李淑方女士为本书的撰写和出版付出很大的心血,华东师范大学特殊教育学系研究生邱洁、孙亚男、徐芳、韩文娟、王彦堃和杨晓君在本书文字、图表编辑以及训练方案设计上做了大量具体而细致的工作,在此一并感谢!书中不当之处期望读者、专家和同行赐教!

王和平

华东师范大学特殊教育学系

2011 年 2 月 20 日

目 录

顾明远序 …………………………………………………………………………（1）
沈晓明序 …………………………………………………………………………（1）
丛书总序 …………………………………………………………………………（1）
第二版说明 ………………………………………………………………………（1）
前　言 ……………………………………………………………………………（1）

第1章　绪论 ……………………………………………………………………（1）

第1节　感觉统合能力与儿童发展 …………………………………………（1）
一、感觉统合理论 …………………………………………………………（1）
二、儿童感觉统合能力的发展 ……………………………………………（6）
三、感觉统合能力对儿童发展的影响 ……………………………………（7）
四、感觉统合失调 …………………………………………………………（9）

第2节　特殊儿童感觉统合训练 ……………………………………………（10）
一、有关概念 ………………………………………………………………（11）
二、感觉统合训练的基本问题 ……………………………………………（11）
三、感觉统合训练的学科研究 ……………………………………………（14）
四、学科定位 ………………………………………………………………（16）
五、相关学科 ………………………………………………………………（17）

第3节　感觉统合训练发展简介 ……………………………………………（17）
一、创立与传播 ……………………………………………………………（17）
二、现状及问题 ……………………………………………………………（19）

第2章　感觉统合训练生理心理基础 …………………………………………（21）

第1节　触觉训练的生理心理基础 …………………………………………（21）
一、概述 ……………………………………………………………………（21）
二、触觉对儿童发展的影响 ………………………………………………（23）

第2节　前庭觉训练的生理心理基础 ………………………………………（25）
一、概述 ……………………………………………………………………（25）
二、前庭觉对儿童发展的影响 ……………………………………………（28）

第3节　本体感觉训练的生理心理基础 ……………………………………（29）
一、概述 ……………………………………………………………………（29）
二、本体感觉对儿童发展的影响 …………………………………………（31）

第4节　注意的生理心理基础 …………………………………………………（32）
  一、概述 …………………………………………………………………（32）
  二、注意的生理心理机制 …………………………………………………（36）
  三、注意的功能及其对儿童成长的影响 …………………………………（37）

第3章　儿童感觉统合失调的特征与评估 …………………………………（40）
第1节　儿童感觉统合失调的特征 …………………………………………（40）
  一、核心特征 ……………………………………………………………（40）
  二、其他表现 ……………………………………………………………（41）
第2节　儿童感觉统合失调的评估 …………………………………………（43）
  一、疑似因素分析及推断 ………………………………………………（43）
  二、专业工具评估 ………………………………………………………（44）
  三、生态观察 ……………………………………………………………（48）
  四、面谈 …………………………………………………………………（48）

第4章　感觉统合失调的成因 ………………………………………………（51）
第1节　生物学因素 …………………………………………………………（51）
  一、遗传因素 ……………………………………………………………（51）
  二、生理、生化及代谢因素 ……………………………………………（53）
  三、其他 …………………………………………………………………（54）
第2节　教育因素 ……………………………………………………………（57）
  一、家庭教育因素 ………………………………………………………（57）
  二、学校教育因素 ………………………………………………………（61）
第3节　自然环境因素 ………………………………………………………（64）
  一、工业化学品和药物 …………………………………………………（64）
  二、物理因素 ……………………………………………………………（65）
  三、生物因素 ……………………………………………………………（65）
第4节　社会环境因素 ………………………………………………………（65）
  一、家庭 …………………………………………………………………（66）
  二、社区 …………………………………………………………………（66）
  三、社会 …………………………………………………………………（67）

第5章　特殊儿童感觉统合训练实务要素 …………………………………（70）
第1节　训练的基本原则 ……………………………………………………（70）
  一、儿童中心原则 ………………………………………………………（70）
  二、针对性原则 …………………………………………………………（72）
  三、兴趣性原则 …………………………………………………………（73）
  四、快乐性原则 …………………………………………………………（74）
  五、积极支持原则 ………………………………………………………（74）
  六、主动性原则 …………………………………………………………（75）

七、渐进发展原则 …………………………………………………………………… (76)
　　八、成功原则 ……………………………………………………………………… (76)
第2节　总体训练方案 …………………………………………………………………… (77)
　　一、训练目标 ……………………………………………………………………… (77)
　　二、训练计划制订 ………………………………………………………………… (82)
　　三、训练活动方案设计 …………………………………………………………… (84)
第3节　训练资源 ………………………………………………………………………… (87)
　　一、人力资源 ……………………………………………………………………… (87)
　　二、物力资源 ……………………………………………………………………… (94)
　　三、政策及制度保障 ……………………………………………………………… (94)
第4节　训练的组织实施 ………………………………………………………………… (95)
　　一、训练准备 ……………………………………………………………………… (95)
　　二、训练组织形式 ………………………………………………………………… (97)
　　三、训练基本方法 ………………………………………………………………… (103)
　　四、技能获得 ……………………………………………………………………… (106)
　　五、训练难点及其应对 …………………………………………………………… (112)
　　六、训练实时评估 ………………………………………………………………… (115)
第5节　训练的其他相关问题及其应对 ………………………………………………… (116)
　　一、训练疲劳及其应对 …………………………………………………………… (116)
　　二、训练的安全防护 ……………………………………………………………… (120)
　　三、训练常见问题及注意事项 …………………………………………………… (124)

第6章　特殊儿童感觉统合训练实务技术 …………………………………………… (128)
第1节　触觉功能训练 …………………………………………………………………… (128)
　　一、训练的基本对策 ……………………………………………………………… (129)
　　二、训练项目及技术要领 ………………………………………………………… (136)
第2节　前庭功能训练 …………………………………………………………………… (151)
　　一、训练的基本对策 ……………………………………………………………… (151)
　　二、训练项目及技术要领 ………………………………………………………… (154)
第3节　本体感觉功能训练 ……………………………………………………………… (176)
　　一、训练的基本对策 ……………………………………………………………… (176)
　　二、训练项目及技术要领 ………………………………………………………… (184)
第4节　综合训练 ………………………………………………………………………… (193)
　　一、综合训练的基本对策 ………………………………………………………… (194)
　　二、训练项目举例及技术要领 …………………………………………………… (195)

第7章　各类特殊儿童的感觉统合训练 ……………………………………………… (206)
第1节　智障儿童的感觉统合训练 ……………………………………………………… (206)

一、智障儿童特点 …………………………………………………… (207)
　　二、训练基本对策 …………………………………………………… (208)
　　三、训练项目举例 …………………………………………………… (211)
　　四、相关辅助训练 …………………………………………………… (215)
　第 2 节　注意缺陷多动症儿童感觉统合训练 ……………………………… (216)
　　一、注意缺陷多动症儿童特点 ……………………………………… (217)
　　二、训练基本对策 …………………………………………………… (218)
　　三、训练项目举例 …………………………………………………… (221)
　　四、相关辅助训练 …………………………………………………… (224)
　第 3 节　学习障碍儿童感觉统合训练 ……………………………………… (225)
　　一、学习障碍儿童特点 ……………………………………………… (226)
　　二、训练基本对策 …………………………………………………… (227)
　　三、训练项目举例 …………………………………………………… (230)
　　四、相关辅助训练 …………………………………………………… (233)
　第 4 节　自闭症儿童感觉统合训练 ………………………………………… (234)
　　一、自闭症儿童的特点 ……………………………………………… (235)
　　二、训练基本对策 …………………………………………………… (236)
　　三、训练项目举例 …………………………………………………… (239)
　　四、相关辅助训练 …………………………………………………… (241)
　第 5 节　脑瘫儿童感觉统合训练 …………………………………………… (241)
　　一、脑瘫儿童特点 …………………………………………………… (242)
　　二、训练基本对策 …………………………………………………… (243)
　　三、训练项目举例 …………………………………………………… (246)
　　四、相关辅助训练 …………………………………………………… (249)

第 8 章　感觉统合训练室的建设及管理 …………………………………………… (251)
　第 1 节　感觉统合训练室的建设规划 ……………………………………… (251)
　　一、建设规划原则 …………………………………………………… (251)
　　二、训练室的选址 …………………………………………………… (252)
　　三、室内规划 ………………………………………………………… (254)
　第 2 节　感觉统合训练室的设备及使用 …………………………………… (256)
　　一、常规设备 ………………………………………………………… (256)
　　二、训练室常用辅助设备 …………………………………………… (270)
　　三、设备选购有关问题 ……………………………………………… (270)
　第 3 节　感觉统合训练室使用管理 ………………………………………… (271)
　　一、相关制度 ………………………………………………………… (271)
　　二、训练室常规管理工作 …………………………………………… (273)

第9章　从业人员的培养及职业素养 ……………………………………………………（275）
　第1节　从业人员理论知识教育 ………………………………………………（275）
　　一、理论知识教育的意义 …………………………………………………（275）
　　二、理论知识教育的课程设置 ……………………………………………（276）
　　三、理论知识教育的实施途径 ……………………………………………（277）
　　四、理论知识教育的考核 …………………………………………………（277）
　第2节　从业人员实务技能训练 ………………………………………………（277）
　　一、实务技能训练的意义 …………………………………………………（278）
　　二、实训前的相关准备 ……………………………………………………（278）
　　三、实训的主要领域 ………………………………………………………（278）
　　四、实训的组织与实施 ……………………………………………………（279）
　　五、实务技能的评定 ………………………………………………………（279）
　第3节　从业人员的职业素养 …………………………………………………（282）
　　一、职业道德 ………………………………………………………………（282）
　　二、职业能力 ………………………………………………………………（284）
　　三、个体身心素质 …………………………………………………………（285）
　　四、职业素养教育 …………………………………………………………（285）

附录 ……………………………………………………………………………………（288）

第1章 绪 论

1. 掌握感觉统合理论的相关概念以及感觉统合的神经心理机制。
2. 了解感觉统合能力对儿童发展的影响。
3. 熟悉开展特殊儿童感觉统合训练所涉及的基本问题。
4. 了解儿童感觉统合训练发展过程及其在我国的发展状况。

本章重点讲述感觉统合的有关概念、生理-心理机制,感觉统合能力发展要素、发展阶段以及对个体发展的影响,感觉统合失调的概念、表现及发生率,感觉统合训练的有关概念、训练工作开展涉及的基本问题、相关的科学研究等。简要介绍感觉统合训练的发展过程,以及我国感觉统合训练工作发展的现状和面临的问题。

第1节 感觉统合能力与儿童发展

在儿童期的最初六七年间,儿童的大脑是一部以处理感觉和运动信息为主的"机器"。他们都是直接由感觉来认识自己的身体以及自身以外的客体世界,特别是周边环境。他们通过温、痛觉获得关于冷暖、危险的信息,通过听觉学习分辨不同声音所代表的意义及如何讲话,通过视觉学习辨别物体大小、形状、颜色和明暗等,通过本体感觉和前庭觉学会运动方式和控制姿势,从而实现他们由反射性肢体活动到有意识精细运动的发展,逐步掌握自由行动、穿衣、吃饭、游戏、写字、读书以及与他人沟通交流的各种社会化技能。

人们感受世界、完成各种活动时往往不是凭借某个感觉系统或运动系统就可以完美实现,而是需要多个感觉系统在中枢的统一调控下进行,这就是"感觉统合"。它是个体生存与发展的基础能力之一,有着复杂的神经心理机制,对个体生活和学习的各个方面产生重要影响。

经过几十年的发展,感觉统合的理论和实践发展比较成熟,在世界各国的儿童教育及康复训练中得到广泛应用,相关理论研究和实践探索也在持续深入开展。

一、感觉统合理论

个体早在出生前就已经开始各种感觉功能的发展,出生后的新生儿具有相当的感觉能力,但他们还无法很好地组织这些感觉并形成对个体自身和客体的有意义认识。在儿童早期发育中,一方面是各种感觉功能不断发展和完善,另一方面是各种感觉系统之间在功能上不断协调和整合,以便多角度、更全面地认识各种刺激。认识人的感觉系统间的协调和整合是构建感觉统合理论的基础。

感觉统合理论以脑科学、心理学研究成果为基础,试图解释不同感觉系统间,以及中枢内外信息交流、协调和统整的机制。

(一) 感觉统合的概念

感觉统合(Sensory Integration,简称 SI)是指脑对个体从视、听、触、本体、前庭等不同感觉通路输入的感觉信息进行选择、解释、联系和统整的神经心理过程,是个体进行日常生活、学习和工作的基础。[1][2]

所谓"选择",是指感觉系统觉察到外界信息,并将信息输入中枢的过程,是脑进行信息加工的基础,也是儿童脑发育的重要条件。信息的选择有多方面的属性,最主要的是三个方面。其一,选择有意义目标信息,屏蔽无关或无意义信息;其二,连续选择有意义信息,避免遗漏有意义信息或有意义信息时断时续;其三,清晰选择有意义信息,避免选择的信息含糊不清。简言之,正常发育的儿童可以连续清晰地选择有意义目标。特殊儿童广泛存在的信息选择问题,是影响他们发展及教育训练成效的首要因素。

所谓"解释",是指大脑对输入信息的表征或赋予特定含义。准确性和完整性是解释的关键。特殊儿童在解释上存在的问题有:不解释(不理解信息的含义)、不准确解释或错误解释、不完整解释(不理解信息的全部含义)。

所谓"联系",是指大脑在解释信息的过程中将信息的各种属性与相应的名称、术语、概念相关联,形成新的信息;或与脑中已有信息相对照、联结,更新旧的信息。联系是大脑不断丰富知识并完善大脑功能的重要手段。特殊儿童往往难以有效联系相互关联的信息,信息零散,不成体系。

所谓"统整",是指大脑对多种感觉信息及大脑中已有信息的整体联系,形成对客体的全面认识。特殊儿童往往难以有效整合多方面信息,导致对客体的认识不全面、不深刻。

儿童在日常生活学习中不断进行上述四个过程的循环,知识经验不断丰富、技能和能力不断提高,脑功能不断完善。

所以,感觉统合不仅是感觉器官"感受刺激"的过程,还是脑对感觉信息的整合加工过程。与此相对应,感觉统合训练也不仅是感觉训练,还是脑功能训练。尽管没有"统觉"一说,科学家也没有试图在中枢对此进行功能区划(皮层存在着特定感觉区域),但是感觉统合能力是较任何单一感觉能力更为高级、更为复杂的能力,影响着个体学习生活的各个方面。根据大脑皮层各高级加工区域在感觉统合中的参与程度,感觉统合分为低位统合和高位统合。

低位统合是指脑干、小脑对各感觉信息(包括反馈信息)的初步分析与统整,涉及各感觉系统间以及感觉系统与动作的协调与统合,如视/听信息整合、眼手协调、身体不同运动器官的协调、身体姿势的反馈调节、注意力集中等,它是一般意义上的感觉统合。[2]

高位统合是指大脑皮质及皮层下神经结构进行的认知、言语、情绪及记忆等心理活动与低位感觉信息的沟通、组织和概括等,如注意力调控、动作企划、自我控制,以及概括/推理/判断等学习活动的结构化、程序化、整体化、自动化、顺应性及同化等。高位统合已不是一般意义上的感觉统合,而属感知统合,是个体有序高效进行学习、创造等复杂内外活动的基础,

---

[1] 杨霞,等.儿童感觉统合训练实用手册[M].上海:第二军医大学出版社,2007:3-6.
[2] 汤盛钦.特殊儿童康复与训练[M].大连:辽宁师范大学出版社,2005:128.

是感觉统合训练的最终追求。所以,有学者提出用"感知统合"替代"感觉统合"更符合这个学科的内涵,这确实有其科学性,至少"感知统合"术语的提出为感觉统合的研究和发展提供新的方向和视角。但是考虑到学科的延续性、人们使用的习惯以及对学科创始者做出贡献的尊重,本书仍沿用传统术语"感觉统合",简称"感统"。

(二)感统的神经心理机制

中枢神经系统是一座"工作单元巨大、机构设置复杂"的信息处理工厂,接受来自外周感官的各种信息,分析、整合、储存信息,产生并发出新的信息调控个体各系统、器官和组织的协调运行。

中枢神经系统进行信息处理的一个非常重要特征是:协调与整合。协调指神经系统各功能区域在运行中互通信息、彼此承继、补充与合作。整合是指神经系统会将相对独立的、性质单一的、局部的信息统整为综合的信息,形成对客体的多维感受或多种相互合作行为,如当左腿屈曲时,右腿为了支持体重一般都是伸直的,而左腿屈肌是收缩的,伸肌却是松弛的。这时,信息输出不再与输入呈一对一的关系,可以是多个输入转化成单个输出,或者相反。

中枢的协调和整合功能是个体进行复杂心理和行为活动的基础,人类的进化使这一功能备加完善。从脊髓到大脑皮层都有相应的结构基础,如脊髓的中间神经元(连接感觉神经元和运动神经元的神经元),脑干中的大型网状结构、间脑中联络区域以及大脑皮层的联合区域等。在大脑皮层中,初级运动皮层和初级感觉皮层的区域都比较小,而与协调和整合功能相适应的联合区却占据绝大部分面积。大脑半球的髓质中,邻近沟回间存在短的神经纤维联系,较远的功能区域间存在长的纤维束,以加强不同

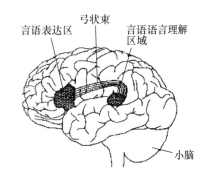

图 1-1-1 言语语言不同功能区间的联系

功能区域间的信息协调和整合,如颞叶的言语语言理解区域与额叶的言语表达区就存在神经纤维——弓状束,沟通两者的信息(见图 1-1-1)。

个体的信息处理是由三个环节构成,即信息获取、信息加工及反馈调节、信息表达及反馈。它们相对独立又相互联系。其中,信息加工及反馈调节是整个信息处理的核心,信息的统整主要发生在该环节(见图 1-1-2)。

1. 信息获取

信息获取是指各感觉器官将其适宜的环境刺激(光能、热能、机械能、化学能等)转化成神经冲动(电能),经过特定的感觉神经传入中枢神经系统的过程。与感统训练直接相关或是人们可以操控的感受器是个体的外感受器,主要有视觉感受器、听觉感受器、前庭器、本体感受器,以及以感受温痛触压等信息的肤觉感受器。每一类感觉器官在获取适宜刺激信息时,往往需要面对多种选择,有的是与当前事件处理有关的信息,有的则属于无关信息或者干扰信息。感觉器官本身不具备辨别"有关信息"与"无关信息"的功能,即对信息如何选择及选择的结果并不是感觉器官本身的功能,而是中枢神经系统相关功能区域调控的结果。所以,感觉器官在实现信息获取功能时并不是独立进行的,而是受中枢调节的。

每种感觉系统的结构缺陷和功能障碍直接影响有关信息的获取,给后续的信息加工及

整合带来困难,影响脑功能及感统能力的正常发展。所以,残疾儿童多存在不同程度的感统失调。这也是感统训练广泛应用于各类残疾儿童干预的基本原因之一。

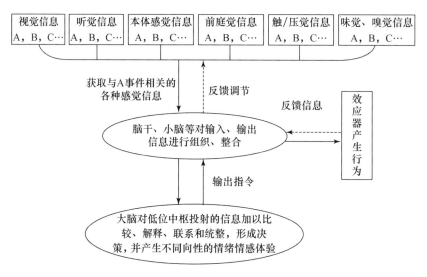

图 1-1-2　感统生理、心理机制图解

2. 信息加工及反馈调节

信息加工及反馈调节,是指中枢神经系统对传入的信息加以选择、分析、组织,形成对客体的整体认识,并做出相关应对策略的生理、心理活动过程。

个体在处理一个事件时,多个感受器同时或相继、连续或间隔向中枢神经系统输入不同的特征性信息,中枢神经系统的不同功能区域对这些特征性信息加以分析、组织和整合,拟合出客体的完形。期间,中枢神经系统发生了复杂的生理心理活动,比如新获取信息与中枢中已有信息(首先从记忆中提取)的比较,判断新信息的正确与否?对已有信息是否进行改造?以及是否需要获取更多信息?

与此同时,在信息加工过程中,中枢神经系统还会出现错误的或不精细的分析、组织,如选择了无关信息、忽视了有关信息,导致中枢无法形成对客体的完形或完形不完整、扭曲等"事故",以及做出错误或不确切的应对等。从外显行为看,每个人都会发生对事件的不准确或错误的理解,也会发生错误的或不精细的应对。感统失调儿童更易发生信息加工上的错误或不精细。

面对信息加工中的不足或错误,中枢会启动反馈纠错机制,使信息的获取或表达更加准确、精细。中枢的这种机能可能有如下几种形式。第一种,"知错就改"。中枢能够自觉觉察信息加工存在的问题,并及时启动反馈系统,获取与事件有关的信息或输出矫枉信息。第二种,"知错不改或难改"。中枢虽自觉觉察信息加工中的错误或经他人解释知道其中的错误,但不愿更正或不知如何更正,或已经形成的加工模式达到自动化水平而难以改变。第三种,"无知无畏"。中枢不能自觉觉察信息加工中的错误或对他人相反的解释也不能理解,重复着错误的认知和行为。中枢的这几种反馈纠偏模式会在每个人的认知活动与行为表达间反复出现。就普通人群而言,学习的成效和事业的成就虽然与中枢正确加工信息有关,但可能与中枢"反馈纠错"能力的关系更为密切。

中枢对信息的加工及反馈调节除了"就事论事"、尊重客观现实外,同时还伴随有向性不同的情绪情感体验,有的是积极的体验,有的是中性的体验,还有的是消极的体验。情绪情感体验伴随信息获取、加工与反馈及信息表达全过程,并对其产生广泛或局限的、持续或间断的、正向或负向的影响。所以,在教育训练中,教育工作者要密切关注儿童的情绪情感体验,力争收获并积累积极的体验。

3. 信息表达及反馈

信息表达,是指信息由中枢神经系统经传出神经传输到效应器,并使效应器产生行为的过程。行为的表现形式是动作,动作又表现为多种基本属性,如参与运动的肌肉的部位、肌力的大小、运动的方式/方向/幅度/速度(加速度)/持续时间、不同运动方式间的协调、动作间的衔接和变换等。中枢要求效应器完成的指令最终落实到对动作基本属性的调控上。在调控动作的基本属性上,中枢向效应器发出的指令在整合度和精细水平上存在差异。如果指令中信息的整合度和精细水平高(中枢在发出"指令"前"考虑"周全),那么动作所呈现的基本属性应该是"预料"中的,动作就能准确完成,效应器充分实现了中枢的计划。但是在人们的学习和日常生活中,特别是学习新知识和新技能时,往往会发生由于中枢指令的整合度和精细水平不高导致动作僵硬、不协调或顾此失彼的情况。

效应器在完成信息表达的同时,相关的感受器也会将信息完成情况传入中枢,中枢会对源于效应器的反馈信息进行再加工,发出调整后信息。如此往复,中枢指令的整合度和精细程度不断提高。这就是学习新知识、新技能需要复习或重复训练的机制。

总之,人们处理各种事件是建立在感觉系统、中枢神经系统及效应器相互协作和反馈调节基础上,三者的协作水平决定人们学习、工作的效益,并影响个体的情绪和情感。三大系统结构复杂,协同运行往往会出现偏差或错误,需要通过反复尝试逐步提高系统间的协作水平,在行为上表现为动作协调性和自动化水平的不断提高。

(三)关于感统理论的思考

一个学科或科学研究领域的创建往往是基于相关学科的研究成果,这些相关学科的研究成果就成为新兴学科的领域外基础理论(或称为相关理论)。在领域外基础理论的支撑下,新学科逐步构建了体现自身学科特征的领域内基础理论,确保学科的独特性。所以,一个成熟学科的理论基础既有领域内基础理论,又有领域外基础理论,两者共同构成学科存在和发展的基石。

虽然感统训练在世界范围内得到广泛开展,但感统理论本身还是受到人们的质疑,因为它所依赖的脑科学研究成果还不足以很好地解释感觉系统间的"统合"机制问题。

感统理论的提出是基于生理学,特别是脑科学的有关研究成果,可谓有其领域外的基础理论。近十多年来,随着研究手段的不断更新,人类对大脑的认识更加深入,脑科学的研究日新月异,大脑这个曾被喻为"黑箱"的结构被"灰箱"一词所取代,但是人类对自身大脑的了解还是非常有限的,已有的研究成果要充分解释感觉系统之间的"统合"尚需解决一些关键问题,如感觉系统内及感觉系统间发生联系的神经结构是什么?系统间相互作用的生理、生化机制又是什么?现在人们对感统理论的陈述虽有脑科学研究的成果,但更多的是基于人们生活经验的合理推断。从这个意义上讲,感统理论尚不成熟,其所依赖的领域外基础理论也有待深入研究。随着认知神经科学的快速发展,特别是脑功能整体化研究的不断深入,相信会有越来越多的成果支持感统理论。

二、儿童感觉统合能力的发展

儿童感统能力的发展受个体内外因素的相互影响。个体自身的身心发展,特别是中枢神经系统的发展起了关键作用。与此同时,儿童接受的环境刺激对身心的发展有重要影响,是感统发展不可或缺的因素。个体感统能力的发展可能如其他能力的发展一样,表现为阶段性和连续性的统一。

(一) 感统能力发展的要素

儿童感统能力的发展需具备两个基本要素:自身的正常发展和丰富的环境刺激。

1. 身心发展,特别是中枢神经系统的发展

从受精卵开始至成年前的十多年间,个体的成长表现为结构与功能相适应的发展模式,有什么样的结构就有什么样的功能表现。在胎儿期及生长发育早期,由于感觉器官、运动器官、传入神经纤维、传出神经纤维以及中枢神经系统的结构还不够完善,个体的感统水平非常低,表现为平衡能力差、动作协调性低、注意力分散且难以持续较长时间、行为顾此失彼等现象。随着年龄的增加,个体内外结构将进一步完善,活动范围进一步拓展,感知、认知的广度和深度不断提高,外周感知器官、运动器官以及中枢神经系统的功能进一步发展。

与人的认知、言语等能力发展相同,个体感统能力的发展与神经系统发育水平的关系更为密切,两者呈现高度的一致性。所以,在个体发育的胎儿期及其儿童早期,确保神经系统特别是脑的良好发育是发展个体感统能力的关键。

2. 持续、丰富的环境刺激

与个体的各种能力发展相一致,儿童感统能力的发展离不开丰富的环境刺激。其发展是个体持续与环境相互作用的结果。各感觉系统需要在感受各种类型、各种形式的适宜刺激下才能使自身的解剖结构、生理机能得以完善,应有的功能得到进一步发掘和巩固,感受刺激的敏锐性和精确性才能不断提高。丰富的环境刺激是神经系统后天发育最重要的"营养"。环境刺激的有效性主要表现在以下四个方面:第一,环境刺激的多样性,让儿童各种感觉系统接触多种属性刺激,切忌单一、重复的刺激。现实中,过早的单一的文化知识教育不利于儿童感统能力的发展。第二,环境刺激的关联性和规律性,让儿童接受的各种刺激相互联系,或多种信息有其特定的规律,从小训练大脑进行有效思维,切忌长期接受杂乱无章、零散孤立的刺激。第三,刺激的难度和复杂性不断递增,不断提高中枢同时处理多种复杂信息的能力,切忌低水平自我满足。因为没有刺激难度的增加,就没有脑功能的提升。第四,以儿童主动探索为主,让儿童积极主动寻找环境刺激或创设情境接受环境刺激,切忌成人过多替代和过度支持。

在我国当今的社会发展中,出现诸多不利于接受丰富刺激的因素,影响了儿童的健康发展。随着城市化和生活方式数字化的进一步扩大,儿童接触外界环境的途径虽多样化,但接触的内容呈现模式化、类型化和单一化的趋势,主动探索的机会大为减少,同伴间的合作互动严重不足。儿童早期教育虽受到广泛重视,但是教育内容相对单调,并受成人职业要求的影响……

(二) 儿童感统能力的发展阶段

人的感统能力与生俱来,在成年前随着年龄的增长不断提高。在胚胎发展期,在母亲躯

体活动的影响下以及自身胎位的变动和调整,胎儿的触觉、前庭平衡、本体感觉以及听觉等就已经在发展。在分娩的过程中,胎儿反复接受宫缩的挤压,完成多种体位变化,接受"入世"前非常系统的、高强度的感统"训练",为陆地生活(胎儿期的个体生活在水环境中)做好充分的准备。出生后,儿童的活动范围不再受到限制,主动探索能力在不断增强,他们的各种感觉系统与躯体各处的运动器官不断与外界进行互动,各种能力不断发展,从单纯的感觉刺激发展到脑干的初级感统,即身体双侧的协调、眼手协调、注意力集中、情绪稳定及有意识活动,进一步发展到大脑皮质的高级感统,即注意力、组织能力、自我控制、概括推理能力和学习能力,从而形成感觉—认知—运动功能的高级行为模式,对事物产生一个全面、完整的认识,调整机体各个部位去完成各项更为复杂的学习活动。

个体感统能力的发展虽然具有连续性,也可能呈现阶段性,且与中枢神经系统发展的阶段性相一致,但是关于这方面的研究非常有限。依据神经系统发展的阶段性,儿童感统能力的发展大致可分为三个阶段。

1. 初级感统阶段(3岁前)

从胚胎到3岁前,个体完成自身解剖结构的完整构建、生理机能的完善以及多个领域基本能力的初步发展,具备与外界进行互动的动作、感觉、认知、言语及社交等基本能力。

2. 中级感统阶段(3~7岁)

在此阶段,个体的体格在成长,内外器官的生理机能进一步发展,物质及能量代谢水平快速提高,各种专用信息传递通道间的联系与交流更加丰富,中枢具备了对不同类型信息进行整合的能力。在此期间,本体感觉、前庭觉、触压觉、视觉、听觉及躯体运动各系统可很好地承担本系统内的任务,并实现系统间的协同运作,身体运动协调性、感知-动作的协调性、注意力、记忆力、言语表达能力、意志品质及情绪管理有了较好发展,基本满足独立生活、学习和交往的需要。这段时期是各种基本能力发展的关键时期,也可能是感统能力发展的关键时期。

3. 高级感统阶段(7岁至青春期)

在此阶段,个体的解剖结构继续延续前期的发展,仍表现为量的积累。运动器官的生理机能进一步提高,肌力、耐力以及肌肉组织等物质能量代谢水平进一步增强,感觉器官及中枢神经系统的结构基本成熟,趋近成人水平。大脑高级功能得到进一步发展,成为影响感统能力发展的主要因素,表现为注意力、学习能力、记忆力、言语语言能力、自我监控能力等多种高级心理功能的增强。大脑各功能区信息加工的自动化水平以及区域间信息整合的整体化水平均发展到相当高水平,可以有效控制低位中枢以及外周器官的活动,个体可以完成复杂的动作技能以及认知、言语等活动。

三、感觉统合能力对儿童发展的影响

个体通过综合各种感觉信息来认识世界,又借助感觉系统、中枢神经系统以及运动系统之间的协调来适应环境和改造环境。感统对个体生存和发展有着广泛的影响,是儿童健康成长的重要方面。[①]

---

① 黄保法.感觉统合与儿童成长[M].上海:少年儿童出版社,2006:27-32.

(一) 影响自身的日常生活和生存质量

在人们的生活和学习活动中,各种感觉系统多不是特立独行的,即使是进行一项简单的活动往往也离不开多感觉系统的参与,是内外感知系统、运动系统互相配合的结果,如儿童获准吃糖果就是多种感觉系统协同参与的结果,详见案例1-1-1。

案例 1-1-1

儿童吃糖果的感统分析

当儿童听到母亲的指令:奶糖在茶几的糖果盒里,不要多吃。儿童要完成吃糖果事件需要有多种感觉通道参与,且大脑对这些信息进行有效的综合,才能顺利完成"吃糖果"的一系列动作。

第一步,获得许可,听清指令。听觉系统清晰地选择目标信息,运动觉维持听觉过程,大脑摒弃其他听觉信息的干扰,对"吃糖果"的许可、要求进行加工并与奶糖各方面属性及食糖经验相联系,做出选择并诱发下一个动作。

第二步,视觉搜索,完成剥糖果外包装。如果第一步结束时大脑做出"现在就去吃糖果"的执行指令,儿童随即进行以视觉系统和运动系统为主的一系列活动,如搜寻并定向糖果位置,身体趋近糖果位置(运动模式选择:如跑、走或爬等动作的完成)、选择糖果、解剥糖果外包装等。期间,每完成一个动作的同时会产生丰富的躯体运动觉信息输入大脑,经大脑加工后产生执行、增强、抑制、取消的反馈指令;视觉定向在配合动作完成的同时,还要排除其他无关视觉信息的干扰。在这短暂的过程中,大脑在多条线上"运行",高效处理来自视觉、躯体多处的本体感觉新信息和反馈信息,提取记忆中的信息,做出决定,发出指令,感受并管理期间发生的情绪情感信息等,中枢各功能区一片繁忙。

第三步,吃糖果,味觉品尝并启动复杂的生理、心理过程。糖果入口,味觉向大脑输入"奶糖味道"信息,口腔、舌产生咀嚼运动,咽喉产生吞咽动作,配合完成吃糖果事件。同时,口腔的腺体、胃肠消化腺分泌腺液,甚至调节糖代谢的内分泌腺体、大脑的情绪中枢也参与吃糖果事件,否则该事件会半途而废或者对奶糖的各种属性理解不全面、不深切。

所以,个体内外器官只有很好地组织和协调,才能确保日常生活有序、有效进行,生活质量才有保障。

(二) 影响自身的学习活动

学习是个体内外多系统参与的复杂活动,不仅要有良好的低位统合能力,还要有很好的高位统合能力,否则会导致出现学习活动错误频发、学习效率低等现象。比如朗读一段文字,就是在视觉系统、听觉系统、运动系统以及大脑认知中枢、言语语言中枢、额叶调控区域等的协同参与下进行。任何一个系统发生哪怕是轻微的问题,都会导致事件"朗读"无法有效进行。在实践中,专业人员可通过观察儿童的学习活动情况来判断儿童感统发展状况。

(三) 影响自身的心理健康状态

人的生理代谢、心理活动和行为表达三者间是相互作用的。感统作为个体的基本神经心理活动过程,对个体的行为表达和心理健康状态产生直接影响。良好的感统能力确保儿童有效获取信息,各种活动易于取得成功,儿童迎接各种挑战时会充满自信,产生积极的情感体验,获得很大的满足感。这又进一步激发儿童去面对更富有挑战性、难度更大的活动,如此良性循环,促进了感统能力和学习能力的不断发展。相反,如果个体存在感统失调,那么他们组织并参与的活动可能会出现各种问题,活动失败的可能性大大增加,久而久之就会影响到个体应对各种挑战的信心,甚至会形成消极自我概念,给个体的生活和学习活动带来持续的负面影响。

(四) 影响个体间的人际交往

人际交往是人实现社会化、再社会化的基本途径,是人存在并体现价值的基本需求。人际交往的实现是个体内外多系统参与的复杂活动,需要个体有很好的感统能力。交往双方如果都具有良好的感统能力,举止得当,与对方及环境无阻隔或冲突,那么交往行为便可流畅、高效进行,问题得以成功解决,心情舒畅,后续交往得以延续。如果交往一方存在感统失调,就会导致交往行为不流畅或失败,给双方建立稳定的人际关系制造不同程度的困难。临床咨询发现,不少感统失调儿童由于交往行为失当,不遵循交往规则,成为同伴中不受欢迎的人,难以融入群体,日常生活难免出现烦恼。

(五) 影响他人的正常生活

与儿童关系密切的人士主要有父母亲及其他亲属、同伴或同学以及老师等,儿童的感统失调还会影响到这些人士的正常生活。感统发展良好的儿童可以较好地完成各种活动,家人、老师负担轻,与同伴矛盾少,讨人喜欢、受人尊重。相反,感统失调的儿童往往是"麻烦"的制造者,家人、老师和同伴要为其处理多种"分外之事",长此以往还会给这些人士带来程度不等的压力和负担,并可能引起他们之间的矛盾或冲突。在临床咨询中,因儿童感统失调导致家庭内、家校间或邻里间矛盾的事例屡见不鲜。

感统失调可能会持续影响个体生活、学习和交往的多个方面。在现实中,我们总会发现一些成人也存在"顾不来",如行走/做事磕磕碰碰、出行逛街分不清方向、工作环境杂乱无章、东西随手乱放、经常到处翻找东西等。这多半源于早期感统能力发展不足。

所以,作为家长和教师,应该对子女/学生的异常表现保持足够的敏感性,早发现、早干预,让儿童的感统失调问题尽早得到有效干预。

四、感觉统合失调

感觉统合失调(Sensory Integration Dysfunction,简称 SID)是指个体的某一感觉系统、感觉系统之间、感觉系统与运动系统之间等的信息组织与整合不协调,导致信息统合过程发生异常,出现对刺激的不敏感或过分敏感、行为顾此失彼等现象。人们是通过感统失调来认识感统能力的。感统训练面对的主要是各种程度的感统失调问题。

(一) 感统失调的主要表现及成因

常见的感统失调现象主要表现为五个方面。[①] 第一,视觉异常。儿童眼球运动困难,手眼协调性差,经常将文字、数字、偏旁部首看错。第二,前庭功能及动作异常。儿童转圈时不

---

① 汤盛钦.特殊儿童康复与训练[M].大连:辽宁师范大学出版社,2005:128.

会晕或害怕身体旋转,身体平衡性差,容易摔跤,不会走直线,动作笨拙,跳绳、骑自行车困难。第三,触觉等肤觉异常。儿童触觉过于敏感或者过于迟钝,洗发、洗澡、换衣服等体肤的外源性接触都不能忍受。嗅觉、味觉或痛觉也可能存在异常。第四,胆小、害怕。讨厌摇晃、不敢爬高,无法顺利下楼梯,对陌生环境适应慢。第五,其他心理活动异常。如注意力集中性、持久性和分配性较差,做事效率低下等。

个体感统失调成因复杂,大致分为:遗传因素、环境因素以及遗传与环境相互作用因素三个方面,多是遗传及环境因素相互作用的结果,且存在较大的个体差异。本书第4章"感觉统合失调的成因"就此问题专门讨论。

(二) 感统失调流行性

不同文化背景儿童的感统失调情况有较大的差异,且随着时间的推移,不同时代儿童的这方面问题的发生情况也会不一样。感统训练的创始人艾尔丝[Anna Jean Ayres(1920—1988)]曾报道,美国普通儿童中感统失调的比例为5%～10%。我国从20世纪90年代末开展针对普通儿童感统失调状况的调查,主要是区域性调查研究,尚无全国范围内的调查报告。我国台湾(调查时间1999年)的台南地区1285名4～6岁儿童中,感统失调比例为:前庭功能失调为16.7%、本体感觉功能失调为16.2%。[①] 任桂英、王玉凤曾报告(1995年):北京市学龄期儿童(1994名)感统轻度失调和重度失调率分别为35.9%和10.3%。[②] 黄悦勤、刘宝花等报告(2001年):北京市学龄前儿童感统轻度失调和重度失调的比例分别为28.5%和8.9%。[③] 综合大量区域性研究报告,我国儿童感统失调的发生率比较高,全国3～13岁儿童的感统失调发生率可能在10%～30%之间,男童的发生率显著高于女童,需引起家庭、教育机构及社会的关注。近年来,每年会报道若干区域性研究报告,调查对象除了普通儿童群体外,也会涉及各类特殊儿童,调查的内容也从单一的"失调比例"拓展到成因分析、对学业影响等方面。

当前,我国学龄前儿童、学龄期儿童的感统研究虽然在各地广泛进行,但是追踪研究非常少,无法确切知道儿童感统失调的时代变化特点。

第2节 特殊儿童感觉统合训练

感统的理论与技术广泛应用于各类特殊儿童不同发育阶段的教育和康复训练活动中。有的训练活动直接针对感统失调,有的作为其他训练技术的辅助手段。感统训练需要由专业人员来主导,或在专业人员的指导下由儿童家长、教师及志愿者来实施。特殊儿童的感统训练强调各感觉系统间的整合,但可以某感觉系统为主同时整合其他感觉信息进行训练。

感统训练周期长,并需保持足够的干预强度,感统训练成效主要取决于训练内容的整合水平和训练强度。

感统训练既需要基础理论研究,也需要实践应用研究。感统理论的完善有赖于脑科学以及神经心理科学的研究,这是医学、生物学和心理学的工作,但是实务工作者应该密切关

[①] 林指宏,等.感觉统合失调之前庭系统障碍原因调查:以台南地区为例[J].嘉南学报,2002(29):507-519.
[②] 任桂英,等.北京市城区1994名学龄儿童感觉统合失调的调查报告[J].中国心理卫生杂志,1995,9(2):70-73.
[③] 黄悦勤,等.北京市城区3～6岁幼儿感觉统合失调的现况调查[J].中国心理卫生杂志,2001,15(1):44-46.

注相关基础理论研究,不断提升实务水平。当前,感统训练的研究以实务研究较多,研究方法相对单一。

一、有关概念

为了更好地理解特殊儿童感统训练的相关知识,现就"特殊儿童""残疾儿童"等有关概念加以介绍。

(一)特殊儿童与残疾儿童

"特殊儿童"有广义和狭义之分。广义的特殊儿童是指在智力、感官、情绪、肢体、行为或沟通等能力的一个方面或多方面与正常儿童有显著差异的儿童,包括低于正常发展的儿童和高于正常发展的儿童两大类。狭义的特殊儿童是指低于正常发展的儿童,也称为残疾儿童、缺陷儿童或障碍儿童。① 本书提及的"特殊儿童"均为狭义的特殊儿童。

《中华人民共和国残疾人保障法》(2008修订版)对"残疾人"这一概念的解释是:残疾人是指在心理、生理、人体结构上,某种组织、功能丧失或者不正常,全部或者部分丧失以正常方式从事某种活动能力的人,残疾人包括视力残疾、听力残疾、言语残疾、肢体残疾、智力残疾、精神残疾、多重残疾和其他残疾的人。② 该解释及分类同样适应于残疾儿童。本书所提及的残疾儿童及其分类与该法律对残疾人的解释及分类保持一致。每类残疾人的界定标准可查询相关专业文献。

美国和我国的残疾人分类中,没有"感统失调"这一类别,但是在临床诊断上会将感统失调作为儿童发展中的障碍之一。所以,在特殊儿童分类中是否有必要单列"感统失调儿童"还需要进一步研究。

(二)感统训练与感统游戏

感觉统合训练是指为提高个体感统能力,减少感统失调对个体生活、学习的负面影响而开展的有计划的训练活动,也称为感统治疗。专业性、系统性以及实践活动组织化是感统训练等干预技术实务过程的基本特征。

在感统训练领域中,"感统游戏"这一术语也频繁出现,但是并未有确切的定义。根据一些专著及相关媒体的信息,感统游戏是指通过游戏化的方式对儿童进行感统训练。它与"感统训练"并无实质性差异,主要用于低龄儿童以及专业训练配合度较低儿童的感统失调训练,也广泛用于正常儿童的身心健康教育。对于感统失调程度较为严重的儿童,需在专业机构接受专业的、系统的感统训练(治疗)。

二、感觉统合训练的基本问题

感统训练的组织、实施涉及的基本问题有训练对象,训练服务提供者,训练的适用范围,主要训练领域,训练周期、频次及训练效果六个方面。

(一)训练对象

当前,接受感统训练的对象结构比较复杂,呈现多维性。了解和分析参训对象不同维度

---

① 朴永馨.特殊教育辞典[M].第二版.北京:华夏出版社,2006:1.
② 中华人民共和国中央人民政府网.中华人民共和国残疾人保障法(2008年修订)[EB/OL].(2008-04-24)[2018-10-20].http://www.gov.cn/jr2g/2008-04/24/content-953439.htm

的特点是感统训练工作开展的基础,也是影响训练成效的重要因素,是训练人员在工作中不得不面对、也必须积极面对的问题。

1. 发育阶段不同的训练对象

从生长发育阶段来看,感统训练主要用于青春期前的儿童,他们外周器官及神经系统的可塑性较强,易于组织实施,训练效果较好。依感统能力发展的阶段性,儿童青少年的感统训练又细分为三个阶段:3岁前、学龄前期和学龄期。每个阶段的训练内容大致相同,或各有侧重,但是在训练的组织形式和方式方法上有较大的差异。

近年来,3岁前儿童的感统训练或感统游戏活动在儿童早教机构及家庭迅速发展,一定程度拓展了感统的应用范围,引起研究者对感统训练技术的新的思考。此外,一些研究者及训练机构尝试对成年人及老年人进行感统训练,取得一些成果。特别是老年人的感统训练是值得尝试的新领域。

2. 健康状况不同的训练对象

从儿童健康状况而言,感统训练(游戏)可用于单纯感统失调儿童,也广泛用于各类残疾儿童。智力障碍儿童、脑瘫儿童、自闭症儿童、发育迟缓儿童以及注意力缺陷多动症儿童等大多存在感统失调问题,需长期接受感统训练,是受训人群的主体。资优儿童、学业不良儿童接受感统训练情况也比较多。

至于各类特殊儿童的身体、心理及行为特点可参阅本书第7章有关内容,并在此基础上接受专门培训,全面深入了解某一类型儿童发育特点和规律,读者可进一步提升服务的专业水平。

3. 参与目的不同的训练对象

从儿童参与感统训练的目的来讲,训练对象可分为四种类型:问题干预型、辅助干预型、预防型和发展型。问题干预型的训练对象存在不同程度感统失调,参与训练的目的就是为了改善感统发展中的问题。辅助干预型的训练对象本身是残疾儿童,他们在接受某种专业康复训练的同时,也进行感统训练,作为主要康复训练的补充,比如脑瘫儿童的训练以物理康复为主,也可以适度开展感统训练,作为物理康复的补充。预防型的训练对象本身并未表现出感统失调的征兆,但存在疑似不利因素(如剖宫产、出生早期血液胆红素偏高、高龄孕产等),为了预防感统失调的发生而进行的训练。发展型的训练对象既无感统失调的征兆,也没有导致感统失调的疑似因素,也参与感统训练(游戏),视感统训练为娱乐活动,以强身健体或进一步提高自身的感统能力。临床观察发现,不同训练目的的参训儿童在性别上存在明显差别,前两种类型的训练对象中男童显著多于女童,有的训练机构在一段时期内来访来训的训练对象全为男童,这种现象可能与男童发生各种障碍比例要高于女童有关。后两种类型的训练对象并不表现出性别比例失调现象。

当前我国各地儿童早教机构迅速发展,不少机构开展针对儿童、亲子间的感统训练(游戏)(一些机构服务项目名称虽不涉及"感统"字样,但其活动内容却充分体现了感统理论),以期提高儿童的各种基础能力,或预防感统失调的发生。此外,感统训练也作为各类运动员、舞蹈艺术工作者的辅助训练。

(二) 训练服务提供者

为儿童训练提供服务的人员主要有专业训练人员、训练辅助人员、儿童家长(儿童监护人或长期与儿童相处的人)以及其他人士,如志愿者、义工、参训儿童同伴、助训伙伴(健全儿童以志愿者身份参与训练活动)等。其中,专业训练人员是核心和主导力量,儿童家长、训练辅助人员是训练活动的重要力量,可能会长期参与训练活动。儿童家长是非常重要的力量,在训练中后期承担主要训练工作,可以合理安排训练时间,有效组织训练,确保训练强度和训练的连续性。其他人士也可参与训练活动,丰富训练环境的刺激属性。但他们提供的服务大多不稳定、缺乏连续性,专业性多不及专业训练人员(一些专业人员从事志愿服务工作除外)。各类提供训练服务的人员在训练工作中扮演不同的角色,需要具备与其角色相适应的基本素质和技术。了解各类服务提供者的服务特点是开展儿童训练工作的基础性工作之一,有利于各方力量协调一致,人尽其才,才显其长。详细内容将在本书第5章第3节"训练资源"中详细介绍。

(三) 训练的适用范围

每一种干预技术都有其适用范围,针对特定的问题,表现出解决问题的特异性。感统训练作为儿童问题干预技术之一,虽可用于应对儿童发展的多方面问题,但仍然表现出领域的特异性,有其可为之处,亦有其不可为方面。感统训练多用于解决儿童四个方面的问题。

第一,感觉系统的某一或某几个方面存在异常,特别是感觉系统间配合差。

第二,感觉认知与动作及行为的协调性差。

第三,注意力缺陷,多动或冲动,执行抑制差。

第四,脑功能整体发育落后。

(四) 主要训练领域

感统训练的实施是在大脑高级功能区的调控下进行,各种训练活动是在个体多种感觉器官、运动器官参与下实现的,每一种训练活动不可避免地存在一定程度的感觉"统整",但是为了更有效、更有针对性地解决儿童的具体问题,训练活动往往分领域实施。根据儿童感统发展中呈现的主要问题,感统训练分为四个分领域,分别是:触觉功能训练、前庭觉功能训练、本体感觉功能训练和综合训练。其中,前庭觉功能训练是感统训练的重心。

1. 触觉功能训练

触觉功能训练是针对触觉过度敏感或触觉不敏感对象的干预。触觉感受器遍布全身,是个体处理与环境之间关系最基本、影响力最大的感觉系统。个体早期(婴幼儿起)的触觉及其他体肤感觉对个体认识世界、适应环境、促进中枢神经系统的发展意义重大,是儿童早期重要的"认知器官",并在确保其身心安全、实现社会化方面起着直接的、不可替代的作用。

2. 前庭觉功能训练

前庭觉功能训练主要用于改善个体脑干网状系统对上下信息的组织和统整能力,是感统训练的核心,是解决儿童感统失调的关键。个体前庭系统与其他感觉系统之间广泛联系,影响个体视觉—运动的协调、运动器官的肌肉活动,对个体维持合适的体姿、形成空间判断、保持合适的注意力等方面有重要作用。

3. 本体感觉功能训练

本体感觉功能训练用于改善个体对自身动作属性、姿势状态的感受力及调节能力。本体感觉反馈性地参与肌肉运动的调节,直接影响动作的各种基本属性(动作的方式、方向、速度以及不同肢体间的动作协调等),与视觉、前庭觉等协调合作形成空间概念,进行运动计划等。本体感受器位于肌肉、关节及肌腱处,故本体感觉功能的训练是通过各种运动来实施。

4. 综合训练

对于儿童而言,他们的各种感觉系统仍处于发展阶段,仍需要接受足够的刺激以进一步促进其功能的发展和完善,还需要提高与其他感觉系统的信息整合、协调水平。对于感统失调儿童而言,他们有的因个别感觉系统功能发展不力影响了各感觉系统间的信息沟通、统整及协调,有的因多个感觉系统功能发展不力或不平衡导致个体感统能力失调。所以,有意识地对各种感觉系统进行综合训练就成为感统训练的最终途径和归宿。

开展四个分领域训练活动需要熟练掌握相关的生理学、心理学基础知识以及基本的训练技术,这些内容将分别在本书第2章和第6章详细介绍。

需要提及的是:在感统训练中,以视觉功能或听觉功能为主的感统训练相对较少,一般未列为独立的训练分领域,原因在于这两个感觉系统本身的功能状态可能不是儿童感统失调的主要因素,且它们全面参与各种训练活动,与其他系统间的整合训练比较充分。至于视觉障碍儿童、听觉障碍儿童的感统能力发展可能存在自身特点,需要进行专门的研究。

(五) 训练周期、频次及训练效果

儿童感统训练周期、频次等的规划受儿童身心特点及训练条件等多方面因素影响,如感统失调的程度、每次训练的强度、儿童伴随的其他障碍类型及程度等。临床经验表明,感统训练需持续较长时间,少则半年,多则数年。在制订训练计划时,一般以半年为一个训练周期,每周训练应不少于2次,每次训练活动时间需持续1小时左右,每个训练项目时间持续3～8分钟,可重复进行同一项目的训练。训练时间的安排要视儿童年龄、体质、障碍程度、学习能力及合作程度等多方面具体情况而定,并根据儿童当下的情绪状态、训练水平调整每次训练时长、每周训练频次以及训练周期数等。如果儿童配合训练,在训练初期最好每天进行一次,连续进行8～12次不等。

感统训练在全球范围内被广泛推广的根本原因是,它确实可以有效解决儿童发展中的一系列问题。相关的调查及临床实践表明:通过感统训练,儿童的注意力缺陷问题、动作不协调、运动能力差、学习困难、孤僻独处、胆小害羞和攻击或自伤行为等都会有明显改善。当然,也有一些报道认为感统训练对改善儿童发展中问题并无多大效果。其实,这是任何一种干预技术都会面临的问题。训练是否有效以及有多大成效在不同类型儿童间有较大差异,也与训练人员的训练方案设计、训练效果的评价方式等有关。实践中,不同专业训练人员虽都组织实施项目相同或相似的训练活动,但有些训练活动属于规范的感统训练,充分体现了"统合"特点,训练效果就会好些;而有的训练人员组织的训练活动明显缺乏统整性或统整水平较低,感统训练的"统合"这一核心特征未得到充分体现,训练效果自然要差一些或没有多大效果。总之,训练效果主要取决于整合水平、坚持性和训练强度三个因素。

三、感觉统合训练的学科研究

与儿童康复训练的同类学科一样,感统训练的研究包括理论研究和实践应用研究,研究方法以社会科学研究方法为主,自然科学研究方法的应用相对较少。

(一) 研究领域

感统理论与实践的创立、发展和推广得益于研究者广泛的理论研究和实践应用研究。当前,我国在这两方面的研究和探索都比较活跃,特别是应用研究呈现蓬勃发展势态,学校、医疗机构、民营儿童训练机构除了开展经典的感统训练外,都在积极研发体现自身特色的训练技术和服务项目,极大丰富了感统训练内容,加快了感统训练的推广。

1. 理论研究

从现有研究文献来看,感统的理论研究多为宏观性质的研究,涉及感统失调发生率、成因以及对个体学习、生活、社会化等方面的影响。我国近年来在理论研究的内容上虽总体与国际上的研究相一致,但是也表现出一些自身的特点,如研究被试以学龄期普通儿童训练为主,各类特殊儿童和学龄前儿童的相关研究比较少。

当前,国际国内在该领域的理论研究存在一些不足,主要有:"统合"的生理、心理机制研究比较缺乏,跨文化、跨地区比较研究较少,实务理论及训练基本技术的归纳总结和提升相对乏力,大大制约了感统训练的领域内基础理论的构建和完善,也影响到实践应用的拓展和训练技术的提升。

2. 应用研究

感统训练因其实用性被人们认识和推广。时至今日,在感统训练领域的研究探索中,从业人员及相关研究人员更热衷于应用研究,涉及的领域可分为三个方面:评估工具的研究、训练技术的研究和训练设施设备的研发。

(1) 评估工具的研究。儿童教育训练活动始于评估、终于评估,评估工作贯穿教育训练的全过程和各个方面。儿童感统能力评估工具在该领域的基础研究和应用研究中是不可缺少的。我国现用的主要评估量表是 20 世纪末翻译汉化的,量表编制的理论比较陈旧,量表总体亟需更新。一些机构自编的检核评估表未经专业论证和信效度检验,科学性较低。为此,研究者需要根据脑科学、认知神经科学、教育心理学等学科的最新研究成果,重新构建量表结构、编制相应测题,并使用更新的统计方法进行项目分析、信效度检验以及常模的制定。我国幅员辽阔,儿童的感统能力发展在地域上有较大的差异,为了更好地开展研究和训练工作,非常需要编制地方性的评估量表,建立地方量表的常模。除了研制间接评估的量表外,还可尝试开发直接评估工具,评估人员通过测评设备或测试活动直接对儿童进行测评,提高评估的准确性。

(2) 训练技术的研究。感统训练从理论到实践需要进行训练技术的研究,且需要不断完善和创新。感统训练发展至今,训练技术相对成熟,各分领域均拥有反映本领域训练特点的基本技术。训练技术的研究沿着两个相互关联的方向发展。其一,问题取向的研究。该研究方向面对儿童感统能力发展中的问题,探索改善触觉功能、前庭觉功能、本体感觉功能以及它们之间整合能力等的训练技术。其二,对象取向的研究。该研究方向探索普通儿童及各类特殊儿童进行感统训练的训练技术。前者是后者的基础,后者是前者的应用和具体化。

在感统训练的推广中,一方面众多经典的训练技术得以继承和保持,在不同训练机构继续应用,另一方面新的训练技术和方法也处在不断的探索和创新中,各训练机构力图拥有有别于其他机构的特色的训练项目和训练方法。此外,感统训练的适用对象也在不断拓展,相应的训练技术也在积极探索和尝试中,如运动员辅助训练、老年人健身活动中就有感统训练项目,有人甚至将感统训练技术用于警犬以及表演动物的训练中。这些探索对推动该领域的持续发展起到非常重要的作用。

(3)训练设施设备的研发。就训练活动是否采用器械而言,感统训练可分为徒手训练和器械训练。尽管徒手训练在感统训练中占有非常重要的地位,不可缺少,但是器械训练更能体现感统训练的特色。所以,凡开展感统训练的机构均有一整套专门的训练器械。感统训练的器械研发有自己的特点。其一,以训练前庭功能为主。训练用的器械大多用于前庭功能训练,专门用于其他感觉功能训练的器械较少(这并不影响这些感觉功能的训练)。其二,成套化配设。感统训练拥有成套的训练器械,可以满足独立设专用功能室的需要。其三,所有器械均为动手操作型设备,没有介入自动化、数字化的设计,这更符合训练的需要。

随着制作材料、制作工艺等方面的发展,感统训练器械的研发也发生一些变化。其一,器械类型和数量大为增加。感统训练的设备不断更新,大量的教玩具被引入,但主要设备的设计理念并未发生实质性改变。其二,器械制作材料有大的变化。传统木制品大多被塑制品替代,制作成本显著降低,但塑制品的不利因素(摩擦产生静电、含有有毒化学物质等)也不容忽视。

(二) 研究方法

长期以来,感统训练的研究方法以社会学研究方法为主,自然科学研究方法的介入相对较少。在理论研究方面,多采取调查法,如问卷调查和参与性观察等。但间接的问卷调查难以真实反映儿童实际发展水平,需要研究和设计直接反映儿童感统能力发展水平的评定工具,但是这方面的工作还相对较弱。应用研究方面,除了调查法外,还采取了实验研究法、个案研究法等方法。其实,感统训练的理论和实践研究还可以采取一些自然科学的研究方法,如运用脑诱发电位技术、功能性核磁共振技术、生理生化技术探索感统的生理、心理机制问题和训练效果的评价等,但是这方面的工作尚不够深入。

四、学科定位

感统训练以神经生理学、心理学研究成果为基础,探索感觉器官、神经中枢及运动器官间的信息交流与整合,及其感统能力对儿童基本能力整体发展的影响,属于应用性为主兼顾理论研究的学科。

该学科发展至今所探索问题可归结为两个方面。第一,研究儿童感统失调的成因、表现,以及对儿童生活、学习、社会适应等方面的影响。第二,研发改善儿童感统能力的训练技术。在可预见的未来,该学科领域所能承载的还是这两项基本任务。

在特殊儿童康复训练中,感统训练占有重要地位。特殊儿童往往表现为"一残多障",即他们以某一障碍为主的同时往往伴随有其他障碍,其异常的心理活动和行为表现呈现多重性。故针对特殊儿童的训练往往采取综合干预手段,感统训练是综合干预手段之一。它既可以作为主要的干预手段解决儿童发育中的问题,也可以作为辅助干预手段,与其他训练技术整合使用,弥补其他干预技术的不足。

五、相关学科

受儿童本身发育水平、个性特点及伴随障碍的影响,感统训练工作的开展仅凭领域内理论知识和实务技术会面临不少困难,还需要其他相关学科知识的支撑。这些相关学科可分为两类:生物医学类学科和心理教育类学科。

与感统训练相关的生物医学类学科主要有:人体解剖生理学、脑科学以及康复类学科(如运动康复、言语语言康复、作业康复、游戏康复等)。

与感统训练相关的心理教育类学科比较多,主要有:儿童发展心理学、教育心理学、儿童青少年心理咨询与辅导、儿童行为干预、各类特殊儿童心理与教育、家庭教育学等。

这些相关学科在感统训练从业人员的专业培训或自我教育中会涉及,可供相关培训机构及从业者参考。

总之,对于从事感统训练的专业人员而言,广泛学习相关学科的知识对于深入研究和理解感统理论、更好地开展训练工作大有益处,不可回避。

第3节 感觉统合训练发展简介

感统理论由美国南加州大学珍·艾尔丝博士创立,并于20世纪70年代开始在世界各国传播,90年代初系统引入我国大陆。当前,感统训练已成为我国学校、家庭及医疗机构广泛应用的干预技术。但是,时至今日,我国在该领域的发展面临不少问题,最突出的问题是从业人员数量少、专业水平较低,尚未形成系统的专业培训及从业资格认定机制。

一、创立与传播

感统训练是儿童康复训练中应用最广、影响力最大的干预技术之一,在儿童教育、儿童康复治疗领域占有重要的地位。它从创立到当今世界范围内的广泛应用,已经历了40多年的历程。在这个发展历程中,它始终与珍·艾尔丝这个名字联系在一起,感统训练的发展大致可分为理论创立以及理论与应用技术的传播两个阶段。

(一)理论创立

感统理论是建立在现代神经科学特别是脑科学基础上的。早在1906年,谢灵顿(Sherrington)和拉什利(Lashley)最早提出"感统"这一术语。1949年,赫布(Hebb)研究人脑感觉和运动的交互作用,认为人的知觉、思维等心理活动是神经系统相互联结的结果。

美国南加州大学心理学家珍·艾尔丝博士于20世纪50年代初开始致力于感统理论的研究工作。起初,她接触的问题儿童主要是学习困难儿童。她发现这些儿童大多智力正常,但呈现与正常发育同龄儿童有较大差异的行为问题,如系鞋带有困难、动作笨拙、学业成就低下等情形。20世纪60年代初,她发现学习困难儿童这一群体存在一些普遍现象,如视觉系统的信息加工存在不同程度困难、手眼或左右两侧协调有困难、触觉反应异常(过敏或迟钝)、平衡能力差等。

在综合前人研究及自身的临床实践基础上,珍·艾尔丝探讨脑处理源于视觉、听觉、肤觉和前庭觉的信息机制,结果发现:这些感觉器官过敏或迟钝的儿童,会出现学习和情绪上的问题。与此相对应,当个体的各种感觉器官功能良好且相互协调,儿童大脑的高级心理活动就能够有效运行。据此发现,她于20世纪60年代末正式提出这一儿童干预理论,1972年在美国加州成立"感统失调研究中心"(Center for the Study of Sensory Integration Dysfunction),在自己临床中实践应用,并取得不俗的效果。她认为感统是指将人体器官各部分感觉信息输入组合起来,经大脑整合作用,完成对身体内外的知觉,并做出反应。个体只有经过感统,神经系统的不同部分才能协调整体工作,使个体与环境接触顺利。①

(二) 理论与应用技术的传播

20世纪70年代初,该干预理论及技术在美国、欧洲各国迅速传播,这些国家的许多小学配建感统训练室,开展针对问题儿童的训练,取得了较好的效果。后来,它又应用于其他有神经—心理—行为发展问题儿童的干预训练中,包括智能障碍儿童、自闭症儿童、情绪障碍儿童、行为异常儿童、脑瘫儿童等。于20世纪80年代,感统的理论与实践被系统地引入亚洲的日本和韩国以及我国香港和台湾。并得到快速发展,感统训练在儿童教育机构非常普及,学校教育活动中也大量实施相关的项目,社区的儿童娱乐区域建设有感统训练设施。

 知识卡片

感觉统合训练创始人简介

珍·艾尔丝(Anna Jean Ayres,1920—1988),美国加州人,作业治疗师、心理学家,感统理论及训练技术的创始人。她是美国作业治疗协会会员(FAOTA),注册作业治疗师(OTR),一生致力于儿童感统问题的理论和应用研究。她1945年毕业于南加州大学(University of Southern California,简称USC),获作业治疗(Occupational Therapy)学士学位,1954年在该校获得作业治疗硕士学位,1961年在该校获得教育心理学博士学位。1955—1984年一直任教于USC,从事作业治疗及特殊教育的教学和研究工作。1977年开办私人诊疗机构,长期开展针对感统失调儿童的教育与训练,终生不渝。曾在加利福尼亚大学洛杉矶分校脑研究所从事博士后研究工作。她是一名著作颇丰的专业治疗师和心理学家,一生发表论文30多篇,专著多部以及大量的影像资料和标准化测评工具(Southern California Sensory Integration Tests (1972), the Southern California Postrotary Nystagmus Test (1975), and the Sensory Integration and Praxis Tests (1989)),并在大众化刊物撰写大量的科普文章。

---

① 高丽芷.感觉统合(上篇):发现大脑[M].南京:南京师范大学出版社,2008:24.

二、现状及问题

感统训练已经在许多国家、地区的儿童教育机构及相关训练机构广泛开展,成为普通儿童、各类障碍儿童教育与训练的基本干预手段之一。经过广大从业人员及研究人员的不断研究和创新,感统训练的内容不断丰富,训练方式、途径及训练设备也在不断更新。

我国于20世纪90年代初开启专业的感统训练和相关基础研究工作。北京医科大学精神卫生研究所(现为北京大学精神卫生研究所)的任桂英、王玉凤两位学者在该干预技术的介绍、评估量表的修订以及相关基础研究方面做了重要工作。经过近30年的发展,感统训练在我国得到了长足的发展,有继承、有创新,当然也存在一些需要进一步解决的问题。

1. 继承和创新

时至今日,我国的感统训练呈现全面发展势态,继承与创新并行。在硬件设施配建上,我国各地城乡的很多幼儿教育机构、小学及其相关的儿童活动中心、绝大部分特殊教育学校、不少新建居民区及绝大部分儿童游乐园和大型公园配设具有感统训练功能的游乐设施。在训练服务上,一些幼儿园、特殊教育学校、儿童医疗机构、私营教育咨询与辅导机构,开展对象广泛的感统训练、家庭教育咨询与指导。在专业人员培养上,高等特殊教育的师范教育课程中普遍介绍感统训练的理论和实践技术,特殊教育教师职后培训课程中也会涉及感统理论与实践的有关内容,一些医疗机构与感统训练器械制造商合作开展非官方的"感统治疗师"培训。在研究方面,我国针对儿童感统能力发展状况及干预技术的研究不断加强,每年有不少研究报告在多种期刊上发表。在硬件研发上,全国有许多厂家及研究机构从事感统新设备及训练技术的研发和生产。

2. 需要进一步研究和解决的问题

感统训练在服务我国儿童、青少年中也存在一些问题,主要有如下几个方面。

(1) 感统训练在城乡、发达地区与不发达地区的普及存在相当大的差异。我国的中小城镇、农村地区和不发达地区虽配备有训练设备,但人员缺乏专业培训,设备普遍闲置或使用不当。

(2) 设施设备玩具化,未能充分发挥其真正的功能。大中城市虽不缺乏该类设备,但一般作为儿童游乐和休闲的活动设备,儿童使用设备的频率及实际的训练强度都比较低,且活动形式非常局限。

(3) 从业人员少、专业化水平低。儿童教育机构中真正系统接受感统理论及训练技术培训的专业人员非常少,这是制约该类机构开展有效训练活动的关键制约因素,也是感统设备沦为一般玩具的重要原因。感统训练作为专门职业的尝试可能会有利于该领域的健康、规范和可持续发展,但是有关该领域的职业化研究并未开展。

(4) 一些机构出于自身利益考虑,过分夸大感统训练的功效,似乎儿童的问题都与感统失调有关;过分夸大儿童感统失调的发生率,似乎感统失调成为影响多数儿童,特别是男童的普遍问题,忽视儿童自身发展的潜能和儿童发展的个体差异。

(5) 科普宣教不力。国内的报纸、电视、广播等大众媒体介绍感统理论及技术相对较少,广大家长对感统常识认知率非常低,在日常生活中有意识训练儿童感统能力的意识和能力严重不足,导致一大批儿童错失更好发展的机遇。

(6) 研究的规范性有待提高。我国有关儿童感统失调的基础研究、训练技术和训练成效的应用研究规范性不高,研究结论一致性低,有价值成果少。

 本章小结

感统是脑对源于多种感觉系统的信息进行选择、解释、联系和统整的神经心理过程,是脑处理信息的基本方式。它参与个体日常生活、学习和工作的各个方面,在个体获取、加工和表达信息时发挥重要作用,是较任何单一感觉能力更为高级、更为复杂的能力,对个体日常生活和生存质量、学习活动过程及效率、心理健康、个体间的人际交往以及他人的生活产生广泛的影响。个体开展活动的复杂程度不同,其感统水平也不同,有的活动主要表现为低位统合,有的表现为高位统合。经过几十年的发展,人们对感统的概念及基本理论有了较为一致的看法,构建了相对成熟的领域内理论。随着认知神经科学的快速发展,特别是脑功能整体化研究的不断深入,人们对感统的认识将会更加深入。

个体感统能力的发育在胚胎期就开始,至青春期基本发育成熟,学龄前期及学龄期是感统能力发展的主要时期。其成熟过程有赖于脑功能的发展,并需要丰富的环境刺激。

感统能力发展不足称为感统失调,主要表现为前庭功能、触觉功能、本体感觉功能异常,这也是感统训练的基本领域。特殊儿童广泛存在感统失调,所以感统训练成为特殊儿童康复训练的基本手段,在特殊教育学校、儿童康复机构及特殊儿童家庭中广泛应用。

感统能力训练不是单一感觉系统训练,是多个感觉系统信息的整合训练,是脑功能训练。不同感觉系统信息的整合水平直接影响训练效果。

 思考与练习

1. 查阅神经解剖学、神经生理学、认知神经科学的有关知识及最新研究成果,分析感统领域内基础理论构建需要解决的问题。

2. 联系 1~2 家开展感统训练的机构,以志愿者身份定期参与机构的活动,了解训练对象的特点、训练内容、训练方法以及训练工作的组织管理等。

3. 组织一学习小组(3~5 人),广泛搜集与本学科相关的资料,并互相交流。

4. 查找中外文献并分类整理有关感统的研究论文,为后续学习做准备。

5. 浏览网站,如 http://www.siglobalnetwork.org 等。全面了解感统学科发展的历史及现状。

第2章 感觉统合训练生理心理基础

1. 熟悉触觉训练的生理心理基础知识。
2. 熟悉前庭功能训练的生理心理基础知识。
3. 熟悉本体感觉功能训练的生理心理基础知识。
4. 熟悉注意的生理心理学基础。

本章重点介绍支撑感统训练理论的生理心理学知识,加深相关从业人员对感统训练的认识,内容包括触觉、前庭觉、本体感觉等感觉的相关解剖、生理和心理学基础知识,以及注意的生理心理学知识。视觉系统、听觉系统是人体重要的感觉系统,学习和掌握感统的有关理论及实务技术需熟悉这两个重要系统的相关知识。但是,这两个系统的相关知识在心理学、人体解剖学等有关学科有详细的介绍,为避免相同内容的重复,本章不再讲述有关视觉、听觉两系统的生理心理学知识。

第1节 触觉训练的生理心理基础

与人体其他感觉器官相比较,触觉感受器是分布最广、类型最多的感受器,这与其承担多种功能相适应。触觉及其他肤觉的感受器与神经系统均源于胚胎发育中的外胚层,同根同源。神经系统大多居内,是生命活动的调控中枢;触觉感受器守外,是生命与外界沟通的重要途径和保护生命健康的"卫士"。触觉及其他肤觉的感受器是影响人们生活、学习活动最为广泛的感受器。

触觉是儿童早期认识世界的主要途径,并在人的一生中起着非常重要的作用。在个体胚胎发育期以及儿童出生后的早期,如果触觉功能发展异常,就会给儿童的多方面能力的发展带来不利影响。在各类特殊儿童中,触觉功能异常有一定的普遍性。所以,触觉功能训练是感统训练的基本内容之一。了解触觉的生理心理学知识是开展触觉功能训练的基础。

一、概述

触觉(Tactile Sense)是体表受到压力、牵引力等机械作用时相应的感受器所引起的肤觉之一。狭义的触觉,指刺激轻轻接触皮肤触觉感受器所引起的肤觉。广义的触觉还包括压觉(增加压力或持续刺激皮肤所引起的肤觉),所以一般把这类肤觉统称为"触压觉"。触觉、温度觉和痛觉等皮肤感觉合称肤觉。特殊儿童不仅存在触觉功能异常,温度觉和痛觉也存在问题。它们都影响儿童感统能力的发展。所以,感统训练需关注儿童肤觉的各个方面。

(一) 结构

每种感觉的产生需要有与此相适应的结构。人体触觉及其他肤觉感受器的结构有其独特性。有的结构复杂,研究得还不是很清楚;有的结构简单,它们本身就是感觉神经末梢,研究得比较清楚。至今,人们对触觉各种外周器官、触觉的神经传导通路及大脑中的功能定位有了较为清楚的了解,对其功能作用以及发生发育也有了一定认识。

1. 感受器

触觉感受器是人体涉及面最广的感受器官,神经末梢和特殊感受器广泛地分布在表皮、真皮及皮下组织内,以感知体内外的各种刺激,做出相应的神经反射。触觉感受器主要有3种:梅克尔氏小盘、麦斯纳氏小体和感受触觉刺激的神经末梢,它们的功能各不相同,感受的刺激属性也不一样。许多肤觉感受器的功能和生理机制目前还不是很清楚。

触压觉的绝对感受性在身体表面的不同位置有很大的差别。一般说来,活动程度较大的地方触压觉的感受性较强。头面、嘴唇、舌和手指等部位的触觉神经末梢分布极为丰富,触觉敏感性高,而背部的敏感性较低,躯干及四肢的敏感性居中。触觉两点阈值(用测触器刺激两个点,能感觉为两点而不是一点的最小距离)来表示皮肤触觉的感受性大小。这个阈值因皮肤上不同部位而异,如舌尖的阈值约为 1.1 mm,手指尖端约为 2.2 mm,手掌约为 9 mm,而背部则达 67 mm。[1][2]

2. 信息传导通路及中枢功能定位

触觉等肤觉信息传导入脑的过程比较复杂。躯干四肢与头面部的触觉信息有不同的传导通路。精细触觉和粗略触觉的传导通路也不一样。

精细触觉信息沿本体感觉(深感觉)传导通路来传递,传导路径大致是:精细触觉感受器首先将刺激转换成神经冲动,随后神经冲动经脊神经节细胞(第1级神经)、延髓中的第2级神经元、背侧丘脑中的第3级神经元将信息传导到大脑皮层的初级感觉区,形成相应的触觉感受。

躯干、四肢皮肤的粗略触觉与温度觉、痛觉有相同的神经传导通路。首先,躯干、四肢的浅感觉感受器将刺激转换成神经冲动,随后神经冲动经三级神经元的接力,将信息传导至大脑的初级感觉区,形成相应的粗略触觉和温度觉、痛觉。它们的每一级神经元、传入神经纤维及其在大脑中的具体感受区与精细触觉是不同的。

头面的触觉与该部的温度、痛觉有相同的神经传导通路。首先头面部皮肤黏膜的浅感觉感受器的信息经第1级神经元(三叉神经节)传入脑干的第2级神经元(三叉神经脑桥核和三叉神经脊束核),然后沿着三叉丘系到达第3级神经元(丘脑的腹后内侧核),最终投射到大脑中央后回下 1/3 处,形成头面的浅感觉。[1][2]

(二) 功能

皮肤的各种感觉器官是个体感受内外环境变化的重要感受器,也是个体间进行交流和认知学习的重要信息获取途径,如触觉帮助个体感受并区分潮湿和干燥、热和冷、软和硬、平滑和粗糙等个体所接触的环境的特质与属性。触觉及其他肤觉在儿童的成长中具有多方面重要功能。

---

[1] 于频.系统解剖学[M].北京:人民卫生出版社,1997:261.
[2] 左明雪.人体解剖生理学[M].北京:高等教育出版社,2003:156.

1. 感知功能

体肤的触觉感受器可以感知刺激表面的光滑程度、刺激物的质地、刺激的强度以及刺激的面积大小等,可以感受静态物体形状、大小等线性度量和立体构象,可以感受动态的刺激,如刺激变化方向和振动大小等。

2. 防御和保护功能

个体对触压、冷热及疼痛等刺激做出合适的行为,躲避伤害,保护自身的安全。

3. 肌肉及心理放松

刺激触觉感受器及其神经末梢可以起到舒松紧张的肌肉和心理状态的作用,如伸一伸懒腰、洗浴按摩体肤,可以使紧张的肌肉和心绪得以放松。母亲的轻拍和拥抱会使婴儿的哭闹立刻终止,破涕为笑。

4. 传递个体间的情感

触觉可以表示亲密、善意、温暖与体贴之情,是启迪人们心灵的重要途径。在儿童的发育过程中,成人的抚摸、拥抱、亲昵等触觉刺激,对他们形成良好的情趣情感至关重要,也是成人抚育子女的最基本手段。

5. 奖惩功能

抚摸、轻拍等轻柔的体肤接触有鼓励作用,而击打、掐扭等过重的刺激会向刺激接收者传递不满情感,使其行为受到惩戒。

(三) 发育

皮肤感觉是个体感觉系统中最先发育的。其中,触觉和痛觉最早出现,胚胎第 7 周的口周围就有触觉感受器,随后发展到面部、四肢及全身,胚胎第 11 周的手和脚出现肤觉感受器,胎儿第 20 周感受器遍及全身皮肤。从外周到大脑皮层的感觉通路直到胎儿第 29 周才形成,晚于皮肤感受器的形成。[①] 新生儿的体肤触觉已经非常敏感,结构及其基本功能发育成熟,出生后的 1~2 个月内就对各种触觉刺激做出相应的反应,这是他们认识新世界的主要渠道。在儿童的整个发育期内,触觉仍然是儿童认识外部世界和自我形象非常重要的信息通道,比如学龄前儿童总喜欢摸、捏、挤、压接触到的目标。

二、触觉对儿童发展的影响

触觉是儿童最早发展的能力之一,丰富的触觉刺激对儿童的认知、情绪情感及社会交往的发展都有着重要影响。

(一) 触觉是儿童认识世界并促进自我完善的基本途径

触觉对儿童的发展具有特殊重要性。首先,触觉刺激是儿童感觉、认知、运动等的发展基础。皮肤和中枢神经系统同是由胚胎的外胚层形成的,同根同源。发育个体从胚胎到出生后的生长发育早期,触觉刺激总是伴随神经系统的发展,对神经系统特别是脑功能的完善起着重要且持久的作用。个体在胎儿期直到婴幼儿期,皮肤触觉的敏感性非常高,是个体早期获取各种信息的主要感觉通道,为其他感觉通道获取其他性质信息奠定基础。早在胎儿期,个体的体肤就和羊水及胎盘内壁不断发生碰触,刺激中枢神经的发展。出生时个体要经

---

① 蔡文琴. 发育神经生物学[M]. 北京: 科学技术出版社, 2007: 496-497.

过产道的挤压,接受强度较大、涉及全体肌肤的触觉刺激,唤醒躯体各种器官的功能。在成长中,婴幼儿吸吮母亲乳头、接受他人特别是母亲的爱抚、躯体翻滚及触摸抓握物体、嬉戏等,都使体肤的触觉感受器得到刺激,并获取对客体的认识,这是儿童最早的学习方式。这种早期的触觉刺激,对儿童的健康成长和认识世界具有重要作用。

其次,触觉感受器在体肤分布广泛,触觉的信息传输呈现广泛性特点。头面部与躯体其余部位的触觉信息输入通道不同,精细触觉与粗略触觉信息又分别由独立神经通路通向大脑,触觉信息的多种传输线路与中枢不同节段的其他神经中枢存在广泛联系,促进大脑皮层下结构的发展。所以,触觉对个体的全面发展有重要影响。

(二) 触觉影响儿童的社会交往

触觉对儿童的社会交往也有至关重要的影响。肌肤接触是儿童早期与成人交往的一种主要方式。正常婴儿出生时,给予婴儿触觉刺激是父母对新生儿行为影响的非常重要的部分。父母触摸或摆弄孩子的身体、亲吻体肤、轻轻摇动等均是最早的对孩子的肌肤接触。触觉是亲子建立感情的主要途径,婴幼儿通过触觉理解亲人的关爱。触觉也是影响儿童社会交往发展的重要因素。有资料表明,19世纪早期,在美国社会福利院里生活的婴儿,几乎得不到触摸抚爱,尽管他们的其他基本需要得到了满足。成年后,他们不愿让人触摸,适应能力较差,社交能力欠佳,更易焦虑、紧张和退缩等。

在儿童的成长过程中,被别人触摸或触碰,抑或是去触碰别人,也是很重要的社会交往方式。事实上,人的身体动作、体态语言、情绪表达等的实现多离不开触觉的参与。人的身体动作、体态语言往往会不由自主地泄露情感的微妙变化,如有的人会在害怕时手捂嘴、害羞时用手遮眼睛,当人感到焦虑、忧郁或孤独时,会做出叉手的动作等。同时,触觉作为一种有效的社会交际方式例如握手、拥抱或亲吻等,在人类的社会交往中起着独特的作用,能够引起热情、友爱甚至厌恶等方面反应。

此外,触觉与视觉相互协调和整合能使个体更好地认识目标,如对目标的细微觉察,触觉和视觉的协调配合就比单纯通过视觉而获得的信息要全面、丰富。触觉和听觉结合使个体更好地理解和表达情感,建立和谐的人际关系。触觉与前庭觉、本体感觉有机统整使个体行为举止更加协调、顺畅、安全和高效。触觉在儿童的社会交往、情绪情感发展上具有重要作用,在成人的社会交际、情感交流中也不可缺少。

(三) 安全、自我保护

儿童体格的健康发展也离不开触觉刺激。在儿童的成长过程中,如果每天得到更多抚摸,其体重会很快地增加,免疫系统功能也会随之加强。相反,如果孩子从小缺乏这种接触,他们通常会寻找一些替代的解决办法,如吸手指或咬指甲等。有研究表明,儿童与母亲或其他人体肤接触频率高的家庭中,儿童较少出现不良习惯。

医学研究表明:触觉刺激可以增加迷走神经的活动,提高机体免疫功能,增强婴儿身体抵抗力。按摩可促进婴儿的肌肉的协调发展,并使全身舒适,使孩子易安静入睡。通过皮肤的抚触可改善皮肤的功能,促进血液循环,保持皮肤的清洁和弹性。实验证明,经抚触的新生儿奶量摄入高于对照组。抚触可以促进胰岛素、胃泌素的分泌,增加儿童食量。

触觉防御高的儿童适应新刺激存在一定困难,喜欢固着于熟悉的环境和动作中,喜欢保持原样,伴随重复语言和重复动作,不愿主动学习新东西。不喜欢他人触摸,任何细微的刺激都会引起反应。人际关系冷漠、常陷于孤独之中。怕人、远离别人。害怕拥挤,拒绝排队。胆小、害羞、缺乏自信。不喜欢碰触某些粗糙的衣料或物品。怕风吹(空气流动会使得其汗毛拂动并产生痒感)。热天穿长袖衣服,拒绝理发、洗头或洗脸。挑食偏食。用指尖拿东西。个人空间太大,对不经意的碰撞敏感甚至会反击。人际关系紧张,注意力不集中,心神不定等。这种儿童因个性孤僻,明显存在交友困难,容易与人发生冲突争吵,攻击性强。

触觉及其他肤觉失敏的儿童也会出现异常行为,如频繁搓揉特定物品、自伤行为、吮吸手指、啃指甲、挤咬双唇、咬人、掐/扭人等,也会影响其学习、生活、人际交往以及个人形象。

第2节 前庭觉训练的生理心理基础

前庭觉最为人们所熟知的功能是其参与躯体平衡调节,甚至是平衡控制的代名词。其实,人体平衡调控是在视觉、本体觉和前庭觉多系统协同参与下完成的,前庭系统起主要作用。前庭系统非常复杂,与多个感觉系统、小脑和大脑等存在广泛联系,参与调节人体的多种活动,是非常重要的感觉系统。前庭系统发育周期长,易受多种不良因素影响。所以,儿童更易出现前庭功能失调,特殊儿童尤为突出。前庭功能训练是感统训练的核心。

一、概述

前庭觉(Vestibular Sense)是指在受地心引力作用及个体躯体移动(特别是头部运动)刺激时形成的感觉。前庭感受器位于内耳,结构独特,其感受的躯体运动信息传入中枢后与小脑及其他神经核建立广泛联系,参与人体多种活动。前庭系统发育始于胚胎早期,经历胎儿期及儿童发育早期的漫长历程。

(一)结构

前庭感受器(Vestibular Organs)和听觉感受器同处内耳。它们通过位听神经与中枢发生联系。内耳结构复杂而精细,称为"迷路",内耳迷路由骨迷路、膜迷路两部分组成。外层骨质为骨迷路,其内穿套膜性管道,名为膜迷路。膜迷路与骨迷路之间以及膜迷路内部均充满淋巴液,前者称为外淋巴液,后者称为内淋巴液,两种淋巴液并不相通,成分和比重也不相同。膜迷路包括:椭圆囊、球囊、膜半规管及蜗管,它们相互贯通。声音及身体运动会引起淋巴液波动,刺激听觉感受器或前庭感受器,从而产生相应的感觉神经冲动。

1. 感受器

前庭感受器位于膜半规管、椭圆囊、球囊。每侧内耳的三个膜半规管,分别为:前膜半规管、后膜半规管和外膜半规管。各膜半规管一端有球形膨大部分,称为膜壶腹,其上黏膜增厚并突起称为壶腹嵴,嵴的长轴多与管腔内的液体流动方向相垂直。这种结构保证壶腹嵴接触有效刺激,准确感觉运动信息。膜半规管与蜗管之间是前庭,内有前庭囊,包括椭圆囊和球囊,其上各有囊斑(见图2-2-1)。

图 2-2-1 前庭器官示意图

膜半规管的壶腹嵴和前庭囊上的囊斑内有毛细胞。当身体移动时,管内淋巴液流动,淋巴毛细胞兴奋,将运动信息(机械能)转化成电信号(神经冲动)。神经冲动沿前庭神经传入中枢。

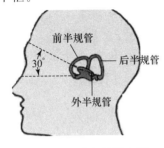

图 2-2-2　半规管排布图

三个半规管之间互呈 90°夹角。人直立头前倾 30°时,外半规管所在平面与地平面平行,前半规管位于与矢状线约呈 45°的矢状平面内,后膜半规管位于与冠状线呈 45°的冠状平面内(见图 2-2-2)。膜半规管感受人体旋转角加速度。如躯体左旋时,左侧外膜半规管中的内淋巴因惯性挤压壶腹部,该处毛细胞兴奋增强。与此同时,右侧外膜半规管中壶腹毛细胞兴奋减弱,左右信息差异是人脑判定躯体是否旋转、旋转方向及强度的依据。前半规管和后半规管分别感受前屈后伸和左右摇摆的变速运动。当运动停止后,内淋巴的移动在 3 秒内即停止,而毛细胞回到静息状态却要 25～30 秒钟,期间,人会有一种反向旋转的感觉。

椭圆囊大致位于冠状平面内,与外半规管平行,主要感受水平方向直线变速运动,并影响四肢屈/伸肌的肌张力,如人行走的起步与立定等。有研究证明该囊斑还可能具有感知低频声波和次声波的功能。球囊位于矢状平面内,与地面呈近似垂直位置,与椭圆囊呈 90°夹角,主要感受垂直方向直线变速运动,并影响四肢内收/外展肌的肌张力,如人在电梯启/停、起立/下蹲时的感受等。

2. 信息传导通路及中枢功能定位

前庭系统的神经传导通路是已知神经通路中最为复杂的信息传递系统之一,尚有诸多问题不太清楚。前庭觉信息的传递过程大致为:前庭感受器的毛细胞将躯体动觉信息传递给前庭神经节(第 1 级神经元),随后信息经前庭神经将大部分信息传入脑干的前庭神经核(第 2 级神经元)。前庭神经有两个分支,分支之间存在结构上的联系,两分支还与耳蜗神经、面神经之间有小分支相吻合,加强与其他感觉信息的沟通与整合。[1][2] 位于脑干的前庭神经核体型较大,左右各四,分别是前庭内侧核、前庭外侧核、前庭上核和前庭下核,总称前庭核复合体或前庭神经复合核。复合体发出多支神经纤维与脊髓、脑干、中脑的多个神经核以及小脑、大脑等部位建立广泛联系。其一,前庭脊髓通路。复合体向下发出多条神经纤维到达脊髓,与本体觉、视觉共同完成躯体平衡调节。人体运动过程中的平衡调节主要依赖前庭系统(起到 60% 以上的作用),其次是本体觉和视觉系统。姿势调节以本体觉系统为主,其次是视觉和前庭觉系统。其二,前庭自主神经通路。复合体与自主神经存在广泛联系,调节人体血压、心率、呼吸以及情绪。强烈的前庭刺激会引起呕吐、恐惧、血压和呼吸改变等。其三,前庭眼动通路。复合体与动眼神经核、滑车神经核、展神经核存在神经联系,调节眼球运动,影响视觉系统的功能。在静止或低速运动中,视觉功能的维持主要依靠视觉系统本身;在高速运动中,清晰的视感知主要依赖前庭系统调节。其四,前庭小脑通路。复合体与小脑有广泛神经联系。一方面复合体通过相应的神经通路将信息传入小脑,另一方面小脑又会

---

[1] 于频. 系统解剖学[M]. 北京:人民卫生出版社,1997:258-259.
[2] 左明雪. 人体解剖生理学[M]. 北京:高等教育出版社,2003:152-153.

将分析和整合后的信息反馈回前庭,调节复合体的活动,同时小脑还会将信息传入高位中枢。其五,前庭大脑通路。复合体发出信息可通过2~3条通路到达大脑皮层的前庭中枢,形成前庭知觉,即感知人体的运动状态(是静止还是运动、运动的速度以及速度的变化等)。前庭中枢在大脑中的具体部位尚不确定,可能在中央后回的某个区域,也可能在颞上回的某个区域。其六,前庭网状结构通路。复合体发出的神经纤维与脑干网状结构存在非常广泛的联系,对中枢上传下达的多种信息起着整合作用,很可能与维持大脑的觉醒水平有关。此外,复合体与视觉系统和本体感觉系统也存在神经联系,左右复合体也有神经联系。

总之,前庭系统结构复杂、功能强大,研究感统必须深究前庭系统。

(二) 功能

前庭系统复杂的结构和广泛的神经联系,决定其在个体的生命活动中起着多方面重要的功能。

1. 感知及平衡调节功能

前庭系统感受地心引力以及躯体空间位置变化,在大脑形成位置觉,觉知身体运动速度及其变化。它与本体觉和视觉等的感知系统协同调节个体平衡和姿势维持,确保个体有效进行各种活动和身体安全。

2. 辅助调节功能

前庭系统与自主神经、控制视觉的神经核团以及小脑存在联系,辅助调节心血管、呼吸、情绪等。对视觉系统的调节有重要意义,确保个体在运动状态下可以有效地获取和处理视觉信息。

3. 维持中枢觉醒功能

脑干网状系统是维持中枢兴奋、保持大脑觉醒的重要结构。前庭神经核复合体本身是脑干中非常重要的结构,它又与其中的其他许多神经核团建立了广泛联系。它们协同向高位中枢传输各种信息,使大脑处于合适的觉醒状态,确保大脑有效进行信息加工。

4. 选择与整合功能

良好的前庭功能确保视觉、听觉、本体觉等的有意义信息连续稳定传入中枢,有效屏蔽无关信息的干扰,为个体有效学习、高效工作提供神经心理的基础保障。它还可以整合来自大脑、小脑以及其他感觉系统的信息,提高信息处理的准确性和效率。

前庭功能不良会给个体的生活、学习以及其他心理活动造成诸多不利影响,如难以精确高效地完成肢体动作、平衡控制差、注意力不集中,以及阅读、听写及书写上的困难等。特殊儿童普遍存在前庭功能失调,前庭功能训练对改善他们多方面功能有重要作用。

(三) 发育

儿童的前庭功能发育早、历程较长,可能持续整个胎儿期及儿童发展期,特别是学龄期(6~8岁)以前,可能是儿童前庭功能发育和完善的关键期。

当个体处于胚胎发育阶段时,在母亲的运动及重力的作用下,胎儿的前庭系统处在不断的发育中。当胚胎发育到第4周时,前庭器官开始发育。胚胎8周左右,内耳半规管大致成形,胎儿6个月大时,半规管发育水平接近成人,前庭核也开始与小脑建立神经联系。[1] 出生

---

[1] 孙开来.人类发育与遗传学[M].第二版.北京:科学出版社,2008:151-152.

后,前庭系统与运动系统相互影响,两者均快速发展。正常发育的儿童在出生时就对躯体失衡有明显的反射性活动,如抓握母亲、肌肉紧张等。出生后的1~2个月内就可以保持头部的直立和转动、2~4个月的翻滚、4~6个月的撑趴和坐、6~9个月的爬行、9~11个月的站立、周岁的独立行走、2周岁左右的单脚站立和3周岁左右的单脚跳跃等。儿童早期运动能力的发展建立在前庭功能发展的基础上,同时儿童的运动能力发展又促进前庭功能的完善,两者同步进行、互相促进。

二、前庭觉对儿童发展的影响

前庭觉是人体重要的感觉系统之一,与儿童的全面发展直接相关。

(一)前庭觉奠定儿童健康发展的基础

儿童正常生活、学习活动中的躯体平衡控制,动作及行为的精确表达,以及脑功能的发展等方面都离不开前庭觉的参与。前庭觉参与儿童学习和生活的各个方面。

1. 维持正常的姿势

前庭器官不断将躯体动、静态信息传入中枢,确保个体头部与躯体保持合理的、省力的姿势状态,实时应对失衡,维持身体平衡,为个体开展各种动、静活动提供保障。如果这方面功能不良,个体无法及时感觉躯体位置变化,表现出反应迟钝、易跌倒或撞击他人/物品等现象。

2. 运动发展的基础

如前所述,儿童运动发展的各个重要阶段都伴随前庭功能的发展和完善。前庭系统参与运动的感知和调整,是儿童运动能力发展不可缺少的功能系统之一。前庭功能异常直接影响儿童的动作表达,如动作笨拙、手脚不灵活,体态僵持,甚至害怕运动。

3. 促进大脑发育

前庭感觉系统和大脑之间存在广泛而密切的联系,不断向大脑输入多种信息,对促进儿童大脑皮层及皮层下结构发育起重要作用。

4. 提高注意力和反应灵敏度

前庭系统参与维持中枢的觉醒和警觉,在促进儿童注意力发展和维持个体注意过程起着重要作用。面对新异刺激或"突发事件",个体可以快速有效应对。不少特殊儿童存在前庭功能失调,中枢唤醒水平低、警觉性差,常常云里雾里、差错频发。

5. 确保其他感觉信息有意义

个体对目标的全面认识需要多种感觉通道的协调参与,各感觉通道能否及时、准确和持续定向于目标并避免无关刺激的干扰,很大程度上有赖于前庭系统的高效等位功能。前庭器官适时调整个体头和身体的方向,使个体的视觉、听觉和触觉进行有效的感觉,这样个体的其他感觉信息才能真切反应客体的信息。前庭功能欠佳的儿童或成年个体,视觉随目标的移动和变换而实时定向就变得困难,或不能高效获取移动的视觉刺激信息,无法判断视觉空间等。这在学习困难学生身上表现得非常明显,如阅读中的跳行、漏/添加字词,动作多余而不自知等。

(二)前庭觉影响儿童情绪行为及社会交往

儿童的前庭功能还会影响其情绪行为及社会交往。良好的前庭功能有利于儿童调控自身的情绪行为状态,建立良好的同伴关系。

1. 使心情变得舒畅、安心

前庭刺激会对儿童情绪行为产生影响,如婴儿喜欢摇篮的晃荡,哭闹的婴儿被抱起或晃动时会变得安静。独立行走后儿童喜欢转圈、喜欢走田埂等以给予自身失衡刺激。自闭症儿童喜欢转圈、荡秋千等使其产生前庭觉刺激的游戏和活动。即使是成年人在摇摆的设施上接受前庭刺激也会觉得心情舒畅、身心放松。所以,可以肯定前庭系统作为参与个体活动非常广泛的系统,也会与人类个体的情趣情感系统之间有着联系,只不过当前的此类研究还比较少,了解不多。

2. 影响儿童的人际交往

人际交往是建立在个体间感觉、运动、言语语言和情感等方面有效互动的基础上,前庭系统在这方面可能起着至关重要的作用,特别是在个体的儿童期。临床上,会发现存在前庭功能缺陷的儿童,在与同伴交往中面临不少困难,遭同伴排挤、不合群等。这样的儿童可能因动作过大伤害到同伴而使游戏环节终止,或答非所问、视而不见,视听觉与动作不能有效配合,而儿童对这些问题往往并不知道,更不能理解同伴为什么会做出那些不可思议的反应。

总之,前庭系统作为广泛参与个体内外活动的系统,在儿童的生长发育和个体的生活学习中起到非常重要的组织协调和维持个体觉醒状态的功能。前庭系统发育不良给儿童带来多方面的不利影响,如导致不自信、恐惧、伤心、生气、过度兴奋等情绪问题。

第3节 本体感觉训练的生理心理基础

触觉、听觉及视觉系统是人们感知外界的主要感觉系统,而本体感觉和前庭觉系统则是感受个体自身身体活动状态的感觉系统。人们的日常活动正是在本体感觉与中枢间信息交流和反馈调节的基础上实现的,比如个体闭眼能够清楚知觉自身躯体各部位所处的位置、肢体的运动方式、方向、幅度、速度等运动和静止的各种要素,也能够在本体感觉信息输入的基础上和中枢的调控下完成非意识性的活动,如走路、吃饭和穿衣及其他活动。有人将前庭觉也归入本体感觉范畴,这是不科学的。尽管两者都参与位觉形成和平衡调控,但它们的感受器、神经传导通路及中枢功能区都不同。

在各类特殊儿童中,本体感觉失调现象较为普遍,给儿童运动能力及相关能力的发展造成一定的不利影响。所以,在感统训练中,本体感觉训练是仅次于前庭觉训练的另一重要内容。

一、概述

本体感觉(Proprioception)是个体感受自身所处的空间位置、运动状态及其变化的感觉。时至今日,人们对本体感觉系统的感受器、本体感觉信息的传导通路及其中枢功能定位的研究比较清楚,对本体感觉的各种功能有了较为清晰的认识。但是,有关本体感觉系统早期发育的研究还不多,可能同肌肉及关节的发育保持一致。

(一)结构

本体感受器官是位于肌肉及肌腱深处的特殊装置,感受肌肉及肌腱受牵拉的机械信息。

这些信息经由意识性本体感觉通路和非意识性本体感觉通路传导至大脑的感觉区和小脑，感受躯体不同部位的空间位置、躯体运动状态，并参与身体姿势、动作及平衡的调控。

1. 感受器

本体感觉的感受器称为本体感受器（Proprioceptors），它位于肌、腱、关节等运动器官上，名为肌梭和腱梭，因感受器分布的位置较深，所以本体感觉又称深感觉。

肌梭（Muscle Spindle）是分布于骨骼肌内部的梭形小体，呈纺锤形，长约 1~7 mm，外被结缔组织囊，其内含有 2~12 条细小的梭内肌纤维。感觉神经纤维末梢细支呈环状包绕梭内肌纤维的感受装置部位。梭内肌纤维受 γ 运动纤维支配，γ 运动纤维分布在梭内肌纤维两端的收缩成分上，其活动增强时，梭内肌纤维收缩，提高肌梭内感受装置的敏感性（见图 2-3-1）。肌梭附着在梭外肌纤维（肌肉收缩单位）上，与肌纤维平行排列。同步感受肌肉活动的各种属性。

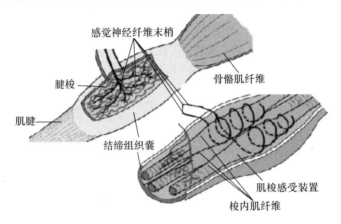

图 2-3-1　肌梭、腱梭及其神经纤维示意图

（引自：http://amuseum.cdstm.cn/，略有修改）

腱梭（Tendon Spindle），也称为腱器官，分布于肌腱胶原纤维之间，与骨骼肌的梭外肌纤维串联，而且它不受运动神经支配，这两点与肌梭在骨骼肌中的情况有所不同。腱梭也呈纺锤形，其内的腱纤维束上缠绕着感觉神经末梢，这与肌梭感受装置的结构相似。腱梭的功能是当骨骼肌受到强力牵拉时反射性引起肌肉舒张。具体过程是：骨骼肌纤维收缩张力增加时，腱梭感受到来自骨骼肌牵张力刺激而兴奋，冲动经感觉神经传入中枢，随后反射性地引起肌肉舒张。腱梭同肌梭一道感受个体肌肉活动状况，并将这些信息转变成神经冲动，确保个体活动中维持适当姿势以及各肌肉活动间的协调。此外，关节囊也存在动觉感受器，感受关节韧带活动。[①]

在个体活动中，本体感觉信息往往会被视、听觉和其他感觉信息所遮蔽，感觉并不强烈真切，故本体感觉也称为淡感觉。所以，本体感觉功能训练要注意引导儿童有意识感受本体觉信息，或者在其他屏蔽的状态下训练本体觉，如闭眼倒行等。

2. 信息传导通路及中枢功能定位

本体感觉传导通路分为两种：意识性本体感觉传导通路和非意识性本体感觉传导通

---

① 周衍椒，张镜如.生理学[M].第三版.北京：人民卫生出版社，1997：258-259.

路。前者在触觉传导通路已经介绍,它与精细触觉拥有相同的信息传导通路,信息传入皮层特定初级感觉区,形成对空间位置、姿势以及身体各部位的运动情况的感觉。非意识性本体感觉传导通路由两级神经元构成,最终将信息导入小脑。具体讲:肌、腱、关节的本体感受器的信息经过第 1 级神经元(脊神经节)传入脊髓的第 2 级神经元,随后信息沿着特定神经纤维进入小脑皮层。小脑对来自该通路的信息与其他信息加以整合和分析后又会向椎体外系传出信息,反射性地调节肌紧张力和协调运动,维持身体的姿势和平衡。该通路的信息不像传入大脑皮层的信息形成相应的运动觉,但能够快速调节个体的运动状况,确保个体运动过程的流畅、协调和高效,同时也大大减轻大脑皮层的工作负荷。

(二) 功能

1. 感受运动状态,促进大脑功能的发展

儿童在运动中不断将运动觉的信息输入大脑,形成对躯体各个运动部位及其运动属性的感受和理解。在儿童发育历程中,有效的运动觉信息的输入刺激大脑相关区域的发展以及各级运动调控中枢功能的完善,促进中枢不同感觉通道之间的交流和沟通。

2. 促进运动发展,提高行为的表现力

本体感觉系统的活动也是一个反馈调节系统,运动状态与本体感觉之间不停地进行信息沟通与交流,使得个体外在行为协调一致,流畅高效。个体的一举一动是否满足完成目标的需要离不开本体感觉实时传入中枢的信息。

(三) 发育

在妊娠的中后期,胎儿开始出现活动,加之母亲的运动,胎儿的本体感觉得到发展。本体感觉的发展与其他感觉一样是一个随着中枢功能发展不断完善的过程。作为感受个体运动状况的感觉系统,本体感觉发展与个体的运动能力发展相助相长,相互影响。出生后一个多月的婴儿就可以在母亲的怀里调整姿势,但本体感觉系统的完善可能一直持续到学龄期的后期。期间,1~3 岁的婴幼儿期是儿童运动及其本体感觉发展的非常重要时期,3~6 岁期间它的功能更加精细、高效,儿童的精细动作能够较好地进行。

二、本体感觉对儿童发展的影响

个体正常的生活、学习、工作以及其身心健康均离不开运动。本体感觉系统是个体有效开展运动不可缺少的感觉系统。就儿童成长而言,本体感觉不仅直接参与儿童运动能力的发展,而且对其他能力发展也产生重要影响。

(一) 本体感觉对儿童运动企划的发展至关重要

运动企划也称运动计划,是指个体在形成运动的一系列动作前,中枢神经系统在整合视觉、听觉、皮肤觉、本体感觉、前庭觉等基础上做出的运动设计,包括运动器官的调集,运动中肌肉参与的类型,运动的方向、速度、力量以及运动程序等。本体感觉在个体运动企划的形成中扮演重要角色,并在推动儿童运动企划能力由低级到高级的发展起着不可或缺的作用。儿童早期由于运动企划较为粗糙,行动晃荡、动作不稳、准确性差,但是随着脑功能的发育水平的提高和活动刺激的积累,他们的运动企划能力随年龄增加而提高。运动企划的良好发展使儿童的运动动作流畅、高效、省力,姿态稳定或变化有度,行动与其他感觉器官配合更加协调,儿童对自己的行为表现更加有信心。

(二)本体感觉直接影响儿童的学习能力

本体感受器作为感受个体自身运动状态的感觉器官,其功能正常与否直接反映在个体的外显行为上,如肢体动作与其他感觉器官间的协调(如手-眼/耳的协调)、不同运动器官在同一系列活动中的协调、同一运动器官序列动作的衔接和过渡以及各种动作的精细度。这些与本体感觉密切相关的外显行为是个体日常生活活动、学习活动的基础,如书写、绘画、阅读、朗读、体育锻炼、舞蹈、体操及个体间交流等均离不开本体感觉的参与。儿童良好的本体感觉功能发展确保儿童顺利完成与其发育水平相适应的日常生活和学习活动,否则会给儿童造成一定的困难。比如写字,本体感觉功能发育不良的儿童往往出现:写字动作僵硬、频繁折断铅笔尖、书写笔画不流畅或比例失调等。可能出现言语障碍,如言语发育迟缓、发音不清、口吃等。也可能造成躯体伤害,如动作过大导致自身身体受到伤害或伤及他人。严重者还可能出现其他伴随性问题,如小动作多、坐立不安、脾气暴躁、粗心大意、做事缺乏激情和自信心等。当然,正如感统理论所强调的,儿童学习中的这些问题多是内外多种因素导致的,不单纯是单一的本体感觉功能失调所致。

第4节 注意的生理心理基础

注意是信息出入中枢重要的生理心理活动现象,是各种感知觉、记忆、思维等心理过程得以实现的基础。它是心理学、生理学、生理心理学、教育学等多学科持续研究的重要领域。这与它在人们正常生活学习中所起的重要作用密切相关。本节综合各学科的研究,介绍注意的基本问题(包括注意的概念、属性、分类、特征、活动表现以及儿童注意的发育)、注意的生理心理机制、注意的功能及其对儿童成长的影响。这些基础知识对开展儿童感统训练至关重要。

注意缺陷是各类特殊儿童非常普遍的问题,也是感统失调的基本特征之一。所以,在特殊儿童的感统训练中,注意就成为评估和教育训练的基本方面。

一、概述

注意是个体趋向并关注一定对象的复杂心理活动过程,表现出特定的属性、特征和形态,并受关注对象属性、个体发育水平以及其他心理活动等影响。

(一)注意的属性

注意最基本的属性是指向性和集中性。

指向性是指个体心理活动在某一时刻有选择地关注特定的对象。这一属性使个体启动了聚焦于特定对象的心理过程。故,注意的指向性用以保证个体的心理活动能清晰而准确地把握特定对象。

集中性是指心理活动关注特定对象的强度,抑制无关刺激的干扰,确保感觉器官充分摄入"特定对象"呈现的刺激信息,以及中枢对摄入信息的充分反映和分析。注意的集中性保证个体对注意对象有更深入完整的认识。

指向性和集中性统一于同一注意过程,确保注意的产生和维持。

(二)分类

注意从不同角度分为不同的类型。

1. 无意注意、有意注意和有意后注意

根据注意发生时有无预定目的以及是否需要意志努力的参与，注意分为：无意注意、有意注意和有意后注意。

无意注意是在外部刺激的直接作用下，个体反射性地进行无预定目的、无需意志努力的朝向反应。传统神经生理学及条件反射理论认为：无意注意是一种被动的非选择性注意过程，主要受刺激强度或刺激的新异程度的影响。朝向反应是无意注意的外在表现，它发生的生理心理机制同样是无意注意发生的基础。当视觉器官、听觉器官或（和）其他感觉器官受到新异刺激时，个体原有的心理活动及躯体活动突然停止，头面部甚至整个躯体反射性地趋向刺激物呈现的方向。

有意注意是指个体依预定目的，在意志努力下关注特定对象的注意过程，它是个体有意识调控下的积极主动的活动形式。有意注意是中枢多个功能区参与的结果，是个体进行学习、研究等高级认知活动和社会活动的基础。与无意注意相比较，有意注意需要调集更多的心理资源来维持，较易出现疲劳。

有意后注意是指有预定目的，但无须意志努力的注意过程，它是在有意注意的基础上，随着个体对特定对象认识的积累及在积极情绪体验的支持下形成的注意。有意后注意是中枢的更高级活动形式，是人类个体持续发展、有所创造和成就的基础。该注意形式也不易疲劳。

在个体的生活学习中，三种注意过程同时或相间出现在个体的各种心理活动和行为活动中，都对人类个体正常生活、成长发展产生重要的影响。

2. 视注意、听注意等

根据感知系统的不同，注意可分为视注意、听注意、体感注意、动感注意等。个体不同感知系统的注意水平是不同的，有的人视感知注意更好，通过视觉途径获取信息就占有优势，有的听感知注意占有优势。

3. 接收性注意和表达性注意

从信息出入中枢来讲，注意可分为接收性注意和表达性注意。前者发生在信息被感觉器官摄取和传输的过程中，后者发生在中枢输出信息到效应器的过程中。两者相互联系、动态反馈，确保信息流传入或输出的准确性、连续性和流畅性。

(三) **注意的特征**

注意有多种特征，如注意有一定的广度、稳定性和紧张性，可以分配和转移，了解这些特征及其在个体活动中的意义对于全面认识训练对象并有效开展干预工作有重要意义。

1. 注意有一定的广度

注意的广度即注意的范围，是指个体在同一时间内所能清楚把握对象的数量。当前研究较多的是视注意的广度。研究结果表明，在0.1秒的时间内，成人一般能把握8～9个黑色圆点或4～6个不相联系的外文字母或4～5个无意义联系的汉字。注意广度受多种因素影响，并存在个体差异及发育水平上的差异。

第一，注意广度直接受注意对象本身特点的影响。一般而言，注意对象特性的一致性较高时，注意的广度相对也大。如，注意对象排布有规律时（如排成行或列或圈）时，注意广度大，排布无规律时，注意广度小。对象为同颜色时，注意广度大，为不同颜色时，注意广度小。

对象大小相同时,注意广度大,大小不同时,注意广度小。一般而言,注意对象越集中、排布越有规律,就更有可能彼此联系成感知整体,注意广度就越大。

第二,注意广度受到关注任务要求的影响。个体关注目标时,如果要求越多,注意广度就小,如要求个体同时指出字母中的错误或差异时,个体关注到字母的数量就比单纯要求指出字母的数量要少。

第三,注意广度与其对关注对象的熟悉程度呈正比关系。个体如果熟悉需要注意的对象,尽管对象间本身无意义上的联系,但该个体可能有更大的注意广度,如精通外文的人就比刚学外文的人在关注字母数量上的注意广度大。

第四,面对有意材料,个体的注意广度存在较大个体差异。有意材料是指构成材料的要素间彼此存在意义上的联系。如果个体有关于该材料的背景知识或对此有深入研究,那么该个体可以将材料作为整体来关注,注意广度就大。相反,如个体对材料没有相关的背景知识,那么就需更加关注材料的组成要素,注意广度就小。

第五,注意对象呈现的速率会直接影响个体的注意广度。一般而言,注意对象呈现的速率越快,注意的广度就会下降。如电视画面下字幕呈现速度过快,我们就来不及关注。演讲人的语速过快,听众就听起来吃力。

注意广度也表明知觉的范围。在同一时间内注意广度越大,知觉的对象就越多,注意广度越小,知觉的对象也越少。

注意广度在生活实践中有很重要的意义。个体维持一定的注意广度,是个体有效加工信息的基础,确保个体工作、学习、交流的正常进行。较大的注意广度,有利于个体在单位时间内组织更多的信息,这对个体准确把握对象、提高学习或工作效率,促进个体的较好发展有积极的意义。

2. 注意有一定的稳定性

注意的稳定性是指个体以一定注意强度保持在感受对象或从事某种活动上的时长。个体关注当前的对象需要一定的稳定性,也需要维持注意的稳定性。但是个体关注对象的过程呈现稳定性和间歇性的统一,表现出有规律的起伏现象。一段时间个体的注意加强,随后出现注意减弱现象。比如,在阅读时,个体会在一段时间内保持较强的注意,对目标了解得比较清楚;此后,个体会出现注意较弱甚至不注意的时相,有效信息输入减少,个体对目标理解不深刻或忽视目标。注意的维持需要个体意志力的参与,也与关注对象对个体的吸引力、对个体完成任务的目标要求、个体动机、个体当下的精神状态等多种因素有关。注意的稳定性是个体有效完成任务的基础。

注意稳定性的一个极端就是注意的分散,它是指个体难以将注意集中在需要关注的对象上。注意分散的影响因素主要有:刺激强度更大的目标外刺激,如阅读时光照度突然变暗或变亮、身边有人走过等。新异的刺激,一个与个体当前关注不一样的有意义的刺激,会使个体分散一部分注意力来关注新异刺激。单调的刺激,当个体凭意志长时间关注单调目标时,也会注意;当个体处于干扰最少的环境时,也易出现注意分散,比如单调视觉环境、寂静的书房可能使学习者集中注意变得更加困难。如果环境色调适当改变,或伴有轻音乐,学习者的注意有时会更集中。

3. 注意有一定的紧张性

注意的紧张性指的是个体心理活动对特定对象专注的程度。在高度紧张心理状态下,个体的注意广度小、其他刺激被抑制或屏蔽,只专注目标。高度紧张性注意是问题解决所必需的,是高效处理问题的基础。高度紧张性注意的出现有一定的条件,如目标刺激与背景刺激对比明显、当下任务重要不紧迫、目标刺激非常有吸引力等。高度紧张性注意更易于出现疲劳而使随后的注意涣散延长,所以在学习中,个体应该做到有张有弛,这样才能持久学习、避免厌学。

4. 注意可以分配

注意的分配指的是个体同时关注多个目标。研究和实践表明,个体是可以同时关注两个或两个以上目标的,而且往往是人们开展活动所必需的。注意分配无疑会影响个体对每一个目标的精确感知和分析,也会影响信息处理(输入或输出)的速度。

有效注意分配的一个前提条件是关注的目标中有的是非常熟练的或"自动化"程度非常高,需要的心理资源较少,这时个体会将心理资源调剂到相对不熟悉的目标刺激上。如果个体对多个目标都不熟悉,那么对每个目标的关注效果就差。在儿童教育和训练中,面对系列复杂的任务,总是将任务加以分解,形成任务单元,逐步实现全部任务,就是考虑到有效的注意分配是有条件的。

5. 注意可以转移

注意的转移指的是个体主动将注意从当前关注的对象上转移到另一个对象上,实现稳定注意在不同任务环节的转换。注意的转移总体上不降低注意的稳定性和紧张性,这是注意转移与注意分散的根本区别。注意转移难易度取决于:① 个体对原关注对象的注意紧张度,紧张度高则转移难。② 新对象的性质,如果新对象与原对象关系密切或者更有利于认识原对象,则注意转移易于进行。③ 与个体的自我调控能力有关系。自我调节能力强的个体,易于实现注意的转移。比如有的儿童在学和玩之间易于实现注意转移,两种性质的活动均易进易出,有的儿童易入游戏,难入学习活动或进出两种活动均比较难。

(四) 注意活动的表现

个体在关注对象时,有一系列的内外在变化,反应注意活动的状况。

1. 感觉器官活动的变化

个体在注意状态下,感觉器官朝向反应并维持相对稳定,如注目凝视、侧耳倾听;也会出现适应性变化,如触压觉、痛觉的敏感性改变(降低或增加),瞳孔的直径随着任务难度的增大而增大。

2. 躯体动作的变化

当个体集中注意时,就会高度关注当前的活动对象,一些与活动本身无关或起干扰作用的动作会相应减少甚至停止,如学生课堂听讲时不会东张西望、交头接耳,身体活动减少,漫无目的的动作减少或不出现。当注意力过度集中时,个体还会出现牙关紧闭、双拳紧握、肌肉僵持等现象。但是当学习动作技能时,个体的视听觉等敏感性较低,而把注意力集中在动作的形式、幅度和速度等动作技能的要素上。

3. 内脏活动的变化

个体在一般注意状态时,呼吸变得轻缓均匀,心跳平稳。但是高度注意力集中时,呼吸及心脏活动会加强且波动较大。

4. 意识状态的变化

注意过程中的外显行为是内在意识状态的反应,并体现在个体的外在情态上,如在注意力集中状态下,个体呈现出旁若无人、凝神静气、忘我等神态。

此外,个体注意的紧张度较高时,还会出现其他方面的变化。如儿童在集中注意时,肾上腺素等激素的分泌会增加,皮肤电导迅速增加、脑电图出现弥散性去同步化反应等。

(五) 儿童注意的发育

儿童注意的发育是个体整体发育中的一个方面,随脑功能、感觉器官及运动能力的发展而不断完善。

婴儿期的儿童以不随意注意为主,3个月能短暂地集中注意人脸和声音,但随着年龄增长、动作语言能力的提高、知识及生活经验积累,儿童有意注意能力逐渐增强。在整个学龄期,儿童的注意还不成熟,尚处于发育阶段。

注意稳定性有较快的发展。5~6岁的儿童注意力集中时间约15分钟,7~10岁约20分钟,10~12岁约25分钟,12岁以后约30分钟。

儿童注意的分配存在困难,学习生活中顾及不到的事件经常发生。幼儿期到小学二年级阶段,儿童的注意分配可能有较快的发展,随后进入发展的平台期,小学二年级学生与五年级学生的注意分配基本处于同一水平。

儿童注意广度在此阶段还比较小。研究表明,用速示器在1/10秒时间内呈现圆点图,二年级儿童能清楚地知觉到的圆点数一般少于4个,五年级儿童在4个到5个之间,但是成人的圆点感知达8~9个。此阶段,他们对有意义语句的注意广度也明显低于成人。

儿童注意转移在此阶段有较快发展。小学五年级儿童注意转移速度较小学二年级有明显提高,男童发展更快。女童在注意的各个特性上普遍高于同龄男童。

二、注意的生理心理机制

临床神经学已证实,顶叶损伤的患者中会有偏侧疏忽(Hemineglect)现象,如右顶叶损伤患者在临摹呈现过的图形时,会缺失原图形的左半部分,患者的皮层不再注意图形左侧。极端偏侧疏忽症患者不能注意到自己部分肢体的存在。大脑顶叶与注意有关,但它并不是与注意有关的唯一区域。大脑额叶在选择性注意和执行功能上扮演着重要的角色。[1][2][3]

(一) 不随意注意的脑机制

不随意注意的生理基础是朝向反射。经典条件反射理论认为,朝向反射是脑内部的抑制过程。当新异刺激出现时,脑内产生新的兴奋灶,抑制了已有的条件反射,个体朝向新异刺激。脑在新异刺激下出现的这种对已有刺激的抑制称为外抑制。当刺激重复或持续出现时,业已开启的兴奋灶的兴奋性逐步降低,朝向反射不复存在,这是内抑制或消退抑制。个体朝向反应的产生和停止是脑外抑制和内抑制的结果,是不随意注意发生与停止的脑生理机制。事件电位研究表明,朝向反应发生时,大脑额叶出现潜伏期为250~500毫秒的高幅正波,名为P3a波,现被认为是不随意注意的特征波。额叶受损者的视、听、触等新异感觉刺激均不会出现P3a波。同类研究还在头的顶区和额区记录到比P3a波潜伏期稍长的P3b

---

[1] 沈政,林庶芝.生理心理学[M].第2版.北京:北京大学出版社,2008:75-81.
[2] 李新旺,等.生理心理学[M].北京:科学出版社,2008:17-25.
[3] Tom Stafford,etc.心理和脑——脑与心智历程100项[M].O'Reilly Taiwan公司,编译.北京:科学出版社,2008:106-113.

波,也是反映个体不随意注意的特征脑电波。通过对两种特征波的记录,发现颞上沟、顶上小叶、顶下小叶和海马等脑内结构参与朝向反应,额叶以及颞叶联合皮层、顶联合皮层的参与是不随意注意发生的必需条件。

(二) 选择注意的脑机制

选择注意的脑机制同样是一个非常复杂的问题,可能是信息传入环节、传出环节以及脑的多个高级中枢共同参与的结果。

关于选择注意的发生时相及其机制,现有两种有代表性的模型加以解释:

(1) 早选择模型,也称为丘脑网状核闸门学说。该理论认为,选择注意发生在大量信息感知的早期。P50被认为是选择注意的特征性脑磁图成分。视听选择注意研究发现,在视或听信息到达皮层初级感觉区时即出现了潜伏期为100毫秒的P50,表明选择注意发生在感知的早期。解剖学研究表明,丘脑网状核只接受额叶-内侧丘脑的下行纤维,大量源于皮层的反馈下行冲动诱导丘脑网状核的兴奋,继而导致脑干网状结构出现抑制,大量干扰信息不会上传到大脑。

(2) 晚选择模型,也称为前运动中枢理论。该理论认为,选择注意发生在知觉产生后对刺激做出反应时出现的。针对猴的视觉选择注意研究表明,初级视觉皮层兴奋的同时,与眼动有关的皮层及皮层下中枢上丘神经元活动加强,注意是前运动中枢的选择性反应。

近年来的研究表明,背侧额叶、右侧顶叶、前扣带回、纹状体、丘脑的多个区域参与了不同心理过程的注意的选择。所以,选择注意更有可能是中枢多个区域共同参与的结构,且随心理过程的不同可能会存在差异。

(三) 注意保持的脑机制

人的生活离不开注意的保持,它与不随意注意和选择注意构成统一的注意过程。当前,注意保持脑机制研究比较有影响的是有关注意的三功能网络的研究。注意的三功能网络分别是定向网络、执行网络和警觉网络。

(1) 定向网络。该网络负责个体对感觉刺激和空间位置做出定向反应,由后顶叶皮层、上丘、丘脑枕核共承担。这些区域受损伤会导致不随意注意和选择注意出现障碍。

(2) 执行网络。该网络负责选择注意的执行,由前扣带回、前运动区以及基底神经节等结构承担,实现个体对目标的搜索和觉察,以及无关目标的屏蔽和错误检测等。

(3) 警觉网络。该网络负责注意保持的调节,由中脑蓝斑的去甲肾上腺素能神经元、右顶叶和左前额叶等结构协同执行。

注意是大脑皮层及皮层许多结构参与的复杂的高级心理活动现象,人们对此知之甚少。至今,关于注意的大脑加工研究主要集中于视注意上,其他感觉通道及多感觉通道参与的各种心理活动的注意研究还是比较局限,即使是视注意的脑机制研究仍然是困难重重,进展缓慢。

三、注意的功能及其对儿童成长的影响

(一) 注意的基本功能

注意对心理活动起着积极的维持与组织作用,使人对客观事物的反应变得清晰、完整和深刻。具体讲,有如下几个方面。

(1) 选择功能。注意使个体在当下将心理活动过程选择在有意义的、符合当前活动需要和任务要求的特定对象上,并同时避开或抑制无关刺激。它把必要的心理资源引导于特定的对象,维持心理活动的高效性。选择功能是注意的首要功能,注意的其他功能都是在它的前提下发生作用的。它确定了心理活动的方向,确保个体日常生活、学习、工作等作业活动能够次序分明、有条不紊地进行。

(2) 保持功能。注意可以持续指向特定对象,以便心理活动对其进行加工,完成相应的任务,否则,个体无法正常开展学习和工作。

(3) 调节及监督功能。注意使个体意识保持一定的唤醒水平,提高心理活动的效率,根据需要适当分配注意和实时转移注意,减少或纠正错误,提高准确性和速度等。

注意对人的实践活动有重大的影响。个体的日常生活、生产劳动、科学研究、艺术创作、教学实践等活动,只有保持适度的注意,才能顺利进行。

(二) 注意对儿童成长的影响

注意作为个体获取信息的门户和组织者,直接影响人们是否能准确、完整和连续把握各种信息,并广泛影响个体的身心发展。儿童期作为人生发展的奠基时期,注意对儿童的发展施以全面的影响。注意正常发展的儿童,有力地保证儿童各种基础能力的发展。相反,注意缺陷给儿童多方面发展造成不良影响,并给家庭及学校教育带来诸多困惑。在现代社会,受多种因素的影响,有约10%~30%不等的儿童存在注意缺陷问题(男童居多),给儿童学业、交流、自信心和日常生活带来不少麻烦,也给同伴、教师和家长等直接接触者造成不小的压力。

案例 2-4-1

小王的"尾巴"真长

小王,男,7周岁,入小学一年,因其课堂学习、作业或小组活动经常出现不能坚持将事情做完整或做做停停现象,导致成绩不理想,并影响到其他学生的学习和活动,特别是小组活动,其他同学都不愿意与其一起合作。在班主任老师的多次督促下,家长携小王去儿童医院就诊,经检查小王大脑中枢内外无器质性异常、智力测评正常,医学初步诊断为注意力缺陷,并建议用药物和心理支持疗法来解决,但家长对药物治疗心存忌惮。

小王母亲携子来咨询,寻求药物治疗之外的训练方法。小王随母走进感统训练室,随即直奔浪桥吊台,母亲唤其名4次,方回头应答,并在母亲牵引下向咨询人员问好,然后小王继续操弄其他设备。其母介绍,孩子在读幼儿园中班期间就被发现他的注意力有问题,当时觉得孩子年龄尚小,未加注意。入小学后孩子的问题显得更为突出:作业总是做做停停,经常出现遗漏题目或一些题目未完整作答现象,多次出现数学列式计算或语文句子抄写到一半就了事的现象,桌兜里的书未完全装入书包,备忘录有头无尾……这种现象在日常生活中也经常发生,孩子的身后总有收拾不完的"尾巴",做事情总难得完整。

咨询结束了,母亲唤小王回去,要求他将玩过的弹力球放入球池,小王在应答母亲第二次要求后,随即动身跑到母亲身边准备离开。母亲只好"揪"着他收拾玩过的器械。

 **本章小结**

  任何一种感觉系统的结构和功能异常都会影响儿童感统能力的正常发展。在各类特殊儿童中,触觉、前庭觉、本体感觉等的功能异常较为普遍,有的仅某一感觉功能存在异常,有的则呈现多种感觉功能异常。所以,系统学习各种感觉系统的生理心理知识是科学有效开展感统训练的基础。

  触觉感受器是分布最广的感受器,在个体体肤的不同区域均有分布,是可以感受多种外界信息的复杂感受器。躯体不同区域,触觉的敏感性不同。一般而言,体前侧、上部及肢体远端的触觉较为敏感,躯体活动较多、与外界接触频率高的区域的触觉较为敏感。体肤的感受器结构复杂,可以感受多种不同类型的刺激,将刺激的机械能、热能和化学能转化成神经冲动,并经由与意识性本体感觉相同的神经通路传入中枢,形成特定的感觉。与视觉、听觉一样,触觉属于对外感觉,反映的是客体信息,是中枢与外界沟通的重要途径。

  前庭觉的感受器位于内耳的膜迷路,三对相互垂直的半规管及前庭囊感受头部各个方向的变速运动刺激,感受个体姿势变化及运动状态,是重要的平衡调节器官。它与中枢多个功能区域共同构成人体的前庭系统,广泛参与个体内外多种生理心理活动。与触觉、视觉及听觉不同,前庭觉属于对自身状态的感觉,反映的是自己身体活动状态。

  本体感觉的感受器广泛分布于人体肌肉、肌腱及关节,将肌肉活动的机械信息转变成神经冲动,传入中枢,形成对人体不同部位的空间感觉及各种运动状态的动觉。本体感觉与前庭觉一样同属于对自身状态的感觉,并与前庭觉一道参与人体平衡调控和运动企划的形成。它与触觉拥有共同的神经传导通路,这样躯体所动与体肤所触可实现同步化。

  注意是感统训练中不可回避的基本问题,是各种感觉信息进入中枢以及中枢信息输出的门户,并伴随个体认知、思维、情感等心理活动过程。各类特殊儿童广泛存在注意缺陷。所以,了解注意的基本属性、特征、分类、生理心理机制以及发育特点对开展感统训练至关重要。

  各种感觉系统的发育多始于个体胚胎发育早期,并在出生后继续发展,直到学龄期基本发育成熟。儿童不同阶段的感觉能力主要受脑功能发育水平影响,而脑功能发展则离不开丰富的感觉刺激。

  每一种感觉系统除了承担与其相适应的直接功能外,还对个体其他能力的发展产生影响,各种感觉系统统一于中枢的统整功能,即个体实现内外生理心理活动是多个系统协调整合的结果。

 思考与练习

  1. 依据本章介绍的相关知识,并查阅相关文献,列表比较触觉(包括肤觉其他的感觉)、前庭觉、本体感觉等的感受器的结构、神经传导通路、感觉产生的适宜刺激等。

  2. 根据本章内容,进一步查阅相关文献,总结儿童各感觉能力、注意力的发育过程及不同发育阶段的特征性事件。

  3. 在完成上述两题目的基础上,预设信息收集表,对某类特殊儿童的各种感觉能力及注意力进行生态观察,并尝试对信息进行整理和分析。

第3章 儿童感觉统合失调的特征与评估

学习目标

1. 熟悉并掌握儿童感统失调的特征。
2. 熟悉儿童感统失调评估的方法。

儿童感统失调会呈现多种特征,可归结为两大类:核心特征和其他表现。前者包括前庭功能异常、触觉功能异常及本体感觉功能异常。它们在感统失调儿童中普遍存在,是感统能力评估及训练的重点。感统失调的评估可通过多种途径来实施,主要有疑似因素推断、专业工具评估、生态评估及相关人士的面谈。其中,专业评估工具又有多种类型,有的可直接评估儿童的感统能力,有的间接反映儿童的感统能力。为更好地开展感统训练,需对儿童进行多元评估,且将评估工作贯穿于始终。

第1节 儿童感觉统合失调的特征

艾尔丝认为,感统失调的主要特征包括:躯体运动协调障碍、触觉防御障碍、身体平衡功能障碍、空间知觉障碍以及视、听觉和言语语言障碍五个方面。实践中,训练人员重点关注前庭功能异常、触觉防御异常(肤觉功能异常)和本体感觉功能异常,此三者可视为感统失调的核心特征或核心问题。特殊儿童同时表现此三者的可能性较高,儿童表现出的其他异常可能直接或间接源于核心问题的影响,可谓继发性问题。据此,本节从核心特征及其他表现两大方面介绍感统失调的特征。

一、核心特征

根据实践研究的成果,感统失调的核心特征主要有三个方面:前庭功能异常、触觉功能异常和本体感觉功能异常。

(一)前庭功能异常

前庭感受器及其神经传入通路与中枢多个区域之间的联系,这决定它在儿童的正常发育以及人的日常活动中起着非常重要的作用。前庭感受器广泛参与了个体多种感觉信息的组织、中枢活动兴奋性的维持及信息输出的调控。前庭的结构及功能的详细信息参见第2章有关内容。前庭功能异常是儿童感统失调的最主要的特征,也是感统训练主要针对的内容。前庭功能异常广泛存在于多种特殊儿童。他们要么对身体失衡特别敏感,如动作僵硬笨拙、不敢荡秋千、不愿坐摇摇床、不能独立于平衡台等。要么对失衡不敏感,不善于保持和调节躯体平衡,如经常跌倒、喜欢旋转或绕圈奔跑、登高下低。要么不能有效组织相对复杂动作(同龄人可以完成的系列性或组合性动作),表现出个体内肢体运动不协调或与环境间的交流不和谐,常常碰撞身边的东西、顾此失彼、手脚笨拙、乱放东西、不思整理等。有些儿童(如学习困难儿童)可能不表现出平衡问题、动作能力也不错,但前庭在中枢中的组织功能较弱,导致其注意力不集中、难以持久或思维过程不连续等问题。[1]

（二）触觉功能异常

触觉功能异常是儿童感统失调在肤觉方面的集中体现,其实肤觉的其他方面如温度觉、痛觉等也会存在问题。肤觉在辨别躯体接触类刺激和自我保护方面起着非常重要的作用。触觉功能异常儿童有的表现为触觉过于敏感,害怕身体接触,如成人助其穿脱衣服、抓痒、洗澡、剪指甲等都会做出反抗,更有甚者当他人表现出接触其身体时就会发出尖叫"离我远点""不要碰我"等;有的儿童的触觉反应或其他肤觉又非常迟钝,表现出吮吸手指、咬食手指甲,更有甚者会出现自虐行为,如揪头发、咬手指、玩生殖器、扭打/抓刮体肤、头撞墙体等。儿童触觉等肤觉功能防御异常会导致多种不良后果,如身心不安、活动过度、胆小、害怕陌生环境、害羞、黏人、怕黑暗环境、偏食、挑食、不喜共享、情绪反应过度、注意力不集中、耐心不足等。儿童触觉功能异常也会导致其学习、交往方面的问题。

（三）本体感觉功能异常

本体感觉感受躯体各部位所处的空间位置以及肢体的运动方式、幅度、速度等,它同前庭觉一道共同参与躯体姿态的维持、空间感知的形成以及躯体动作的精细调节。详细机理见本书第2章有关内容。感统失调的儿童在身体形象辨别上存在一定困难,不能迅速准确感知、指认身体各部位的躯体动作,感知不敏感,动作方向、力度、幅度、速度控制不好,与身边物品相撞的现象时有发生,旧伤未消又添新瘀,互动时使得对方总觉得不和谐。空间方位的感知,特别是体侧的感知和辨别存在困难,左右不分,鞋裤反穿。本体感觉异常影响儿童的阅读、书写、拼字及其他学习行为,如经常混淆38和83,我和找、人和入等,汉字书写笔画不光滑、比例失调,字间距、字体大小的前后不一致,铅笔头经常折断。[2]

二、其他表现

可能受到核心问题的影响,该类儿童在信息获取、信息的中枢加工、储存以及信息输出方面表现出不协调、不流畅、错误以及信息流失或中断等状况,具体表现多种多样,因人而异。

（一）运动异常

感统失调儿童往往表现出运动异常,主要是动作精细水平低、动作间以及动作与感知觉之间的协调性差。他们动作慢且笨拙、行动拖沓,拍球、跳绳、骑车等运动能力相对较低,穿脱衣服、系鞋带、扣纽扣、洗漱、用餐等动作僵硬缓慢,折/剪/粘贴纸、图片涂色等操作与目标要求有一定差距,给人以不求甚解的印象。舌、唇、声带等器官的运动异常会造成发音及语言表达能力不佳。所以,艾尔丝等认为一些儿童的运动异常是由感统障碍所致。感统失调型的运动异常在各类特殊儿童中较为常见。

感统失调儿童的运动异常不是运动神经机能问题,也不是肌肉及关节功能问题,而是它

---

[1] 陈文德.感觉统合游戏室[M].北京:九州出版社,2004:27-143.
[2] 黄保法.感觉统合与儿童成长[M].上海:少年儿童出版社,2006:14-20.

们与各种感觉系统的统整问题。人的日常生活、学习、劳作的活动表现为躯体各运动器官参与的同时性、继时性的动作组合。这些动作组合只有达到一定的精确性、协调性和灵活性才能确保活动正常实施。动作的精确性、协调性和灵活性有赖于良好的神经、肌肉及关节的功能，前庭觉、本体感觉以及视觉、听觉等的有效参与非常重要，必不可少。运动与各种感觉系统的统整出现障碍是感统失调儿童运动异常的真正根源。

(二) 视觉感知异常

视觉是个体获取信息、完成各种行为表达的重要感觉。眼球的运动在6条眼直肌的配合下进行，其精确性既受有关脑神经的直接控制，也会受到来自前庭觉、本体感觉等的影响。所以，视觉的感知活动是在多个系统参与下进行的。人的视觉感知发育是一个随年龄增长逐渐趋于稳定的过程，稳定的视感知是阅读、书写等学习活动以及各种手眼协调活动的基础。若儿童视觉不稳定，不能在多向度平稳、流畅移动，将会导致阅读中遗漏/添加字词、跳行、前后信息不连贯而导致理解错误、做功课费力。视感知的不稳定可能是学习能力不足、学业成就低下的原因之一。

(三) 言语语言异常

言语语言理解与表达涉及听觉对声音刺激的辨别、中枢对词汇的认知和语意的加工、言语运动中枢的神经冲动的形成和输出、外周发声器官唇、舌、声带等的协调运动，以及中枢对上述各环节的反馈调节等。所以，符合逻辑的、流畅的言语语言理解和表达是多种感觉系统、中枢多个功能区与言语运动系统之间的整合与协调。一些感统失调儿童并不存在听器官或言语发声器官的病变，但呈现言语语言方面的异常。例如，对较大的声音刺激表现出烦躁情绪，听注意分配不足，只专注正在操作的事情，对他人不理不睬，对他人的提问无应答，充耳不闻，或者是简单应答却无行动。听理解不深刻、不准确、不连续，经常要求他人重复表达。言语表达不连贯、反反复复，或者总不能找到合适的词语或句子表达内心的想法等。临床咨询中，家长或教师普遍反映该类儿童对他人的言辞毫不用心，"一耳进另一耳出，好像根本就没有进脑"。

(四) 学习行为异常

一些感统失调儿童给人的第一印象或是活泼、可爱，或是文静、乖巧，看不出与其他儿童有什么差别，他们的智力测验成绩不错，甚至是高智商，但他们存在不同程度的学习问题。课堂学习、写家庭作业等各种学习活动多属于认知负荷较大的活动，需要儿童统合调配信息获取、加工、储存及输出的多个系统，而且这些系统工作的有效性和稳定性还要经受住一定时长的考验。这对感统能力失调的儿童来说却是一件富有挑战的事情，甚至是难以逾越的障碍，这样他们在学习中发生这样或那样的问题也就在所难免，学业成就低下或不稳定也就可以理解。该类儿童的学习行为主要表现为：唤醒水平低，注意力缺陷，对各种刺激来者不拒，缺乏有效的甄别和过滤，难以集中精力投入当前的学习中，习惯于游离在学习活动边缘或学习过程时断时续。课堂学习中，难以长时间注视老师的讲解或板书，易受室内外各种新异刺激的干扰，蝉鸣叶落可以让他们突然脱离教与学的轨道，脱轨易但入轨难。好动、坐立不安，课堂上不厌其烦地玩弄学习工具或漫无目的地乱涂乱画，有时会突然脱离学习活动（如离开座位）。课间休息时，有的儿童会在教室、走道乱蹦乱跳、毫无目的，一切行为似乎脱离大脑的约束。有的胆小怯懦，不愿主动参与互动活动，发言声轻、唯唯诺诺。在考试等压力较大的任务中,他们更易紧张,或便频、口渴等。

(五) 自尊心和自信心不足

感统失调儿童自身的各种"毛病"及其频发的大大小小"事故",导致其逐步形成消极自我概念,对新异活动往往无力应对,遇事紧张焦虑、不敢创新尝试。他们胆小、黏人,对父母等熟悉的人有很强的依赖性,对新异刺激虽也表现出一定的好奇心,但一般不愿主动尝试,而是要"妈妈你来做",或者浅尝辄止,溜之大吉。如果采取被动训练,他们往往有激烈的情绪反应,哭闹不止,难以从活动中获取积极心理体验。

与此同时,不少家长及教师因难以忍受该类儿童无休止"事故"的"折磨",动辄怒气迸发,缺乏应对问题的耐心和策略,轻则批评、指责、嘲讽,重则辱骂、殴打。一些教师有时会把他人的"事故"误判给该类儿童,导致师生关系不和谐。家长及教师对该类儿童"事故"的不恰当应对进一步挫伤他们的自尊心和自信心。长此以往,他们会对任何相对复杂、富有挑战性的活动毫无激情。

(六) 游戏活动异常

游戏是综合性很强的活动,负载着儿童发展的各种因素和特定的"社会"规则,是评估儿童发育水平及存在问题的重要载体。感统失调儿童参与游戏活动往往不尽如人意,缺乏对活动的顺应性反应,受干扰信息影响大,注意力分散,给同伴的合作制造不少困难,往往做不到持续性地深度参与游戏活动。更有甚者,一些儿童扮演了游戏活动的终结者,要么干扰、捣乱游戏活动,要么破坏游戏器具或游戏成果。这些情况多是视、听、前庭、本体感觉信息不能有效组织协调的缘故,儿童很少能够体验深度参与游戏活动带来的成就感和愉快心情。

(七) 人际关系紧张

受前庭觉、运动、注意力、言语及沟通等方面异常发展的影响,感统失调儿童往往缺乏处理同伴关系的社会技能,缺乏团队精神,不遵守游戏活动规则,成为同伴中不受欢迎的人,显得孤单、压抑或易于烦躁,也会表现出暴力倾向等。

虽然人的感统失调有多方面异常表现,但具体个案的表现有较大差异,不一定同时表现上述各种特征,有的只在某一方面异常,如前庭功能异常。即使是前庭功能异常,它对儿童的影响也不尽相同,有的只影响平衡调节和动作精细水平,不影响注意力和学习活动。一些儿童偶尔也会表现"顾不来"等感统失调现象,但真正的感统失调应该是在多种情境下频繁发生,且在一定时期内有稳定的异常表现,奖励或惩罚并不能有效改善其异常状况。

所以,判断儿童的感统失调及其影响需要掌握必要的专业知识。

第2节 儿童感觉统合失调的评估

儿童感统失调的咨询、干预指导及训练成效离不开评估。感统训练的创始人艾尔丝在评估上做了大量的工作,设计了一系列的评估工具,至今仍被广泛使用。目前,儿童感统失调问题的评估多采取多元评估模式,多角度搜集儿童发育信息。

一、疑似因素分析及推断

儿童生长发育中的问题多是遗传因素与环境因素相互作用的结果,儿童感统失调也有其发生遗传学原因和不良环境因素的影响。专业人员通过详细了解儿童从胚胎期直到生长发育早期(学龄前期)的各种信息,甄别疑似案例生长发育中可能经受的不良因素刺激,根据临床经验及相关研究结果对儿童问题性质做出初步判断,此谓感统失调评估中的疑似因素分析和推断。该方法在整体评估工作中处于辅助地位,是其他评估方法的补充,旁证其他评估得出的结论。

儿童感统失调疑似因素分析涉及多方面。就疑似因素的性质而言,不良因素可分为遗传因素和环境因素。遗传因素又可分为家族性遗传以及儿童本身的基因突变或染色体异常。环境因素涉及物理因素、化学因素、生物因素、生活习惯、教育因素和社会因素等。就疑似因素发生的时间而言,不良因素可分为:妊娠前父母双方的身体健康状况、从事过对身体健康有伤害的职业以及母亲的年龄等,妊娠期间母亲的生活习惯、工作状态以及接触过的各种环境因素等,生产期间的产程事故,以及儿童生长发育早期的各种不良因素等。就疑似因素的取向而言,有的不良因素是儿童本身问题(如基因突变、低体重、黄疸等),有的源于儿童双亲特别是母亲(如母亲吸烟、高龄妊娠、剖宫产或罹患疾病等)、有的源于亲与子以外的因素(如产程接生事故、学生课业压力大等)。

疑似因素分析的信息获取途径有:询问儿童的父母及亲属,查阅儿童出生记录及相关诊疗记录。一般而言,当前来咨询的儿童年龄比较小时,父母及亲属对儿童出生前后及生长发育早期的信息有比较全面清楚的记忆,少数细心家长为子女建立了成长档案。但是当儿童年龄比较大的时候,不少父母对早期发生的事情印象比较模糊,这给疑似因素的分析和推断造成困难。向儿童父母搜集信息时,有时会涉及个人隐私(如个人的不良生活习惯、家庭变故等),不便提问或案主不愿提及,影响信息的完整性,也会给疑似因素分析和推断带来困难。为此,专业人员在秉持案主自愿、自决原则的前提下,采取恰当方式搜集信息,逐步完善信息。

疑似因素分析对专业人员有较高的要求:知识面丰富,不仅熟悉感统训练本领域知识,还对相关领域知识也有较广泛的涉猎,如儿科学、病理学、遗传学、职业病防治等。

二、专业工具评估

感统失调专业评估的工具和方法有多种。有的评估信息是通过儿童的知情人士获得的,可谓间接评估,如填写问卷或访谈。有的评估是由评估人员直接测评儿童获得的,可谓直接评估。两种方法可结合使用。当前,该评估主要采取间接评估,直接评估较少。一是直接评估工具较少,内容不够全面;二是一些儿童不配合直接测试。所以,研发直接评估工具是感统训练领域中的新课题。

(一)间接评估

间接评估是指评估人员采用各种已有的问卷或量表,由儿童知情人士根据儿童情况完成填写的评估手段。感统失调评估和其他能力发展评估多采取间接评估。

1. 感统失调评估

在艾尔丝的职业和学术生涯中,她除了研究感统的理论及训练技术外,还设计了一系列评估工具,并对感统失调的每一亚型编制了检查表,为系统开展该领域的研究和应用提供技术支持。其中标准化测验工具有:南加州感统测验(Southern California Sensory

Integration Test)、感统及其应用测验(Sensory Integration and Praxis Test)、南加州旋转后眼球震颤测验(Southern California Post-rotary Nystagmus Test)等。它们评估：视知觉、身体感觉(肤觉)、身体双侧协调、运动计划、躯体平衡能力、精细动作、空间感知等多个方面。

中国最初使用的中文版"儿童感统能力发展评定量表"，是由中国台湾的郑信雄(1985)在综合艾尔丝的多个量表的基础上编制而成的。王玉凤、任桂英等进一步修订，推出该量表的中国大陆版。测试结果表明，该量表有较好的信度，适用于6～11岁儿童的感统能力发展水平的评定。[①] 该量表由儿童的至亲人士(如父、母)填写，信息以儿童最近1个月情况为准。该量表有5个分量表，共58项题目，采取五级评分，分量表分别为：

(1) 大运动及失衡。主要评估身体大运动及前庭平衡能力，共14个题目。
(2) 触觉过分防御。对情绪稳定性和过分防御行为进行评定，共21个题目。
(3) 本体感失调。评估身体的本体感及平衡的协调能力，共12个题目。
(4) 学习能力发展不足。因感统能力不良导致的学习能力不足，共8个题目。
(5) 大年龄的特殊问题。对10岁以上儿童使用工具、做家务等能力的评估，共3个题目。[②]

该量表已使用30多年，结构、测题亟须更新。近年来，我国一些研究者根据相关理论研究的最新成果和当代儿童发展特点，采取更新的统计分析手段，编制了结构更为合理、测题更为全面、针对性更强的本土化评估量表。这些量表的统计分析样本多是区域性质的，有更好的地域针对性，如浙江、江苏、贵州、上海等地编制了适合该地区的评估量表。其他地区可参考这些工具编制适合本地区的评估工具。

2. 其他能力发展评估

个体的感统能力与其他能力间是相互影响的。感统训练不仅改善儿童的感统能力，也会促进其他能力的发展。训练方案制定前要充分收集其他能力发展水平的信息，训练后也要对其他能力的发展变化进行评估。

实践中，需要评估的其他能力主要有动作精细度和协调性、感知-动作协调、言语语言能力、认知能力、沟通交流、注意力、意志品质、情绪行为控制以及规则的理解和执行等。面对具体个案，可有选择地评估其中问题较为突出的能力，不必全部评估。

我国特殊教育中的评估工作相当薄弱，上述这些能力的评估大多没有合适的评估工具，需要相关机构组织专业力量编制系列检核评估表。

(二) 直接评估

直接评估是指评估人员借助专门设备或有关标准对儿童的发展情况进行直接检查和测评的评估手段，主要有感统能力的操作评定、知觉-动作测验、感统失调临床评估、视觉-动作统合发展测验以及前庭及小脑功能测评等。

1. 感统能力的操作评定

它由艾尔丝等人发明，为一工具操作包(见图3-2-1)，内有17个针对儿童各感觉能力进

[①] 任桂英,王玉凤,等.心理卫生评定量表手册(增订版)[M].北京:中国心理卫生杂志社,1999:367-371.
[②] 同上。

行评估的测试,可以对儿童的各感觉及感统能力实施直接评估,具体评估项目不详。

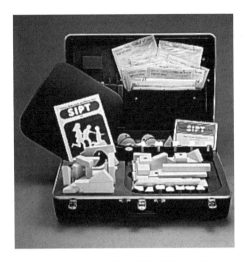

图 3-2-1 感统能力操作评定工具包

(引自 http://www.portal.wpspublish.com)

2. 知觉-动作测验

知觉-动作测验评估儿童与学习能力有关的外周感觉器官、效应器及中枢间的统整能力,如动作发育成熟度、大小肌肉控制力、动作的速度、韵律感、躯体平衡控制能力、注意力、视知觉、听知觉以及空间感知和组织等能力。

知觉-动作测验用于儿童发展问题评估有较长的历史,测验工具版本繁杂。我国台湾学者周台杰曾汉化修订穆蒂(Mutti)、斯特林(Sterling)和斯波尔丁(Spalding)编制的快速神经功能筛查测验(Quick Neurological Screening Test,简称 QNST),并定名为简明知觉-动作测验,该工具在我国台湾有较广泛使用,我国大陆一些训练机构也有少量应用。它共有 15 个测验项目:书写技能、认知与仿画图形、感觉并认知手掌字形、追视技能、模仿声音组型、手指触鼻尖、手指结圆、同时触摸手和脸、快速翻转手掌、伸展四肢、脚跟抵脚尖行走、单腿站立、双脚交换跳、辨别身体左右以及异常心理、行为(焦虑、分心、冲动或过度防御等)。该测验可评估儿童轻微脑功能障碍及其相关心理行为问题,用于 6~12 岁儿童的个别施测,儿童依据主试的示范动作或操作完成施测内容。

3. 感统失调临床评估

感统失调临床评估(Clinical Evaluation Sensory Integration Dysfunction)用于评估儿童全身肌肉功能及运动能力,由临床医生来实施,评估内容包括:原始反射活动、肌张力、肌肉的拮抗性、姿势控制、动作协调性(特别是手部、口腔各器官的动作协调性)、眼球的运动控制等。

4. 视觉-动作统合发展测验

视感知与运动间整合在人的生活学习中具有突出作用,也是感统训练的重要内容。视觉动作统合发展测验(Development Test Visual-Motor Integration)重点关注手眼协调性及空间知觉等。该测验可以采取多种形式进行。比如,让被测试儿童临摹一系列复杂程度递增的图画,观察其视觉动作的协调性及空间感知。

5. 前庭及小脑功能测评

躯体平衡控制不佳是感统失调的核心问题之一。前庭及小脑对躯体平衡控制起着主导作用,对两者功能测查也是感统失调评估的重要内容。

(1) 闭眼直立检查。儿童闭合双目,双脚并拢直立,双臂侧平举(肩外展)与肩持平。如此操作预练习2~3次,消除儿童紧张感及过分用力,随后进行正式测试。前庭功能不佳者,身体向患侧失衡偏倒。头颈旋转时,失衡偏倒的方向随之改变。小脑功能不佳者,将向患侧或后方偏倒,且头颈的旋转并不影响身体偏倒。该方法适用于问题较为严重儿童的平衡能力评估。

(2) 闭眼单腿站立测试。儿童先完成测试预备姿势:上肢自然下垂体侧,头颈、躯干、下肢直立,眼平视前方,深呼吸1~2次,身心无紧张感。然后进入正式测试:一侧下肢屈膝,脚尖离地,同时轻松闭合双目,记录单腿站立时长,轮换另一下肢进行测试。该测试法配有专门设备,名为闭眼单腿站立测试仪(见图3-2-2)。该仪器由两部分组成:计数器及踩踏板(感应器,图中白框内)。测试方法如前所述。该仪器测试较人工测试的优势在于:站立脚一旦因躯体失衡离开站立区域或另一腿触及踩踏板,计数器即时停止计时,减少评估人员的视觉判断误差。该方法简单易行,便于对训练前后儿童平衡能力变化情况进行比较。

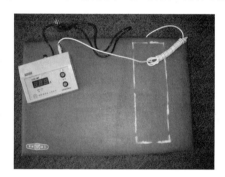

图 3-2-2　闭眼单腿站立测试仪

(3) 平衡功能的计算机检查系统。借助高精度多维受力传感器和计算机分析软件对人体重心移动信息进行检测是平衡功能直接评估的新技术,在临床上得到应用。该类设备的名称有多种,如平衡测试仪、人体平衡功能检测仪、前庭平衡功能检测仪等(见图3-2-3)。市场此类产品有多种型号,且价格不菲,这是该系列设备的不足之处。

图 3-2-3　平衡功能的计算机检查系统

(引自:www.caigou.com.cn)

(4) 错指物位试验。预备姿势:儿童与评估人员相对而坐,分别伸出一手臂,评估人员的手臂在下方,手背向下,儿童手背向上,双方掌心相对,间距5~10 cm间,双方食指伸出,其他四指握拳。施测：首先，在睁眼状态下练习食指碰触食指的操作技术，即儿童下移手臂，以其食指碰触评估人员食指，如此1~2次。然后，儿童在闭眼状态下完成上述操作，接受检查，换手臂对另一侧进行检查。前庭功能异常者，闭眼时不能准确碰触评估人员手指，且双手食指均向异常侧偏离。小脑功能异常者，食指向异常侧同向偏离，而健侧食指则能准确碰触评估人员的食指。

三、生态观察

生态观察也称为自然情境测评，评估人员根据事先拟定的测评内容，在儿童最少受限制的环境（如日常生活中的衣食住行、儿童居家/社区/学校游戏活动、课堂学习、家庭作业等）下直接观察儿童的行为表现，进而分析其感统能力发展状况。生态观察法是儿童问题评估的重要方法之一，在儿童发育问题的评估中有其独特的优势，可以较好地避免量表法、访谈法对评估对象的评判的差异性，避免器械诊断受控性和一次性测试的不适应性。

生态观察可由专业人员实施，也可以由家长、教师代行观察记录，或由家长、教师制作成影像资料做后续分析。如果由儿童的至亲人士或教师来实施生态观察，则其需先期进行培训，确保获取有效信息。

观察者需敏感观察儿童在其自然学习、活动的情境中的各种表现，及时记录发生儿童异常表现的情态、强度/持续时长以及儿童对异常情况的感知等。由于儿童的行为表现有较大的随机性和不稳定性，故生态观察需要持续一段时间，短则3~5天，长则10天左右。随后，测评信息还需要专业人员与信息收集人士进行进一步的沟通，详细分析每一种异常表现的性质，甄别这些异常表现在儿童群体中发育水平的差异性。

四、面谈

在临床咨询及训练中，专业人员与儿童、儿童家长及其相关知情人士进行面谈是获取信息、构建合作关系的基本途径。在评估过程中，可能会涉及两种性质不同的面谈：获取一般信息的面谈和获取特定信息的面谈。前者涉及的内容包括：儿童从胚胎至今的生长发育、教育等多方面的基本信息，如性别、年龄、入园时间等，以及儿童的家庭信息，父母亲职业类型、年龄及家庭类型等。上文"疑似因素分析及推断"的信息多在一般信息的面谈中获得。后者主要为获取儿童能力发展的具体信息，内容直面儿童的心理、行为表现，该面谈需在专业测评前后至少各进行一次。专业测评前的面谈有助于选择测评领域及工具，专业测评后的面谈可以进一步核实、纠正或补充有关信息。一般而言，以获取特定信息的面谈难以一次完成，需要在双方后续的互动中频繁进行。需特别提及的是，专业人员应该对面谈中不经意"捡来"的信息保持足够的敏感性，它们可能对评估及方案制订有重要作用。

面谈的对象虽都是儿童的知情人士或儿童本人，但实际情况往往比较复杂。第一面谈对象当属与儿童长期生活的父母和外公外婆（爷爷奶奶），他们熟悉儿童生长发育、日常生活活动及学习活动各方面情况，可以提供较为全面、准确的信息。但是，父母与爷爷奶奶对儿童的看法往往不一致，多是对儿童问题"程度"的判断不同，给专业人员的分析带来困难。爷爷奶奶会出现两种有失客观的看法。有的持较为宽容的看法，觉得孩子是有些问题，但孩子总归是孩子，在发育中，没什么大不了的事情！多以自己的亲身经历来辅证自己的看法。有的较为苛刻,认为现在的孩子哪像个孩子,什么都不好,总将自己的孙辈与他们心目中完美孩子相比较或与周围优秀孩子相比较。父母亲对子女问题的看法也存在问题,可概括为三个方面。第一,一些父母不太了解子女,他们与孩子相处不密切,孩子的日常照料或学习辅导多由爷爷奶奶或保姆承担。交谈中,他们总在转述教师、主要照料人及孩子同伴的一些言谈,不能很好地描述孩子行为的细节。这种类型的父母在儿童后续的干预中往往是不可靠的人力资源,干预策略的制定需要特别注意。第二,父与母在孩子的问题上看法不一致,情况大致同爷爷奶奶。第三,父母及亲属本身存在认知及沟通上的障碍,难以实施有效的面谈,比如就读特殊教育学校的儿童的一些亲属就属此类,想通过他们了解孩子入学前的信息就比较困难。为此,面谈对象多转向儿童的任课教师。

第二面谈对象是教师。教师与儿童间的互动是全方位的,他们可以提供关于儿童学习、交往以及运动、言语、个性等多方面信息。通过教师获取信息有一个突出的优势是:他们关于某儿童的信息是在群体比较的基础上得出的,有较高的准确性,而且教师大多能够描述儿童学习行为的细节。如果条件许可,可与2~3位任课教师交谈,了解儿童面对不同任课教师、不同学科呈现的共性及差异性。临床咨询中,儿童在校学习活动的信息基本上源于儿童的班主任,他们绝大多数是语文教师、女性教师。他们提供的信息与其他任课教师提供的信息往往有出入,甚至存在不小差异。因此,从多位任课教师获取信息有助于客观判断儿童问题的性质。专业人员直接约谈教师不是很普遍,有一定困难,教师不一定配合。如果是家庭咨询,儿童任课教师的面谈一般不便实施,儿童在校情况需依托家长来实施。当然,家长约教师前来面谈的可能性还是有的,一切有赖于家长处理。如果咨询或指导活动是由儿童所在学校提出并组织的,那么专业人员就可以很方便地约谈学生的任课教师。当前,由校方提出的咨询还是比较少。

面谈的对象也可以是儿童本人,评估人员可以直接了解他们对自己行为的感知、认知、行为的目的以及自我概念等。实践中,5~6岁以上的学习困难儿童、ADHD儿童以及障碍程度较轻的智力障碍儿童、脑瘫儿童等均可实施面谈。他们还是能够提供不少有价值的信息的。与儿童面谈的内容要具体,一般为儿童感受较深的事例或儿童新近/正在发生的事件,比如"你洗手时经常会把自己或他人衣服弄湿,这是怎么回事情?你来说一说!""你今天刚进训练室的时候跟老师打招呼了吗?你直奔蹦蹦床上玩,妈妈叫你三声,为何没有回答她?"受儿童本身的认知及言语发展水平的限制以及伴随障碍的影响(如好动、注意力不集中或胆怯等),针对儿童的面谈很难长时间连续进行,多采用间歇方式分时段实施。

总之,儿童感统失调的评估是一项综合性、专业性极强的活动,应坚持以多元评估思想组织实施评估工作,尽力采用多种工具,由多方面人士参与,在多种情境下全面搜集儿童各方面的信息,准确评定儿童存在的各种问题,合理推断关键问题以及伴随问题,提出干预的总体策略。同时,还要坚持全程评估思想,从接案到结案的整个干预过程中多次进行评估,实时补充或更新训练对象的信息,及时调整干预策略和方案。

在评估工作中,专业人员要尽力避免一些不正确的观念和做法,常见的问题有:评估工作简单化,仅凭非常有限的工具或一次性测评做出判断。评估工作经验化,专业人员过分相信自己的临床经验,忽视专业工具提供的信息。评估工作"机械化",过分依赖仪器设备的检测,夸大设备(特别是与计算机相联系的评估设备)评估的科学性和精准性,忽视生态观察的意义,小视检核评估的作用。同时,专业人员还需要与儿童的家长沟通,端正他们可能持有的错误观念,比如不少家长希望孩子进行设备检查、拿到计算机给出的数据,认为这样的评估才科学,评估结果才可信,殊不知这种测试往往不是儿童的实际状况的反映。

随着医学、计算机科学、电子学在儿童康复训练中的广泛应用,儿童感统失调评估的技术也在不断更新,直接测评儿童感统能力的技术将逐渐增多、增强,测评科学性会更高。评估工具研制的基本原则是,简便易行、适用性强。

本章小结

儿童感统失调可以有多种表现,如在运动、感觉、注意、言语、认知、情绪行为以及社会适应等一个方面或几个方面出现异常。有的表现为感觉系统间信息统整异常,主要有前庭功能异常、本体感觉功能异常、触觉功能异常以及它们与视觉、听觉信息整合异常,这些异常可谓感统失调的核心特征,其他能力的异常发展可能源于这些感觉系统功能的异常发展。不同个体的感统失调有其共性,但更多的是个体间的差异,不同个体在失调的表现及程度上有巨大的差异。

感统失调的评估是贯穿感统训练始终的一项基础性工作。从感统理论创建到现在,有多种评估工具用于儿童感统能力发展的评估,有的直接评估儿童的感统能力发展水平,有的仅就感知运动或认知的某一领域进行评估,供鉴别诊断或指定训练方案之用。有的是问卷调查,由知情人士提供有关信息,属于间接评估。近年来,我国加强了本土化评估工具的研制,编制出区域化的评估量表。当然,获取儿童感统能力发展水平的信息还可以有其他渠道,如疑似因素推断、生态观察以及相关知情人士的面谈调访等。总之,儿童感统失调的评估需秉持多元评估原则,在多种情境下、用多种手段进行多次评估,切忌简单化。

思考与练习

1. 查阅文献,收集整理用于评估儿童感统能力及相关能力的评估表和评估方法。

2. 参考本章内容,并查阅相关文献,设计在日常生活、学习生活、同伴活动中观察评估儿童感统失调情况的检核表。

3. 赴特殊学校、普通学校或有关训练机构,对各类特殊儿童感统发展能力进行个案评估,然后进行小组交流,分析不同类型不同障碍程度特殊儿童的感统能力发展特点。

4. 基于上述三道题的工作,尝试进行感统失调儿童的家庭访谈,先设计系统的信息搜集表,在实施访谈后对信息进行整理和分析。

第4章 感觉统合失调的成因

1. 了解感统失调的生物学因素。
2. 熟悉并掌握感统失调的教育因素。
3. 了解感统失调的自然环境因素。
4. 了解感统失调的社会环境因素。

在胚胎发育及儿童成长过程中,他们直接或间接接触到许多不利因素,导致发育个体出现不同类型的残障、慢性疾病以及感统失调。自从感统理论提出并在全球传播以来,医学、心理学、教育学等多学科就在探索儿童感统失调的成因,以便有效预防该类问题的发生。

导致儿童感统失调的因素非常多,有的学者将其归结为三大类:遗传因素、环境因素以及遗传与环境因素的相互作用;有的归结为两大类,即先天因素和后天因素;还有的从生物学因素、教育因素、自然环境因素和社会环境因素加以归类。本章采取第三种分类从四个方面讨论感统失调的成因。

为了更深刻理解这些影响因素要进行相关研究,专业人员还需进一步学习"特殊儿童病理学"知识。

第1节 生物学因素

儿童感统失调与个体生长发育中的多方面生物学因素有关。有的源于遗传因素,其家族直系亲属存在导致该类障碍的遗传物质,或者个体在发育过程中出现相应的基因突变。有的源于个体发育中的各种脑损伤以及代谢过程异常。在众多生物学因素中,剖宫产、母亲大龄妊娠以及母亲妊娠期间不良的生活方式等因素倍受关注,是这方面的研究热点。

一、遗传因素

个体感觉系统的解剖结构、生理机能和心理功能是通过蛋白质来实现的,而蛋白质的结构和功能是受个体内特定基因调控的。所以,个体的视觉、听觉、触觉、前庭觉、本体感觉等的感觉器官的结构完整性和功能的正常状态,以及各感觉系统之间在功能上协调和统整都离不开个体遗传物质的"后台操作"。一般而言,儿童的各种障碍多是遗传因素和环境因素相互作用的结果。个体遗传物质决定障碍发生的易感性和可能性,环境因素影响障碍的表现类型及障碍的程度。从遗传学角度看,一些个体伴随有障碍是因为他们自身或是父母亲的遗传物质对某些不良环境因素表现出易感性,抵抗力不强导致的。这些个体的遗传物质表现出基因多态性。

所谓基因多态性,是指染色体同一基因座位点上有两种或两种以上的基因型,它决定人体对环境因素影响的易感性与抵抗力,也决定疾病、障碍临床表现的多样性以及个体对药物等环境因素反应的差异性。基因多态性虽不直接导致蛋白质表达的改变,但会对它的表达存在上调或下调作用,使个体对某种环境因素刺激更加敏感。这就使身处同样不利环境中的孕妇,有的子女健康发展,有的子女却表现出不同程度的障碍。[1]

个体感统失调的遗传学研究比较少,研究人员并没有发现"感统失调的基因",但是从各种类型感统失调儿童行为表现的一致性和集中性(详见第3章)来推断,感统失调可能存在着相同或相似的遗传学机制,如多巴胺受体基因改变是导致儿童注意缺陷、行为冲动的重要遗传学机制,同时该类儿童的感统能力较差。从理论上推断,凡是影响感觉器官结构完整性及功能(特别是信息识别和传输)正常化的基因改变都可能导致感统失调,凡是影响中枢特别是脑干激动系统功能的基因改变就很可能导致感统失调。近来研究表明,注意缺陷多动症儿童存在家族遗传,遗传度为0.8。注意缺陷多动症的遗传可能是单基因遗传,也可能是多基因遗传。[2]

感统失调涉及个体内外多器官功能缺陷,相关的遗传机制研究难度非常大,进展缓慢,需持续关注。

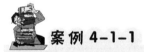

案例 4-1-1

孩子和他爸太像了

王某,男,已满7周岁。家庭因不堪孩子做事"顾不来"、游走不定的心理状态以及老师的批评和抱怨,三人(儿童父母及奶奶)携子前来咨询。经一系列测评,该童属于ADHD,以注意缺陷为主,并伴有严重的感统失调。

据儿童奶奶讲:孙子与他爸小时候一模一样,从来不听老师讲解,课堂上总是忙着干自己的事情,铅笔或一个小卡片可以玩好长时间。平时我们也发现他笨手笨脚、云来雾去、答非所问,但总觉得男孩子发育慢,他爸小时候也是这样,孩子的问题终究没太在意。他爸念书年代不像现在孩子有这么多规矩,老师虽不时告状,但学习成绩一直还可以,我们就不会总是揪着不放,年龄稍大些,主要靠自学,后来考上大学。但是,孙子的情况不同,学习任务重,要求高,回到家要不停地抄抄写写,做家庭作业,经常磨蹭到晚上10点多,几个人轮流督促,但学习成绩波动大,一旦盯得不紧,成绩直线下降,从90分左右掉到40多分。孩子现在极度厌学,在学校里也制造不少麻烦,经常被老师罚站,放学留下来是常事,我们经常陪站,有时连续1个星期天天留。

儿童的母亲在妊娠前3年迁入新房,妊娠后除了上班(机关工作,负担轻),家务基本不插手,活动少,读书时间长。其他各方面无异常。

---

[1] 杨霞,等.儿童感觉统合训练实用手册[M].上海:第二军医大学出版社,2007:30-38.
[2] 付立杰,等.畸胎学[M].上海:上海科技教育出版社,1996:88-143,258-261.

> 系统的成因分析表明,儿童感统失调是遗传因素和环境因素相互作用的结果。孩子的遗传物质可能对某些不良环境因素呈现易感性,加之母亲妊娠期间及儿童学业负担重等不良环境因素的影响,导致儿童感统失调。

二、生理、生化及代谢因素

儿童感统失调有其生理、生化及代谢异常的原因。

(一)脑损伤或脑功能失调

孕妇妊娠期间、分娩过程以及儿童生长过程的多种因素可能会导致脑发育异常,引发儿童的感统失调及相关的问题。

1. 妊娠期间的不良因素

母亲妊娠期间的不良生活、工作环境和健康状况等因素会影响胎儿的发育,给儿童的健康成长埋下隐患。

(1)接触环境有害物质。现代社会,环境中有害物质的种类非常多,辐射到人们生活、工作的各个方面,可以说是"防不胜防"。妊娠前或期间,特别妊娠的前3个月,是胚胎神经系统发育的关键时期。期间,孕妇从事某种有害职业或接触到环境中的有害物质都会导致儿童脑发育异常,给儿童中枢神经系统的发展造成不可逆的损伤。本章第3节就此做专门讨论。

(2)孕妇疾病。孕妇妊娠前患有的一些疾病,或妊娠期间继发性疾病以及相应的治疗药物可能会给儿童的脑发育造成影响。常见有癫痫、高血压、糖尿病、抑郁症、甲状腺机能减退,同时这些疾病的治疗药物会给胎儿脑发育造成负面影响,影响感知觉功能的正常发育。

(3)孕妇不良生活习惯。孕妇吸烟、酗酒、长时间同一体位的作业(上网、看电视或伏案工作)、濒临通风效果差的娱乐环境、过重的体力劳动或懒于活动,饮食、睡眠不规律,性伙伴混乱等不良的生活习惯,都会影响胎儿的脑发育。

孕妇孕期吸烟、酗酒或吸毒会对胎儿产生恶劣影响,如胎儿酒精综合征(FAS)、胎儿烟草综合征等。胎儿酒精综合征儿童往往表现为低体重、智力缺陷和身体缺陷,同时伴有多动、机能亢进、粗心及冲动。孕妇孕期少量饮酒,虽不导致后代患胎儿酒精综合征,但出现学习困难、行为冲动和多动症的可能性较大。若孕妇接触二手烟,也会妨碍胎儿大脑的发育,儿童会出现体格发育异常,并伴随有其他行为问题。

在现代生活中,孕妇不良生活习惯导致后代出现残疾并呈现感统失调的现象有一定的普遍性,须加强对孕龄女性科普知识的宣传。

(4)胎儿个体发育问题。胎儿着床不正如前置胎盘、胎儿感染、胎儿过动引起缺氧、低体重等发育问题也会影响脑的正常发育。现代影像技术对儿童脑的解剖结构及其功能的研究发现,注意缺陷、行为冲动、情绪不稳定的儿童存在脑功能的异常,这可能在他们胚胎发育中就已经出现了。比如注意缺陷多动症儿童大脑前区的血流量比较低。通过尾状核把边缘系统和大脑前区联系起来的神经通路也比较少,特别是与纹状核的神经通路更少。

2. 产程不良因素

临产前1~2周以及生产过程是胎儿发生脑损伤及脑功能失调的高发期,这些因素主要有:脐绕颈、窒息、早产或过期产、难产、产程过长、助产工具使用不当或其他操作失当、剖宫产等因素,对脑的发展有较大的影响。

3. 新生儿及儿童发育早期的不良因素

(1) 疾病。新生儿及儿童早期的一些疾病,如新生儿童缺血缺氧性脑病、发烧、脱水、脑炎、脑膜炎、疫苗过敏、黄疸等疾病会导致儿童脑发育异常。

(2) 机械性损伤。婴儿哺乳时,母亲操作不当会导致儿童头部挤压或呼吸不畅造成缺氧,直接影响脑的发育;随着婴幼儿运动能力增强,翻滚、爬行范围增加,掉下床、跌倒等头部遭受机械撞击的概率大增,脑受损的可能性越大。儿童从出生到学龄前期的较长时期内,脑部重量占体重比例较大,重心相对较高,易于失衡使头部先落地受到撞击。

(二)儿童个体代谢异常

儿童自身的营养物质、激素及递质代谢的异常会影响儿童的正常发展。

1. 营养物质代谢失衡

儿童的正常发育及脑功能的高效工作有赖于个体营养物质的代谢平衡。儿童青少年处于成长期,需摄入较多的蛋白质,但是过多摄入会增加儿童代谢负担,影响儿童的注意和判断。脑工作的能量上要依赖葡萄糖的代谢,每餐须摄入足量糖类,但是糖类的过多摄入,会导致大脑处于抑制状态,学习活动易疲劳。儿童每天需摄入适量的脂肪,但摄入过多会给儿童的发展带来多方面影响,如活动不便、心血管负担过重、易于疲劳、学习效率低下等。

微营养素(微量元素和维生素)的代谢对儿童发展有广泛影响。它们虽然不直接提供个体活动的能量,但参与个体正常生理生化代谢过程或营养物质的吸收与合成。微营养素的代谢平衡是个体正常生理机能维持的重要基础之一。感统失调儿童往往存在微营养素摄入不足。

2. 激素、递质代谢异常

激素和递质是机体内对个体内外活动进行调节的物质。前者由分布于全身的多种内分泌器官分泌,对个体代谢进行广泛、持久的调节;后者是由神经细胞合成的,是神经冲动在突触间传递的载体。激素、递质代谢全面影响个体生长发育及脑功能的完善。比如儿童的甲状腺机能低下或亢进都会对儿童的生长发育和学习活动产生不利的影响。甲状腺素不足的儿童做事缺乏激情,精神萎靡,学习效率低下。关于激素、递质的相关知识需阅读生理学方面的专业书籍。

三、其他

儿童感统失调还可能源于剖宫产、母亲大龄妊娠等因素,成为多学科研究的热点,受到普遍关注。

(一)剖宫产

剖宫产是基于一系列临床指征不能正常分娩而采取的分娩补救措施。世界卫生组织倡导的剖宫产分娩率应控制在15%以内。但是,这一补救措施在世界不少国家呈现快速飙升的趋势。人类延续至今的自然生产方式在这个时代出现了拐点。研究表明,剖宫产对儿童及产妇均有许多负面影响。该分娩方式并不会使儿童更聪明,反倒会带来负面影响,如适应能力要比自然分娩的孩子差,儿童更易出现感统失调、认知缺陷、易发脾气、胆小、紧张、爱哭、偏食、惹人等生长发育障碍。当这种生产方式成为"新生力量"的主流"入世"方式时,势必影响到这个国家或地区的人口素质。剖宫产导致儿童出现异常发展的机理可归结为如下几个方面。

1. 酸中毒

自然分娩时,受产道挤压及儿茶酚胺调节,胎儿呼吸道液体的1/3～2/3被挤出,出生后即可进行正常肺呼吸,气体交换更好,不会出现缺氧。

相反,剖宫产儿就缺乏这些锻炼,呼吸道内液体潴留多,出生后呼吸阻力大,肺泡气体容量小,影响气体交换效率,易发生新生儿缺氧或窒息,出现"新生儿暂时性呼吸增快症"(transient tachypnea),反应机制见图4-1-1。

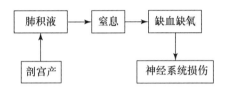

图 4-1-1　酸中毒机制

2. 胆红素升高

剖宫产母亲的母乳素分泌水平低,母乳分泌不足,新生儿胎粪排除减慢,胎粪中的胆红素被吸收进入血液,导致血液胆红素水平增加。同时,剖宫产儿肺内积液未能有效排出也增加血液胆红素水平。新生儿高胆红素水平会损伤其神经系统功能,反应机制见图4-1-2。

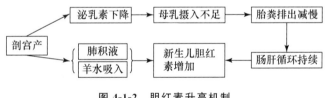

图 4-1-2　胆红素升高机制

3. 机能失调

胎儿在分娩过程中不是一个被动的"排出物",而是一个主动参与并不断适应产程、发挥自身"能动性"的个体。在子宫收缩、产道挤压、神经体液调节下,胎儿在产道完成衔接、下降、俯屈、内旋转、仰伸等一系列的动作,先后对头颈、胸腹以及躯体各个部分进行长时间、有节奏、大强度的挤压刺激,各种外周感知和运动器官、信息内外传输的神经纤维以及中枢对信息的接受和加工都能够得以启动和激活。所以,自然分娩过程是胎儿步入人世间非常重要的一次系统的锻炼和生存演练,对个体后续发育非常重要。

而剖宫产属于干预性分娩,胎儿在短时间内被动娩出,必要的刺激和锻炼被剥夺,在生长发育中会表现感统失调。同时,剖宫产儿的免疫功能较差,易合并感染,影响儿童的正常发展。反应机制见图4-1-3。

图 4-1-3　机能失调机制

(二) 大龄妊娠

35岁以上女性妊娠生子属于大龄妊娠。而今,因为多种原因,大龄妊娠比例比较高。大龄妊娠对孕妇及后代都有许多不利影响。有研究表明,35岁以下孕妇中,后代唐氏综合征(先天愚型智力残疾)发生率约为1/100,而45岁以上孕妇的后代发生该综合征的比例高达1/50。

卵巢的机能随年龄增长逐渐衰老蜕变,产生的卵子自然老化、蜕变,染色体畸变机会增多,胎儿畸形及其他遗传病发生率就会增高,流产、早产、死胎等的发生率也很高。年龄越大人体抵抗各种环境污染的能力也越低,进一步加剧卵子遗传物质畸变的可能性。

大龄孕妇分娩的危险性同样增加,这是因为该群体的骨盆和韧带功能退化、产道组织弹性减弱,宫缩力减弱,易导致产程延长而引起难产,造成胎儿产伤、窒息。虽然剖宫产是大龄孕妇分娩的主要选择,但它所带来的负面影响同样不可忽视。

大龄孕妇发生心脏病、妊娠高血压、妊娠期糖尿病的比例较年轻孕妇高。如妊娠期糖尿病不仅使孕产妇容易感染,而且还可以引起胎儿早产、巨大儿、畸形胎儿、死胎等。

 案例 4-1-2

"老"园长的疑问和苦恼

某幼儿园园长参加一个园长培训班,午间休息路过笔者负责的"特殊儿童康复训练实验室",唤起她近年来对幼儿一些问题的疑问,寻求解释和帮助。

园长介绍,她先后在3家幼儿园工作,从教20多年,任园长也近10年。与20世纪80年代相比较,幼儿发育整体出现一些新的问题,伴随有轻度心理行为问题的幼儿"明显增多"。她觉得从20世纪末开始,入园的儿童中属于自然分娩的在减少,剖宫产的幼儿比例持续增加。现在,全园70%左右的幼儿是剖宫产儿,小班一个班级中的剖宫产儿多达90%。

园长感到不解的是:现在怎么就这么多的人不能正常生孩子?同样,令她苦恼的是:剖宫产儿的快速增加给学校教育带来了不少新问题,令园方头疼。这些孩子吃饭慢,咀嚼不协调;一堂20分钟的课,注意力能集中5分钟已算不错;自控能力差,坐不住,不知他们想要干什么;我行我素,行为古怪,脾气大。虽说不停在动,但跑起步来"同手同脚",平衡能力差,动不动就摔跤。做操乱做,不看老师的示范,常常"同手同脚",左右不分。

这样的孩子越多,组织各种活动越困难,意外小事故发生就越来越多。学校只能适当减少活动。儿童早期教育有步入恶性循环的危险!

第2节 教育因素

儿童的生长发展与个体生物属性密切相关,但成长环境也是无法忽视的重要因素。儿童出生后的6~8年仍在快速发展,是个体基础能力以及感统能力发展的关键时期,教育在其中起着重要的作用。符合儿童发展特点的教育对儿童的健康成长至关重要。当前,随着时代的变迁,我国的家庭教育和学校教育呈现诸多不利于儿童发展的因素,直接或间接影响儿童感统能力及其他基础能力的发展。进一步分析发现,它们共同的特性是限制儿童的自主运动和感知范围,儿童自然的发展规律遭受不同程度的扭曲。

一、家庭教育因素

在儿童的家庭教育上,几乎每一个家长都是教育家,都有自己教子养女的理论和做法。一些流行的观点认为:顺其自然。但是,儿童现在的生活环境和教育事件的实施条件本身就严重"不自然",儿童可以顺其自然成长的环境被剥夺或严重扭曲。对于强势发展的儿童而言,他们可能会更好、更快适应被扭曲的"现代自然",但是对于一部分儿童来说,他们因先天发育上的缺陷以及对"现代自然"的不适应,导致其生活、学习上困难重重,家庭如果还坚持"顺其自然",那会将儿童的发展置于危险境地。

(一)家庭教育条件存在的缺陷

就我国现实状况而言,家庭教育元素存在多方面缺陷。它直接或间接影响儿童的正常发展,是儿童感统失调的重要原因。

1. 居家物理环境的限制

在城市化不断加快的今天,生活在城市中的家庭无论其居家面积有多大或有几处住房,对儿童来讲都是封闭的钢筋混凝土牢笼,上下见方3米左右,前后高楼林立,视线平穿百米以上者仅为极少数。而在这个空间,儿童几乎要度过每天生活的2/3时间,成年累月长时间接触和使用很少变化的东西,桌椅床柜、锅碗瓢盆,熟视无睹,感觉钝化,何谈感觉统整?

2. 家庭成员关系不和

家庭中的父母关系、婆媳关系及两个家族直系亲属间关系的融洽程度直接影响儿童的教育。家庭成员关系不和会导致:其一,父母教育子女缺乏积极性、责任心和成就感,孩子的感知、运动、认知发展和情感交流必然受到影响。其二,家庭成员间不友好言行给儿童很不好的示范,使孩子学习了错误的、极端的解决问题方式,并会使孩子产生焦虑、恐惧、嫉恨、残忍、缺乏同情心和敌视他人等不健康的心理状态,影响孩子与同伴的交流,也可能影响父母对孩子的态度。

3. 同伴资源缺乏

我国相当多的家庭为独生子女家庭,孩子没有居家互动的兄弟姐妹,加之学生课业负担重以及家庭间"不相往来",儿童居家活动的数量、质量都非常局限,自然发展必要的同伴资源非常有限,儿童出现感知觉问题、运动问题、情绪行为问题在所难免。

4. 成年互动对象存在较大缺陷

儿童玩伴少,居家互动的对象多是成年人,且以祖辈为主。成年人作为儿童的互动对象存在诸多缺陷。首先,两者是不对等的互动对象,心思各异。比如在互动活动中,儿童经常会发出督促令"爸爸,你在想什么呢?该你呢!"其次,成人意外干扰较多,互动活动断断续续,缺乏持续性,给孩子的学习树立了不好的示范。再次,成人由于工作压力、精力等原因难以保障与儿童有足够的互动活动,甚至会在互动中引发不愉快的事件,发泄源于其他方面的不满。儿童祖辈身心的自然衰退决定他们大多难当互动对象,但是他们却成为不少家庭教育的主要人力资源。

5. 保姆教养儿童弊端不少

保姆承担照料、养育儿童和家务劳作的重任。相当多的孩子是伴随一类特定人群——保姆,度过其生长发育关键期的。儿童名义上是父母的子女,实为"保姆子女"。就我国现实情况而言,保姆教育儿童问题颇多。第一,保姆与父母在教育儿童的心态上完全不同。保姆是以从业者心态对待儿童这个从业对象的,而父母是以亲情、情感和责任对待子女的。保姆往往采取"多一事不如少一事"的"从业准则",尽可能减少儿童的活动范围和活动形式。第二,保姆教育孩子的能力和体力非常有限,即使有心教育儿童,却不具有相应的知识和技能。第三,多数保姆还要承担繁杂的家务劳动,分身乏术。第四,双方沟通不畅,贻害儿童。一些保姆出于稳定从业需要,对儿童家长有理或无理、偶尔或频繁的"指教"通盘下咽,当面笑脸相迎,事后折腾儿童。第五,保姆频换,儿童适应难,保姆更谨慎。一些家庭对保姆要求苛刻,稍不如意就更换,让儿童经常处于与陌生人相处的环境中,缺乏安全感。保姆也对这类家庭心存忌惮,说话做事小心翼翼,严加看护儿童,避免与外人接触。儿童的视界、活动受到很大限制,心理、行为问题发生概率大增。

(二)家庭教育能力不足

现在,受多种因素的影响,我国的家庭对子女教育的重视前所未有,全体国民都在子女教育的轮轴上挣扎,学生不堪重负,家长苦苦支撑。儿童青少年的教育成了比拼家长计策和耐力的战场。这种现象可以冠冕堂皇地表述为"对知识的尊重"或"提升人的综合素质",其中蕴含更多的是"战胜对手"的残酷。这固然与我国人口数量大、社会竞争激烈等因素直接相关,但是家庭教育能力不足也是不可忽视的重要因素。

一些家长违反儿童成长规律,直接导致儿童感统失调及相关问题。有的家长为使子女"不要输在起跑线上"或"赢在起跑线上",过早对子女进行文化教育、参加各种课程培训,揠苗助长,剥夺儿童本该拥有的感知运动活动,影响儿童感统能力发展。还有的家长过度保护子女,导致子女各感觉系统间的信息缺乏有效的整合,出现不同程度的感统失调。生命成长需要呵护,但一些家长呵护子女过了头,对孩子极度不信任,广泛参与孩子的事情,甚至包办、代替。结果,孩子长期缺乏多方面感觉信息的刺激以及应对各种问题的能力,表现感统失调的多种特征。

一些家长对儿童发育中出现的问题处置不当,导致感统失调问题未得到及时矫治。有的家长在发现子女行为异常后,不是积极应对,而是埋怨子女,将子女出现的感统失调等问题归咎于子女:这孩子怎么是这个样子,人家与他一样大的孩子都不是这样……结果,孩子发展中出现的轻微问题没有得到及时的干预,问题会越来越严重。有的家长面对子女的异常问题,过分强调儿童发育上的差异性,希望子女在成长中自我修复,或视其为"个性",贻误干预时机,导致感统失调等问题未得到及时纠正。临床咨询中,多数家长反映他们早已发现子女的问题,但未予以重视,总认为以后会好的。当子女快要入小学而问题不见好转时,才意识到问题的严重性,四处检查求治。

还有一些家长未尽家庭教育责任,导致儿童出现感统失调或其他问题。有的家长因工作忙碌或工作压力大,子女的教育托付于亲属、保姆,或电视、电脑等数字媒体。孩子生长早期缺乏充分的感知运动活动,感统能力未得到充分发展。当然,还有一些家长因为多种原因无意在子女的教育上耗费心血,导致发展不力,出现感统失调。

(三) 儿童早期的爬行不足

儿童出生时虽然具有复杂的、相对完备的感觉、运动、信息加工与储存等组织结构基础,但是这些器官、系统功能的获得、完善和提高需要大量各种信息的刺激以及儿童对这些信息的驾驭和应用。婴幼儿期,儿童通过视、听、触、压、温度、平衡觉、运动觉等的感觉系统获取各种信息,运动使其肌肉、骨骼功能得到锻炼,这是他们未来能够承担更复杂心理活动和行为表达的"奠基工程"。由于先天发育异常以及家庭早期教育不力等原因,一些儿童在婴幼儿期缺乏足够的感觉和运动刺激,导致儿童出现感统失调。这里仅就"爬行"这一影响儿童全面发展的重要因素加以论述。

爬行是儿童将多种器官组织起来协调运作、完成综合活动的基本技能。爬行在儿童发育早期持续较长时间,从婴儿6~8个月开始会爬行,一直延续到2~3岁或更久。爬行对儿童发育的影响非常大。

爬行是儿童各种感觉感官、躯体运动器官间同时或相继协调配合的整体性、综合性活动,对儿童基本的感知-运动的发展,认知、言语等的发展有着重要影响,是婴幼儿期的高级"智力"活动。爬行不足儿童可能会出现学习困难、注意力缺乏、多动冲动、情绪行为异常以及人际关系不和谐等方面问题,给儿童本身及其同伴、家长、教师等长期接触人士带来不少困扰。

现代家庭,儿童早期爬行不足问题比较严重,原因多种。第一,家长对发育水平的认识存在错误。一些家长认为婴儿走得越早,发育就越快,孩子就会越健康、聪明,于是家长徒手扶持或用助行工具加快儿童的站立和行走训练,孩子的爬行期被减少或剥夺。第二,关于爬行对儿童发育的重要性认识不足。一些儿童由于体重较重、肤觉敏感、肌肉力量发展慢等原因,爬行的动力不足,养护人出于怜悯之心,不太坚持让幼儿充分爬行。这些儿童在可以独立行走后就更少通过爬行参与同伴活动。第三,孩子黏人,脱手不得。一些孩子至出生后不久就养成需要成人时刻陪伴的习性,每天除了睡眠几乎不离成人怀抱,导致儿童早期爬行活动不足。第四,养护人员为安全图省事。一些家长,特别是保姆担心孩子到处爬行会"闯祸"、感染疾病、危及身体安全,或为干净图省事,减轻育子负担,采取限制爬行的办法,如及时进食增加睡眠时间、让孩子玩玩具、听音乐或将儿童放置在助行车或学步车上(如图4-2-1所示,儿童只能取椅坐位或站立位)等。

图 4-2-1 儿童学步车

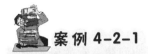
案例 4-2-1

换了多少保姆我们也记不清

小成,5岁,男,就读某市知名幼儿园。因为小成与其他孩子有太多的不一样,为避责任,学校建议家长就医或另择它校。对于孩子的问题,父母早已觉察,已换过一次幼儿园,小成现在读的幼儿园已属"高就",期望在更好的幼儿园给予补救。也曾为此就医,医学鉴定为发育迟缓2年左右。入小学在即,孩子根本没有做好准备,"病"急乱求医,前来咨询。

父母均为留学归国人员,分别出任不同企业高管,家境丰盈,工作忙碌。父母婚后一直想要孩子,但直到7年后才如愿。其时,母亲31岁,父亲40岁。母亲妊娠期间虽一直坚持上班至生产前1周,但受到的保护非同一般,单位工作特配得力助手打理,操劳不多;两处住宅(一市内一郊区)分别雇用一家庭保姆打理,一则免得有劳孕身,再则便于营养调理,毕竟他们觉得现在的环境污染非同一般,外边饮食安全难有保障;周末、节假日要么高朋满座,要么散步郊游,调节孕妇心情。期间,两人心情自是愉悦舒畅。妊娠后期,两人鬼使神差请命理先生给孩子取名,并选择良辰吉日提前2周剖腹生子。接生医院、主刀医生自然也是精心安排。小成新生一切医学指标正常,母乳哺育半年被高级婴儿奶粉(直接从国外购买)取代,以求营养搭配科学合理,更有利于孩子成长。母亲随即复职工作,夫妇俩踌躇满志,专心事业,早出晚归(父亲一向如此,母亲育子任务完成,应酬激增),孩子的养护照料责任绝大部分落在两个保姆肩上。一个负责家务,一个贴身护导、教育小成。两保姆并存小成家一直延续至今,但是每个保姆能够干满3个月的没有几个,稍不合主人意即遭辞退。期间更换多少保姆,夫妇自言记不清楚。咨询人员求证保姆遭辞退原因,归纳为二:教养孩子不力和家务不周。特别是育子岗位的保姆换得更勤,孩子哭闹1分钟内不止——要换,这保姆与孩子关系不好;孩子身上有异味(以孩子母亲嗅觉为准)——要换,这保姆不善待孩子;孩子稍大,文化教育提上日程,数数不正确要换、儿歌背不出要换、吐字不清要换……

父母自言,因得子不易,又对子期望高,所以孩子自出生以来,一直处于溺爱、过度保护中,哭啼很少,批评训斥更少,体肤之痛从未施加;跌倒受轻伤几次,每次都使家庭气氛骤变,保姆更迭的烦琐事务自然烦心不小,夫妇俩还免不了口角;为清洁防染病,小成很少在小区的草坪、儿童游乐场、喷泉等处长时间游玩;入幼儿园前,交往的同伴比较固定,是经得起小成母亲检验的;儿童玩具、生活用品一概全新购置或亲友赠送,堆积如山;教育设备如早教机、图书、卡片、光碟、录音带等一应俱全;健身设备如跑步机、按摩椅、各种球类应有尽有。

然而,小成在训练室的一个细节引起咨询人员注意:小成仅用拇指尖和食指尖夹10cm左右的球,如捡拾一垃圾纸片似的,显得小心翼翼。进一步观察并询问父母,孩子的主要问题是:动作笨拙、身体平衡协调性差,注意分散、心不在焉、我行我素,汉语拼音声母l/r/n、g/t/d、z/zh、s/sh等多个辅音区分不清,语音清晰度问题给他与同伴交往带来麻烦;对玩具、图书毫无兴趣,偶尔对其施暴,乱扔乱砸,显得兴奋愉快;在幼儿园根本不听或不能理解老师指令,要么不与同伴玩、自己发呆,要么干扰小组活动;喜吃荤菜厌素菜、水果(每天服用多维片,对零食不感兴趣),晚睡不规律,时好时坏。

> 咨询人员提出的针对性家庭教育建议中,多数被小成父母采纳,但对于家庭亲子互动活动、特别是促进感统能力的游戏活动,父母表示不好实施,一则父母年龄不小,活动起来不免费力,再则周末与孩子一起时往往有亲朋好友,特别是属下,这些活动与自己身份不符……他们寄希望"出钱买活动",邀训练人员开展家庭训练或指导年轻属下陪小成锻炼。事到如今,夫妇俩还是认为父母的职责是可以替代的。

二、学校教育因素

我国目前的学校教育存在一些严重阻碍儿童发展的问题,甚至是导致儿童感统失调及其他异常心理、行为的重要原因。

(一)学科设置偏颇

教育为就业服务,职业对人才能力的要求映射到教育的各个阶段,教育的功利性和实用化在多种力量的助推下急剧膨胀,给儿童青少年及整个社会带来一系列问题。在这种社会背景和教育环境下,学校学科设置严重失衡,与职业技能发展直接相关的文化课教育成为教育内容的主体,占据绝大部分学校教育,学校教育呈现语、数、外三科独大,音、体、美、劳为辅科,心理健康、沟通交流、社会适应等被忽视的长期稳定局面。这种态势在学龄前教育就过早突显,一直持续到随后的各阶段各类教育中,儿童青少年长期奋争在非常局限的知识领域,教育内容相同、考核评价单一,全然不顾他们的发育水平差异、兴趣爱好不同以及个性品质的独特性。一大批不适应"三科独大"教育的学生出现心理、行为问题,以及身体综合素质低下甚至人格扭曲在所难免。当前,学生厌学、极端事件屡见不鲜,家长、老师大叹:现在的孩子怎么了!这些现象反映出我们学校教育问题的严重性以及求变的迫切性。

(二)教师教育技能缺陷

学前教育及小学教育阶段是儿童感统能力发展的重要时期,教师教育技能的缺陷也是儿童感统失调的因素之一。从教人员教育技能的缺陷一方面使本该正常发展的儿童出现异常问题,另一方面对儿童出现的异常发展问题缺乏有效的应对之策,儿童问题得不到矫治或变得更为严重和复杂。

1. 一些教师本来就不适合从教

师者,传道授业解惑。教师应该具备符合本职业要求的思想道德素养、个性品质、文化知识结构和教育教学能力。教师是职业特点非常明显,专业化程度要求极高的特殊职业,不是只要符合一定学历要求的人就可以承担的职业。然而,在教师队伍中,不符合教师职业要求的大有人在:有的沉默寡言、表情单一,不善于或不乐于与儿童青少年沟通交流,不具亲和力。有的个性或举止怪僻,如着装修饰怪异、情绪波动大、男身女气、缺乏耐心等,不为学生认可尊敬,或被嘲笑捉弄,或畏而远之。有的是纪律的化身,铁板一块,师生关系紧张,抵触、冲突时有发生。有的迟钝呆板,缺乏应对不同事情、不同对象的灵活性和针对性,学生学习、行为问题频发,教育收效甚微。有的高高在上,当上了学生及其家长的"土皇帝",谈话不分场合,措辞随心所欲,盛气凌人,不尊重他人也不被学生及其家长尊重。有的虽认认真真,敬业精神可赞,但缺乏表现力,温水一桶,他所组织的教育活动抑郁沉闷,学生心里避之不及。凡此种种均不利于教师组织开展有效教育活动,学生能力发展受到限制。

2. 教师育人技能存在缺陷

就教师教育而言,我们的教师主要是特定专业知识的化身和传递者,授业、解与业相关的"惑"是绝大部分教师的长项,也是校长、家长及社会最关注的。然而,传道、破解"业"以外的各种"惑"就力不从心,或者无心顾及。在组织教育活动时,教师关注的是文化知识以及"发射"这类知识的组织形式和技巧,而不是学习者这个生命整体的需求及发展。师生之间建立的是发射器与接收器之间的关系。为了实现文化知识信息准确无误、高效兼顾美观地传递,两者间反复进行灌输、反馈、纠错、再灌输的活动,双方为此耗费大部分时间和精力,学生根本就没有时间和精力发展其他能力。可谓"学不好,也没玩好"。

教师对学生发育水平、兴趣爱好上的个体差异缺乏全面认识,抑或知道一些学生的不同,但无力应对,因为教师这台发射器中根本就没有应对问题的方案和程序。面对一些学生的异常问题,他们采取的措施大多是对学生的进一步伤害,能起到亡羊补牢之效者寥若晨星。有的斥责、体罚学生,直接或间接训导家长。有的采取隔离措施,"问题"学生坐加座,置于教室角落,避免干扰他人,影响班级整体成绩(三科成绩)。有的反复督促家长进行医学鉴定,"依法"放弃教育或推到其他教育机构。凡此种种,难以尽言。临床咨询的案例中,教师、学校前来咨询的微乎其微,配合家长前来咨询的教师多是家长善于"攻关"的结果,能够按照专业人员的指导在学校开展干预工作的则全赖家长的长期"攻关"。

(三)学校教育资源不足

学校教育需要充分的软硬件资源,资源不足会严重限制学生的全面发展。

1. 硬件资源不足

城市学校特别是省会城市及直辖市的学校普遍占地面积小,学生多,生均室外活动场地的面积要比中小城市甚至比农村学校要小。几个班级同时进行锻炼或上体育课时,场地显得十分拥挤,比如一节35分钟的体育课,每个学生得到有效锻炼的活动主要是准备活动、跑步等徒手活动项目,而器械活动几乎都要排队,每个学生实际操作时间非常有限。对于小学阶段及此前的儿童来讲,徒手体育活动项目太单调,易导致儿童对项目的疲劳,需配建必要的设施设备,如健身房、风雨操场、律动室、音乐室、书画室、工艺品制作室、学生兴趣小组或专门协会的活动室等室内设施,但是大多配设不到位,或面积过小,只能满足部分学生(校队,经选拔入选的特长学生小组,代表学校参加各种比赛)的需要。数量庞大的校外培训机构就是一个"做题"环境,室内外硬件资源几乎为零。

2. 软件资源不足

学校在师资配设及教师的教育能力上存在较为严重的缺陷,限制了学生基础能力的发展。音、体、美、劳、社会活动等学科教师配设不足,教育活动中教师还需考虑安全卫生等方面问题。这样,学生有效参与教育活动就大打折扣。而且,现有教师队伍的儿童教育能力普遍不足,学生基础能力的最大限度发展就困难重重。此外,我国学校教育采取的是闭门办学,社工、志愿者、家长等社会力量参与学校教育活动非常有限,一些本可利用的资源没有得到充分发掘。

当然,与这些教育教学活动相关的图书资料、文教具也比较缺乏,消耗品补给乏力,这也是软件资源不足的重要方面。

另外,学生意外伤害问题的处理对学校组织开展体育运动、社会活动有重要影响。学生在校活动的意外事故虽与教学设备的安全性和教师的安全意识有关,但更多的是家长小题大做。一些家长为子女一点轻微皮肉之伤要向学校讨个说法,大吵大闹者不乏其例。这样一来,学校只能减少开展户外活动以及儿童间的互动活动,学生课间休息不得跑动,更不能"打打闹闹",放学后不得在校园游玩,器械活动尽量少开设,凡是涉及学生体格等基础能力发展的活动都有不同程度的限制。儿童感统能力发展缺乏有效的制度保障。

案例 4-2-2

做航模可以,但要分清主次

小王,9岁,女,从小喜欢摆弄东西、拆装、搭建玩具,小学二年级下学期参加周末航模兴趣班。同学期,学校联办的艺校英语班向全校招生,老师建议"学有余力"或感兴趣的同学参加这个周末辅导班。不少家长心领神会,参加这个辅导班,小王因故未参加。结果,英语每次测验都比原本成绩相当的同学低十多分。期间,教师多次要求家长抓抓孩子的英语学习,并回应家长的解释:做航模可以,但要分清主次,不要把主课耽误了。家长自然不敢怠慢,孩子的航模虽没有叫停,但还是花费了很大力气帮助孩子背熟、默写每一课,但是孩子的测验成绩仍未有起色。家长着急了,仔细分析每次测验试卷,发现试卷中的一些句型和单词在课本上根本没有出现过。向其他家长讨教发现,孩子不懂的东西都在辅导班学习中涉及。家长便向学校反映此事,学校说:这些试卷是区教研员出的,测验中出现没有教过的很正常,总不能所有的知识都要老师教啊!更何况我们的这位老师不担任这个辅导班任课教师。向学校反映无功而返,家长只能自力更生,复印辅导班学生的练习卷(听力部分缺失),抽空让小王也练习练习。成绩虽有所提高,但差距还是存在。同时,家长自认为自从向校方"反映"问题后,英语老师对孩子的学习不闻不问,课堂提问也减少了。孩子对英语学习越来越不感兴趣,作业应付了事,课堂上打瞌睡、做小动作、推搡邻桌同学等"事件"频繁出现,其他老师对孩子的批评明显增多。家长担心子女问题变得更为严重,前来咨询求助。

案例 4-2-3

孩子总是加字、漏字或反写字

小段,11岁,男,五年级。咨询主要原因:小段在朗读、抄写中经常遗漏、添加字词,或在写字时把汉字的笔画写反,如"才"的竖"钩"写反,"忄"左右两点的高低写反,偶尔将左右结构的字偏旁部首写反等,但小段自己几乎检查不出这些问题。该现象在小段二三年级就出现,但父母总觉得这是该阶段儿童的普遍问题,虽觉得有些异常,但未予以重视。小学四年级时,小段的问题无明显改善,但班级其他同学已无此现象。家长着急,加强写字写句子训练,反写笔画虽明显减少,但其他问题未有改善。为此,作业经常做得很晚,周末也要加练写话。

> 小段从幼儿园中班开始就参加各种文化学习班活动,入小学后课业较重,各种基础活动较少,导致其感统能力失调。问题出现初期,学校及家庭过多强调自然成长,致使小段的一些问题没有得到及时解决。

第3节 自然环境因素

儿童的生长发育有赖于自然环境又受自然环境的制约。不良环境因素对儿童的健康成长带来负面的影响,是儿童感统失调、残障发生的重要因素。这些因素可归结为工业化学品、药物,物理因素,生物因素等。

一、工业化学品和药物

在这个工业化高度发达的时代,人们生活的各个方面离不开工业化学品,并经受着数以万计的化学品带来的影响。多种疾病的发生、儿童出生缺陷都与工业化学品有关。药品作为特殊的工业化学品,同样影响着我们的生活。

(一) 大环境污染

各种工业化学品以工业废水、废渣、废气的形式进入空气、土壤和水,最终通过空气及食物链进入人体。比如城市交通中,数以万计车辆排放的尾气中就有铅的化合物等多种有害物质,它们会导致儿童神经系统功能异常:注意分散、好动冲动等心理行为问题。每天,我们每个人摄入多种工业化学品,影响着我们身体健康。

在环境严重污染的今天,妊娠生育的风险大大增加,不孕、流产、畸胎、儿童肢体结构性缺陷、孕妇继发性疾病等异常情况的发生率一直居高不下。我国是人口大国,也是儿童出生缺陷大国。保守估计,每年残疾新生儿在100万左右,还有一些儿童虽没有结构性缺陷,早期也不表现为功能异常,但是随着年龄增大、入学后认知负荷加重以及需要处理的关系增多后,他们的身体机能、心理功能的异常逐步表现出来,而且这一群体的数量可能非常大,是感统训练的主要对象。临床咨询中,不少家庭对孩子的异常发展总觉得"莫名其妙",因为他们曾非常重视防护妊娠期的各种不安全因素。当整个环境都被污染后,任何孕妇防护措施难布周全,简直难以防护。

(二) 居家工作环境污染

装潢材料、家具中的有害化学品对居家及工作环境的污染不容小视,是可能导致胎儿、儿童生长发育异常的重要因素。装潢使用的胶水、油漆、密度板、石膏板等材料含有大量的挥发性有机化学品或无机化学品,如醛类、苯类、氨气、硫化物、铅化物等物质;瓷砖、大理石等含有放射性物质。它们均可能影响儿童的健康发展。

(三) 食品污染

食品为了增加保质期、提高鲜度、改善观感味感,在生产加工、包装、运输等各个环节都添加有相应的添加剂。比如日常食品面包,可用添加剂达上百种,实际添加(各种面包平均添加数量)达十余种。其他成品半成品食品均添加数量、种类不等的食品添加剂。每天,人们通过食品摄入相当可观的符合规定的添加剂,而它们在人体内的相互作用更是缺乏研究或难以研究。儿童喜欢吃的快餐食品如炸制食品、零食如膨化食品、饮料等含有种类众多的添加剂。这些"垃圾食品"越来越多,品种花样不断翻新。可以毫不夸张地讲,从受精卵开始,儿童就生活在食品添加剂的包围中,他们堪称"添加剂儿童"。此外,一些不法商家更是超标准使用添加剂甚至使用非食品添加物,给人的身体健康特别是发育期儿童的健康带来非常大的危害。食品的原材料生产也存在严重的工业化学品污染,农作物种植中大量使用化肥、农药、催熟剂、吸水增肥剂,养殖业饲料简直就是多种化学品的混合物,肉类、禽类、水产品均"多快好省"呈现在居家餐桌上。受化学品污染的食品对儿童发展的影响呈现持久性和广泛性态势。

(四)儿童学习用品、玩具等污染

儿童学习用品、玩具、娱乐设施大量使用化学品,比如幼儿图书,新书初开,恶气扑鼻。其他学习用具及玩具的制作广泛使用化学颜料、挥发性物质和重金属元素等。

二、物理因素

孕妇妊娠期间及儿童生长发育早期的一些物理因素对胎儿及儿童的发展也有不利的影响。这些因素有:高浓度二氧化碳(如娱乐场所)、一氧化碳(如居家或职场煤气泄露)、噪声(如居家周边环境及娱乐场所)、高温(如温泉、桑拿、居家热水浴、超声波治疗、儿童病理性高烧)、低气压(如妊娠期赴高海拔地区旅游)、辐射(放射性物质的电离辐射、手机电脑等的射频辐射)、光污染(如居家环境光污染对孕妇生物钟的影响)。

城市建筑高楼林立,空间狭小,视野不开阔、空气流通差。人们常年生活其中,难免产生压抑感。噪声、色彩、眩光、人流、车流,让人求得片刻清静,紧张、焦躁在所难免。

城市人口激增,加之工业化导致的全球气候变化,人们生活中使用空气调节设备的频率越来越高,户外活动明显减少。

三、生物因素

导致儿童异常发展的生物因素主要有微生物、寄生虫及过敏反应等。细菌、病毒的宫内感染,及儿童期因高烧或治疗用药不当,使儿童致畸或功能异常在临床中多有发生。宠物及环境寄生虫对儿童健康的影响成为现代生活中的新问题。一些免疫机能较低的儿童,对花粉及其他环境致敏源比较敏感,一旦感染或在季节转换期出现过敏反应,会影响正常的学习、生活及交往。

第4节 社会环境因素

家庭、社区和社会是对儿童产生多方面影响的成长环境。在这个快速变革的时代,家庭结构发生了巨大的变化,出现一系列不利于儿童健康发展的因素,如大多数家庭中的儿童缺少玩伴,重组家庭的不和谐气氛等导致儿童发展不力。社区发展规划和建设严重缺乏对小公民的关注。我国当前的社会发展呈现工业化、城镇化、数字化特点,它在给特殊儿童的干预提供有效物质支持同时,也在不同程度弱化儿童的感知运动能力,影响儿童感统能力发展。

一、家庭

家庭作为社会的基础单位,其结构形态及其稳定性对子女成长的影响已不单纯是家庭自身的问题,而是一个受社会关系变迁等多种因素影响的问题。

(一) 核心家庭的问题

1. 典型家庭面临的问题

由子女及亲生父与母组成的核心家庭是我国当前家庭的主体,可谓典型家庭。这种家庭子女多为独生子女。他们缺少与兄弟姐妹进行各种感觉、言语形式和运动方式的互动,加之父母各有工作在身,又上有父母的时期,子女与父母的交流互动领域、频次和深度都不能满足子女发展的需要。我国独生子女是特定社会条件下的独特群体,存在着身心功能及社会性等多方面问题,是广义上的特殊教育对象,需持续关注。

2. 重组家庭面临的问题

离异后重组家庭历来矛盾重重,特别是双方子女教育上的问题更为突出。当今,我国重组家庭数量越来越多,初婚子女与继父继母间的关系、子女间的关系更为复杂。这对处于发育阶段的儿童青少年有较大的影响,他们往往出现抑郁、仇视、怀疑、自卑、学业不良及攻击或反社会行为等问题。离异重组家庭的子女心理与教育问题已经成为我国的社会问题。

(二) 主干家庭面临的问题

三代人共同生活的主干家庭中,子女的成长和教育也存在不少问题。爷爷、奶奶、外公、外婆(四老)对孙子辈的隔代溺爱严重影响孩子父母(双亲)对子女的教育。四老还在饮食、玩具购置等方面使孩子养成毫无节制的习性,而有效的户外活动、同伴交往又往往不足,影响了孩子基础能力的发展。双亲与四老间的关系,特别是婆媳关系不易处理,这些一直困扰这类家庭,给儿童青少年的教育带来不少负面影响。

(三) 残缺家庭面临的问题

残缺家庭是指儿童父母一方或双方缺位的结构不完整家庭,如父母离异、分居、亡故、服刑、单身母亲、父母常年外出务工或从事特殊职业等。该系列家庭子女的教育多面临亲情缺失和社会排斥的双重压力。生活在该类家庭的子女本身就缺少完整的关爱、交流以及学习模仿的对象,也会心存各种疑问和矛盾,总觉得自己与其他同伴不一样,也可能被周围的人指指点点、说长道短。长此以往,儿童难免出现各种各样的问题,如抑郁孤独、逆反粗暴、怯懦自卑、狭隘自私、放纵对抗、懒散避世等多种心理行为问题。

二、社区

社区是指由一定数量组成的、具有共同需求和利益的、形成频繁社会交往互动关系的、产生自然情感联系和心理认同的、地域性的生活共同体。构成社区的基本要素有5个方面,即一定数量的社区人口,一定范围的地域空间,一定类型的社区活动,一定规模的社区设施,一定特征的社区文化。社区是人实现社会化、继续社会化的重要环境。

改革开放以来,我国经济发展速度非常快,但是城/镇社区建设几乎等同于住宅区建设,主要解决人的居住及简单的社会活动,社区应该具有的功能大多不具备,特别是没有很好地考虑儿童青少年的发展需要。

（一）人均公共资源少

社区内公共物理环境及其硬件资源是儿童青少年便捷、实用、经济的活动和互动资源，对长期生活其中的该群体有重要影响。我国的城市居民区建筑密度高，居民数量多，人均公共活动空间非常有限。相当多的社区公共活动空间仅是交通道路或停车场，没有专门的娱乐、健身活动区域。一些新兴大型居民区虽有专门的公共活动区，但它们主要适宜于成人锻炼健身或休闲娱乐。这些社区也会建设 20~30 m^2 不等的"儿童游乐场"，但这些场所配建的设施太简单并缺乏更新和维护，对儿童发展的作用不大。社区内室内公共活动区（室）仅属个案，少之又少。在雨雪较多或高温持续的季节，儿童多日甚至数周受困居家，足不出户。加之学校也面临同样的问题，所以一旦遇到这样的气候，学生心理行为问题就较多。社区硬件资源的严重缺乏直接导致儿童青少年发展受限。

（二）安全问题突出

我国居民区的安全问题越来越突出，也是制约儿童有效进行户外活动的重要因素。当前，社区不安全的因素主要有三个方面。第一，流动人口多（租住人口多、流动商贩多、流窜作案者多），社区意外事件及犯罪事件增多。第二，车辆激增，进一步压缩有限的公共物理空间，社区内导致儿童受伤的交通事故增多。第三，居民饲养宠物增多，卫生状况恶化，宠物伤人事件增加。

（三）儿童文化娱乐组织缺乏

由于我国社区文化建设整体落后，社区内基本没有专门的组织为区域内儿童青少年提供有效娱乐活动支持。儿童在局促的物理环境内"自由"活动，娱乐活动的规范性、规律性、长期性、专业性基本无从谈起。

（四）居民间的依存性和认同感差

现代生活节奏加快，成人的工作压力、学生的学业负担重，频繁乔迁，人际间情感淡漠……如此居民间的有效交往减少，依存性弱，认同感差，儿童间的交往互动也少，美好童年缺乏有亲和力的社区文化。

三、社会

随着工业化、城市化、信息化、数字化水平的不断提升，国民的物质生活水平不断改善，文化精神生活更趋于多样化。在社会整体呈现繁荣景象的同时，一些对儿童青少年产生负面影响的因素未引起人们的足够重视，抑或变化太快，无力应对。

（一）生活优越，缺乏进取心

现代社会人们的衣食住行等日常生活和学习条件得到极大改善，生活其中的儿童青少年多是衣来伸手、饭来张口，生活无忧。加之，家庭子女又少，双亲、四老尽最大努力满足一小的愿望和要求。即使一些家境并不优越的家庭也受大环境的影响，舍命陪君子，免得孩子被人瞧不起，正所谓"再苦不能苦孩子"。这样，孩子自幼不知生活不易，无进取的动力，懒散成性、不求完美、我行我素、自私无情。在感统训练中，一些孩子对食品、玩具根本不感兴趣，对鼓励、表扬显得麻木，可供训练人员选择的强化激励措施大受限制。

（二）诱惑多，聚焦难

丰富的物质资源，特别是各种各样被动、半自主、长时间的游戏娱乐方式对儿童青少年有很大的诱惑力,他们静心学习需要对抗来自各方面的诱惑。同时,一些条件优越的家庭采取不适当的激励措施,不惜重金满足子女无节制的欲望,其他同伴难免不受影响。

(三)生活数字化急增,个体主动活动大减

电视、电脑、手机、掌上游戏设备走入寻常百姓家,人们(特别是儿童青少年)享受它们"喂养"现成信息的同时,失去更多的身体活动、同伴互动的机会和时间,失去独立思考问题、解决问题的主动性和探索行为。在这个数字化时代,人们越来越被各种各样的数字信息所束缚,成为它们的奴隶。

(四)玩具自动化、智能化,游戏活动中的身体活动严重不足

人们称儿童为"游戏的儿童",说明游戏在儿童成长中发挥着不可缺少的重要作用。但是,现代儿童的游戏不再是以发展基础的体格、健全的人格为目标,传统的儿童游戏活动淡出儿童群体,取而代之的是所谓的"开发智力"游戏活动,什么"遥控玩具""数码宝贝"之类。一组儿童聚集一起只动用手、眼等少量器官,全身性多器官多系统的活动和互动大为减少,基础能力发展肯定不足。

(五)人口流动大,儿童受伤害不小

快速城市化导致城镇人口剧增,给生活在城市及农村的孩子都带来了不小的负面影响。城市治安状况恶化,儿童交往、活动受到限制。农村出现大量的"留守儿童",他们长期承受亲情缺失的痛苦,心理失衡、行为出轨问题明显增多,他们健康成长受到严重影响。我国人口流动数量巨大,受影响面广,已经成为广泛关注的社会问题。

(六)城乡差异大,儿童青少年心理失衡

我国城乡的经济文化条件存在巨大差异,教育机会严重不均等,导致城市儿童有着天生的优越感,不思进取。相反,农村孩子无此优越感,产生自卑感、退缩行为。

本章小结

在胚胎发育及儿童成长过程中,许多因素可能会导致儿童出现感统失调,主要有生物学因素、教育因素、自然环境因素和社会环境因素。

首先,儿童感统失调与个体生长发育中的多方面生物学因素有关。一方面,一些个体出现感统失调是由于家族遗传或者个体基因突变造成的。另一方面,儿童感统失调又有其生理生化及代谢异常的原因。母亲妊娠期间、分娩过程以及儿童生长过程的多种因素可能会导致儿童脑损伤或者脑功能异常,而儿童自身的营养物质代谢失衡、激素及递质代谢异常等也会影响儿童的正常发展。此外,剖宫产、母亲大龄妊娠等因素也可能引发儿童的感统失调及相关问题。

其次,家庭教育及学校教育中也存在诸多不利于儿童感统能力发展的因素。家庭教育条件存在的诸多缺陷直接导致儿童感统失调。同时,家长的教育能力不足、现代家庭中儿童缺乏早期爬行等也是儿童出现感统失调的重要原因。相比家庭教育,在现代儿童的成长发展中,学校教育更加重要,它对儿童、家庭乃至社会的影响人所共知。但是,我国目前的学校教育尚存在一些严重影响儿童发展的问题,在学科设置、教师技能及学校资源方面的不足均是导致儿童感统失调及其他异常心理、行为的重要原因。

此外,不良的自然环境也是造成儿童感统失调的重要原因。由于工业化学品、药物等的滥用造成的从大环境到居家环境乃至日常食品、儿童玩具、学习用品等的严重污染是导致儿童生长发育异常的重要因素。而在母亲妊娠期间及儿童生长发育早期的一些物理因素、生物因素也均会影响儿童的健康发展。

最后,人们生存观念的改变、社会结构和社会关系的变化也会对儿童生长发展带来一些负面的影响。从个体来看,我国的家庭形态较复杂,不同类型的家庭结构在儿童的教育和成长上会表现出不同的问题。从整体而言,我国目前的社区建设几乎等同于住宅区建设,存在着诸多问题,社区应具备的功能极度缺乏。而在如今社会快速发展的同时,整个社会群体也表现出一些诸如缺乏进取心、个体主动活动缺乏、儿童基础能力不足等问题。这些对儿童青少年生长发展产生负面影响的因素尚未引起人们的足够重视。

 思考与练习

1. 详细阅读案例"换了多少保姆我们也记不清",分析造成小成感统失调的可能因素有哪些?
2. 根据本章内容设计感统失调因素调查表。
3. 利用上题的调查表,面向特殊儿童家长展开调查,分析调查对象感统失调的原因。
4. 组织科研小组(3~5人),选取某城市若干有代表性的社区,就其社区软硬件建设情况进行调查,分析其对当地儿童发展的影响以及改进的对策和建议。
5. 将"题4"的研究对象定向为某城市的幼儿园或小学,进行类似研究。

第5章 特殊儿童感觉统合训练实务要素

1. 熟悉感统训练的基本原则。
2. 掌握感统训练目标、训练计划及训练活动方案的设计。
3. 熟悉感统训练的人力资源的组成及其在训练活动中的作用,了解相关的物力资源。
4. 熟悉感统训练的实务要素,重点掌握训练组织形式、训练的基本方法、训练难点及其应对方法。
5. 熟悉训练疲劳及训练中常见问题,掌握相关的对策。

感统训练实务即感统训练的实践活动,是训练人员基于感统训练的基本理论、训练原则,借助一定的资源开展的针对具体服务对象的有组织干预活动。它是由一系列密切相关的要素组成。这些要素构成感统实践活动的骨架,负载着各种实践活动技术的共同内容,是基本理论知识和实践操作的桥梁,是感统训练学科的核心内容之一。

学习和掌握实务要素可以加深有关人员对感统基本理论知识的理解,丰富和发展他们实训工作的内容、途径和方式,提高训练人员的实践应变能力。面对形形色色的训练对象,科学的、富有成效的训练活动是基于实务各要素的优化组合和训练基本技术(详见第6章)的科学应用。训练中各种难点的突破、平台期的快速穿越也是基于实务要素的调整和训练基本技术的改变。实务要素是训练人员开展训练工作最有活力的"工具"之一。

本章从训练的基本原则、总体训练方案、训练资源、训练的组织实施、其他相关问题及其应对等方面讨论感统训练的实务要素。

第1节 训练的基本原则

特殊儿童首先是儿童,具有普通儿童的一般特点:处于发展阶段,遵循儿童的总体发育规律;其次是特殊儿童:存在身心缺陷,有其独特的发育过程。为此,特殊儿童训练时既要熟悉并切实遵循儿童教育训练的总体原则,也要考虑儿童的特殊性。训练的基本原则统领训练工作全局,是最重要的实务要素。

一、儿童中心原则

儿童中心原则,就是指在感统训练中,立足以人为本的思想,切实尊重儿童的发展规律,充分考虑儿童身心发展的多方面特点,结合儿童的发展需要及发展能力设计训练方案、组织训练工作。儿童中心论是关于训练服务观念上的重要原则,是贯穿训练工作始终,渗透训练工作各方面的基本原则,对其他训练原则具有统领作用。

(一) 尊重儿童生长发育规律

儿童的生长发育是一个阶段性的连续发展过程,不同儿童的发展存在着巨大的差异性。但是,儿童的生长发育在总体上又遵循着一定的规律,一般符合正态分布,各系统器官的发育也统一协调。因而在儿童训练中,要尊重儿童群体生长发育基本规律,同时考虑个体差异性,有针对性地开展训练工作。

1. 儿童的生长发育是一个阶段性的连续过程

虽然儿童的生长发育表现出一定的阶段性,但总体是一个连续不断的发展过程,在某个阶段突出表现为某些能力领域的发展,如皮亚杰将儿童的认知发展分为四个阶段:感觉-运动阶段(0～2岁)、前运算阶段(2～7岁)、具体运算阶段(7～12岁)和形式运算阶段(12～15岁)。儿童其他能力的发展也表现同样的规律,具体参见有关儿童发展心理学方面的专著。

2. 儿童的生长发育呈现一定的规律

儿童生长发育一般遵循从中心到外围、由上到下、由近及远、先粗大后精细、由简单到复杂的规律。例如:胎儿时期的形态发育是头部领先,其次为躯干,最后为四肢。婴儿期的动作发育也按这种程序进行:首先会抬头、转头,然后能转身、直坐,最后才会直立、行走。这些现象被格塞尔(Gesell)称之为"头尾发展律"(Cephalo caudal pattern)。手部动作发育表现为:出生时,手部动作是无意识地或应激反射性地抓握;四五个月时,手可有意识地取物,但只是全手抓握,动作精细度低;10个月时,幼儿会用拇指、食指对捏取物,动作精细度显著提高。在整体发展上,儿童优先发展感知运动能力,逐步过渡到认知、言语及社会技能的发展。

学龄儿童和青春期青少年,身体各部形态的发育程序是:四肢先于躯干,下肢先于上肢,呈现自下而上,自四肢远端至躯干的顺序,有人将这种发育程序称为"向心律"。

3. 各系统器官发育不平衡但统一协调

个体各系统的发育有先有后、快慢不一,如感觉系统、运动系统及神经系统发育较早,而生殖系统发育较晚。在同一系统中各个器官的发育也不平衡,有先后之分。但各系统发育总体协调一致,与其生存及社会适应相一致。

4. 儿童生长发育具有个体差异性,一般符合正态分布

就儿童群体而言,儿童任何领域能力的发展在平均水平范围内,发育迟滞或发育超前的数量较少,正常发育和异常发育呈现正态分布。

感统训练要遵循儿童发展的基本规律,由粗到细,由单一到整合,反复练习。同时,要注意观察和分析个体在群体中的发育水平、个体内各领域发展形态,注意训练对象的个体差异性,开展个别化训练。

(二) 理解、尊重并支持儿童的差异发展

正如世界上没有两个完全相同的人一样,儿童感统失调问题也是各具情态,他们问题的性质、严重程度,训练的方式方法,训练的进程及其影响因素,训练效果均会表现出差异性。

首先,要理解并尊重儿童的差异性。儿童一旦出现发育问题,家长等相关人员就应该理

性接纳并认识到问题的独特性,不应该回避,也不该持有不切实际的幻想,应该积极应对。临床咨询中,不少家长总会说"这孩子怎会这样?"其实,正确的态度应该是:这孩子就是这样,认可这个儿童的"这样",而不是所有儿童的"同样"。理解并尊重儿童的差异是开展训练工作的第一步,是训练可能取得成效必须具备的人文环境。

其次,要支持儿童的差异发展。儿童的"未成熟"本身孕育着积极发展的内驱力,是训练取得成效最重要的资源,但是这种内驱力又存在巨大的个体差异性。因此,儿童发展的途径是不同的,需要支持儿童选择适合自身发展的道路。训练中,一些家长急于求成,往往会照搬其他儿童成功的训练经验,为自己子女选择不合适的训练方案,结果适得其反。他们时不时会对儿童讲:看看某某是怎么做的,人家能做到你怎么就做不到呢!这种不尊重儿童的差异、未给予差异支持的做法最终会挫伤儿童训练的积极性。借鉴非常必要,但照搬大多难以奏效。

差异发展原则表明,儿童训练工作不存在一套适合所有对象的标准化方案,也没有一个具体时间表来达到目标。这不是说儿童训练工作无规律可循,也不是任其问题自然发展,更不是为训练目标可能难以实现推脱责任,而是为儿童的发展选择最适合的道路。

(三) 突出儿童的主体地位

在训练关系上,儿童是训练主体,是训练活动的主宰。尊重儿童在训练中的主体地位是调动儿童积极性的根本。当然,强调儿童的主体地位并不是忽视训练人员的作用。训练人员的主导作用仍然非常重要,不可缺少:设计规划训练总体方案、创设训练情境、操作示范、评价反馈、提示、启发等。

(四) 从儿童的角度看待训练中出现的问题

训练中,儿童难免出现主动性不高、注意力不集中、动作不规范、做不该做的事情、闹情绪等问题,有的会经常发生,训练人员不要因此轻易责怪儿童,而是及时发现问题,从儿童需要的角度解读问题之所在,实时加以调整。

面对训练中的问题,首先需要反思的是训练人员,而不是儿童。训练人员不要以个人的喜好或成人的角度想当然地对待儿童的行为,儿童不是机器,训练的肢体或器官不是机器的零部件。他们是有多种需要、期望自主的个体。训练人员的设想只有转变成儿童需求和行动,训练工作才能够有效实施。因此,在设计训练内容时,训练人员要充分考虑儿童的兴趣和可接受性;实施训练可采取多种方式,如前庭功能训练,可以借助滑梯进行,也可以不使用该设备。因为同一种能力的活动可以有多种途径实现。训练的强度和难度也要根据儿童当时的身体状况、情绪状态加以调整,不要过分强调一定要完成多少次或多长时间。

同时,训练中还要顾及儿童其他方面需要。对于儿童来讲,完成训练项目不是进行感统训练的唯一需要,他们还有其他多种需要:他们想知道为什么这样做?可不可以换一种方式做?过一会儿做可以吗?

二、针对性原则

每个儿童是独特的,特殊儿童又是异质性很高的群体。这就决定对他们的评估、训练方案以及训练的实施都应该针对特定个体。

(一) 问题评估的针对性

感统训练评估贯穿训练前及训练的全过程。评估工作虽有一定的模式,但是面对不同个体还是有所差异,要么内容侧重点不同,要么评估方式不同。训练前,儿童接受感统本位的评估大致相同,但感统以外的相关能力评估却存在很大差异,需根据儿童伴随的问题,选择性地评估注意力、动作精细度和协调性、学业成绩、情绪控制、体质健康状况以及睡眠质量等,为制订有针对性的训练方案提供依据。训练期间及训练结束需根据训练内容和目标有选择地评估相关能力,有针对性地评估训练的有效性,为训练方案的调整提供信息。

评估的针对性还表现在评估的方式方法上。针对儿童的评估既可以采取量表评估,也可以采取生态观察;既需要直接测试获取的评估数据,也需要访谈获取的间接信息;既可以个别评估,也可以团体或小组评估;有的需专业人员来评估,如直接测试评估,有的可以由知情人士提供信息完成评估。

(二)训练方案的针对性

儿童训练需制订有针对性的方案,包括:制订切实可行的目标、训练计划,设计最适合个性发展的训练内容和进度,设计个别化的评估指标,切忌采取统一的训练标准、相同的内容、要求和形式。

(三)评估反馈的针对性

在训练过程中,训练人员需密切关注儿童的精神状态、积极性、主动性以及操作完成的正确性等,并及时与儿童交流,可谓实时评估。在训练经历一定时间后,训练人员需要对儿童阶段性训练成绩及问题进行评估和反馈,可谓阶段性评估。无论是实时评估还是阶段性评估,都要有针对性。评价反馈的针对性最重要的是依据训练目标选择评价的内容和方式,借助评价更好地促成目标的实现,比如最初几次训练的实时评估应该主要针对儿童的积极性、对训练要求的理解和执行情况,而不应该针对其操作的规范性和坚持性,因为训练初期的目的是让儿童对训练感兴趣,使儿童觉得训练并不是一件可畏之事。当然,评估反馈的针对性也表现为一定的技术要求,即评价要正确、客观,不能做错误的评估,评估要有重点,不要全而泛,要唤醒儿童的心理体验。

三、兴趣性原则

训练是具有一定训练周期的综合干预过程,需要训练对象克服一系列困难,比如劳累、重复单调引起的心理疲劳等。对于成人而言,可以凭借毅力克服疲劳,但对于儿童,特别是伴有障碍的儿童,往往是"感兴趣"而不知疲倦。一些低龄儿童或者伴有认知缺陷的儿童很难理解"坚持"对他意味着什么。训练中常常听到一些训练人员的无奈之声:"这孩子怎么是这样!没做几下就不做了",或者"你老是这样。一会儿做这个,一会儿做那个,你究竟想干什么!"其实,这是一个处理"训练"与"兴趣"的问题,是训练人员在开展每一次训练活动时需要调控的问题,也是从业者在其生涯中需要长期总结和研究的课题。

(一)坚持"兴趣"为主导

儿童的一切教育和训练活动都特别强调"兴趣",兴趣是最好的老师。因为只有儿童的积极参与才能确保感统训练取得成效。如果儿童对训练项目的某些环节一时做不到,训练人员要耐心引导,让儿童逐步掌握各项技能,变被动训练为主动训练,提高儿童对技能的把握能力,体味训练的快乐。适时"改变"是提高训练兴趣的基本策略。可以尝试改变训练形式,不能一味地采取强迫方式或刻板地按"计划"行事,可在无意中练习儿童原来做不到的操作。可以尝试调整项目顺序,难易间隔分布。活跃训练环境的气氛,如与之交谈、设置背景音乐、讲小故事或出一两个脑筋急转弯题目等,以提高儿童的训练兴趣。通过一段时间的训练,当儿童感受到身体各部位的相互协调能力在改善,感受到统整信息能力在增强时,就会对感统训练充满兴趣、自信和期待。

(二) 有效处理"重复训练"与"兴趣"的关系

如同一般的教育活动一样,儿童的感统训练同样需要处理"重复训练"与"兴趣"的关系,使兴趣成为训练的一种推动力。如果仅考虑兴趣而缺乏必要的重复训练,那么,训练强度不足,问题得不到有效解决;反之,如果仅注重训练而忽视兴趣,僵硬死板地按要求做,儿童被迫完成"程序",那么儿童成为执行指令的机器,出现逆反心理在所难免,这无益于训练。实践中,常常会观察到将训练变成无奈的"走程序"的情形,儿童、家长、训练人员各方人士均承受不少煎熬。因此,在每一次训练过程中,特别是重复性训练活动,训练人员要密切关注儿童训练时完成操作的心理、行为状态,如唤醒水平、集中性、努力程度、主动性、动作完成的质量、速度以及训练项目各环节的衔接等,实时加以调整,确保儿童有较高的兴致进行每一次训练活动。兴趣与重复训练如同糖衣与苦药,只要很好地调动儿童的兴趣,即使枯燥的训练,儿童也会积极尝试并努力完成好。

四、快乐性原则

在快乐中活动或活动带给人们快乐是人参与各种活动的本能趋向,儿童表现得尤为突出。让儿童在训练中感受快乐是感统训练的重要原则。该原则与"兴趣性原则"相伴相随,关系密切。

(一) 创造快乐的训练环境

训练场所要布置得活泼、有趣,训练用器械、用具在形状、质地或色彩上丰富多变。如果条件许可,可定期更新训练环境的布局,适应不同训练阶段的需要。

(二) 设计快乐的训练项目

儿童在训练中能否收获快乐很大程度上取决于训练项目的趣味性和儿童的自主操作程度。为此,训练项目的名称、操作规则、操作方式及难度要符合儿童心理及感知、动作特点。如果儿童参与的训练项目不符合儿童的身心特点,就会给儿童带来挫折、痛苦,儿童就会拒绝该项目的后续训练,甚至对其他项目的训练产生排斥或恐惧。

(三) 体验训练过程的快乐

儿童在每一次训练的大部分环节以及整个训练周期的大部分时间应有积极的态度和快乐的心情,这样才能保证训练的成效。快乐训练并不意味着训练人员对儿童不良行为或错误操练听之任之,漠视不管,相反针对儿童的具体问题的批评教育仍然是非常必要的。儿童训练持续时间长,难免对一些项目及其训练方式产生疲劳,从而训练不积极或拒绝训练。对此,如果家长或训练人员频繁采取批评、指责的做法,会使儿童在心理上感到紧张、害怕、焦虑,不能体会到训练带来的快乐,或是将业已积累的快乐消耗掉,其结果可想而知。

五、积极支持原则

训练期间,训练人员及其他参与人员扮演的角色不是导演而是训练合作者,不是监工或督察者,而是支持者。当儿童明确训练任务并进入训练过程后,训练人员还要密切关注儿童的完成情况,给予积极的支持。

(一)被接纳

被人接纳是儿童的基本需要,接纳的程度决定训练的成效,是任何活动的基础。儿童的学习、生活及社会交往经验不足,当他们处于自己不能决定一切的环境时,往往会感到紧张和不安全,希望被接纳,只有被周围人接纳时才会有安全感,而安全感是人类生存的本能需要。感统训练是儿童与训练人员的合作活动。当儿童置身训练情境,如果训练人员呈现积极的接纳态度和行为,那么两者就可能构建积极的合作关系,为后续的顺利开展训练奠定良好的基础。训练人员须熟悉人的这种心理状态,要相信儿童对被接纳及接纳强度会有判断的,即使伴随有认知缺陷的儿童也是这样。

虽然训练人员对儿童的接纳在训练初期显得特别重要,但是它是每一次训练以及训练全程中不可忽视的问题。期间,如果训练者稍有疏忽,表现出不耐烦或其他拒绝行为,马上会影响训练关系。所以,训练人员需要在每一次训练中注意有意识地调控自己的言行和情绪,并通过多种途径给儿童传递积极接纳的态度,如积极的沟通、温馨的言语、愉悦的表情和亲切抚拥等。

(二)受重视

训练过程中,儿童除了接受指令并完成任务外,还在密切关注或关心训练人员对自己"工作"的态度,非常期望训练人员能关注、重视自己。训练中,儿童有时表现出的"不尽如人意",甚至抵触情绪,可能与他们没有受到足够重视有关。实践中,由于各种原因,训练人员更重视提出要求、示范操作要领,但忽视了儿童的操作过程。于是,儿童会觉得训练人员不重视我,做好做坏无所谓。为此,训练人员应该积极关注儿童训练的全过程,通过言语、目光、表情、姿势语言、记录等途径向儿童传递强烈的信号:我一直非常重视你。特别是当训练人员开展小组训练时,更须投入更多的精力来关注每个训练对象,并力求保持"重视"的平等性。

(三)获得肯定

与受重视密切相伴的另一种非常重要的积极支持是:肯定儿童的表现。获得肯定是儿童完成任何活动的心理需要,也是训练取得成效的重要动力。实践中,我们观察到一些训练者虽然密切关注儿童的训练过程,工作认真专注,但缺少对儿童完成操作的情况进行及时的、积极的评价,言语少、表情单一,儿童不知道自己做得是否正确,是否有意义。

为此,训练人员需要在训练中调整自己观察问题的视角和评价方式,以满足儿童"获得肯定"的心理需要。训练中,特别是开展每个项目的初期,训练人员须避免单纯关注儿童做得不好方面,总是讲这个不正确那个不规范,对儿童的付出没有丝毫的"肯定",而应该更多的关注其成功的方面,或者从其成功的碎片中提出儿童需要进一步完善的方面。一般来讲,儿童完成任何一个操作总可以找到其值得肯定的方面,即使是学习全新的技能也是这样。如果儿童的操作果真一无是处,那么问题大多不在于儿童,而是训练方案有问题,或者是训练的方式方法不科学,这应该由训练人员来负责,切忌转嫁责任,以免伤害儿童。

六、主动性原则

训练活动能否持续并取得一定的成效,关键在于儿童参与训练的主动性。训练的主动性是儿童对训练的内在需求,是基于对训练意义的认识、训练过程的快乐体验以及成就感的积累而表现出的"我要训练"的内在驱动力。在感统训练中,主动性原则表现为:积极参与活动并努力改变现状的内在愿望,主动、自觉、独立和创造性地开展训练。感统训练的主动性原则强调儿童在训练活动中的主体地位,充分发挥儿童的主观能动性,避免训练人员及家长在训练中过度保护、不合理的支持甚至无谓的替代等。

训练中,发挥儿童的主动性与训练人员的主导作用不是相互矛盾的,而是相辅相成的。《论语·述而》:"不愤不启,不悱不发,举一隅,不以三隅反,则不复也",《礼记·学记》:"道而弗牵,强而弗抑,开而弗达。道而弗牵则和,强而弗抑则易,开而弗达则思。和易以思,可谓善喻矣"。我国古代学人很好地总结了儿童与训练人员在训练活动中的相互关系。这对我们开展感统训练同样具有直接的指导意义。训练人员还是要通过引导、鼓励、启发等手段,创造"愤、悱"心境,使儿童在训练中处于"欲罢不能"状态,不断追求更高的训练水平,实现更好的训练成效。

实践中,确有一些伴有严重认知障碍的残疾儿童基本不表现训练的主动性,对自己的问题基本没有认识,对训练人员的要求置若罔闻,使得训练工作处于非常困难的境地。目前,针对这部分多重一严重残疾儿童的训练还是缺乏有效的干预措施,是包括感统训练在内各种康复措施共同面临的难点问题。但是,对绝大多数残疾儿童而言,即使他们伴随有轻度或中度认知障碍,还是表现出训练的主动性,或者通过训练者的耐心诱导发展出"主动性"。总之,诱导出主动性、提高主动性是儿童训练必不可少的,也是训练成效的重要表现。

七、渐进发展原则

个体机能的成熟、功能的完善是一个阶段性的渐进发展过程,儿童感统训练需遵循渐进发展原则,主要表现在:训练难度总体呈递增势态,由简单到复杂。训练内容由单一领域的专项训练发展到多个领域的整合训练,逐步提高儿童各感觉通道之间信息交流和统整,以及感觉与动作间的协调与反馈。训练的方式总体由被动训练和助动训练过渡到以主动训练为主体,使儿童在掌握正确操作要领和安全保护技能的基础上,逐步提高儿童参训的主动性。评价反馈方式上由训练初期的发现优点、注重鼓励表扬发展到全面评价、注重细节等。

八、成功原则

获得成功是训练的目的,更是训练的动力。在训练中,成功表现为三个方面:成功完成训练项目、积累成功的经验和沉淀积极的心理体验。其中,前者是后两者的基础,后两者又是儿童完成更富有挑战性项目的内在驱动力,是其训练呈现主动性、坚持性和创造性的根本。

训练获得成功对训练人员及儿童家长产生直接影响。如果儿童每次训练收获成功,那么训练人员和家长就会收获信心和希望,会更好地坚持正确的做法,改进不足的方面,筹划后续的工作等。相反,频繁的失败会直接挫伤训练人员及儿童的自信心,也会对训练方案的科学性、训练人员的专业能力产生怀疑。训练不成功对儿童家长的打击更大,他们要么把不成功归咎于训练人员及训练机构,要么对自己子女的可训程度产生怀疑,甚至放弃训练。总之,训练的成功原则事关训练的各方面,训练人员切记在实践中充分落实这一原则。

为此,训练人员须通过环境设计、训练内容、训练方式、项目难度等训练因素的控制,确保每一次训练获得尽可能多的成功,积少成多,经过一定周期的训练取得阶段性进步,某一领域能力或多种能力得到一定程度的提高。

九九归一,万流聚海。前述七项原则都是为确保训练有一个积极的结果,即训练工作获得成功,同时,每一次训练的成功又会加深训练人员对其他原则的理解、反思和完善。成功原则是全部基本原则的引擎,引领训练工作的各个方面。

当然,在感统训练中,总会有一些儿童因为伴有较为严重的行为、认知障碍,使得成功原则在训练中难以体现。有的虽经过艰苦的训练却没有取得明显的成效甚至无效,有的难以组织简单的训练活动,借助训练取得成功无从谈起。这些情况在特殊儿童的教育活动、训练等各种干预领域中均存在,且不可避免。

第 2 节　总体训练方案

总体训练方案是指对儿童问题进行干预的系统规划,是进行训练活动前的行动构想,主要包括训练目标、训练计划制订以及训练活动方案设计三个方面。

一、训练目标

训练目标指的是训练活动期望达到的状态,是训练人员与训练对象共同努力的方向,对训练活动的推进起着牵引作用的训练要素。训练目标的制定是训练人员理解和把握训练目标的核心,其基础是对训练目标各种属性的认识。

(一)训练的目标类型及其特点

训练目标有多种属性,可从多个角度加以归类,在制定目标时须综合考虑目标的各个维度,参见表 5-2-1。

表 5-2-1　训练目标的类型及特点

类型		解释	特点
类型一	长期目标	经过长期、系统训练后期望实现的目标,也称为总目标。学龄前儿童、学龄期儿童的长期目标周期一般为一个学期(半年)或更短时间。成年残疾人训练的目标周期可以更长一些,如一年或几年。长期目标对训练工作的整体安排及推进具有引领作用,是制定短期目标的依据	内容表述概括,可测量度低,达成度变化大
	短期目标	将长期目标分解成若干阶段的训练目标,也称为阶段目标。学龄前儿童、学龄期儿童的短期目标周期一般为一个月或更短一些。成年残疾人训练的短期目标周期会更长一些,如半年或一年。它是总体目标实现的基础,又是单次训练目标制定的依据	内容表述较具体,可观察、可测量度较高,达成度变化较大
	具体训练目标	训练人员根据短期训练目标制定的单次或单元训练的目标,相当于教育中的教学目标。该目标对设计具体训练内容和组织实施方式方法有直接指导意义。 具体训练目标表述多用意思明确的行为动词	内容表述具体,可观察或可测量,操作性强;目标达成度变化较小
	一份训练方案一般只呈现具体训练目标(如不特别说明,本书中的训练目标就是具体训练目标的简称),长期目标和短期目标在学生的个别教育计划(Individualized Educational Plan,IEP)中呈现。如果学生的 IEP 中无相关训练内容的长期目标和短期目标,那么开展该领域的训练还要协商制定这两个目标			

续表

类型		解释	特点
类型二	主目标	单次训练活动中着力要实现的目标,直接决定训练内容及形式,是具体训练目标的一种形式	具备具体训练目标的所有特点
	辅目标	具体训练活动中负载的主目标以外的目标,是具体目标的形式之一,可丰富训练内容,调整训练活动过程,往往是训练活动不可缺少的。训练中,该目标达成度不做特别要求。它可以是巩固已有的知识或技能,也可以是新目标的铺垫。辅目标助推主目标的达成,不可影响主目标的实现	具备具体训练目标的多数特点
	主目标和辅目标是单次训练中两种不同性质的目标,是设计训练方案具体内容及组织实施训练实务活动的依据。主目标在训练内容设计及实施中起主导作用		
类型三	连续目标	教育训练实现相互联系的多个目标,有的是层级递进关系的,有的是并列关系的,有的是条件依存或因果关系的。持续开展的训练需要制定连续目标	多个目标之间相互关联
	离散目标	训练活动中关联度较低的多个目标。主要用于配合度较低儿童的早期训练,以及严重障碍儿童的过渡性训练	目标相对独立,依儿童兴趣调整
	连续目标和离散目标是特殊儿童教育训练中独特的目标类型,是与特殊儿童学习特点相对应的目标形式。连续目标多面向一个相对较为复杂且相互间有较高关联度的问题,系统训练中的目标多为连续目标;离散目标针对相对孤立的一个或多个问题,用于单一问题训练或过渡性训练期间的复杂问题探索		
类型四	知识与技能目标	知识目标是指学生要学习的学科知识(概念术语、事实状态、理论等)、日常生活活动常识及经验和社会活动常识及经验。技能目标是学生通过操作习得的完成特定活动的行为及其模式。分为动作技能和心智技能。知识目标和技能目标是教育教学和康复训练的主线	具体训练目标的所有特点;显现的
	过程与方法目标	学生在学的过程中发展起来的学习方法与策略、问题解决的方法与策略,是其他两类目标的载体,是学会学习的关键	具体训练目标的所有特点;显现的
	情感态度与价值观目标	学生在学习过程中倾注的情绪情感,以及长期训练形成的学习态度和认识问题的价值取向,是其他两类学习目标实现的动力	隐性的或会意的
	新课程三维目标强调"主动",摒弃"使动",即使面对的是能力弱的学生,目标也不应该是"使动的","让或使学生……"的表述不符合新课改要求		

从不同角度对目标加以分类,有助于训练人员、儿童家长根据儿童的实际问题制定不同干预阶段所开展工作的目标体系,对要解决的问题作全面系统筹划。一般而言,总体目标和具体目标由训练人员、儿童家长等人士共同制定,而主目标和辅目标是训练人员在设计具体训练活动时制定,儿童及其家长不一定参与该类目标的制定。类型四目标是我国普通教育教学目标的基本范式。为更好地与普通教育相衔接,特殊儿童教育和训练的目标设计也可尝试这种范式。

特殊儿童教育训练的目标与普通儿童的目标有更大的区别。一方面,普通儿童教育中多没有类型二和类型三的目标类型,这是特殊儿童身心特点的特殊性决定其知识和技能获得过程的特殊性,是特殊教育在目标制定上与普通教育的差异。另一方面,长期目标和短期目标虽在普通儿童的教育中也存在,但在落实上有很大不同。特殊儿童,特别是有认知障碍的儿童学习同样知识和技能的周期往往更长。特殊儿童教育中的长期目标和短期目标在个体间的差异要远大于普通儿童教育的目标。

(二) 训练目标设计的要素

训练目标设计的要素主要由三个部分组成:目标制定的意义、目标制定的原则和目标制定的过程。

1. 目标制定的意义

制定训练目标有四个方面的意义。第一,明确训练活动所期望解决的问题及行动的方向,避免训练的盲目性。第二,聚焦训练人员、辅助人员、儿童及其家长等各方人士的注意力,求同存异,协调行动,激发相关人士参与活动的激情,使每位参与者做好相应工作。第三,它是训练活动中资源配置、训练方法选择及调整、训练结果有效性的判断等方面的依据。第四,是反思训练活动成功、不足之处的主要参照。[①]

2. 目标制定的原则

制定训练目标需遵循一定的原则,可概括为:具体的(Specific)、可测量的(Measurable)、可达到的(Achievable)、现实的(Realistic)、限时的(Timely),简称目标制定的"SMART"原则。

(1) 具体性原则。该原则指的是训练目标制定要明确界定通过训练期望所要获得的结果。为确保训练活动有清晰明确的方向,积累成功的经验,目标的语言表述一般采用正向性描述,如"通过训练,提高儿童与同伴交流的主动性",一般不采取负向性描述,如"通过训练,降低儿童在同伴交往中的退缩行为"。

(2) 可测量性原则。该原则要求明确界定通过训练实现的行为、心理改变。行为改变具有可观察性或可用一定工具测量,如"通过滑梯训练,儿童独立、流畅地完成俯卧、坐、跪3种姿势的滑行"。心理改变可根据训练对象报告直接判断,或观察其参与活动的积极性、完成活动后的情绪状态等间接加以推断。

目标制定的具体性和可测量性主要是从期望实现的结果来考虑的。

(3) 可达到原则。该原则要求制定的目标的难易度要符合训练对象的发展现状、发展潜能和实际学习能力。人们在制定目标时往往存在"期望过高"的心理倾向,过高的目标会导致训练对象及训练人员积累挫败感。该原则从儿童能力角度对目标的难易度加以限定。

(4) 现实性原则。该原则要求目标的制定要充分考虑实现目标的各种条件,如机构、家庭的物质条件,训练人员的专业特长及家长的教育训练能力,以及法律、宗教、伦理等有关规定。

(5) 限时性原则。该原则要求制定目标要考虑目标实现的时间及周期。在目标制定时,虽然难以就总体目标、具体目标设定确切的时间,但是还是根据以往的经验预设一个相对具体的时间限定,这样可以增加相关人员实施目标的紧迫感,提高每次训练成效,提高家

---

① 顾东辉.社会工作者[M].北京:中国劳动社会保障出版社,2006:189-191.

庭对训练的信心和对机构的信任度。

3. 目标制定的过程

目标制定涉及相互联系的多个环节,解决与此相关的多种问题。

(1) 解析评估信息

训练人员与家长详细深入解读儿童各种评估信息,包括新近的诊断评估信息、生长发育史信息、前期教育训练情况,全面把握儿童的发育问题、科学评价儿童的发育水平、准确判断儿童的学习能力。这一环节是后续所有工作的基础,非常重要。当前面临的问题是:不少专业机构及学校不仅缺乏评估工具,也缺乏评估意识和评估技能,导致训练目标制定、训练内容设计及组织实施缺乏充分的科学依据。

(2) 构想长期目标

在分析评估结果的基础上,专业人员和家长秉着"促进儿童最大限度发展"的思想,可分别提出最理想的理论目标,然后再交流整合,形成构想长期目标。该目标总体要求要高、数量要多。

(3) 分析实现目标的条件

针对构想长期目标,专业人员及家长充分分析实现这一目标的条件,为选择合适目标做准备。需要分析的条件主要有:儿童自身配合训练的条件(如身体健康状况、学习能力、其他学习活动及其时间协调等)、所需专业人员类型以及知识技能要求、家庭有效训练程度(家庭教育观念、人力资源、能力及技能、时间和精力等)、资金和物质条件等。人力资源的专业素养是目标实现的主要条件,也是家长选择训练机构及其训练人员的一个主要依据。

(4) 制定长期目标

在前期分析的基础上,专业人员与家长一道非常明确地确定要实现的长期目标。一般而言,最终确定的长期目标会比构想长期目标要求有所降低。若长期目标不止一个,那么目标中的重点以及目标间的协调需要特别说明。

(5) 细化短期目标

专业人员依据长期目标制定的方式,先根据长期目标撰写更为具体详细的短期目标,然后与家长一道讨论、修改、形成正式的短期目标,或将细化后的短期目标告知家长,并获得家长的认可。短期目标制定的基本技术是将长期目标细化,明确呈现要训练的感觉系统及其整合水平。

长期目标决定训练方向。制定该类目标是为儿童的教育做方向性选择,即选择需要训练的和可训练的领域,在儿童训练中属于战略性问题。所以,该目标的制定是对专业人员综合专业素养的考验。不恰当的长期目标会给儿童发展造成严重伤害。短期目标影响训练的内容和形式。制定短期目标属于战术性问题,影响训练的进程,检验的是专业人员的训练技能和实践经验。制定这两类目标均需要专业人员和家长一道充分讨论,慎重选择。

(6) 设计具体训练目标

施训人员或教师根据短期目标设计训练方案,其中的第一个环节是设计具体训练目标。设计的基本技术是对短期目标的具体化和多角度解释,从知识与技能、过程与方法,以及情感态度与价值观等角度入手,表述本单元或单次训练课的训练目标。新课程改革从三个角度设计教学目标,特殊儿童训练可尝试或借鉴这三个角度设计具体训练目标,在实训中逐步摸索具体目标设计的适切性。特殊儿童训练的初期目标可能从被动感受某些刺激属性为起点，逐步过渡到主动掌握一些操作技能，再发展到形成某种能力。因为单次训练获得的多是技能而不是能力，能力不是单次训练就可以实现的，所以具体目标的表述多呈现的是需要感受或掌握的技能属性，而不是能力水平。

具体训练目标或教学目标由任课教师或施训人员来制定，无须多学科人员集中讨论。这样既可提高实训的效率，又能充分发挥训练人员的主动性。训练人员制定具体训练目标的依据是短期目标，一般不超出短期目标的范围，但可微调。若要有大的调整，需与家长及其他专业人员沟通，确保调整是必须的和科学的。

现实中，一些机构或学校开展的个训没有明确的具体训练目标，训练活动随机性大或随学生当下情绪状态和意愿漫无目的地实施训练。这种做法是不负责任的，危害极大，亟须改变。

无论制定的是哪种目标，都应该撰写成规范严谨的文本，成为各方人士开展工作的重要依据，其中内容要仔细考虑、反复斟酌。

感统训练是持续较长时间的专业性活动，所以训练目标要把训练活动引导到专业的"训练"上，而不是简单的游戏活动，更不是会熟练操作感统设备。实践中，一些训练人员缺乏专业培训，不能设计层级递进目标，导致训练活动重复、简单，收效甚微。

（三）感统训练的目标分级

感统训练是渐进推进过程，可递进实现三级目标。

1. 初级目标

改善各感觉系统的功能，促进儿童神经系统的发展。

这一目标改善特定感觉系统的功能异常，是通过特异感觉信息刺激特定的感觉通道来实现的，如用触觉球刺激皮肤来改善训练对象的触觉过敏。儿童感统失调有两种倾向：感觉过敏和感觉迟钝。故制定的训练目标分别针对这两种倾向。该层级训练目标集中在具体的感觉系统的训练上，感觉系统间的"统合"水平较低，在感统训练中属于初级训练目标。

2. 中级目标

促进感觉系统间的整合及脑功能的发展。

这一目标力图解决感觉通道间以及感觉-动作间的协调和整合，提高儿童整体把握客体的能力，它是通过同时或相继刺激多种感觉通道来实现的，如边看边听的视听整合、边视边触摸的视触整合。人的日常活动、学习活动、社会活动等多是在多感觉通道同时参与并互通信息的基础上实现的。所以，制定的目标是为了提高两个及两个以上感觉系统间的整合水平。在感统训练中，该层级训练目标属于中等级的训练目标，实施的难度较初级目标大为增加。

3. 高级目标

促进脑功能的整体发展水平，提高儿童学习能力和适应能力。

这一目标力图促进神经系统不同水平功能区之间的协调和统整，提高信息处理的准确性、高效性、流畅性和综合性，使儿童的行为更好地适应日常生活活动、学习活动及社会活动等。儿童感统失调归根到底是不同感觉系统间信息在中枢不同水平上的沟通、整合及反馈调节发生了问题，多不属于外周感觉器官的机能问题。为此，高级目标的实现要求感统训练在中级目标训练活动中加强认知、言语内容的负载,进行中枢神经系统的高位统合训练以进一步发掘潜力,促进脑功能发展。

(四) 目标制定须注意的问题

训练目标制定要同时考虑多方面因素,需注意几个重要问题。

1. 切忌简单化和游戏化

训练目标制定需立足评估结果,分类设计每类目标,顾及儿童需要训练的每个领域,切忌目标制定简单化,只考虑某类目标或某些训练领域。

2. "统合"性是目标制定的基本取向

在感统训练中,以单一感觉系统的训练虽然是必需的,但最终要实现各感觉系统以及它们与认知中枢、言语中枢等的整合,否则训练就蜕变为单纯的感觉刺激训练而不是感觉"统合"训练。实践中,将单纯的感觉刺激训练视为感统训练较为普遍,是导致感统训练成效不显著的重要原因之一。

3. 与家长充分沟通,达成合适的目标

家长作为儿童的监护人,承担着子女成长的责任和义务,对训练抱有很大的期望,有的希望可能不切合实际。为此,在目标制定中,一定要求家长充分发表他们的想法,在充分尊重家长意见的前提下,根据儿童发展的实际情况及现有干预手段所能解决的问题,制定可以实现的目标,切忌夸大干预成效,制定过高的训练目标,给双方的合作埋下矛盾隐患。也不可过于保守,制定过低目标,耽误儿童发展机遇。期间,训练目标如需调整也要与家长沟通,并征得家长的同意和支持。随意改变训练目标可能会导致双方合作的信任危机。

4. 充分考虑家庭干预能力

感统训练大多需要家庭参与,需要家长具备相当的能力。故制定的目标也要有利于家长参与或单独实施。

5. 要避免引发新的问题

训练目标制定要充分考虑儿童的其他障碍,最好有其他相关学科人员参与,以便更好地解决儿童的其他问题,至少不导致伴随性障碍的恶化或诱发新的问题。

二、训练计划制订

训练计划是根据训练目标(总体目标和具体目标)要求,以时间为线索,就开展训练工作的各种条件做出具体安排,即人力资源、物力资源和训练内容在时间上的排布。制订计划可有效避免训练活动实施的随机性和盲目性,对确保训练工作的有效开展有重要作用。

1. 训练计划的内容

训练计划的内容主要有:具体训练主题、训练活动的负责人及参与人士、训练所需要的物质资源、训练时间及训练周期等。训练计划的内容一般要简洁明了,文字表述无歧义,多采用表格呈现。对于有一定训练历史的机构可设计类似医院协定处方的训练计划,某一训练主题下罗列可以开展的具体项目,根据训练目标选择有关项目。并根据儿童的实际需要及现实条件补充一些项目。这样可以大大加快计划的制订效率。训练计划的内容在训练协议上完整呈现,是训练协议的主体。

2. 训练计划制订过程

训练计划制订分三个主要步骤。第一步,草拟训练计划。训练人员根据前期的工作及训练目标草拟训练计划,或依据机构统一设计的训练计划内容加以修改和补充,形成可供协商和讨论的文本。第二步,初步制订训练计划。专业训练人员向家长及有关人士解释计划内容,回答家长的疑问,协商更改或补充计划内容,初步制订双方认可的训练计划。第三步,更改计划。在开展训练活动的过程中,如发现计划中的内容明显不适,训练人员及家长可协商修改计划。在特殊儿童的感统训练中,更改计划有时是必需的,需提前告知家长。所以,训练前制订的计划只是一个大致构想,无法考虑各种后续发生的事件。

3. 训练计划协议

训练计划协议(Professional Training Plan Agreement)是训练机构与儿童家长签订的关于开展训练活动各方面安排的综合性文本,是训练总体方案各部分要点的总结。它的内容包括:儿童及家庭基本信息摘要、训练目标、训练计划以及计划确认四部分,见表 5-2-2 感统训练计划协议书。

表 5-2-2 感统训练计划协议书

儿童姓名:	昵称:		性别 □男□女	出生 年 月		始训 年 月	
儿童情况概述:							
优势:							
问题:							
总体目标:							
具体目标: 1. 2. 3.							
所需训练资源: 1. 场地固定设备: 2. 小型可移动设备: 3. 家庭配置设备建议:							
家长培训及自学: 1. 学习要求: 2. 学习资源(图书、影像、网站等):							
训练主题或内容	训练人员		其他人员角色	训练时长		家庭训练任务	备注
/……/							
/……/							
特别说明:							
儿童家长签名: 日期 家长联系方式:				训练人员签字: 日期 训练人员联系方式:			

训练计划协议是确保训练活动得到有效落实、对双方行为具有约束力的"君子协定",也是双方解决争议的重要依据。计划书中一定要明确任务,特别要明确家庭训练的任务;还要对家长的培训和学习加以设计,给家长提供技术和学术上的支持。因为特殊儿童训练的主要力量是家长,家长干预能力的提高对训练成效至关重要。

制订计划的同时,训练人员还需设计训练记录用表,单独记录机构训练、家庭训练情况。记录表如表5-2-3所示,或参照此表做个性化设计。

表 5-2-3　儿童训练记录表

本次训练项目名称	训练组织形式及训练方法※	持续时长（分钟）	完成情况及存在问题	训练日期及训练员签字
1. 2. 3.				
※见本章第4节训练的组织实施				

每次训练结束,训练人员或家长将机构训练情况或家庭训练情况进行记录,内容尽可能详细。每次训练结束或两次训练之间,训练人员和家长要对照记录表信息进行充分交流。

三、训练活动方案设计

训练活动方案是指训练人员直接组织训练对象开展训练活动的行动设想和指南,是由训练主题、训练目标等多个相互联系的要素所组成。它是具体训练目标和训练计划的载体,其科学性、针对性直接影响训练活动的组织实施及训练成效。训练活动方案设计是训练人员专业知识、专业技能素养的集中体现,是他们的常规工作的主要内容之一。

（一）活动方案构成要素及设计方法

系统的训练活动方案包括十个方面：训练主题、训练对象分析、训练目标、训练资源准备、训练项目及技术要素、训练难点及应对策略、训练项目调整、训练注意的问题和处理、训练的实时评估和家庭训练。

1. 训练主题

训练主题是根据训练对象需要而设计的训练活动内容的概括,对训练方案各要素起统领作用。在感统训练中,有的训练主题比较宽泛,称为泛主题训练。有的训练主题比较单一,称为单主题训练。有的训练主题整合性较高,称为整合主题训练。

泛主题训练的活动项目较杂,项目间的联系不太紧密,往往涉及感统的多个领域,如海洋球池的触觉训练、滑梯上的前庭训练、羊角球上的本体感觉及前庭觉训练等,训练的目标往往不连续、不系统,为离散型目标。由于项目多,儿童在某一感觉系统上的训练强度较低。该主题下的训练以激发儿童参与训练的兴趣为主,儿童选择活动项目有较大的自主性。泛主题训练多用于两种情况。第一,儿童参训初期,让儿童接触多种训练设备、尝试多种训练类型,减弱儿童对训练设备、训练环境的过度敏感,增进儿童与训练者之间的关系。第二,儿童伴有较为严重的注意或情绪问题,暂时难以持续就某一领域问题进行集中训练。泛主题训练在各类中重度障碍儿童训练中经常使用,以调节他们对训练活动的不适应。

单主题训练围绕前庭觉、本体感觉、触觉、知觉-动作协调等某一方面来实施,如浪桥上的训练、大笼球卧滚训练、平衡台上的训练等,它们均以前庭觉训练为主。单一主题训练往往会夹杂少量其他领域的训练内容,穿插渗透于主题训练的相关活动中,如平衡台上儿童间的传接球,他们在以前庭觉训练为主的同时进行视觉、本体感觉间的整合训练。主题可大可小,比如大的主题是前庭觉训练,训练活动分别刺激三个半规管,或综合刺激两个或三个半规管,而小的主题则是水平半规管的刺激训练,训练项目都是刺激水平半规管。单主题训练多针对儿童功能异常较为突出的某一感觉系统,是后续进行整合主题训练的过渡。

整合主题训练的每个活动项目同时进行两种及两种以上感觉系统的训练或感觉与认知、言语、动作间的整合协调训练,提高中枢不同功能水平间的整合与协调,是感统训练的核心。该主题训练多用于轻度障碍儿童感统训练的高级阶段。

2. 训练对象分析

训练对象分析着重陈述并分析训练对象完成本活动方案中的项目的各种能力,主要有注意力、配合度、认知能力、沟通能力、动作技能以及情绪行为的控制等。训练对象分析要简洁,紧扣训练项目的操作要求。

3. 训练目标

这里的训练目标是指每次具体训练活动要实现的目标,相当于学科教学中每节课的教学目标,是对单次训练活动要实现的三维目标(知识与技能、过程与方法、情感态度与价值观,见本节"一、训练目标")加以设计,也可以从主目标、辅目标或者专家论证认可的角度来设计。无论是三维目标还是其他类型目标,训练目标的表述须具体、明确。

就三维目标角度而言,特殊儿童感统训练的具体目标设计要立足"技能",不可奢望实现某种能力,因为单次训练活动很难实现能力上的改变。比如,柱体球上直立跪训练。技能目标是:在训练人员大力支持或言语指导下,感受/初步掌握/独立完成柱体球直立跪的部分/全部操作要领,实现前庭、本体、触觉等感觉系统不同程度的整合训练等;知识目标是:识记/理解/表达直立跪操作中涉及的概念、术语、指令及要求等,如"柱体球""下蹲""并脚""双手托球缓慢前推""身体前倾""躯干直立"等;过程与方法目标是:通过观察老师的示范以及亲自操练,感受/总结直立跪的操作流程以及每个环节的动作要求;情感态度与价值观目标是:积极参与、大胆尝试、克服紧张情绪、积累自信心等。

从三维目标角度设计特殊儿童训练的目标是特殊教育工作的全新尝试,不仅要准确理解三维目标的有关理论知识和设计技术,还要实现目标设计的特殊教育化,确保三维目标设计在特殊教育中有效应用。

具体训练目标也可以从主目标和辅目标两个维度设计。前者是力图要完成的,是重点;后者是训练中附带实现的,属于非重点,是为了调节训练难易度或为其他学科训练做铺垫。如前例中的技能目标就是初期和中期训练的主目标,而其他目标都是感统训练的辅目标。如果前例的训练主题改为"柱体球上直立跪高位统合训练",那么技能目标和认知目标都是主目标,其中的认知目标根据儿童认知能力要有难度的梯度设计,如"跪立左右摆的过程中,依次朗读卡片中的四个字——'紧''不''张''我',最后再连字成句'我不紧张'"。

具体训练活动目标设计要准确界定目标达成度,使用"感受""初步掌握""熟练掌握""独立完成""自主设计"等术语对训练水平提出明确要求。

4. 训练资源准备

在活动方案中,须对开展活动的相关资源加以设计,以便提前做好准备。资源分为物力资源和人力资源。前者包括:训练场地、环境布置及安全卫生上的特殊要求(如传染病大面积传染期的隔离及消毒等),所要使用的所有训练器械。后者,即人力资源,主要就参与训练的人员及其承担的任务做出安排。

5. 训练项目及技术要素

训练项目及技术要素是活动方案设计的重心,涉及具体训练项目的内容、名称、项目排布及衔接等。技术要素须从训练对象和训练人员两个角度分别来设计。训练对象的技术要素主要有:训练体位姿势、操作要领、训练方式(如被动训练、助动训练和主动训练等)、组织形式(如团体/个别、互助/互动、组间比赛等)。训练人员的技术要素主要有:引导与支持、补充与解释、评价与反馈。在项目设计上,训练项目难度的把握是其中的关键和难点。训练方案设计者首先须明确训练要有一定的难度,没有难度就没有进步,儿童能力的发展及提高是基于一定的训练难度。其次要把握好难度的程度、难点的数量及布局、难点的应对策略等。训练项目难度的问题将在本章第4节专门讨论。

6. 训练难点及应对策略

根据训练对象的能力水平以及项目本身的技术特点,分析项目实施中可能遇到的操练难点,提出化解难点的对策。难点及其应对是训练活动的一个重要问题,需专门讨论,详见本章第4节有关内容。

7. 训练项目调整

提前设计的训练方案在实施中可能会出现"意外",需要就可能出现的问题加以预判,并就项目难度、强度、顺序以及实施途径等的调整加以说明。

8. 训练注意的问题和处理

为确保训练活动有序、有效进行,方案中尚须就操作的安全卫生问题、训练人员间的合作、训练对象的特异行为等影响训练活动的问题加以预设,提出应对策略。

9. 训练的实时评估

特殊儿童训练成效是量变到质变的过程,是单次及时效果的多次累积,故训练活动特别强调及时评估,此谓实时评估,即每次训练期间及训练结束对当次训练情况进行的评估。训练方案需设计针对性的实时评估,评价每次训练的成效和存在的问题,推断训练内容和训练方法等的科学性。实时评估的详细内容见本章第4节。

10. 家庭训练

儿童在专门机构接受训练的强度往往不足,需要回家找时间加强训练,以巩固机构训练效果。所以,训练方案需设计"家庭作业"。训练内容一般与机构训练相同或相近。家长承担儿童的家庭训练,须提前学习相关知识和技术,一般的做法是家长参与儿童的机构训练。

随着儿童训练活动的推进,在同一训练系列中,活动方案设计的有些环节可简化,不必面面俱到,如训练对象分析、训练资源、训练项目调整、训练注意的问题和处理等环节不必每个方案都详细陈述。这样,训练人员可以把精力集中在训练项目的设计上。

（二）活动方案设计质量评价

活动方案设计是训练取得成效的基础，其质量的评价是训练科学性的重要保证。评价项目涉及活动方案的主要环节，包括：选题、对象分析、训练目标、训练项目及技术要素、实时评估及难点应对策略，见表5-2-4。

表5-2-4　活动方案设计质量评价表

评估指标	权重	指标说明	分值			
选题	1	主题准确反映儿童训练需要	10,9	8,7	6,5	4,3
对象分析	0.5	围绕训练内容对训练对象的基本能力进行分析，重点突出	10,9	8,7	6,5	4,3
目标	1.5	目标符合儿童障碍特点，定位准确。三维目标或主辅目标分辨清楚，表述具体、明确	10,9	8,7	6,5	4,3
训练项目	4	主要项目针对性强，难度适中、梯度清晰、排布合理；辅助项目内容切题，数量适中；训练方式及组织形式多样化；技术要素分析到位，表述清楚	10,9	8,7	6,5	4,3
实时评估	1.5	评估项目全面完整，评估指标针对性强，评分标准区分度好，易于评判	10,9	8,7	6,5	4,3
难点处理	1.5	难点把握准确，应对策略科学有效	10,9	8,7	6,5	4,3
总体评价		对方案设计的长处及不足加以分析总结				

活动方案设计质量的评价主要用于两种情况。第一，从业人员从业初期以及任职前实训阶段设计的训练方案。第二，熟练从业人员的工作规范性监控及工作质量考核，尤其从业期间设计的方案进行抽样评价。评价的方式有：① 自评。设计人员依据上述标准或机构内制定的相关标准对自己设计的方案进行评价，发现问题以规范后续的方案设计。② 他评。由其他专业人员会同家长等参考有关标准对设计者提交的活动方案进行评价。③ 综合评价。自评与他评相结合，并经双方沟通协商后做出结论。

第3节　训练资源

训练资源是指介入训练的各种支持因素，主要包括：人力资源、物力资源及政策制度保障等。人力资源是训练的关键和灵魂，是最重要的训练资源。

一、人力资源

特殊儿童的训练与普通儿童的教育在人力资源需要上有较大的差异，对训练人员的专业背景有特殊要求，同时参与训练的人员会更多。几种不同专业背景或不同角色的人士同时或相继面对一个特殊儿童进行训练是司空见惯的事。特殊儿童的感统训练往往需要多种人力资源的介入，主要有专业训练人员、辅助训练人员、家长以及志愿者等。

（一）专业训练人员

专业训练人员指的是系统接受过专业领域基本理论教育和实践技能培训，具备从事该领域工作的综合素质的人士，是儿童训练工作人力资源的灵魂人物。

1. 专业训练人员的作用

专业人员在训练工作中扮演多种角色,影响训练活动的全过程及训练的各个方面。他们的专业水平、个人素养(贯穿于训练全过程及整个职业生涯)是决定训练工作成败的关键。我国虽未单独制定感统训练人员的培养标准,也未建立独立的职业准入制度,但是儿童训练机构及有意从事该领域工作的人士还是要加强从业者的系统培训,有关内容详见第9章第1节"从业人员理论知识教育"与第2节"从业人员实务技能训练"。

2. 专业训练人员承担的主要工作

在训练中,训练人员承担评估、方案制订、家庭教育指导、训练的组织实施及转介服务等多方面工作,详细内容参见第8章第3节"感觉统合训练室使用管理"。这些工作有的属于重复频率较低的事务,如鉴定评估和儿童基本信息整理等,有的属于重复频率高的事务,如训练活动、训练设备的布置及整理等。有些事务必须由专业训练人员来承担,如评估及分析、方案的设计或修改、设备的选用及家庭指导等,但有些工作或工作的某些环节可以在其指导下由其他人士分担,如儿童信息的文档管理、危险性低的重复训练活动、儿童训练前的准备等可由辅助训练人员及志愿者来完成。

3. 专业训练人员的基本要求

专业人员长期面对的是有各种障碍的残疾儿童或低龄发育迟缓儿童,需要具备与服务群体需求相适应的专业知识、业务提升意识以及基本的心理素质和个人品德修养,而且这些素养必须是综合的、全面的,内化的和言行一致的,否则既影响儿童问题的解决,也会给从业者造成身心负担。所以,并不是具备专业理论知识和实务技能的人就可以做好该工作,也不是仅有爱心、耐心的人就可以胜任。相关服务机构在选拔专业训练人员时需要综合考察其各方面素质。详细内容参见第9章第3节"从业人员的职业素养"。

4. 与其他人员之间的配合

特殊儿童进行感统训练的同时,往往还开展其他方面的康复训练和文化教育,这就涉及不同领域人士之间的沟通与交流。即使在感统训练领域内,也会涉及不同人士间的交流和合作。良好的合作是儿童最大限度发展的重要因素,也会直接影响专业人员的生涯发展。因此,专业人员与其他人士的合作也是训练工作不可忽视的问题。

(1) 了解其他领域训练情况,兼容并进。专业训练人员不仅要了解儿童干预史,还要及时了解受训儿童同时进行的其他干预(常见的如物理治疗、作业治疗、言语语言治疗、中医治疗、文化教育等),了解其干预的内容、方法、时间安排及训练成效等。如有可能,训练人员间可直接沟通,互通信息,形成合力,共同促成儿童的全面发展。切忌在无科学依据的情况下,诋毁其他领域干预的做法,贬低其训练的意义,耽误儿童有关能力的发展。

(2) 与同行人士分工与合作,相助相长。作为感统训练专业人员,每个人都会有自己的专长,也会有自己的弱项。以其弱项应对儿童的需要是不负责任的做法。在一个训练机构内,不宜将儿童包干到户,由一人负责儿童各个方面,而应该将问题包干到"特长人员"。有些专业人员更擅长低龄儿童训练,经验不足的专业人员最好以辅助训练人员的身份参与训练,学习他人成功经验。有的专业人士在前庭功能训练方面经验丰富,那么该专业人士就应该成为机构内开展前庭功能训练的核心,指导或负责机构内所有儿童的前庭功能训练,其他人士配合其开展该领域训练。

即使专长相同的人士,也应该加强合作和交流,促成儿童更好地发展,如定期或不定期交换训练对象或开展互动训练,创设竞争与合作的良好训练氛围,提高儿童训练兴致、缓解儿童对单一训练人员的疲劳,增加儿童间及训练人员间相互学习机会等。

(3) 与家长等其他人士充分沟通,互通有无。多数家长、一些辅助训练人员和志愿者等人士在专业知识和实践技能上处于劣势,需要在专业人员的指导和帮助下学习有关知识和技能,熟悉训练组织过程及相关事务的应对和处理,以便更好地与训练人员配合,更好地参与相关的训练工作。就此而言,专业人员还承担传播相关干预知识和训练技能的重任,这不仅是帮助家长等相关人士,也是使自己主导的训练工作更有成效。同时,训练人员与家长等有关人士充分沟通、平等相处,可以进一步拓展获取信息的渠道,及时了解儿童发展动态,加深对儿童的理解,那么训练工作就会更加科学,更有针对性。

(二) 辅助训练人员

辅助训练人员指的是协助专业训练人员开展训练工作的人士。他们在训练工作中居从属地位,扮演一定角色,起到一定作用。

1. 辅助训练人员的作用

辅助训练人员虽在儿童训练工作中不起主导作用,但作用不可忽视,特别是当训练对象较多或(和)障碍程度较为严重时,他们往往是必不可少的人力资源。他们的作用主要表现为:其一,使训练活动更加有序,训练效率更高。其二,使儿童及专业训练人员的操作更加规范、科学。其三,使训练水平更高,一些原本难以进行的难度较大、较为复杂的训练项目得以实施。其四,使训练活动更加安全,训练强度有保障。其五,减轻专业训练人员负担,使其有更多时间和精力处理其他要务。

2. 辅助训练人员承担的主要工作

辅助训练人员承担的工作多为一些具体工作,种类繁杂,系统性低,随机性较大,一般依专业训练人员的要求,根据施训的实际需要而定。

(1) 协助训练。当专业训练人员难以独立有效地完成训练工作时,辅助训练人员根据专业训练人员的要求,与其一道完成训练工作。这是辅助训练人员最主要的工作,主要针对四种情况:障碍程度较为严重儿童的训练,如中度或重度脑瘫儿童的蹦蹦床上活动。训练活动初期,协助儿童适应训练环境,防止发生意外事情。同时受训的特殊儿童较多,如3~4名儿童同时训练时就需要1名辅助训练人员的协助。辅助训练人员学习相关操作技能,参与儿童训练活动。

(2) 独立承训。一些辅助训练人员在辅助训练中积累一定的经验,在专业人员指导下依其要求独立主导某儿童的训练活动或训练活动的某些环节。这样,专业训练人员可有精力和时间应对训练中的其他问题或相关要务。

(3) 安全防范。感统训练的一些活动项目,如浪桥上的荡摆和旋转、大笼球上的各项活动、儿童间站立位的互动活动、平衡台上的跳转活动等属于危险性较高项目,单凭一人保护无法确保其绝对安全,故需要辅助训练人员参与协保。

(4) 一般事务性工作。训练前的设备准备、环境布置,训练期间的设备调配,训练前/期间儿童活动的组织、随身物品的检查、个人卫生的保持,训练后的设备归位、训练信息的记录与整理等,多需要辅助训练人员来协助完成,特别是当参训儿童较多时,一般事务性工作须配设固定的辅助人员来承担,否则专业人员工作负担太重。

3. 辅助训练人员的基本要求

辅助训练人员的要求是由其工作性质决定的。其一,他们的专业知识和技能可以不做特别要求。有的是本领域的专业人员,即专业人员之间可以互相扮演对方的辅助人员,可以相互学习,快速提升专业水平。有的可能是其他领域的专业人员,兼职做辅助训练人员,如学生的任课教师辅助专业人员施训,使训练活动更好地组织,特别是训练初期。有的是非专业人员,如儿童家长,经与专业人员多次合作,逐步熟悉训练工作的程序及技术要求,在训练的某些环节起辅助支持作用。其二,工作范围和服务对象力求稳定,但不做硬性规定。一般而言,如果学校或专业机构有充足的人力资源,那么辅助人员的工作范围和服务对象在一定时期内可以保持相对稳定。这样,他们的工作压力不会太大,与专业训练人员及儿童之间的合作会更加默契,训练成效会更好,甚至可以分担部分训练工作。这在训练初期可能非常重要。但在训练的中后期,随着儿童训练水平的提升,变换辅助人员可以增加儿童与不同人员沟通交流的机会,更有利于儿童社会适应性的发展。如果辅助人员的工作没有特别的专业要求(如维持秩序、安全保护、准备设备等),那么他们也可以临时选配。其三,服从专业人员的安排,依专业人员要求完成规定范围的事务,即使辅助训练人员也是该领域的专业工作者,也要扮演好当下的角色,否则会导致训练活动混乱无序。其四,要持宽容、耐心、积极的心态面对受训儿童及其相关活动。特殊儿童在受训中会出现各种各样的问题,无论是习惯性的或突发性的,均属情理之中,勿感奇怪或不可思议,须平和面对。当然,这一点对各类施训工作者都适用。

辅助训练人员在特殊儿童训练过程中是根据需要临时配设的,并不是一个必需的角色,但是在特殊儿童的训练初期,往往需要配设辅助训练人员协助完成相关工作,否则专业人员可能无法有效面对训练中的各种问题,顾此失彼,慌乱无序。

(三) 家长

参与儿童训练工作中的"家长"是一相对宽泛的概念,指的是给予儿童各种支持的家庭成员,包括儿童父母/监护人、至亲以及儿童长期相处的保姆等人士,他们是不可或缺的重要人力资源,事关训练工作各个方面。

1. 家长的作用

家长除了为儿童接受训练提供各种物质支持和生活照料外,还参与训练全过程及训练活动的多个方面。他们是儿童参训并坚持训练的精神支柱,并在训练活动上给予多种具体的辅助和支持。在儿童训练的不同阶段,家长的作用有所不同。在训练初期,他们是儿童与训练人员之间沟通的桥梁,加快两者的理解和适应。在训练的中后期,家长直接参与训练活动或独立承担训练任务,特别是机构以外的训练活动只能由家长来组织实施。所以,一旦儿童接受训练,家长是所有人力资源中最忙、任务最繁重的人士。与此同时,家长的参与对专业人员及其训练机构也会产生直接的影响。两者良好的沟通和合作可创设轻松活泼、互相信赖、相互支持的训练氛围,训练人员会更加主动、积极、大胆地组织训练活动,训练取得成效的可能性也会更大。

当然,家长的参与也可能给训练活动造成负面影响,这是一个不可回避的问题,家长及训练人员均须有所心理准备,尽力避免负面影响的发生。这种负面影响轻则束缚训练人员手脚，凡事听从家长的安排；重则矛盾重重，不欢而散，儿童训练计划终止。这种结局在临床实践中也经常发生。问题多源于双方缺乏有效沟通，互信度低。

2. 家长承担的主要工作

在儿童训练工作中，家长参与训练工作的全过程及训练活动的各个方面。每个方面尚有一些技术性和非技术性工作，分述如下。

（1）参与评估及干预方案设计。家长在儿童的评估中承担的责任包括提供儿童各方面信息，并根据评估需要进一步收集有关信息，以便训练人员全面客观地了解儿童的现状及发展动态。在此基础上，家长参与训练目标、计划及具体训练方案的制订和修改。

（2）协助训练活动。大致同辅助训练人员的工作。实践表明，在训练初期，家长直接参与训练，可能更有利于训练活动的组织和实施，但是在中后期，当儿童对训练环境及训练人员不再心存疑虑时，家长直接参与辅助训练活动反倒不利于训练活动的有效实施，"家长在场，儿童偷懒"现象发生率较高。当然，训练个案间还是有较大的差异性，实际情况尚须区别对待。

（3）承担训练工作。在机构训练中，家长可在学习专业人员操作技术的基础上或在专业人员直接指导下承担子女的训练任务。在家庭中，家长须根据训练人员的要求开展室内的或社区内的各种训练活动。

（4）训练人员及机构的选择和调整。选择合适的训练机构和专业训练是家长工作中的重要内容之一，须在正式训练前（包括未施训的接案期和过渡训练期）完成。训练机构的选择主要考察其社会声誉、人力资源配置、运营管理特点等。专业训练人员的选择可考察的因素比较多，如学科背景、实务经历、性格特征、性别、年龄、兴趣爱好、语言风格、地域文化背景等。其中，对专业人员的实践经验、专业知识以及与儿童的沟通能力是家长考察的重点，另外考察其性格特点与儿童的相容性，选择儿童认可的人士。为此，家长须多渠道获取相关信息。首先，要与机构及相关训练人员充分沟通，了解他们各方面的信息，并就不同机构的信息进行对比分析。其次，与子女进行沟通或在过渡训练期观察其训练情况。最后，与其他儿童及其家长沟通，了解他们对机构及训练人员的看法。家长要综合分析三渠道获取的信息，以前两个途径获取的信息为重点，适当参考后一种渠道获取的信息，做出选择。

当然，如果在训练中家长对机构及训练人员的服务不满意，要求变更训练机构、调整训练人员或暂停训练活动，这是家长的权利，也是家长的责任，无可厚非。但须注意，如此行为必须以有利于儿童训练和发展为前提。否则，家长自身须做出改变，适应并满足机构的安排和要求。因为频繁的变换或调整会浪费宝贵的训练时间。

近年来，我国民营儿童训练机构快速发展，儿童接受训练可供选择的范围越来越大，选择承训机构及训练人员成为家长参与儿童训练工作的一项重要内容，如何选择可能会面临不少问题，具体可参考第9章有关内容。

3. 家长的基本要求

儿童接受训练激起儿童及家庭更多期望，同时也让家长及家庭步入更为艰辛的历程。家长及其家庭需要做出许多改变来面对更为复杂的人际关系，处理各种"额外"事务。家长参训的基本要求可归结为4个调整。

（1）调整心态。儿童走出家庭接受训练使儿童活动的环境和应对的关系发生了很大的变化，也给家长应对与此相关的变换带来不同程度的挑战，家长的心态和行为需要调整才能适应儿童参与训练的需要。

其一，家长需要调整"爱面子"的心理状态。儿童与外界接触，其视野得到极大拓展，新奇刺激、接触的人和应对的关系更加广泛复杂，一些意想不到的事情也会接踵而至，儿童可能会表现出强烈的好奇心和探究行为。这是儿童的本能，也是儿童发展的根本。为此，家长应该持积极心态，指导和帮助儿童处理和应对各种互动关系，不要过度限制儿童行为，不要为儿童不规范的、笨拙的甚至错误的行为感到难堪或觉得有失家庭颜面。但实际情况有时恰恰相反，一些家长的心态遭受不同程度的扭曲，首先考虑的是保护自己的面子，想方设法避免子女"节外生枝"，比如一些家长接送子女训练，两点一线，直来直往，尽力减少子女与外界的接触，好像做一件不光彩的事情。这种心态劳己伤子，如不调整必然影响训练。

其二，家长不应将训练的任务和成效全部寄托在训练机构及训练人员身上，表现出"卸包袱"之态。儿童入机构训练有两个重要目的。第一，机构的训练直接推动儿童能力发展。第二，技术传递。家长通过参与训练活动，掌握基本训练技能，为子女提供更持久的训练。故，儿童参与机构训练的任务和成效不全在训练机构，不是为解脱家长或让家长有时间调养喘息，家长在训练中也不是监督人员，袖手旁观，而是积极的参与者和学习者。家长需要做好投入更多财力、精力和时间参与训练的心理和行为准备，并在儿童训练中切实践行。同时，家长还要正确对待训练成效问题，做好长期训练、显效缓慢的心理准备，甚至还要做好毫无成效、浪费钱财、精力的心理准备。训练无效或成效不显著的情形在特殊儿童训练中无法回避。如果家长一定要训练机构及训练人员承诺训练须取得某种成效，那么双方的合作往往难以进行。

（2）调整事务。儿童训练期间，家长需要做大量的工作，给个人生活及工作带来诸多影响，需要合理安排个人事务，舍轻就重，去繁从简，把智慧和精力集中于儿童的训练上，必要时尚须牺牲个人发展，确保儿童在人生发展的关键时期得到有效的训练。

（3）调整家庭环境。儿童训练期间，家长需要对家庭环境进行必要的调整，充分利用家庭环境进行训练，训练活动会更有趣、更安全，比如，调整家具位置，开辟尽可能大的训练空间。藏匿或修饰棱角分明的危险器具，避免伤害儿童等。

（4）调整家庭成员的关系。家庭各成员的态度、言行及相互间的关系会直接对训练活动产生影响。为此，在训练前及期间，家长及其他家庭成员时刻面临调整各种关系的问题。

首先，家庭所有成员对儿童参训的总体看法应该一致，应该坚信训练是儿童发展的必由之路，坚持训练就会取得一定的成效。特殊儿童家庭成员往往会有父母以外的直系亲属及保姆等，大家意见不一在所难免，但家庭中有决策主导权的成员（一般为儿童的父母）间的意见须保持一致，否则训练活动难以有效进行。临床咨询中，儿童父母双方对是否有必要让儿童接受训练存在分歧，分歧在于一个焦点的两个方面。所谓一个焦点是指训练效果问题。一方面涉及儿童的付出与取得的成效。持否定观点的家长认为训练对障碍儿童没有多大效果或收效甚微，且儿童在训练中承受一定的压力甚至痛苦，得不偿失，还是任其发展，不要给儿童增加无谓负担。另一方面涉及家庭付出与儿童未来的生活保障问题。持否定观点的家长认为训练最有可能的结果是"人财两空"。"人空"既指儿童经训练没有多少收获，也指家长可能因此失去工作或晋升机会;"财空"既有训练费用支出,又有家庭收入的减少。如果现有的技术无法使得儿童的障碍得到有效矫治,那么家长还是将精力集中于工作上,聚财攒钱,维持生计,保障儿童未来生活。训练成效与付出之间的矛盾是特殊儿童干预中具有普遍性的问题,如何应对要视儿童家庭成员的态度、财力及训练机构专业服务水平等多方面因素而定。

其次,家庭成员须通力合作,分工负责。训练期间的儿童饮食、卫生,家长学习训练技术,家庭训练的组织等多项事务需要家庭成员通力合作,每个成员承担一部分力所能及的事务,互相协助,加强沟通,尽力避免争执冲突。

(四) 志愿者

志愿者是基于道义、信念、良知、同情心和责任感,奉献个人时间、精力、资源等从事社会公益活动,促进社会发展,且不获取任何物质报酬的人或人群。志愿者从事的活动称为志愿服务,具有利他性、无偿性、非职业化、非强制性等特点。

随着社会的发展,特殊儿童安置相对集中的机构(特殊教育学校、儿童福利院、特殊儿童训练机构)不再是封闭、隔离、乏人问津的场所,越来越多的志愿者及其团体前往该类机构提供服务,为推动特殊教育发展起到积极作用。

1. 志愿者的作用

志愿者参与儿童训练具有一定的教育训练作用,但更多的是社会效应。其一,促进特殊儿童的社会融合。志愿者参与训练优化了特殊儿童的成长环境,创造了与普通人群交流互动的丰富内容和多种途径,为他们更好地融入社会创造有利条件。其二,给特殊教育工作者更大的鼓励。志愿者是人类先进文化的优秀代表,他们的参与使得专业训练工作者、特殊儿童家长等直接相关人士的工作不再孤独无助,专业服务更自信、更持久。其三,为社会多方人士深刻认识特殊群体以及特殊教育工作提供机会。志愿服务也为社会多方人士承担社会责任、服务社会创造机会,使他们更全面、更深刻地理解我们共同生活的社会。其四,推动社会整体文明水平不断提升。特殊群体是必然存在的,特殊教育是无法回避的。志愿服务起到很好的公益宣传教育作用,让更多的人摒弃歧视、不再漠视,让社会更加文明、和谐。

2. 志愿者的主要工作

在儿童训练机构或特殊教育学校,志愿者可从事的工作非常多,几乎覆盖机构/学校工作的各个方面,概括起来可分为两类:技术性工作和事务性工作。前者如参与儿童信息的搜集整理和分析、个别化训练计划的制订,训练教具辅具的设计和制作,在专业人员指导下开展训练工作等。后者如维持训练秩序,协助家长及辅助训练人员完成具体事务等,开展公益宣传。志愿者具体承担何种工作要视志愿者的意愿、专业背景、机构人力资源结构等因素而定。

3. 志愿者的基本要求

为了更好地开展专业训练工作、扩大志愿服务的社会效益,志愿者及其志愿服务需符合一定要求。

(1) 不拘一格为志愿服务创设机会。志愿者及其志愿服务只要符合志愿服务精神,训练机构、特殊儿童家庭尽可能为其提供机会,不必预设前提条件,可逐步培养其专业素质。有的人学习相关专业或进行相关研究,需要借助志愿服务巩固专业知识、收集研究信息;有的想了解特殊儿童及其训练活动,有的想奉献社会,有的只是出于好奇。有的长期有规律地从事志愿服务,有的只是一次短暂观摩;有的是儿童青少年,有的是成人或离退休人员等。我国儿童训练志愿服务工作着力发展青少年志愿者,特别是特殊儿童身边的志愿者,如普通学生作为助学伙伴参与本校特殊学生的教育训练活动。这对两类儿童的发展都是有益的。当然,"不拘一格"并不意味着志愿服务的"随心所欲",前提是有利于特殊儿童的训练。总之,志愿服务的基本思路是:有志者,总可如愿。

（2）服务至上,平等相处。志愿者应该诚心诚意奉献自己的精力、时间和资源,服务意识贯穿活动始终,做自己该做的事并尽力做好,杜绝有损志愿者形象的事件发生。志愿者服务不能只满足个人的好奇心,想看看"自闭症、感统失调究竟是个啥样子"。不可表现出"观赏动物"的言谈举止,也不可刻意模仿特殊儿童的异常言行等。而应该持平常心看待服务对象,与其平等、友善相处,不排斥、不歧视、不逃避、不施舍、不表现消极态度、不过度赞扬、不无缘无故安慰他人的"不幸"等。

（3）服务活动最好能够有所坚持。志愿服务不具有任何强制性,但是针对特殊儿童的志愿服务最好能够坚持一定的周期,有一定的稳定性。这样可以真正减轻训练机构的负担,提高训练成效。同时,志愿服务活动保持一定程度的稳定性可以使志愿者全面理解志愿服务精神、深刻领悟人生价值。为此,志愿者开展服务活动前就要做好有所坚持的准备。

（4）志愿者须接受一定的培训,掌握必要的知识和技能。为了使志愿服务活动更有针对性,更有成效,志愿者须在开展服务活动前/期间自觉接受专业人员的培训和指导,或自主学习相关知识,熟悉机构/学校的有关规定,了解服务对象的心理行为特点,掌握基本的服务技能（如沟通交流技能、辅助训练技能、安全防范技能等）。

与专业训练人员相比较,志愿者和辅助训练人员是不稳定的人力资源,他们提供的服务有很大的随机性,特别是志愿者的服务活动,其不稳定性、不确定性尤为甚,需要训练机构及专业训练人员加强协调,最大限度发挥好志愿者的作用,为特殊儿童的各种康复训练工作创造良好的社会环境。

二、物力资源

感统训练的物力资源建设涉及感统训练室规划及建设、设施设备的购置与排布、设施设备的使用与管理等,详见第8章"感觉统合训练室的建设及管理"。

三、政策及制度保障

训练人员在从事专业工作前、期间要自觉主动学习有关法律法规,依法开展训练工作,保护儿童及其家庭的合法权益,同时也保护自己的权益不受侵犯。

我国没有关于儿童康复工作的专门法律法规和政策,一些规定散布于我国宪法及其他法律法规或政策当中。感统训练的专业人员需要全面了解我国的相关法律法规,熟悉其中与康复工作相关的规定。这些法律法规及相关政策主要有:《中华人民共和国未成年人保护法》《中华人民共和国预防未成年人犯罪法》《中华人民共和国义务教育法》《中华人民共和国残疾人保障法》《中华人民共和国传染病防治法》《中华人民共和国食品卫生法》《中华人民共和国残疾人教育条例》《公安机关办理未成年人违法犯罪案件的规定》《幼儿园管理条例》《学校卫生工作条例》《禁止使用童工规定》《全国人民代表大会常务委员会关于严惩拐卖、绑架妇女、儿童的犯罪分子的决定》。此外,联合国《儿童权利公约》《残疾人权利国际公约》等的有关内容对训练人员开展儿童训练工作也非常有用,值得学习和研究,它可以帮助我们更好地与儿童、家长等人士在多方面合作。

训练机构、特殊教育学校为确保儿童的康复工作有序有效开展,需依据儿童的特点、相关法规的要求以及机构及学校工作发展理念等,制定一系列制度,规范各方的行为、为有关问题的解决提供依据等。这些制度包括:有关人士(如训练人员、辅助训练人员、志愿者、受训儿童、儿童家长等)的行为规范及有关问题的解决办法等,物质资源配置、开发、使用与管理要求等,以及机构开展的服务内容、方式、技术指标规定等。机构内的有关制度应该公开、透明,不仅机构工作人员要熟悉有关制度,儿童、家长及相关职能机构也应该对此有足够的了解,以便双方或多方在共同的"约定"下愉快合作。

第4节 训练的组织实施

训练的组织与实施是借助一定的资源和技术将训练方案由构想转化为行动、产生效益的活动和过程,是训练工作的落脚点。广义上讲,感统训练的组织与实施是指从接案、评估诊断直至结案及转介等服务的各个环节以及每一个环节的各个方面相关工作的开展。狭义的组织实施仅指训练双方围绕训练方案开展的活动以及相关事情的应对和处理。本节内容属于后者。

一、训练准备

训练准备是参训各方人员为训练活动顺利实施而完成的一系列准备工作,是训练组织与实施的开始,并对训练全过程及成效有重要影响。

(一)专业训练人员的准备

专业训练人员在针对儿童开展训练前,需全面熟悉训练对象、熟悉训练方案、准备训练设施设备等。

1. 全面熟悉训练对象

这方面的准备工作可归结为两个方面。第一,了解儿童的基本情况,如个人基本信息、诊断评估信息(障碍类型、程度及伴随性障碍,发展优势)、性格特点等。这些工作主要集中于训练初期。第二,了解儿童经常发生的问题,如季节性情绪变化、不合作行为、不符合社会规范的交往行为、攻击行为、自残或自慰行为、个人卫生(口水、鼻涕、汗液、大小便失禁)问题等,并做好相应的应对准备工作。这些属于经常性工作,有的有规律,有的可能是突发的,故训练人员除了备有普适性预案外,尚须做好应对突发事情的应急准备。

2. 熟悉训练方案

在施训前,训练人员还是要静心思考当次训练的主目标、辅目标,各训练项目及其顺序,训练的组织形式、训练的技术要素(技术要领及示范、指令、支持、评价与反馈等)。对于新手训练人员来讲,熟悉训练方案须对照方案文本来进行。对于成熟的训练人员而言,该环节也是不能省略的,可采取冥想、略读方案等方式来实现。

3. 准备训练设施设备

训练人员根据训练方案布置训练环境、安排本次训练所需要的设备及呈现顺序,屏蔽、隐匿不需要的设备。检查设备的性能状态、清洁卫生以及强化物的准备等。一些儿童训练机构及特殊学校的训练室设计不合理，空间狭小，设备随机堆放，各种训练室之间干扰过大，给训练活动带来不少麻烦，不同程度地干扰训练活动的组织实施。训练人员需要根据现实情况，使训练环境、设备的干扰降到最低限度，或对训练室进行必要改建（见第 8 章有关内容）。

4. 做好个人准备

训练人员的个人准备主要包括个人心理准备以及着装、修饰等的准备。

训练人员长期面对特殊儿童，须有一些基本的心理准备。其一，调整不良心理状态，尽力以积极心态组织训练活动。其二，应对训练"无效"的心理状态，特殊儿童训练的显效往往基于长时间训练的累积，一般不会出现立竿见影之效，甚至在一段时期内呈现"无效"状态（有的无训练潜能，有的需要量的积累），故训练人员需要调整自己对成效的期望值，并适时调整训练方案，以应对训练无效而产生的挫败感。其三，发现新问题，尝试新方法的心理趋向。针对特殊儿童的训练，训练人员要把自己设计为一名研究者和探索者，把每次训练视为研究儿童问题、探索新干预技术的机会和舞台，而不是定位成一般训练技师，依章循事，照本宣科，机械完成一系列操作。

此外，训练人员的着装、修饰会对训练关系的建立、训练活动实施产生微妙的影响，如庄重大方的着装更易于获得儿童及其家长的尊重和信赖。不当的着装直接影响训练活动，如外衣过紧或太过暴露会限制训练人员的活动范围，示范操作不到位，支持辅助不得法。

（二）训练对象的准备

儿童在训练前需完成一些必要的准备工作，以适应训练的需要，确保训练的持续性和连续性。

1. 心理准备

对于不伴随有严重认知障碍的儿童（5~6 岁以上），可以通过与家人、训练人员的交流以了解训练的内容、目的、频次以及训练机构的情况，表达自己的意见和愿望，解决接受训练的各种疑惑，做好接受训练的心理准备。

2. 着装要求

感统训练多通过肢体活动来实现，对着装有一定的要求，如内外衣服均要合身，忌紧身或肥大衣服，带扣要紧系，忌多余的装饰性绳带、搭扣，避免发生羁绊。上下衣外套材质不宜为毛制品，以防与塑质器械摩擦产生静电，而感统训练室不少设备是塑制品。禁忌儿童佩戴饰品、挂件以及在衣袋藏匿玩具或通信、学习用品，或在训练前解卸之，以防饰品受损或伤害参训儿童和训练人员。禁止佩戴手套、鞋套等防护品，以防钝化儿童的感觉判断。

3. 饮食及个人卫生方面的准备

儿童在训练前 30 分钟左右可少量进食、饮水，但不宜服食干品或发气类食品，也不宜空腹参训。训练开始前，儿童要清洗手、脚、脸等部位，鞋袜无异味，以确保训练环境空气清新、训练设备不被污染，防止发生人际交叉污染等。提前处理好大小便，严防失禁。临床实践表明，特殊儿童在训练中发生大小便失禁或中途去卫生间是一个普遍现象，一定程度上影响训练进程或干扰他人的训练。儿童平时要加强个人卫生习惯的训练。

4. 训练时间安排

儿童在训练期间合理安排学校教育、家庭学习时间，提高学习效率，争取足够时间参加训练。同时，在整个训练周期内，儿童要特别注意饮食卫生、睡眠充足，严防各种季节性疾病，确保体质健康，维持良好精神状态。幼儿有午休习惯，故不宜于儿童初醒即开始难度较大或强度过大的训练，须待其心血管系统及神经系统唤醒到最佳状态实施训练。

由于参训儿童伴随的障碍类型及程度各不相同，故儿童的训练准备也有较大的差异。有的儿童具有基本的动作能力及认知能力，在训练人员及家长的指导下可自主完成训练，并在后续的训练中不需要特别关照。有的则需要他人的协助甚至替代才能完成训练，而且有可能持续整个训练周期。有的还需要就训练的准备工作列入训练计划，进行专门的训练。

（三）家长的准备

当儿童家长自身不存在严重身心缺陷时，他们是儿童训练工作的重要人力资源，参与儿童训练全过程及训练的各个方面，在儿童训练前及期间需要做大量工作。家长的准备主要是心理准备，做好承担源于训练及训练活动以外的各种压力，如长期坚持训练、训练进程缓慢、成效不明显或无效等带来的压力。学习并创新的准备，家长参与训练活动是一个学习并应用相关训练技术的过程，一方面要学习对于自己来讲属于陌生的东西，同时要在实践中摸索更适合自己子女训练的途径和方法。事务性准备，家长要安排儿童接受训练的物质准备，自身工作及生活的调节等。

总之，在训练中，家长扮演不可替代的角色，需要应对与训练活动直接或间接相关的各种问题。

二、训练组织形式

训练组织形式是指训练人员、受训对象以训练活动为载体的合作方式。任何训练活动的实现都是在一定的组织形式下进行的。它形成于训练活动方案设计阶段，最终呈现于训练实施过程中，[①]是训练技术的核心要素，直接影响训练效果。

（一）组织形式的类型

训练组织形式依参训双方在训练中的主导性分为两大类：训练人员主导型训练组织形式和儿童主导型训练组织形式。

1. 训练人员主导型组织形式

在该训练组织形式下，训练人员在儿童操作训练项目的全过程及各个方面起主导作用，儿童按照训练人员的示范、要求完成训练活动。在特殊儿童训练中，该类组织形式一般用于四种情况：训练初期、儿童障碍程度严重且需要反复训练、纠正儿童错误操作、维持足够的训练强度。训练人员主导型组织形式具体有如下几种。

（1）个别训练。个别训练指的是训练人员单独或与其他人员（辅助训练人员、家长或儿童熟悉人员）合作对1名儿童进行训练的组织形式。它在实践中又有多种变式。

① 渗透式。该式指的是训练人员实时介入儿童正在进行的活动，渗透其想法和操作技术，以期对儿童产生影响的组织形式。有些特殊儿童不理解训练人员的要求和安排，随心所欲地操控训练设备、玩具或自主进行徒手活动。他们的操作活动有的是出于好奇或感兴趣，有一定的目的性，但大多属于无目的的活动，浅尝辄止，游走不定。在这种情况下，训练人员

---

① 方俊明.特殊教育学[M].北京：人民教育出版社，2005：327-329.

很难组织连续性活动,只能适时介入儿童的自主活动中,传递自己的想法和做法。

该组织形式,主要用于严重障碍儿童的训练初期或低龄生长发育迟缓儿童,具有一定的普适性。

以渗透式组织训练可达到两个基本目的。第一,增加儿童对训练人员的了解和信任,建立训练活动所必需的合作关系。第二,让儿童熟悉、适应并掌握训练人员的信息表达方式等。

该组织形式的主要特点有:资源投入大,耗资费力。训练效益低,甚至无效果。对训练人员专业素质要求高,不仅要求其能很好地解读儿童心理活动需求及行为特点,还要求其有很好的应变能力和足够的耐心。

② 随伴式。该式指的是训练人员(家长或辅助训练人员等)陪伴儿童完成训练活动的组织形式。有些儿童虽理解训练的指令和要求,但不愿独立自主地完成训练活动,需要熟悉的人陪伴和支持,否则训练活动无法进行或难以有效实施。该组织形式主要适用于胆小、退却儿童的训练,经常用于新训练项目的初期,是其他训练形式的过渡。采取该形式的目的是:减轻或消除儿童对当前训练项目的心理负担,使儿童逐步适应训练,确保训练有效实施。它有两种变式:跟随式和帮扶式。前者给儿童提供心理支持,消除儿童对训练的恐惧感或降低儿童的心理压力。在该形式中,训练人员等跟随儿童左右,或完成与儿童相同的操作,如儿童家长随儿童穿越"阳光隧道"、训练人员在平衡木上倒行(与儿童保持距离,不给予直接支持)等。后者不仅给儿童提供心理支持,而且协助儿童完成操作项目,如训练人员怀抱儿童一同在吊台上完成荡摆或旋转训练、家长持握儿童双手在平衡木上训练等。

该组织形式的主要特点有:需要专人提供支持,人力资源利用率不高。对提供支持的人员的专业要求较低,易于实施。

③ 一对一式。该形式指的是训练人员或其他辅助人员只对一名儿童进行系统训练的组织形式。在该组织形式下,儿童能够配合训练人员接受训练,执行训练人员的指令,依示范模仿操作等。一对一式用于以下几种情况。其一,训练项目难度大,儿童独立完成全部训练有困难。其二,增加训练难度,提高训练水平。一些儿童在团体或小组训练中明显"吃不饱",需要在该形式下学习更多更高水平的训练内容。其三,儿童易受环境因素干扰,需要在一对一式提供的环境中集中训练,以巩固操练过的内容。其四,儿童在其他形式下训练效果不理想的内容,采用该形式加以强化训练。其五,有攻击行为或其他严重情绪行为问题的儿童一般采取一对一式训练,以免伤害同伴或严重影响同伴的训练。其六,应家庭的要求。如果训练规划中,家庭要求对儿童进行一对一式训练,训练人员及机构只能如约实施,如要采取其他训练组织形式,特别是团体训练形式要征得家长同意。此外,我国的家庭训练因缺乏互动合作同伴也多采取一对一式训练。总之,一对一式是针对特殊儿童训练的最普遍的形式之一。

该组织形式的主要特点有:训练人力资源投入大,效益也不高,儿童须面对成人的示范和指导,多承担较大的心理压力,但因无同伴间的互动,故竞争压力小。

④ 一加一式。该组织形式指的是训练人员依次分别指导和帮助两位以上儿童完成相同训练项目的组织形式。该式的本质是"一对一式"。在该式下,儿童间的沟通、交流或互相模仿的机会有所增多,训练节奏变慢,训练压力相对要轻。

该组织形式的特点及适用情况大致与一对一式相同。

(2) 序列式。序列式是指训练人员对多个儿童进行先集中示范、讲解训练操作,儿童随后按次操练并接受指导的训练组织形式。该式下的儿童数量以 3~6 名为宜,过多会导致每个儿童的训练强度下降。该组织形式适用于巩固阶段的训练,可提高儿童对项目的熟练程度。在该形式下,前一个儿童操作的结束直接触发下一个儿童操作的开始,并使后续儿童提前设计自己的操作。序列式在实践中又有几种变式。其一,阶梯式。儿童按能力高低排序,由强到弱操练或由弱到强操练。其二,波浪式。儿童按能力高低强弱间隔排列。其三,随机式。儿童训练活动不分顺序,随机进行。一般而言,先随机式训练,发现儿童操作问题,然后再取波浪式和阶梯式,以便儿童更有效地与同伴比较,也便于训练人员更好地纠正儿童操作的错误。

该训练组织形式的主要特点有:人力资源利用率高,但每个儿童训练时间相对减少,训练强度较一对一式大为降低。儿童学习模仿的对象大为拓展,同伴成为重要的模仿学习对象,训练氛围群体化、社会化,竞争压力大,是突破训练平台期问题的重要组织形式之一。

(3) 累加式。累加式指的是有多名儿童参与训练时,少数儿童随其他儿童就某一操作练习多次,强化累加,以期提高其操作水平的训练组织形式。该组织形式可理解为序列式和一对一式的结合,其目的是为了让训练中有困难的儿童模仿其他儿童操作,多次训练,突破难点。一般的做法是:训练水平较好的儿童依次完成某项操作时,操作有困难的儿童分别与他们每一位一起完成操作,同样的训练内容重复训练多次。如果有 6 位儿童参训,那么训练操作困难的儿童在其他儿童的一次序列式训练中得到 5 次训练。该形式的一个重要变式是先将儿童按能力由低到高排序,训练操作困难最大的儿童首先随训练人员的示范和指导完成训练,接着第二位随训练人员的指导完成训练,依此类推,训练操作最好儿童只完成一次团体训练。该训练组织形式适用于多重及严重障碍儿童的重复训练,或者儿童在训练的某一环节存在困难时。

该训练组织形式的主要特点有:人力资源利用率高,障碍程度严重儿童可得到更多训练。不足之处是时间花费比较多,能力较好儿童训练强度不足,还可能会给自尊心强的儿童带来一定的负面效应,故训练人员注意使用该形式的频次并及时调适受训儿童的心理反应。

2. 儿童主导型组织形式

该系列的组织形式下,儿童在完成训练项目的全过程及各个方面起主导作用,拥有较大的自决权,多凭借自己的兴趣、已获得的知识和经验来完成有计划的训练活动,训练人员承担支持、指导、评价和反馈职责。在特殊儿童训练中,该组织形式一般用于两种情况。第一,在初期训练的基础上,儿童需要进一步巩固、提高并实现操作技能自动化。第二,一些学习能力强的儿童,经训练人员的解释说明或示范即可自主训练时,无需采取训练人员主导的组织形式,直接由儿童自主组织训练。儿童主导型组织形式具体有如下几种。

(1) 自助式。自助式指的是儿童自主施训或按照训练人员的要求独立完成指定训练任务的组织形式。该组织形式应用的条件是:儿童已熟练掌握所训练项目的操作要领、安全意识及防范措施,儿童施训的自觉性高。该形式用于如下四种情况。第一,重复训练。感统训练不是学会了一些操作技术就结束了,而是在此基础上进行长期的重复训练,所以自助式是提高儿童感统能力的基本组织形式之一。第二,儿童喜欢自主训练。在训练的某一周期,或训练的某些环节上,儿童不愿与其他儿童合作,也不需要训练人员的特别支持,希望自己独立完成训练。第三，家庭训练。第四，机构或学校无其他儿童或无合适的合作对象，只能采取自助式训练。

自助式训练中，训练人员精力投入少，儿童压力小，效益较高。在此形式下，训练人员还是要关注儿童的训练过程，确保儿童有足够训练强度，或防止儿童在某个项目上过度训练。在训练项目过渡环节，给予安全操作提示，以及调控儿童的休息与训练等。

该训练组织形式的主要特点有：儿童施训的自主、自决程度最高，人力资源投入少，但缺乏同伴交流和互动，训练气氛相对沉闷，并存在一定安全隐患。

（2）团体式。团体式指的是所有参训儿童随训练人员的示范、要求进行同样内容训练的组织形式。该组织形式主要用于如下情况：其一，维持训练强度，确保参训儿童都能得到应有强度的训练，这是该组织形式的最基本功用。其二，复习巩固新学内容，提升操作技能，儿童在训练中及时纠正自身操作与他人不一致的方面。其三，专业训练人员比较缺乏时不得不采取该种组织形式。我国特殊学校针对特殊儿童训练多采取这种形式，一个重要原因是专业训练人员不足。

该组织形式实施的基本条件是：参训个体均有一定理解、模仿和自主操作能力，且个体间差异不大。

该组织形式的主要特点有：人力资源投入少，儿童间学习机会多，竞争性较强，训练环境气氛活跃，但每个儿童获得训练人员指导、支持少，一些不太规范的操作往往被忽视。

（3）合作式。合作式指的是多名儿童合作完成相同式相关的训练活动的组织形式。该组织形式为儿童间相互学习、协同完成系列训练内容创造了条件，提高儿童参训的积极性和趣味性，并对促进儿童个体间协调能力、社会技能以及保持高水平的训练有着积极的作用。在特殊儿童训练的实践中，该组织形式又可分为互助式、互动式、组联式等变式。

① 互助式。该组织形式指的是儿童间相互协助完成训练的组织形式。在完成某项操作时，提供协助的儿童称为助训儿童，接受协助的儿童称为受助儿童。双方在完成训练中的收获有所不同。助训儿童在提供协助的同时，感受、观察和模仿受助儿童的操作，对进一步完成操作大有帮助。受助儿童接受协助，提高训练成效和安全性。该组织形式训练中，双方均会得到训练人员的指导或协助。该组织形式在有效增加训练强度的基础上，为儿童间的协调和互动创造了良好机会。互助式多为一对一组合，亦可因情况采取二对一组合（如球池内活动，两助训儿童分别牵拉一受助儿童手臂完成仰卧起坐）或一对二组合（如两受助儿童完成平衡台间传球训练时，助训儿童为其捡球、抛球等）。该组织形式主要用于两种情况：其一，受助儿童无法独立完成操作，需要他人支持。其二，在双方操作技能未达到自动化阶段时，需要借助该组织形式进一步掌握操作技能。

该训练组织形式的主要特点有：人力资源（训练人员、参训儿童同伴资源）利用率高，儿童间合作互动充分，心理压力小，训练强度有保证。不足之处是：儿童配合不当可能会导致操作失误或造成伤害，故训练人员仍不可远离训练现场，应实时给予指导或支持。

② 互动式。该组织形式指的是儿童间合作完成同样训练内容的组织形式。在该组织形式下，儿童双方实时将自己对操作的理解传递给对方，并及时学习对方的长处或在对方的引导下纠正自己不规范的操作，是一种效率高的训练组织形式，该组织形式主要用于技能自动化阶段的强化训练，增加训练强度，提高训练水平，亦可作为突破训练难点或熟练掌握操

作技术之用,如训练水平高的儿童帮带操作不熟练儿童提高训练技能。

该训练组织形式的主要特点有:训练人员较少干预训练,将更多的精力用于儿童的指导和支持。儿童间的互动、合作水平高。不足之处同"互助式"。

③ 组联式。该组织形式指的是参训各儿童的操作既相对独立又相互联系的组织形式。该组织形式下,各儿童施训的内容不同或内容相同但操作方式不同,实现不同的训练目标。尽管儿童间的操作方式不同,但要求儿童间相互协调、互相配合,完成各自的训练项目。如A童跪钻滚筒外左右荡摆,B童平卧该筒内翻滚。又如A童在蹦蹦床上左右跳,海洋球池内B童(或跪或坐或卧)投海洋球向A童,A童在蹦跳的同时躲避球击。该组织形式的实施要求参训各方都有较好的操作能力,否则难以形成有效的合作关系。

该训练组织形式的主要特点有:人力资源和物力资源(训练设备)得到充分利用,训练形式多样化,能更好调动儿童参训的积极性、主动性和创造性。

(4) 分组式。分组式指的是儿童按一定属性分小组进行训练的组织形式。分组式既为儿童创造相互学习模仿的机会,也是参训儿童间有效合作的形式,并注入组间竞争的压力和动力,对保证训练强度、提高训练水平大有裨益。在该组织形式下,训练人员采取集中指导说明(如操作要领或竞赛规则)或轮流对小组进行指导,适度介入小组训练。

分组式的核心思想是面对有差异的儿童,实施有差异的训练,实现分层训练目标,使每个儿童在不同基础上得到提高和发展。实践中,可依儿童特点及训练项目的各种属性进行多维度分组。

① 能力分组。该组织形式指的是以儿童的实际操作能力来分组。能力分组产生的训练小组有同质小组和异质小组。同质小组由能力相当的儿童组成,完成相同的训练内容,避免能力较强儿童"吃不饱"和能力较弱儿童"吃不了"的问题。异质小组由不同能力层次的儿童组成,也完成相同的训练内容。异质小组为不同能力儿童创设儿童化训练环境。能力较强儿童进一步提高训练操作的熟练程度,保持一定的训练强度,增强训练的自信心。能力较弱儿童有机会学习、模仿能力较强儿童的操作,或在能力较强儿童的帮助下提高训练水平。能力分组在儿童较多的学校或大型训练机构易于组织实施,其中能力较强儿童在训练中扮演重要角色,是重要的人力资源,训练人员在日常的训练中留心关注该类儿童,并利用好这一资源,他们不仅对能力较弱儿童的训练提供必要的帮助,也对自身多方面能力发展和自信心建立大有益处。

② 其他分组形式。训练小组还可以根据儿童障碍类别、兴趣、性别、组别稳定性等属性进行分组。如根据组别稳定性可将小组分为:临时小组、固定小组和晋级小组。前两种小组意如其名,易于理解和操作。晋级分组将多位儿童依能力层次分成低、中、高三个级别的若干临时训练小组,依据儿童实际操作水平实时调整其参训组别,增加训练的竞争力,提高儿童的注意力和努力程度。

(5) 同伴助训式。同伴助训式指的是能力较强儿童扮演辅助训练人员角色帮助能力较差儿童完成训练的组织形式。儿童扮演"小先生"辅助同伴学习和训练的形式在学校、儿童训练机构普遍存在。同伴在共同训练中易于建立平等、友好的合作关系,互帮互助,积极性高、压力小,一些训练活动更易于实施。同伴助训式中,提供帮助的一方称为助训同伴,另一方称为同伴或受助者。助训同伴的基本要求有三:一是愿意为同伴提供帮助,二是熟练掌握当下训练项目的操作要领,三是能够将自己掌握的操作要领进行正确示范或正确辅助。助训技能可以在训练人员的指导下掌握,现学现用。

同伴助训式对儿童双方都有益处,但在实践中会面临一些困难。在特殊学校,由于学生的障碍程度普遍较为严重,大多难以担当助训同伴,同伴助训式的实施缺乏人力资源。随班就读学生在普通学校拥有丰富的潜在的人力资源,但受观念落后及课业负担重等的限制,不少普通儿童及其家长不愿参与助训活动,该式的实施缺乏人文环境。因此,发现、培养助训/助学伙伴并给予宣传是训练人员、儿童家长等多方人士共同的责任,需长期坚持。

该训练组织形式的主要特点有:充分利用同伴资源,有效降低训练的受限制因素。该形式的实施需要助训伙伴有一定的奉献精神,儿童家长能够理解和支持。但在该形式下,助训伙伴的"指导"存在解释不清、抓不住问题的核心以及错误指导等不足。儿童间合作易于分心,延误训练,训练强度不能有效保证等。

(二) 组织形式选择注意的问题

一般来讲,1小时左右的感统训练,需要安排5~8个训练项目,并通过多种形式实现这些内容。这就涉及组织形式选择问题,它是训练人员必须面对的问题,也是训练人员专业素养的重要体现。

1. 优先选择有利于发挥儿童主动性的组织形式

总的来讲,训练活动应该优先选择以儿童为主导的组织形式,充分发挥儿童的主动性、创造性。这也是儿童对训练活动始终保持兴趣并坚持训练的重要因素。而且优先选择以儿童为主导的组织形式还可以收获直接训练目标以外的成果,如促使儿童提高人际交流能力、形成并强化积极的自我概念、学会处理和应对突发事件等。

与此相对,训练人员主导型的各种组织形式负载更多的受限制因素,不利于发挥儿童训练的主动性,是在儿童主导型组织形式下无法实施有效训练的选择,或者是为了了解儿童具有多大可训练程度。一些训练机构宣称"一对一""个别训练"为服务特色,以此强调机构服务的专业性或作为训练质量的保证。这不仅不利于儿童的发展,也给机构服务预置了障碍,对双方都不利。同时,一些条件优越的家庭也特别希望训练机构或专业人员为子女提供个别训练,似乎"个训"就是最好的组织形式。所以,训练人员还是要秉持职业道德,与儿童家长充分沟通,从儿童发展的实际需要出发,选择更有利于儿童发展的组织形式。

2. 正确处理多样性和有效性的关系

训练组织形式多样化是儿童训练活动乃至其他服务工作的基本取向,是有效推进训练进程,提高训练成效的基本途径之一。实践表明,在一个训练周期,如果训练人员习惯性地采取有限的训练组织形式,儿童会产生"训练形式疲劳",儿童心里会想或直接表达"又是这一套",呈现非积极心理内驱力。

但是,形式的选择不能简单追求多样化,要确保它对训练内容有效负载,确保训练目标的有效实现。实践中,一些机构或学校的"示范性"训练活动,不求形式对训练目标和训练内容的负载力,太过追求形式多样,结果训练活动在表面上生动活泼,而实际的训练效果却不佳,华而不实。

3. 注意分析每种形式的优点和缺点

每一种组织形式有自身优势也有其不足,不存在万能的组织形式,每一种训练组织形式都有特定的目标指向和适用范围。因此,训练人员需根据训练对象数量、障碍类型和程度以及个人的训练风格,在实践中摸索各种训练组织形式对训练内容的负载能力,不要牵强附会地使用某种形式。比如让一个性格温顺但沟通合作能力很弱的儿童与一个能力强的儿童进行推球互动训练,就会使能力强的倍感不舒适,甚至会对互动对象发泄不满情绪。尽管互动式对提高儿童间的交流合作大有裨益,这两个对象间的训练还是不适合采取互动训练。

每一种组织形式的优势和不足不是一个静态概念,而是与具体的训练对象、训练内容相结合才表现出来的。比如某儿童在滑梯上进行前庭功能及本体感觉能力训练时可采取伴随式训练,这是他当前在该训练项目上的最好组织形式,但是随着训练水平的提高,伴随式将成为他不喜欢的形式,而互动式可能更有利于他的训练。同时,滑梯训练采取伴随式时,也不意味着蹦蹦床上的训练也要采取伴随式,而互动式、自助式训练可能是他当时最合理的训练形式。

4. 合理安排组织形式的顺序

在方案设计时,训练人员须根据训练目标及训练项目的特点,全面分析各参训儿童的障碍特点、学习能力及训练水平,设计各训练项目的组织形式及其顺序,力求达到所选组织形式的最优化组合,提高训练效率,充分利用训练资源,以确保训练活动有序、有效实施。比如新训练项目,可先采取团体式训练,然后根据儿童完成训练情况,决定后续训练的组织形式。基于训练人员对参训儿童的了解及训练项目难度的判断,后续的组织形式可能是序列式、累加式,以解决1~2名儿童在某个环节上存留的问题,此后的组织形式可能是互动式或小组式,部分儿童可能需要一加一式或一对一式来训练。

总之,受施训时间和训练资源限制,训练人员在设计训练方案时就要权衡所选组织形式的训练效率。

5. 实时调整组织形式

施训时,如果儿童现实的训练状态与方案设计的组织形式明显不匹配,训练人员须对训练的组织形式及时加以调整。在特殊儿童的训练中,这种"意外"已属常态,是训练人员工作中"不可缺少"的内容,故训练人员须提前有所准备,在施训中及时应对。

三、训练基本方法

训练方法是指训练人员组织、指导训练对象完成训练任务的特征性活动方式。从训练中儿童的独立程度来讲,感统训练的方法可分为被动训练、助动训练和主动训练。它们在感统训练的各领域以及各类障碍儿童的训练中具有普适性,属于一般意义上的训练方法。

(一) 被动训练

被动训练是指儿童被动接受训练的方法,训练人员主导训练活动,儿童在训练中受限制程度较高,它在促成儿童尽快适应训练要求、掌握训练规则等方面有积极的作用。在实践中,面对不同的训练情境,被动训练方法又有一些变化。

1. 被动训练变式及适用情境

受儿童自身能力及训练项目技术要素等的影响,被动训练用于以下情景。其一,强度维持式被动训练。没有足够的训练强度就没有充分的发展。有些儿童缺乏自觉性和坚持性,训练强度不能保证,采取该法可确保儿童接受充分训练。家长、辅助训练人员或志愿者可按照训练要求,采用该法负责儿童的训练,减轻专业人员负担。其二,防偏纠错式被动训练。

训练需按照一定操作要求来实施。有些儿童受自身能力不足或训练项目操作难度大等因素影响,完成训练的过程中往往会表现出"做不来""做错"或"做得不规范"等情况,特别是面对新任务。专业人员"手把手"地被动训练可确保儿童准确掌握操作要领。其三,启蒙式被动训练。一些严重障碍儿童,特别是伴有认知障碍的儿童,不理解训练人员的指令和要求,或不能控制自己的行为,须接受被动训练,感受操作技术,产生训练意识,逐步理解训练要求。其四,安保式被动训练。一方面,有些低龄儿童或障碍程度较为严重的儿童缺乏安全意识和危险防范技能,需要采取被动训练,避免人身伤害。另一方面,感统训练的一些项目具有一定的危险性,须采取被动训练或以被动训练作为过渡,避免给儿童造成身体伤害,挫伤儿童参训的积极性。如大笼球上卧滚、吊台的荡摆或旋转、平衡台上跳转等都有较大的危险性,在训练初期需采取被动训练,适度限制儿童的自主操作,避免发生意外。

2. 被动训练特点

人力、物力资源消耗大,且要求负责训练的人员有足够的耐心以及具有适时变更训练内容、训练形式的能力,训练进程相对较慢,训练效益低。但被动训练是特殊儿童潜能开发的基本方法之一,也是确保儿童有一定训练强度的重要途径之一。训练对象在训练中受到一定的控制,往往会出现不良的情绪反应,并伴随一定的过激行为,双方的关系在短期内会恶化。启蒙式被动训练往往不受重视或缺乏坚持,但它是一些儿童有可能取得进步的唯一途径,忽视该途径就等于放弃儿童,而且该方法在维护障碍儿童的发展权上还是有一定的积极意义。

(二) 助动训练

助动训练是指儿童在他人协助下进行训练的方法。儿童掌控训练活动的意识和能力较被动训练大为增加,但在训练的某些环节存在问题,需要训练人员的支持和帮助。

1. 助动训练变式及适用情境

助动训练依训练目的及训练人员辅助介入的时机等分为多种变式,用于不同的情境。

从训练目的来看,助动训练的变式有四种。第一,突破难点式助动训练。儿童在训练活动的某一环节虽经努力尝试仍不能获得成功的情况下,需要训练人员给予指导帮助,协助其突破难点,比如儿童在S形平衡木上行走训练,行进时总是低着头,训练人员可通过言语提示或间歇性扶持等助动训练,使儿童在行走时保持头颈直立,提高前庭觉与本体感觉间的整合训练水平。第二,适应性助动训练。有些儿童对一些感统训练设备或训练项目存在恐惧感或有较大的心理压力,难以独立完成时,需要训练人员支持和协助来适应训练器械或训练项目,增强训练的自信心。比如有的儿童想穿越"阳光隧道",但在入口处徘徊,不敢俯身入道。这时,训练人员可从"隧道"口的另一侧先入隧道,相向迎接儿童。第三,纠偏式助动训练。儿童在训练的某些细节上操作不规范从而导致训练活动不流畅或失败等问题时,需要训练人员的点拨、辅助。比如,儿童在滑梯上进行俯卧滑行训练时,频繁在滑道斜坡段改变方向,导致滑行不流畅或儿童从滑板上滑落,问题主要是儿童没能较好地控制身体,有时源于起滑时滑板的前后轮方向不一致。训练人员可以有针对性地就此细节加以纠正。第四,安保式助动训练。适用情况基本同安保式被动训练,所不同的是支持的程度和方式。在助动训练中,安全保护是间歇的而非持续的。

从训练人员辅助介入的时机来看,助动训练可分为两种。第一,实时助动训练。儿童在进行训练的过程中,训练人员在儿童易出现问题的环节实时给予辅助。如上文提到的滑梯滑行变向问题,训练人员可在儿童滑行起始段单手按压其腰部,并要求儿童伸臂跷腿。第二,抽取式助动训练。儿童重复训练有困难环节。比如羊角球坐跳行进中滑落球体的问题,可先采取原地跳,反复练习两腿进行小间距地弹跳。

2. 助动训练特点

助动训练的前提是儿童有充分参与训练的意识,有一定操作训练项目的能力。在助动训练中,儿童和训练人员都表现出对活动掌控的主动性。训练人员介入儿童训练过程多表现为间断性、及时性和低控制性。助动训练是一种资源利用率较高、训练活动较为流畅、效益较高的训练方法,在巩固儿童训练技能、突破操作难点上得到广泛应用。

(三) 主动训练

主动训练是指儿童根据训练人员的安排,独立自主开展训练活动的方法。主动训练的前提条件有二。第一,儿童要有较为强烈的实现训练目标的愿望和动机,自觉组织训练活动。第二,儿童掌握了训练活动的操作要领,且具备防止意外发生的意识和应对措施。

1. 主动训练变式及适用情境

主动训练的变式有半自主训练和全自主训练。半自主训练是指儿童按照训练人员的安排独立开展规定训练活动,训练活动的基本要素(训练项目、项目的实施顺序、训练组织形式、训练强度等)主要由训练人员决定。该变式用于巩固新近的训练内容。训练实施前,训练人员一般会再次就训练的内容、注意事项加以解释,或对一些关键技术要素加以示范。全自主训练是指儿童按照自己的兴趣和意愿设计训练要素,在整个训练活动中拥有相对独立的自决权。训练活动开始前,训练人员一般只需提出训练活动范围即可,训练活动的基本要素由儿童自决处理,有时会提出建议,但总体尊重儿童的设计。该变式用于漫长的重复训练期,是儿童感统能力得以提高的主要方法。

主动训练中,训练人员有时会放松警惕,疏于监督,导致儿童训练强度不够、训练进程不紧凑、训练技术不规范,甚至出现意外事故等问题。故,主动训练还是要求训练人员要积极关注、支持或监控儿童的训练活动,不可作为旁观者游离在训练情境之外。

2. 主动训练的特点

儿童在主动训练活动全程及训练的各个方面起主导作用,对训练内容、顺序进程及训练强度等训练活动要素有较大的自决权。训练人员在训练中承担规划训练内容及技术要领,指导、督促训练进程,评价反馈训练质量等相对宏观的任务。当训练对象较少时,训练人员可以扮演训练活动配角,做一些具体事务,如儿童在蹦床上进行跳转训练时,问儿童一些脑筋急转弯题目,或双方进行抛接球活动。

主动训练属于资源利用率高、训练活动易于组织、训练成效有较高保证的训练方法。训练人员可以同时面对多个训练对象,训练的组织形式较被动训练和助动训练更为丰富。

在整个训练周期中,这三种基本训练方法会交替使用。一般而言,被动训练和助动训练属于辅助性训练方法,随着训练进程的延伸和儿童训练水平的提高,使用的频率会逐步减少。主动训练是训练实施的主要方法,是训练最终取得成效的根本途径。训练人员要在适当时候尽可能给儿童创设主动训练的条件,激励儿童尽早、尽可能多地进行主动训练。作为儿童的家长也应该鼓励儿童进行自主训练,不要过分要求训练人员的帮助,也不要时时刻刻"陪伴"。训练人员和家长都应该坚信,任何特殊儿童都具有独立训练的意愿。

(四) 其他训练方法

训练方法也可以从其他角度分类,比如从训练的连续性及训练强度可将训练方法分为间歇训练和间隔训练。这两种方法在临床实践中也经常使用。所谓间歇训练是指儿童在完成某项目的训练后,休息一段时间,然后再进行巩固性训练。该方法主要用来调整训练强度,避免生理疲劳发生或者用于应对生理疲劳。所谓间隔训练是指儿童在完成某项目后进行其他项目的训练,称为间隔训练。该方法广泛用于缓解儿童训练的心理疲劳。

四、技能获得

技能获得指的是儿童基于训练资源、训练组织形式和训练方法掌握有效训练活动技术的过程,是儿童与训练人员合作的结果,是儿童感统能力提高的基础。技能获得大致分为训练人员的示范及解释、儿童的尝试及训练人员的支持、技能的自动化三个阶段。[①]

(一) 示范及解释

训练人员对训练活动操作的示范及解释为儿童提供了操作模板,使儿童明白操作的要求,激发其尝试的愿望,是儿童获得一项训练技能的开始。

1. 示范

示范是训练人员通过肢体活动向儿童展示训练项目操作要领的过程,也是儿童开启掌握操作技能的认知过程。示范的内容源于训练项目本身的规定性。实训中,示范可分为两种:标准示范和鉴别示范。前者仅呈现训练项目实施的规范操作,后者需要将儿童的不当操作与规范操作加以比较,帮助儿童辨析其操作不当之处。对于特殊儿童而言,训练人员的示范以标准示范为主,鉴别示范为辅。但是,对于有较好感知和认知能力的儿童而言,鉴别示范可以使儿童尽快掌握训练技能。所以,示范内容的选择主要看儿童的认知能力。

特殊儿童训练示范需要考虑的基本要素有:示范的容量,示范的速度、角度、幅度,示范的时机以及示范过渡衔接等。

就示范容量而言,示范有单环节间隔示范和多环节连续示范。前者主要用于两种情况:新训练活动的初期以及训练中后期的矫偏纠错、突破难点训练。该示范方式清楚展示单环节的技术要领,免受其他环节的干扰。障碍程度较严重儿童学习新技能多采用该示范。后者用于另外两种情况:学习能力强的儿童和处于训练技能巩固和提高阶段的儿童。该示范方式全面展示各环节的技术要领及环节之间的联系,便于儿童把握训练活动的全过程。究竟采取何种方式来示范首先要视训练对象的学习能力及伴随障碍的性质和程度,其次是儿童的训练水平。总的趋势是,随着训练水平的提高,训练人员单次示范的环节渐增。这对提高儿童的注意力、记忆力及完整把握技术要领有积极作用,可以有效节约双方的时间,增加儿童训练强度。

就示范的速度、角度、幅度等要素而言,示范的速度要慢,适应障碍儿童的感知特点。示范的角度要便于儿童感知,训练人员在示范前须设计好自己站位、面向以及身体高度等。示范的操作幅度可适度夸张,便于儿童清晰识别操作要领。

训练人员要注意把握示范的时机。首先,选择在儿童保持较好唤醒水平时进行示范,或

---

① 方俊明.特殊教育学[M].北京:人民教育出版社,2005:329-331.

在示范前聚焦儿童的注意力。其次,要及时介入示范。当儿童茫然失措,无从着手时要及时示范,当儿童操作不正确时要及时示范。

示范的过渡衔接尤为重要。感统训练大多由多个环节组成,不同环节的操作是不同的,它们之间的过渡衔接是完整操作的关键。示范需把握这个关键。比如弹跳球行进训练的变换方向、吊揽荡摆时的插柱、拍柱体球的左右手变换等。示范的过渡衔接须把握两点:第一,准确聚焦转换点并清楚示范。第二,示范内容稍微向前向后延伸,便于转换点的前后联系,确保操作的流畅性。

示范的方式要多样化,比如示范可由儿童的同伴来实施,他们体格发育相当,传递感知信息更逼真。他们的理解方式比较一致,彼此间心理负担小,更易于沟通。除了训练人员或同伴等的直接示范外,也可采取多媒体等途径来实现。

2. 解释

解释是训练人员借助言语语言向儿童说明操作要领的含义及有关注意事项,是对动作示范的进一步说明和补充,是训练人员呈现操作技术及有关问题的重要途径。言语解释在儿童技能获得上往往与动作示范结合使用,起着重要作用,不可忽视。实践中,解释可以从两个角度加以分类。就内容的完整性而言,解释分为系统解释和局部解释,前者依据训练项目的操作顺序或逻辑关系全面加以解读,后者仅就操作的关键之处、难点以及错误操作之处加以解释。在特殊儿童训练中,训练人员应以局部解释为主呈现训练要领。从解读操作要领和要求的时相来看,训练人员呈现的解释可以在儿童训练操作前、操作中及操作后进行。如果对儿童施训的是新项目,相关解释一般在训练前及训练中进行,帮助儿童全面认知操作要领。用于巩固技能及纠正不当操作的解释一般在儿童训练当下或操作完成后即刻进行,以便儿童发现问题或提升训练水平。

言语语言解释的使用情境主要有三。第一,训练中要求儿童认知、识记的术语和概念,须加以解释,比如设备的名称,肢体活动的动作类型,空间方位概念,操作的速度、幅度、范围等,为后续高效训练作铺垫,并可提高儿童对客观世界的认识。第二,在操作的关键之处予以解释。第三,在操作环节间的转换、过渡时大多需要解释。训练中,环节的转换及过渡是训练连续性及操作流畅性的关键,也多是训练的难点,解释可提高示范的效能。

受障碍儿童可能伴随的认知、言语理解及感知方面缺陷的影响,操作示范中的言语表达有三个基本要求。第一,内容简洁。言语表达的内容为操作的核心概念,不必解释"为什么"等相关信息,以免冲淡对关键信息的获得和理解,比如直接表达"下蹲,向前跳跃"解释"立定跳跃"的示范,期间不必解释"下蹲"是"跳跃"的前提。第二,言语与示范有效整合。一般而言,在训练的各个时期特别是训练初期,言语与示范操作要同时呈现,称为同时性整合,比如训练人员呈现"闭眼"动作的同时,言语表达"闭上眼睛"。当然,在训练的巩固及提高阶段,言语可提前或滞后于操作,称为继时性整合,两者间的时间间隔不宜太长,须在2~3秒内完成,否则可能出现错误的整合,导致儿童对操作的错误理解。言语与示范整合的基本要求是:示范直奔主题,示范操作中不宜附带其他过渡性操作。言语解释要确切,准确表达示范之所指。第三,语速要慢、口形可适度夸张,便于儿童准确获得并加工言语信息。音高音响适度变化,提高儿童对言语信息的兴奋性和注意力。

(二) 尝试及支持

训练尝试是儿童将训练人员的示范及解释转化为自我行动的过程,是实现技能自动化和能力发展的基础。儿童在训练尝试阶段需要多种支持。

1. 尝试

训练尝试包括两个相辅相长的环节：尝试操作及冥想。

(1) 尝试操作。尝试操作是指儿童再现训练人员的示范。尝试操作多采取分步骤学习来实施,训练人员先示范一个操作环节,儿童随即操作再现同一环节。双方可以连续完成整个训练的各个环节的尝试性操作,也可以在儿童对某一环节有一定把握的情况下再进行下一环节的尝试。尝试操作在某些环节可能要反复多次。期间,如面临难点,训练人员还要将示范的环节进一步加以分解,以更小的单元进行示范与尝试操作。所以,对于训练人员而言,既要提前设计训练环节的容量,又要根据儿童操作的实际表现变更训练环节的容量,一切以有利于儿童有效操作为标准。

(2) 冥想。冥想是指儿童脱离实际操作情境对操作活动的想象。在训练中,训练人员留出时间让儿童对某个(些)操作要领加以冥想,消化训练人员的示范或自己操作的情况。冥想时机的选择有二。其一,前设冥想。儿童在尝试操作前对训练人员的示范加以想象,即"想想再做"。前设冥想的内容可以局限于单一动作,也可以是几个相关动作。其二,后设冥想。儿童完成操作后对操作情境的想象,即"再想想是怎么做的""想想错在哪里?"比如蹦床上蹦跳转体后下蹲的操作,可以冥想"原地弹跳后下蹲""身体旋转失衡后即可下蹲"以及"身体悬空旋转落地前启动下蹲"三个情景。后设冥想的内容多集中于难点和关键处,可以尝试将训练人员的示范"移植"到儿童身上。

冥想的内容除了重点、难点及新训练内容外,对训练活动的全程及其简单环节的冥想也是有意义的,这是提高儿童对各种信息整合水平的重要途径之一。

冥想多需要一个相对安静的环境,呈闭眼或凝视之态。对于想象能力较强的儿童,一旦其开始冥想,训练人员最好不要再介入其他信息,如言语引导或示范等,以免影响心理活动过程的连续性。一些儿童想象能力较弱,可以将示范操作制作为连续图片或视频录像,边呈现影像资料边引导其想象,逐步形成对系列操作的冥想。还有不少儿童并不表现出冥想能力,不必勉强,坚持进行实践操作,无须浪费时间。

2. 支持

特殊儿童训练的各个阶段都离不开支持,尝试阶段的支持尤为重要。支持分为心理支持和技术支持。

(1) 心理支持。心理支持是指训练人员为使儿童更好地开展训练或解决儿童在训练中表现出的不适心理状态而采取的措施。儿童在训练中获得训练人员及家长的心理支持是儿童参与各种活动的基本需求之一。一些儿童在训练中表现为积极心理状态,能够主动、自信、高效、高质量完成训练任务,期望获得他人的认可、鼓励和赞许。对此,训练人员会自觉不自觉地对儿童的出色表现予以肯定,儿童的积极心理状态得到强化,后续的训练任务会做得更好。但是,在特殊儿童训练中,训练人员面临的更多的或需要重点解决的是儿童的各种消极心理状态,如他们在训练前及训练中呈现的紧张、退缩、缺乏坚持性、注意涣散等,尝试操作阶段的儿童更易出现这些情况。儿童训练中,训练人员及时给予儿童适当的心理支持对训练活动的实施至关重要。

儿童训练中的心理支持可采取如下几种方式。第一,言语支持。训练人员通过言语传递积极信号,鼓励儿童积极尝试、不要紧张害怕、继续坚持力争成功等,或对儿童的积极行为或正确操作给予表扬、对不足或失败给予宽慰等。第二,肢体语言支持。训练人员通过注视、面部表情、手势等肢体语言传递对儿童操作的期待和重视、鼓励和欣赏等。第三,肢体接触支持。训练人员通过牵手、拍肩、拥抱等肢体接触支持儿童积极尝试。第四,改变训练环境和训练项目。训练人员通过调整训练活动的有关因素,减轻儿童因训练环境或训练项目不适应而产生的不良心理。如延长儿童在环境中的自主活动时间、增加儿童喜欢的玩具、间歇性休息、游戏活动等以改变儿童的不良心理状态。心理支持优先选择前两种支持方式,提高儿童训练的独立性和训练效益。

如果儿童持续表现不佳心理状态,无法进行有效训练,则需接受专业的心理辅导。

儿童训练中的心理支持可以从三方面入手。第一,发现优点,以优促劣。训练是一个学习新技能、突破发展瓶颈的过程,其基础是儿童已经掌握的技能和稳定表现的能力,特别是他们的长处或优点。训练各个阶段特别是尝试操作阶段,训练人员要对儿童表现出的点滴优点或优势保持足够的敏感性,这是表扬儿童、激发其训练积极性、主动性和坚持性的依据,使训练人员的积极支持"言之有理"。第二,宽慰不足,严格要求。训练多持续较长时间,辛苦在所难免。对于积极训练但仍出现操作不当的儿童,训练人员要及时宽慰、劝导和鼓励;对于缺乏训练激情、随心所欲、面对挫折就退缩等行为还是要把握时机给予批评,提高其对训练活动意义的认识。那些尚"不明事理"的严重障碍儿童的不良心理状态须另辟蹊径加以应对。第三,积累自信,提升抗挫能力。训练要有一定的难度,儿童心理要承受一定的负担和压力,这是突破发育失调的根本。但是过大的负担或持续的压力会挫伤儿童参训的积极性,产生消极的自我概念。为此,训练人员要对儿童的心理负担情况保持敏感性,通过调整训练项目的难度和强度调节儿童训练中的心理负担,总的原则是确保成功、积累自信心,逐步提高儿童抗压、抗挫能力。

(2)技术支持。技术支持是指训练人员为确保儿童训练科学、规范、高效、安全实施而采取的措施。技术支持可分为技术要领支持以及项目调整。

①技术要领支持是指对训练操作基本要素及要素间关系的评价、反馈指导等。训练操作的要素根据训练的具体项目来确定,主要包括儿童自身的动作感知因素(如体位与姿势、肢体间的空间关系、肢体用力方向及力量大小、肢体动作的运动方式、各种感觉器官配合)以及训练器械物理属性和操作特点等。训练人员的技术要领支持最终落实到对这些基本要素的调控上。

技术要领支持的过程包括观察判断和反馈指导两个相互关联的环节。训练人员密切关注儿童的训练操作,分析其对操作基本要素的掌控,判断操作正确与否。在此基础上,适时将判断结果反馈给儿童,并对后续的支持做出安排。在尝试操作阶段,训练人员一般要对儿童当下的操作进行评价反馈,对正确操作、创新操作以及合理的调整等予以肯定,对不准确、不规范、不安全等的操作也要客观评价反馈并及时纠正。矫枉纠错是特殊儿童感统训练的基本任务,也往往是训练工作的重点和难点。儿童在学习技能的初期阶段,出现错误是非常普遍的现象,需要实时告知其错误或不规范之处,适时加以纠正,不能任错误得到练习和强化,否则会给训练制造更大的困难,毕竟修正被巩固过的"错误"的难度往往要比学习新东西更大。临床实践中一个比较普遍的现象是:一些训练人员过于追求进度,忽视儿童尝试操作的规范性,导致不规范操作难以纠正,影响后续的训练。所以,在尝试操作及训练早期不宜追求进度,宁慢勿泛,确保儿童正确训练。

技术要领支持的方法有二。第一,动作介入。训练人员持握或扶持儿童躯体的特定部位,使儿童在受控制状态下进行训练,感受训练的操作要领。也可以在操作关键处采取示范性引导的方法实施支持,训练人员稍先于儿童示范操作,儿童边观摩训练人员的示范边尝试操作。第二,言语引导。当儿童对操作有一定感悟时,训练人员要增加儿童调控训练活动的自主性,凭借言语传递技术要领,儿童依计行事。起初,动作介入和言语引导同时实施。随着儿童训练水平的提高,训练人员逐步减少动作介入,主要以言语引导来实现对儿童训练的支持。言语引导是儿童由助动训练转变为主动训练的关键环节,也是突破训练难点的重要技术。言语引导支持的前提是儿童能够理解言语内容,特别是对关键术语的理解。这就是儿童训练中渗透有关认知、言语内容训练的意义之所在。

训练技术要领支持要选择合适的时机,在必要时给予支持。当训练人员觉得儿童学习能力较弱或灵活性较差时,最好在儿童开始尝试操作时就给予动作介入支持,如采用被动训练,手把手地教,避免"错误"被学习和强化。如果训练人员认为儿童有较强的学习能力和比较鉴别力,可以在儿童出现问题后给予支持。对此,训练人员可以示范正确操作、或对比示范正确操作与错误操作,让儿童来比较判断自己的错误,也可以言语提示其错误之处。

特殊儿童训练中的技术要领支持是必要的,但不是必需的。支持与否?支持的程度及时机,应以凸显儿童在训练中的主导地位为基本原则。

②技术支持另一个选择是项目调整。训练中不时会遇到难点暂时无法突破的现象,那么是坚持还是改变?这确实是两难选择。其实,面对这种情况需要考虑的问题主要不是活动本身,而是儿童的心理状态。如果儿童呈现出"不服气"心态,围绕难点进行训练也是不错的选择。但在特殊儿童的感统训练中,儿童面对困难表现出"愤而发"的情况并不多见。如果儿童明显表现出气馁、不厌烦甚至恐惧时,坚持突破难点的做法多收获的是挫败感。为此,面对暂时无法克服的困难,可采取搁置难点和回避困难的办法来应对。所谓搁置难点是指难点本身在训练环节中不可缺少,暂时不操作难点或对难点操作不作要求,继续后续的训练活动或其他相关项目的活动。比如,吊揽荡摆插柱训练,儿童将在荡摆中将插柱插入插孔有较大的难度,对此可搁置该环节,先进行反向操作——插柱从插孔抽出环节的训练,期间偶尔进行插入训练,也可以在非荡摆情境下进行快速插孔训练。不过分纠缠难点,进行其他方面的训练,一些难点可能会在后续的训练中逐步化解。所谓回避难点是指,当儿童根本不具备突破难点的能力,取消难点环节的训练。在儿童感统训练中,临场放弃个别环节的训练也是普遍存在的,这并不违背训练的原则。

项目调整虽属于无奈的选择,但这在特殊儿童的训练中是不可避免的,它对推进训练活动进程并最终解决难点是有益处的。

(三)技能自动化

技能自动化是指儿童不费多大心智资源即可流畅、自然地完成训练操作的行为和心理状态,其本质是中枢建立了完成有关项目操作的动作感知模式,前一环节的完成是下一环节启动的诱因和线索,各环节的衔接过渡自动实现。在儿童的训练实务中,技能自动化包括技能自动化的形成和技能自动化的维持两个阶段。

1. 技能自动化的形成

经过尝试操作阶段的训练,儿童基本上获得了操作活动项目的技能,但独立完成训练活动需要投入较多的精力,甚至显得有些吃力,动作可能显得笨拙、不舒展或稳定性不高,训练环节之间的衔接不流畅甚至脱节等。简言之,中枢尚未建立起稳定高效的操作模式,尚未达到操作的自动化水平,需要进一步的训练。

技能自动化形成的前提条件是儿童基本掌握各环节的操作。可从操作的准确性、安全性以及成功完成操作的自信心等方面加以判断。

技能自动化的基本途径或方法是重复训练。重复训练是儿童熟练掌握新技能的必要途径,其目的是强化操作的正确性、流畅性和效率,同时减轻儿童训练时的心智资源投入。为此,儿童在尝试操作后随即步入时间更长、训练密度更大、训练要求更高的技能自动化训练阶段。期间,训练活动以主动训练为主,但训练人员的各种支持仍非常重要,不可缺少,具体支持技术参见前文所述。

技能自动化形成的关键是突破训练环节间的衔接过渡问题。尝试操作阶段的训练多是分环节实施的,环节间的衔接过渡成为技能自动化的关键所在,也是训练难点频发之处。为此,在重复训练中,除了进一步强化各环节内的技术外,尚须有意识地加强环节间衔接过渡的训练,大多需要专门训练。

2. 技能自动化的维持

技能自动化形成并不是训练的结束,训练尚需持续。因为感统训练的最终目的不是熟练操作感统设备,也不是掌握操作技能,而是通过长期训练、持续刺激中枢神经系统,进一步发掘潜能,修复脑功能失调,促进脑功能发展,从根本上解决儿童在学习和生活中的多种心理行为问题。

操作技能自动化的维持有两个重要目的。第一,巩固已获得的能力。一些儿童可以熟练操作训练项目,操作技能已达到自动化水平,但统合能力在学习、生活中并不稳定,时好时差,这说明经过训练获得的能力还有待进一步巩固。实践中,经常发现一些儿童经过一段时间训练,原有问题有较大的改观,但是训练暂停后或训练强度不足时会"旧病复发"。这种现象一定程度与持续训练不足有较大的关系。第二,可以迁移已获得的能力到多种情境,逐步形成"习惯"。操作技能自动化多是在有限项目或特定项目上实现的,存在明显的局限性。为此,需要在多种情境下持续实践已形成的自动化技能,使获得的能力有较好的普适性。该阶段的训练更加讲求技能完成的速度和质量,更加注重技能在不同情境下的适应性。

技能自动化维持面临的最大挑战是有效解决儿童的训练疲劳。在技能自动化形成的后期以及漫长的自动化维持期,儿童的心理状态发生一系列变化,如他们不再对训练项目有新鲜感,操作技术也失去多少挑战性,他们对训练人员、训练环境以及训练规则要求也已"熟视无睹"等,对"不厌其烦"的训练表现出:缺乏兴趣、厌倦、逃避甚至对抗,而且儿童的这些消极心理活动呈现突发、多变的特点,这给训练活动的组织带来不小的困难。为此,在此阶段,训练人员的工作取向主要不在训练项目及其操作技术上,而是儿童身心状态的调适上,须通过调控训练的各种要素缓解儿童的训练疲劳。同时,要求训练人员有较高的临场应变能力,能够实时对儿童的消极心理活动做出积极应对。有关训练疲劳及其应对策略在下文专门讨论。

五、训练难点及其应对

训练中遭遇困难在所难免,几乎每个参训儿童的训练工作都会遇到困难,即训练难点。训练难点有的是有目的地预设的,属于训练中的"必然事件";有的是意料之外的,属于训练中的"突发事件"。无论是预设的还是突发的,训练的难点都是训练的一部分,无法回避且必须面对。因为儿童能力发展的过程就是突破一个个难点的过程,不面对难点并解决难点就没有发展。从训练技术角度讲,训练活动的有效开展集中体现为训练难点的解决。同时,训练难点的设计以及应对是训练人员专业水平的重要体现。

(一)训练难点

设计、发现并分析以及应对难点均是从难点本身的属性入手,简言之,充分认识难点属性是有效掌控难点的根本。儿童训练活动的难点需要考虑的属性主要有:难点的类型、难点的分布、难度以及影响因素。

1. 训练难点的类型

训练中的难点各种各样,难以用同一标准加以划分和归纳。特殊儿童感统训练中的难点可以从两个角度加以划分归类。

(1)预设难点和突发难点。这是从难点是否可预见角度加以划分和归纳的。前者是为提高儿童训练水平有目的地设计的,也有相应的应对策略。后者是训练过程中出现的意外情况,影响训练的有效实施,考验训练人员的灵活应对能力。一般来讲,训练人员经验越丰富,对难点的把握及识别越敏感,方案实施中的突发难点越少,应对起来也会越轻松。

(2)群体训练难点和个体训练难点。这是从难点在训练对象中发生率来划分和归纳的。前者是各类特殊儿童或某一类特殊儿童训练中普遍会出现的难点,高频、涉面大、可预见性、稳定性高是该类训练难点的主要特点,多由于项目难度较大所致。该类难点一般可以准备相对具体的应对预案。后者是指参训个体在训练中较少出现的难点,低频、涉面小、突发性是该类训练难点的主要特点,多由于个体能力水平较低所致。该类难点一般难以提前做出有针对性的应对预案,需要训练人员临场应对。但是,对于有经验的训练人员而言,他们可能对此类难点有大致的预判,且在难点发生时有足够的敏感性加以识别。该分类角度主要针对团体式训练活动的设计和组织。

2. 训练难点的分布

训练难点的分布涉及难点的数量、难点的分布密度以及呈现时段等,它们均直接影响训练的组织及训练成效。

在一项训练活动中,无论是预设难点还是突发难点,难点的数量都应该控制在适当范围内。预设难点设计过于密集会严重消耗儿童的心智资源,并诱发儿童对项目及训练人员的"心理疲劳"。突发难点过多会导致训练组织出现不同程度的混乱,训练预期目标难以实现等情况,其根源在于训练方案设计存在较大缺陷,反映训练人员的准备工作有待加强。

突发性难点的分布密度及呈现时段难以计划,需要训练人员根据当时的训练情况加以调整。预设难点要相对分散,不可集中排布,也不宜呈现在训练开始及训练结束两个时段。

3. 训练难度

训练难度表现为儿童掌控操作技能准确性、流畅性以及与此相适应的心理负担的大小。

就预设难点而言,训练项目的难度大小是一把双刃剑,控制得当有利于提高训练水平,否则可能导致资源浪费甚至产生负面影响。难度小的训练活动易于组织且成功的概率较大,在特定训练情境下能触发儿童的参训兴趣、积累积极的心理体验,但其训练水平低,获得的成就感也较低,而且长时间的低难度训练反倒会导致儿童无成就感甚至对训练产生厌烦情绪。训练难度大的项目不易组织且失败的概率较高,沉积消极心理体验的可能性大,但是获得成功后收获的积极心理体验也较大,且对突破训练平台期有积极的作用。至于突发难点,其难度越大给训练带来的困难就越严重,给儿童及训练人员造成的心理负担也越大。

4. 训练难度影响因素

特殊儿童训练难度的影响因素主要源于训练项目和参训人员两个方面。

(1) 源于训练项目的影响因素。就训练项目本身而言,其影响训练难度的因素主要有训练内容性质、训练的技术要求,以及训练设备、训练环境等物理因素。它们是每个训练儿童都必须面对的,表现为稳定性和可预见性。

训练内容可以从多个方面影响训练难度。其一,内容越复杂要求参与的感知、运动器官就越多,训练难度就越大,比如羊角球跳跃训练,原地上下跳就比较简单,跳跃直线行进稍难,按指令变向跳更难。其二,内容间的整合度越高,训练难度也越大,比如开展"按规定折线线路跳跃行进,同时听算数学问题"的训练项目,要求儿童整合视觉、听觉、本体感觉、平衡调节及认知加工等多个系统,训练难度就相当大。其三,内容的分化程度越高,难度也越大。分化程度高的项目要求儿童在训练中精细辨别和高效处理感觉信息、精准操控动作器官。比如,浪桥吊台荡摆训练,随意荡摆比较简单,定向荡摆就比较难,荡摆同时完成细小插柱训练或左右脚交替踢抛来的球的训练难度就非常大。

训练的技术要素可从儿童的体位、操作方式以及训练组织形式等多方面影响训练的难度,比如,在S形平衡木上行走要比在直线形平衡木上行走难,大笼球背滚训练要比柱体球背滚训练难,即设备的形状会影响训练难度。又如,闭眼训练、倒行训练、高重心体位训练就比与此相对的训练方式要难,它们的难度源于操作技术的不同要求。技术因素因训练项目不同有较大差异,难以归类,但每一个项目均可通过技术因素调控训练难度。

此外,训练设备的形状、大小、稳定性、质地、材质等因素以及训练场地的光照度、通风情况、温度以及基础设备的安全性、支持性等物理因素也会直接影响训练的难度。

(2) 源于参训人员的影响因素。参训人员包括受训儿童及训练人员,他们单独或相互作用均会影响训练的难度。

儿童方面影响训练难度的因素主要有年龄、体质、伴随的障碍及其程度、学习能力、训练经历,以及抗挫折、抗疲劳等心理素质等。

训练人员(主要是专业训练人员、辅助训练人员及儿童家长)方面影响训练难度的因素主要有实践经验、专业水平、心理素质以及责任心等。

儿童与训练人员相互作用方面影响训练难度的因素主要有:相互间沟通交流的流畅性、彼此间的心理相容性、专业人员与家长间的合作程度等。

(二) 难点应对

难点应对必须围绕难点属性展开。根据上述对难点属性的分析,难点的应对可从如下几个方面着手实施。

1. 做好预案

预设难点在活动方案设计时要设计相应的解决对策，否则它们不仅是儿童的难点，也可能是训练人员的难点。突发难点无法确切预测，主要凭训练经验来应对，有些无法应对，只能回避。针对难点制订对策性预案的依据就是构成难点的属性及影响因素（见上文），为相应的问题设计解决办法。对于有经验的训练人员而言，难点的应对策略虽不必详细呈现在活动方案中，但也要在方案中简略说明或标注，以便训练中作为应急之用。对于新手训练人员来讲，难点的对策应该详细呈现于活动方案，并在训练前反复熟悉。

2. 对难点的发生保持足够的敏感性

在训练活动进行过程中，训练人员密切关注儿童的训练过程及操作细节，观察其操作的正确性、流畅性和安全性，推断其当下的心理负担、自信心等心理状态，判断其所遇难点的环节、性质、程度，决定是否采取相应的措施及何种措施。训练人员对训练活动过程给予充分关注，对训练难点保持足够敏感性是解决难点的前提，是确保训练活动有序、有效实施的关键。

3. 调整影响难度的因素

训练难点应对最终落实到对影响训练活动各种因素的调控上。因为影响训练活动难度的因素非常多，且存在显著的个体差异性，难以全面细述，故就实践中具有一定普适性的对策加以归整。

（1）合理布局训练周期内的训练难点。在整个训练周期内，训练难点需要统筹规划，合理布局。一般而言，训练初期的训练项目以中低难度项目为主，基本不涉及高难度项目。训练中期增加高难度项目的数量，但须与中低难度项目间隔实施（注意高难度项目的密度）。训练后期可选择特定时段（如每次训练的中段），高密度布局高难度项目。该策略着眼于训练全局，将训练困难置于整个训练周期中，是训练人员应对训练困难首先要考虑的。

（2）提供支持。训练人员可提供技术支持及心理支持来应对儿童在训练中出现的技术性难点及心理不适等问题。比如"跷跷板闭眼站立训练"，训练人员可站立于儿童背面或体侧，当身体出现失衡时给予支撑，儿童复位后支持立即取消。又如"浪桥吊马闭眼荡摆训练"，可提前在设备下铺设面积较大的软垫，训练人员示范从"马"上滑落，同时向儿童解释荡摆中即使从"马"上滑落也没有关系，不会对身体造成任何伤害，消除儿童对悬空荡摆的恐惧感。训练中，多数项目可以通过示范来消减儿童操作的心理压力，但是还有些项目因不适合成人示范操作，只能采取言语鼓励或其他途径减轻儿童对操作的心理紧张感，比如"走滚筒训练"，因滚筒难以负重成人体重，训练人员难以进行示范操作，需通过扶持等措施来减少儿童对训练活动的心理不适应。有关训练支持问题在本节前文已有专门讨论，同样适应于训练难点的应对。通过支持应对训练困难，能很好地保持训练过程的完整性和流畅性，最大限度地维护儿童在训练中的主体地位。

（3）调整训练方式方法。训练人员可尝试改变训练的组织形式和训练方法来应对训练困难。比如，"儿童跪立花生球训练"，主动训练的成功率较低且易出现安全问题，就可采取助动训练或被动训练。又如，儿童对训练活动产生心理疲劳，对技能维持训练缺乏坚持性，可采取互动式训练或小组竞赛等组织形式。该应对策略较好地保持训练活动的完整性,减少失败和降低安全风险,且对其他资源的改变也较小。

(4) 调整训练操作要领。当儿童难以或不喜欢直接按照示范进行操作时,训练人员应该变通操作方式,推进训练活动。一般来讲,感统训练的多数项目及其环节多可变通,可尝试多种操作方式。这种策略的基本要求是总体不改变训练项目内容及训练的主要目标。比如"多个平衡台两向度连续行走训练",如果儿童不能一步一台行进就采取两步一台行进,待儿童熟悉了平衡台两向度失衡特点后再进行一步一台行进训练。该应对策略可能会改变训练活动的完整性,并对训练进程有一定的影响,但对实现训练目标没有大的影响。

(5) 调整训练节奏。训练中,可将连续活动改变为分节活动来化解训练困难,通常的做法是"做一做、想一想"。比如,"跳袋袋鼠跳训练"中的失衡摔倒问题,可采取跳一次、想一想技术要领的办法逐节实施训练。该对策虽总体上不改变训练项目的性质,但是项目的完整性还是有较大的改变,且大大影响训练的进程以及单位时间内的训练强度。

(6) 改变训练气氛。通过增加伴随音乐或变更音乐曲目、游戏活动以及家长陪伴等方式改变相对单调的训练气氛或降低儿童初训期的不适应。一些障碍儿童伴有言语语言、沟通交流困难,或使用非通用的沟通方式。这样,他们在训练初期往往表现出对环境的不适应,需要家长的陪伴或家长扮演训练双方沟通的桥梁,协助两者建立合作的渠道。有些儿童可能对其习惯使用的物品具有依赖性,训练人员不应急于屏蔽这些物品,否则会制造不和谐的训练气氛,并可能影响到其他儿童的训练。

(7) 学习必要行为干预技术。特殊儿童的情绪行为问题较为普遍,突发性强。故,训练人员尚须学习一些有关儿童行为干预技术方面的知识。心理咨询及行为干预领域的知识和技能与儿童感统训练密切相关,对解决儿童训练中的困难非常有帮助,训练人员须学习并在实践中应用有关知识和技术。

(8) 训练人员心理调适。面对训练困难,实践经验不足的训练人员会呈现一定的心理压力,做出不适当的应对措施。例如,实践中,一些训练人员面对突发难点,手足无措,要么反复进行不规范或错误的操作,要么放弃难点,觉得特殊儿童"做不来是正常的",还有的对难点不敏感,置若罔闻,不做相应的处理。因此,训练人员应该提前做好心理准备,面对困难及时调整心态,将注意力调整到训练活动中,尝试调整训练的技术要素或影响因素,表现出应对困难的意识和行为。这样随着临床实践经验的积累,训练人员应对难点的能力将会逐步提高。

六、训练实时评估

训练评估是贯穿训练活动始终的重要内容,包括训练活动开始前诊断性质的评估、训练各阶段及训练结束前的训练成效评估和每次训练活动完成情况的实时评估。前者在第3章第2节已有详细介绍,在此仅讨论实时评估。

训练实时评估是指对当下训练活动完成情况的评估,评估结果反映儿童操控训练项目的技能水平,而不是能力水平。实时评估的具体内容包括单次训练的所有项目,评估指标可以是质化的,也可以是量化的,抑或两者的组合,要视具体训练活动有针对性地设计,如表5-4-1所示。

表 5-4-1　训练实时评估表例

评估\项目	量化评估	质化评估					质化评估说明
		流畅性	稳定性	失误率	时长	……	
单手拍球	次数/分钟						依项目内容,按照动作完成的速度(时长或次数等指标)和质量(流畅性或准确性或稳定性或低失误率等指标)进行评价。总体采取5级评分制：A为优秀；B为较好；C为一般；D为不太理想；E为很不理想。对表现突出的可外加奖励,用☆表示
双手同拍							
双手交替拍							
拍球行进							
走平衡木＋拍球							
备注	1. 依据项目内容来确定成绩记录的指标,如"单手拍球"可记录连续拍球个数或连续拍球时长或单位时间内丢球次数等。 2. 连续记录多次训练成绩,便于前后对比,以考察训练成效。 3. 项目说明 项目一到四的动作要领依次为：单手原地拍花生球；双手同时拍花生球；拍球的同时沿规定路线行进；平衡木上行进同时单手拍球						

实时评估可以在训练中进行,也可以在训练间隙或当此训练结束时进行。量化评估一般要在训练中实施,训练人员及时向儿童通报结果。质化评估一般在训练间歇或训练结束时完成,由训练人员、儿童及其全程参与人士协商实施,共同就训练质量、儿童训练时的注意力和坚持性等做出评判。

实时评估的意义主要有三。其一,训练人员及儿童及时了解训练活动的进展情况,操作技能的熟练水平,为后续训练的开展提供对照。每次训练开始或结束时,训练人员与儿童一道就近期的实时评估结果进行分析和总结,以便更好地开展即将实施的训练或下一次训练。其二,督促训练人员有效组织训练。其三,完成训练工作重要的档案资料,为儿童转介服务提供重要信息,是科学研究的重要原始资料,也是训练双方争议问题处理的重要依据。

第5节　训练的其他相关问题及其应对

儿童训练中还会涉及训练疲劳、训练的安全防护、训练常见问题及注意事项等。它们直接或间接影响训练活动的实施。应对这些问题是专业训练人员从业的基本要求,并在一定程度上反映他们的专业素养。

一、训练疲劳及其应对

训练疲劳在训练中普遍存在,特殊儿童的训练疲劳尤为突出。了解并认识儿童训练疲劳的类型、特点、成因以及应对疲劳的意义,是有效应对训练疲劳并提高训练成效的基础。

（一）训练疲劳的类型及其特点

儿童的训练疲劳主要有生理疲劳和心理疲劳两大类。两者虽相互影响,但总体相对独立。它们的表现形式不同,应对策略也不同。在儿童训练中,两类训练疲劳均需要积极应对,但应对的重点是心理疲劳问题。

1. 训练的生理疲劳

生理疲劳是训练活动诱发的个体生理生化代谢不适应状态,可通过调控训练量、适当休息,特别是尽量使个体适应训练活动等方式加以解决。它一般出现在训练活动早期,随训练活动的持续开展,机体进行相应的生理生化代谢活动的调整,以应对训练活动对物质及能量代谢的需要。在整个训练周期中,生理疲劳虽可能零星发生,但可以较快恢复。

2. 训练的心理疲劳

心理疲劳是在训练中呈现缺乏训练兴趣、内驱力不足甚至厌倦训练活动等不佳心理状态。它会出现在整个训练周期的各个时段,但主要集中在技能自动化维持训练阶段。心理疲劳表现为波动性大、突发性强、应对措施复杂等特点,主要表现形式有:训练内容疲劳、训练形式疲劳、训练环境及气氛疲劳、互动对象疲劳、对训练人员疲劳、训练规则及要求疲劳等多种形式。

(二) 训练疲劳的成因

训练的生理疲劳主要源于三个方面:儿童体质状况不佳、训练强度过大和恢复性训练不得当。

训练的心理疲劳发生的原因较为复杂,主要有三个方面。第一,训练周期长。儿童训练活动大多需要持续较长时间,少则几个月,多则数年,儿童及训练人员出现训练疲劳不可避免。在临床实践中,一些儿童训练一段时间后不再训练,或训练时断时续,多因为训练方面出现心理疲劳。第二,训练活动缺乏挑战性和趣味性。当特殊儿童对训练活动相对熟悉后,源于活动本身的挑战性大大降低,儿童对持续训练缺乏兴趣。兴趣虽是训练活动最好的老师,但提高儿童训练兴趣的途径在特定训练情境下毕竟有限,研发提高儿童训练兴趣的训练内容及形式需要时间,相对滞后,且明显受训练人员的专业素养、物质条件等因素的制约。临床实践中,不少训练人员面临训练不下去的问题就是这种情况的反映。第三,训练的低成就感。感统训练显效速度无法与手术或药物治疗相比,而是长期微效积累的结果。训练双方是在短期内基本"看不到效果"的情况下开展训练活动的,训练的成就感较低,其不良心理状态的发生就可想而知。临床实践中,儿童训练工作时断时续、变更训练机构、在治疗与训练之间反复等现象多源于这种情况。

大部分特殊儿童的训练疲劳问题是心理疲劳,但对于少数有严重认知障碍的儿童而言,他们的训练疲劳可能主要是生理疲劳,怕吃苦劳累。他们对训练成就的高低、训练的挑战性以及训练的意义等基本没有认识,不具备从心理疲劳角度来解释他们的训练疲劳问题的前提条件。

(三) 应对训练疲劳的意义

在儿童训练中,应对训练疲劳至关重要,甚至要比设计训练项目及其操作技术更为重要。其一,它事关训练活动的连续性和有效性。训练成效的取得是建立在训练活动的维持,特别是技能自动化训练的维持上。训练疲劳如果不能得到很好的解决,最终会导致训练活动停止或不系统,训练效果就没有保障。其二,它促使儿童及训练人员寻求更有意义的训练途径。训练疲劳是训练活动需要改变的信号,是儿童谋求更广、更高发展需求的表达。训练双方可借此机会筹划新的训练内容及训练途径。其三,它是解决训练人员疲劳的重要途径。训练人员如果凭借职业道德的约束,富有"爱心"地坚守着儿童的训练疲劳,不厌其烦地督促儿童进行训练,虽精神可嘉,但其内心的疲惫并未释放,反倒会淤积成疾,现实中不乏其例。如果训练人员把解决儿童的训练疲劳作为"课题"来研究解决,那么他们的心理疲劳问题就会大大减轻。

(四)儿童训练疲劳的基本应对策略

儿童自我控制意识及能力较弱,训练疲劳易于形成,也易于改变。实践中,训练人员可能只需对训练要素或相关影响因素做微调,即可改变儿童不佳的心理状态,训练疲劳问题可以得到有效疏解。综合训练疲劳形成的原因以及影响训练活动的各种因素,应对儿童训练疲劳的基本策略可从如下几个方面进行。

1. 调整训练要素

面对训练疲劳,训练人员首先采取的应对措施是调整训练要素,主要有以下几个方面。

(1)调整训练内容。训练人员对儿童近期开展的训练内容的难度、布局、各训练环节时长的改变,或增删训练项目及环节,或调整一些训练项目在近期训练中的频次及时间间隔等。比如进行平衡台站立训练或平地滑板爬行训练时,训练人员在儿童近身处抛投地面反弹球,儿童抓握反弹球。训练活动中介入的"干扰项目"提高了儿童完成原有训练内容的难度,但可提高儿童训练的兴致及注意力。

(2)调整训练方式方法。训练中可供选择的训练组织形式及具体训练方法非常多,训练人员有意识地变换使用各种方式方法,可避免训练疲劳的发生或改变疲劳状态。实践经验表明,改变训练组织形式和训练方法可以很好地应对训练疲劳问题。可依条件尝试各种组织形式及训练方法。

(3)调整训练环境。训练环境有室内、室外之分,室内室外交替使用是调整训练环境的基本做法。室内环境相对稳定,不便进行大的调整,但还是可以对移动性较强的环境设施设备加以调整或更新,比如训练设备布局的调整、墙壁张贴画的更新等。室外环境丰富多变,训练人员须有利用室外环境的意识和规划。比如定期组织儿童在室外草坪或公园的娱乐场所进行训练。有时可以将轻质训练设备如各种训练用球带到室外进行训练。

2. 训练人员施训风格的适度变化

施训风格是指训练人员在组织训练活动中表现出的言语、动作、表情等特征。它与训练人员的个性关系密切,表现出个体的独特性、差异性及稳定性,不易改变。它对训练活动可以产生显性或隐性影响,但是往往被忽视,未引起训练人员的足够重视。在与儿童的长期相处中,如果训练人员对自己的施训风格不做周期性调整,总以"老面孔"出现在儿童面前,儿童对其一贯做法习以为常,易引发训练疲劳。为此,训练人员还是要对自己的施训风格进行适度的改变,并对这种改变保持足够的敏感性。

训练人员可调整的施训风格的主要有四个方面。第一,调整言语风格。训练人员在训练的不同环节或训练周期的不同阶段可尝试变换言语的语调、音高、音长、语速以及言语节律,长短句结合,普通话中少量穿插方言、儿歌、诗词、名言、警句、动画片流行语以及广告语等传递训练信息和要求。第二,调整动作、表情等非言语信息表达方式。训练人员可通过改变肢体动作数量、频率,单一动作持续的时长、幅度以及眼睑、眼球、面肌等的运动方式,避免单调的施训情态。第三,言语与非言语交替使用。第四,改变着装特点及个人修饰。训练人员单一的工作服、不变的个人修饰特点对训练活动并无益处,需要适度改变,但忌讳大幅度或频繁地改变个人着装及修饰特点,否则会导致受训儿童注意力不集中,心中产生莫名其妙的不适感。

3. 为儿童创造展示技能的机会

训练进行到一定阶段或在完成某训练环节后,训练人员要尽可能创造机会让儿童展示习得的技能,如让儿童给其他儿童示范操作要领、帮助能力较弱儿童开展训练、给父母及亲友现场"表演绝活",训练人员拍摄或录制儿童的训练场景并展示等。

4. 与儿童一道分析讨论训练成效及问题

训练人员做好每次训练的实时评估,并及时加以分析,将可量化的指标制作成图表(见图5-5-1),对质化的信息加以归类,并辅以儿童训练时的实际表现。在每次训练前后或训练间歇,训练人员与儿童一道依据实时评估结果就训练成效及问题加以分析讨论,这样儿童就可以及时掌握自己的进步情况及存在的问题。实时评估须针对每个训练对象的每次训练活动,但是与儿童讨论评估结果这一做法并非适合每个特殊儿童,要视儿童的认知能力来定。该方法也不是每次训练的必须内容,可以间隔实施。

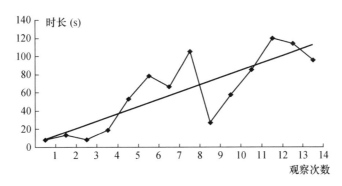

图 5-5-1 柱体球跪立训练

5. 增加训练的竞争性

如果有2个以上儿童同时参与相同项目的训练,那么在技能自动化阶段及其维持阶段的训练可增加个体间或小组间比赛训练的频次,以赛代训,增加训练的竞争性、趣味性、缓解训练疲劳。比如,平衡台站立位互动拍球(两儿童为一组,同组两童相对站立于平衡台、相间隔1m,一来一往拍篮球或网球)。比赛标准为:1分钟内来往拍球的次数减去台端触地次数(脚落台1次减去拍球数5次)。

该法使用的关键是:设计评价指标和比赛规则。指标要具体、可操作,最好是量化指标,以免出现争议,引发儿童不良情绪反应,进而影响儿童对训练人员的信任,影响正常训练或导致新的训练疲劳甚至逆反对抗行为等。比赛规则要简单、具体、易于理解。比赛训练中的意外事故发生率较高,训练人员须特别留心。

6. 训练中介入游戏化成分

在训练的各个阶段,可在训练中介入游戏成分或将训练环节游戏化处理,提高训练的趣味性,增加训练活动的儿童化特征。比如平衡木倒行训练,训练人员在儿童身体失衡时大声说道"掉、掉、掉下",也可以将该训练环节的名称改为"唐老鸭过独木桥",儿童佩戴唐老鸭头饰,要求儿童模仿唐老鸭的行走姿势通过平衡木。儿童感统训练的各种项目均可介入游戏化元素或进行游戏化改造。为此,训练人员需要熟悉儿童的游戏爱好,并对同期的电视动画片、漫画等有一定的了解。

(五) 训练人员疲劳的应对策略

儿童训练疲劳虽是训练疲劳问题的重心,但是训练人员训练疲劳问题也不可忽视。

第一,要有责任心,并遵守职业道德。专业训练人员和其他辅训人员要出于责任心或职业道德要求,通过自我教育尽力抑制训练疲劳,以积极心态面对每一次训练。这是训练人员应对训练疲劳最根本的途径。

第二,以目标为导向,坚持按既定路线行进。训练期间对目标做适当的微调是不可避免的,但不要进行大的调整,否则扰思恼心,自乱方寸。训练期间,儿童的训练状态总不免有波动,时好时坏,这是儿童习得技能的普遍现象。为此,训练人员需做到不因儿童一时的突出表现而欣喜过望,进而提高训练目标。也不以儿童一时的缓慢进步或失败而垂头丧气,退求过低的训练目标。

第三,调整角色。训练周期内,训练人员可以尝试扮演多种角色,从不同角度理解训练的组织实施,发现问题并拓展自己的工作视野。比如专业人员在扮演主训角色的同时可以尝试扮演辅训者、观摩者甚至旁观者等角色,置身训练之外来思考训练中面临的问题。训练人员扮演不同角色有助于其走出迷局,发现新的解决问题的途径,训练的困惑及疲劳大大缓解。

第四,加强与多方人士的交流。面对训练活动的低效或无效,训练人员可通过与其他专业人员、儿童家长、辅训人员、志愿者等人士沟通、交流,获取他人对有关问题的看法,开拓自己的工作思路。其中,与家长的交流尤为重要,可以强化双方的信任与合作,获得家长更多的理解与支持。

第五,以研究的态度对待训练。研究和探索是不会疲劳的。训练人员要把每一次训练当作一次科学研究,尝试各种可能,积累经验,总结教训。这种研究式的训练不仅不会让人感到疲劳,还能促进专业发展,是训练人员有所成就的基础。

二、训练的安全防护

受儿童体格发育水平、认知能力及伴随障碍等因素的影响,特殊儿童感统训练中的安全防护成为训练中的基本问题,是训练活动的重要组成部分,其意义不亚于技能的掌握和能力的发展。儿童掌握全面的安全防护知识及技能不仅对训练活动有益,而且是儿童生存及生活的基本能力。

(一) 训练环境的安全设计

训练活动无论是在室内还是在室外进行,无论是徒手训练还是器械训练,都需要考虑训练环境的安全性。训练环境分为基础训练环境及局部训练环境。

1. 基础训练环境的设计及选择

基础训练环境即训练的大环境,它具有稳定性强、不便于改造、多人共享等特点,如感统室、操场、公园等。对于室内基础训练环境而言,其安全设计应在训练室建设之初就应该考虑。有关训练室设计等问题将在第8章详细介绍。至于室外基础训练环境的安全问题不是一个设计问题而是选择问题。训练人员在开展室外训练时要考虑训练环境的物理、化学、生物以及社会等因素,选择那些既不会对儿童带来身心不良影响也不会给他人制造不便的环境,如社区的公共活动场所、公园以及训练机构的室外活动场地等。

2. 局部训练环境的设计

局部训练环境即训练的小环境,是根据训练需要临时设计构建的,并根据具体情况及时进行调整。局部训练环境设计主要从防滑、缓冲撞击、减少儿童恐惧感等方面来考虑,比如在蹦床四周布置气垫,在体操垫上完成身体不倒翁训练等。

(二) 儿童安全防护的教育与训练

各种训练项目都有一定的安全风险,特别是器械类训练项目的安全风险较大,比如大笼球训练、浪桥、1/4平衡圆等,儿童一旦从设备上滑落就会给其造成伤痛或伤害。同时,训练人员也会因精力、心理状态以及训练对象较多等因素的影响,出现顾及不到的情况,导致意外事故发生。故,加强儿童安全防护(简称"安防")知识及技能的教育训练是训练中的一项重要内容。

1. 常用安防知识、技能的教育与训练

首先,提高儿童对危险因素的认识和理解。在训练计划实施的开始阶段,训练人员带领儿童全面了解训练室的各种危险因素,如电源、窗户、墙面及器械棱角、体操镜、天花板布设的电灯及投影仪等。在训练活动组织实施中,训练人员就其中的危险环节加以剖析,模拟演示危险发生的各种情态,让儿童体验危险发生过程(在训练人员的支持下进行),加深儿童对训练安全的认识和记忆。此外,一些危险性大的行为(如攀爬窗户、浪桥横梁、工作台,独自卧滚大笼球,无目的地投掷小型训练用球等),训练人员要在其行为进行时及时给予保护和制止,防止发生意外,随后要对儿童进行严厉的批评教育。

其次,训练儿童掌握常用的安防技能。在系统开展有关项目的训练之前,先进行常用安全技能的训练,以避免意外事故发生或减轻意外事故对儿童的伤害。感统训练中,儿童需要掌握的常用安防技能主要有以下三个方面。

(1) 身体失衡后的安防技能训练。感统训练中,无论是有目的的前庭觉训练还是其他训练活动,身体失衡现象非常普遍,轻则通过儿童的自我调节得以恢复,不影响训练活动,重则身体倾倒、遭受撞击,影响正常训练活动或造成伤害。为此,训练人员需要专门设计身体失衡后的安防技能训练,如降低重心、选择可靠目标抓握或支撑、调整身体倾倒方向以避免撞击硬物、倾倒瞬间抱头屈体翻滚以分散撞击能量等。这种训练还需要在多种情境下训练,以切实提高儿童的安防意识及有关技能应用的敏感性,如"降低重心训练"就可以在平衡木、平衡台、蹦床多种器械上实施,也可以在闭眼曲线倒行训练等徒手训练项目中开展。

(2) 儿童从器械滑落的安防技能训练。儿童因操作失误、麻痹大意或外界干扰等会从训练器械上滑落。为此,训练人员需要将此列入训练内容,进行专门训练,以备急用。身体失衡后的安防技能大多可以在此应用,但需要从"滑落"角度加以训练。比如滑梯训练中,在训练初期儿童会从滑板上滑落,对此须训练"抱头翻滚"安防技能;从球体上滑落须训练"抱头侧滑倒地"技能、从平衡台站立/行走状态滑落须训练"跳离后下蹲"技能等。

(3) 合作训练避免伤害的安防技能训练。同伙合作训练增加了训练的不安全性,特殊儿童间在此方面的问题更为严重。虽然合作训练的安全问题主要依赖训练人员的支持,但儿童学习并掌握一些避免伤害的技能仍然是非常必要的,如训练中实时调整双方间隔距离、调整用力大小及方向,以及借助言语提示及视觉交流等形式交流合作训练信息,确保操作步调一致。

2. 准备活动及力量训练

训练前的准备活动训练以及长期的肌肉力量训练是确保训练安全的基础。

(1) 准备活动。准备活动相当于体育锻炼开始阶段的热身活动。训练前进行全面、充分的准备活动是儿童训练的一般常识,对提高肢体活动的敏感性、协调性以及动作与感知器官之间的配合有重要作用,也是防止肌肉拉伤、关节受损以及生理疲劳发生的基本应对策略。

感统训练的准备活动分为一般性准备活动和特殊性准备活动。前者要对全身的关节、肌肉、肌腱进行强度比较轻的活动,一般按照从上到下、从中线到肢体远端的活动顺序进行。方式可以是被动的按摩牵引,如脑瘫儿童;也可以是同伴互动或互助,或是自主活动。后者进一步加强与本次训练项目密切相关器官的活动,如"滑板爬行训练",其准备活动除了一般性热身准备活动外,还要特别进行头颈、上肢各关节的活动度训练,以及上肢肌力训练,确保主要参与器官在意外发生时提供有效支撑。

(2) 力量训练。肌力是一切活动的基础,是确保儿童安全、自信开展各种活动的内在生理资源。它不仅为动作的完成提供动力,也是确保动作稳定性、准确性和协调性的基础,并增加个体完成任务的自信心——有力量才有胆量。在儿童训练活动中,它为儿童的训练安全提供便捷、高效的支持,儿童训练工作中要重视儿童全身肌力的训练。

为了不冲淡训练主题,肌力训练可以穿插在训练活动之中进行,也可以作为家庭训练的重要内容。肌力训练基本不受环境因素影响,可以在各种场景下进行。训练可借助器械进行,也可采取更为便捷的徒手训练来实施,如下蹲、倒立(注意保护)、掰手腕、提举重物等,训练方法可以是动力性的,也可以是静力性的,每次训练时间不要太久(特别是静力性训练),以免拉伤肌肉。

(三) 训练人员提供的安全保护

儿童掌握安防知识及技能虽然是确保训练安全的重要途径,但特殊儿童的训练安全问题较为复杂,由儿童独立承担训练安防实务并不可靠。实践中,不少特殊儿童的安防能力非常有限,还有一些儿童安防技能的获得需要较长时间,即使是经过安防技能训练的儿童也会发生不安全训练行为。为此,训练人员为施训儿童提供安全防护也是非常必要的。

1. 安防意识

训练人员安防意识不仅表现在对儿童身体的安全防护上,避免导致损伤,还表现在对儿童心理状态保护上,避免因忽视儿童或因训练不当导致消极心理反应。儿童的心理状态安全保护是指训练活动要保护儿童积极探索的心理趋向,同时避免产生消极心理趋向。面对训练活动,儿童在起始阶段大多会表现出尝试、掌控以及挑战等积极心理趋向,但是随着训练的推进,如何维持并提升这种积极的心理趋向?如何在训练中避免儿童发生新的消极心理反应?为此,训练人员可尝试从如下三个方面提高安防意识。

(1) 对危险因素保持足够的敏感性。训练人员依据自身对儿童特点的了解及对训练项目的理解，要对可能发生危险的因素及环节保持足够的敏感性。比如对于初来咨询或训练的儿童就要意识到他们是否有随意操作训练设备并从设备上滑落的可能，又如滑板滑行训练会导致较为严重的心理不适（俯卧滑板导致呼吸艰难，滑行又要消耗大量的氧气、下肢助推受限制）等。

（2）对训练诱发新的危险保持足够的敏感性。儿童对未曾接触的设备或训练项目会表现出强烈的探索心理以及急于操作的行为趋向，但是如果安排不当会引发新的危险。比如，一般儿童在平坦开阔的场地进行闭眼快速行走本身没有危险，但是如果胆小易紧张的儿童直接佩戴眼罩按照示范进行快速行走，就可能失衡倒地。又比如，钻滚筒卧滚自主训练安全性非常高，一般不会导致生理性伤害，但是如果训练人员助推钻滚筒不当（如未提前告知儿童或加速度过快），会导致儿童产生心理恐惧。

（3）区别对待不同阶段的安防问题。儿童在训练周期内不同阶段的安全问题有所不同，须区别对待。训练初期，出现安全问题多因为儿童对训练活动本身的操作、训练设备的物理性能缺乏认识导致的，"训练事故"发生率较高，但严重程度较轻，事故发生时往往会及时得到训练人员的支持。故此阶段的训练主要在于教育儿童掌握相关知识和技能。训练的中后期，特别是技能自动化及其维持阶段，事故发生的频率虽然大大减少，但是事故的程度较为严重。原因在于：儿童和训练人员的安全意识有所下降，易麻痹大意，特别是儿童对训练人员的警告往往置若罔闻。所以，训练人员对此阶段的安全问题须特别注意，在鼓励儿童"自信心"的同时抑制其"自负"心理状态，务求儿童在训练中做到大胆心细。

2. 安防技术

训练人员掌握一些基本的安防技能，可以将训练安全问题置于"计划"中，沉着应对，以免紧急时心慌意乱、支持失当，造成伤害。训练活动中，训练人员需掌握的安防技能主要有如下几个方面。

（1）安防站位。训练人员一般置身于儿童训练活动行进方向的正向或侧向，面向儿童。

（2）安防距离。训练活动中，训练人员与儿童的距离要视儿童的体格发育水平、训练水平、训练环境及设备的安全性能而定。有时需要贴身防护，有时则近距离伴随，还可以远距离静观或言语提示，但不可让儿童脱离自己的视野。

（3）安防方式。训练人员实施安防的方式有以下三种。

① 贴身保护。训练人员实施防护时以一定的力量直接抓握、扶推或按压儿童的肢体特定部位，增加儿童躯体的稳定性。训练人员持握儿童身体部位可以是其远端，如手、腕、踝、足及头顶等，实施的安防称为远端防护。也可以是其身体的近端，如儿童的颈部、肩部、胸/背部、上臂近腋、臀部及大腿部等，提供的安防称为近端防护。贴身防护一般以近端防护为宜，原因有三：第一，近端防护可以避免对儿童肢体远端活动的限制，或减少对肢体整体活动的干扰。第二，近端防护时，训练人员与儿童距离更近，儿童身体失衡或操作失误时可直接依赖训练人员躯体，大大减轻对儿童、训练人员的撞击。第三，近端防护可以有效避免儿童关节、肌肉受伤。训练中，训练人员可能面对的是体重较大的儿童，或会面临儿童用力过大或身体突然失衡等情况，此时如果训练人员采取远端防护，就可能伤及儿童的关节和肌肉组织，并使儿童受到惊吓。受训练项目本身的限制，训练人员也可以采取远端安防，如吊台荡摆训练、平衡台跳转训练等以远端防护为宜。该技术主要用于训练初期及学习能力较弱

儿童的训练。

② 近身防护。训练人员提供防护时，置身儿童近处，处于应急状态，必要时给予扶持，如在1/4平衡圆上行走训练，训练人员随儿童绕圆圈行走，儿童在身体失衡时偶尔抓握或托扶训练人员身体，但更多的是对儿童的心理支持。该技术用于儿童已掌握了训练操作技术但未达到自动化水平阶段，需要训练人员陪伴，以防万一。

③ 提示与警告。训练人员在危险即将发生时或在有危险的环节基于言语、动作提示和警告，以提高儿童应对危险的意识或采取适当的方法应对危险。比如滑梯盘坐倒滑训练，启动训练后，训练人员即时用言语提示"身体前倾"或做"身体前倾"动作加以提示。该技术主要用于技能自动化及其维持训练阶段。

(4) 防护程度。防护是训练活动中介入的限制性因素，影响训练活动的流畅性以及儿童主观能动性的发挥。安防支持过多，会导致训练强度不够，儿童自主性受到限制，训练效果不佳；防护不足会导致事故发生或训练不能启动等，也影响训练活动。为了实现有效训练同时确保安全，训练人员需在实践中总结经验，掌控好支持或保护的力度。

同时，安防还要考虑支持力度问题。毕竟安防支持给训练活动介入了限制性因素，训练活动流畅性以及儿童主观能动性发挥受到不同程度的制约。实践中，训练人员有时提供的安防支持力度过大，影响训练活动，有时又不足，导致事故发生或训练不能启动等。

训练人员提供的安防措施受训练人员身高、力量、动作灵敏性以及儿童体格等因素的影响，上述安防技术在应用时需要根据双方的身心特点加以调整和变通，并在实践中不断总结和丰富，发展符合自己身体特点的安防技术。

三、训练常见问题及注意事项

训练活动受障碍儿童身心特点等内在因素的影响，也受训练人员、合作对象及训练环境等外在因素的影响。它们有的对训练活动有较大的影响，属于常见问题，须集中讨论，以便训练活动双方共同应对。这些问题有的属于安全方面的问题，有的属于操作技术问题，均为训练人员特别注意的问题。

(一) 关节畸形的训练问题（一类问题：编号Ⅰ）

Ⅰ-1：训练项目涉及的关节如有畸形，须进行充分的准备活动并谨慎训练，或由专业康复治疗师来实施。

Ⅰ-2：训练人员禁忌对颈椎关节有畸形者进行该区域的训练，禁忌在俯卧位、悬空位进行各种形式的训练；其他运动器官的训练要注意保护该关节免受过大负重。

(二) 身患病、伤的训练问题（二类问题：编号Ⅱ）

Ⅱ-1：儿童患有感冒发热(38℃以上)、肺炎、哮喘、痢疾、肝炎及其他传染性疾病时，不宜进行训练，但个体单独的轻微身体活动不受限制。

Ⅱ-2：儿童患有心律不齐或过快、冠心病、高血压、糖尿病等慢性疾病，可在充分预备活动的基础上，训练、休息交替进行（间歇训练），强度缓慢递增。

Ⅱ-3：先天性心脏病、癫痫等疾病以临床治疗为主，训练从医嘱。

(三) 躯体易受伤害器官/区域的保护问题（三类问题：编号Ⅲ）

人体的一些器官及区域属易受伤害之处的，训练时应避免互动对象肢体或环境硬物的撞击。

Ⅲ-1：眼、耳、鼻、乳房（女性）、外生殖器及附近区域。

Ⅲ-2：心区（胸部左下）、腋下区（胸部外侧）、脑后部及颈上部区域、太阳穴等。

（四）异性互动训练的礼规问题（四类问题：编号Ⅳ）

Ⅳ-1：异性间的互动或互助训练，须双方同意，不得勉强。

Ⅳ-2：异性互动训练避免私密处接触，及时制止有意识侵犯。

（五）训练时间选择问题（五类问题：编号Ⅴ）

Ⅴ-1：饭后30分钟内、空腹、晨起30分钟内、就寝前1小时内不宜进行大强度训练。

Ⅴ-2：极端气候/环境（高温、严寒、低气压、浓雾、周边环境空气污染严重、新装修训练室或居家）下不宜训练，或应在采取有效措施后实施训练。

Ⅴ-3：在流行病发生期间，按照医疗卫生权威机构的要求调整训练安排，或改变训练方式，如减少互动、互助训练，减少同一空间的受训儿童的数量等。

（六）强化手段的选择（六类问题：编号Ⅵ）

Ⅵ-1：训练优先使用非物质强化手段。

Ⅵ-2：物质强化手段（食品、饮料、学习用品、质地柔软玩具等）可偶尔使用，但忌讳儿童在训练中同时享用或随身携带。质地坚硬和（或）棱角锐利的物品、小型可吞咽物品不宜作为强化物使用。

Ⅵ-3：训练人员兑现强化承诺要选择合适时机。

（七）儿童自理问题（七类问题：编号Ⅶ）

Ⅶ-1：根据当下的气候特点及儿童的代谢状态，训练人员提前安排儿童穿着或携带适合训练的衣服，准备清理口水、鼻涕、汗液的手帕纸巾等。

Ⅶ-2：训练开始前提醒儿童处理好饮水（不宜过量、禁忌饮服碳酸饮料）、排便等问题。训练人员及其他辅助服务人员同样要处理好这个问题。

Ⅶ-3：训练人员协助儿童检查、清理随身携带的硬质物品，如钥匙、笔、小刀、零食、饰品、手机、手表、小型游戏机等，以防训练时受到损坏或伤害儿童。

（八）意外事故应急处理（八类问题：编号Ⅷ）

Ⅷ-1：谨防肌肉和关节韧带拉伤、关节错位/脱臼、皮肤划破出血等皮肉之伤的发生。

Ⅷ-2：严防呕吐、呼吸窘迫、急性心脑血管疾病等严重意外事故的发生。

Ⅷ-3：为防止事故发生或使事故的影响尽可能小，训练人员应该密切关注训练全程，对事故发生保持高度的警觉性。

Ⅷ-4：训练机构应该有应对事故的准备，如与社区医疗机构建立合作关系，定期对儿童的体质健康状况特别是心脑血管功能给予检查，出现意外事故及时救治，或准备应对皮肉轻伤的常规药物、设备等。

（九）训练术语的使用问题（九类问题：编号Ⅸ）

Ⅸ-1：训练术语的教育问题。为便于长期开展训练，训练人员在训练中要有意识地引导儿童理解、识记训练中的一些术语及概念的含义，如常用训练场地、器械的名称，人体各局部器官的名称，训练基本操作方法的名称等。

Ⅸ-2：术语的地域化表述问题。一些学术性较强的术语，如半规管、腱器官、累加式等在人们的日常生活中不常使用,不便于特殊儿童在训练中理解和记忆,训练人员没有必要在训练活动中使用,一些必须使用的术语也可以采取通俗的说法来表述,如"仰卧"可用"躺","视觉屏蔽"用"闭住眼睛"来代替,便于理解且意思不变。但是,训练方案的设计还是要坚持使用专业术语。

(十) 其他问题(十类问题:编号X)

特定对象在训练中及训练的不同时段出现的问题有较大的差异性,上述未尽之处,尚需根据儿童训练时的具体表现做区别对待,前提是:训练人员在实施方案前熟悉每个儿童的身心特点,训练进行中要密切关注儿童当下的机能状态,及时恰当处理儿童的个别问题。

 本章小结

感统训练实务是训练人员基于感统训练的基本理论、训练原则,借助一定的资源开展的针对具体服务对象的有组织的干预活动。在对特殊儿童进行感统训练时,训练人员、教师或家长需要熟悉并切实遵循一系列的基本原则,主要有儿童中心原则、针对性原则、兴趣性原则、快乐性原则、积极支持原则、主动性原则、渐进发展原则和成功原则。其中,儿童中心原则对其他训练原则具有统领作用,而成功原则是训练工作的灵魂。

在对儿童进行训练活动前,需从训练目标、训练计划以及训练活动方案三个方面设计总体训练方案。训练目标是指训练活动期望达到的状态,具有多种属性。训练人员在设计训练目标时需综合考虑目标制定的意义、目标制定的原则和目标制定的过程。为确保训练工作的有效开展,训练人员需根据训练目标要求,以时间为线索,就开展训练工作的各种条件做出具体安排并与家庭签订训练计划协议。此外,训练人员还需要结合训练主题、训练目标等要素设计训练活动方案,并就其包含项目的质量进行评价。

训练资源是指介入训练的各种支持因素,主要包括人力资源、物力资源及政策制度保障。其中人力资源是训练中最主要的支持因素,主要有专业训练人员、辅助训练人员、家长及志愿者等。而物力资源则涉及感统训练室的规划及建设、设施设备的购置与排布、设施设备的使用与管理等。此外,合理的政策制度保障也能更好地确保康复工作有序有效开展。

感统训练的组织与实施指训练双方围绕训练方案开展的活动及相关事情,将训练方案付诸行动、产生效益的活动和过程。参训各方人员在训练活动开始前先完成一系列的准备工作,训练人员在明确训练目标之后结合儿童特点选择合理的训练组织形式和训练基本方法。而儿童基于训练资源、训练组织形式和训练方法掌握有效训练活动技术的过程就是技能获得,大致可分为训练人员的示范及解释、儿童的尝试及训练人员的支持、技能的自动化三个阶段。

儿童训练工作中还须注意其他有关问题,主要包括训练难点及其应对、训练实时评估、训练疲劳、训练的安全防护、训练常见问题及注意事项等。它们均直接或间接影响训练活动的实施,训练人员应选择正确合理的方式应对。

思考与练习

1. 观摩专业人员组织的训练活动或观看相关录像资料,分析训练人员在训练中体现的训练基本原则及其存在的问题。

2. 列表整理感统训练总体训练方案的要点。

3. 用树形结构图式归整训练的组织形式和训练方法。

4. 以志愿者身份定期参与儿童训练机构或特殊教育学校的感统训练活动,了解各类训练人员的在训练中的角色、作用和素质要求,列举训练中常见的安全问题。

5. 试分析总结训练各个环节中儿童心理疲劳类型及应对策略。

第6章 特殊儿童感觉统合训练实务技术

1. 掌握触觉功能训练的基本对策、训练项目及训练技术。
2. 掌握前庭功能训练的基本对策、训练项目及训练技术。
3. 掌握本体感觉功能训练的基本对策、训练项目及训练技术。
4. 熟悉感统训练中综合训练的基本对策、训练项目及训练技术。

本章介绍感统训练的基本对策、训练项目设计以及组织实施技术,即感统训练实务技术。它是建立在感统的相关理论、实务要素基础上的,将各种训练因素有效组织起来的专业行为,是训练对象在训练人员组织下完成具体训练活动的操作技能。本章共4节,分别是触觉功能训练、前庭功能训练、本体感觉功能训练和综合训练,详细介绍4个领域的基本训练对策、训练项目及训练技术。每节第一部分介绍训练的基本对策。基本对策是开展该领域训练的基本技术,是训练人员不断研发新训练项目、灵活组织实施训练活动的基础知识。为更好地掌握这部分知识,训练人员需进一步熟悉人体各感觉系统可感知的刺激属性,反复学习前面各章节介绍的理论知识。每节的第二部分是训练项目及其技术要领,以多种实例介绍训练项目设计所要考虑的问题以及训练组织实施的操作技术。文中所列项目虽为操作性强的实例,但难以满足儿童长期的训练需要,更多更适合的训练项目需要训练人员根据具体儿童的实际情况来设计。这些实例也不是标准设计,而是可以根据训练需要加以调整和修改的。训练技术是其中的核心内容,也是考验训练人员专业素养的重要方面,包括器械选用、环境布置、儿童训练体位选择、操作要领以及训练人员的指导、评价和反馈等。由于感统训练的专业训练器械非常多,且不断有新设备问世,故本书涉及的器械多为经典器械,适当介绍新器械的训练项目。

在感统训练中,相同或相似的训练项目可以实现多种训练目标,这是感统训练所追求的,但是训练人员需非常清楚每个项目所承载的训练目标(训练目标有多种,见第5章有关内容)。同时,每个领域内多数训练项目的完成需要儿童多个系统的参与,都具有不同程度的统合,不存在纯粹的触觉功能训练、前庭功能训练或本体感觉功能训练,只是各领域训练的侧重点不同。严格区分训练领域不仅是不可能的也是没必要的。

第1节 触觉功能训练

触觉功能训练是依据触觉感受器及其传导通路的独特性来设计的,触觉感受器有多种类型,不同感受器的适宜刺激属性不同,那么与此相应的训练内容和训练方式方法也不一样。为了更好地开展触觉功能训练,训练人员尚需熟悉皮肤觉的各种类型及其适宜刺激、体肤不同区域触感知敏感性的差异、皮肤觉发育特点等。有关皮肤觉的生理、心理知识可参见第 2 章第 1 节有关内容或相关专著。

需要特别指出的是,在现代的感统训练中,触觉功能训练不能只局限于触压觉的训练,还包括皮肤觉所有功能的训练,特别是痛觉的训练。本书沿用传统表述,以触觉代表皮肤觉。

一、训练的基本对策

触觉功能训练的设计与组织实施须考虑训练内容、训练技术与方法、训练强度控制以及训练途径和训练注意事项等基本问题。

(一)训练内容

1. 局部刺激训练和全身刺激训练

就刺激范围而言,触觉刺激分为局部刺激和全身刺激。局部刺激是对头面、躯干、四肢等体肤特定部位的刺激,训练需注意四点。第一,头面部与其他部位区分对待。人体头面部与身体其他部位的触觉系统是相对独立的,各自拥有独立的信息传导系统。所以,触觉功能训练要区别对待这两个大分区,采取相应的训练方式。第二,要明确刺激属性。训练人员在设计训练项目及施加刺激时,要非常清楚当前操作所承载的刺激属性,多次刺激要前后一致,以便于儿童感受和认知。第三,引导儿童准确感受施加的刺激属性,如"老师按了 2 次还是 3 次"。第四,认知并表达感受的刺激属性。训练人员在引导儿童感受刺激属性时要告诉儿童相关刺激属性的术语,促进儿童认知的发展。

全身刺激指对全身各部位进行的大面积大范围的刺激,改善全身皮肤觉功能。训练重点有两个方面。第一,刺激范围尽可能大,如洗澡时可刺激全身、玩沙子可刺激四肢大部分区域等。第二,有意识无目标地施加刺激。家长等人士有意识地利用各种机会给予时长不等的刺激训练,每次刺激不一定要求儿童有目的地感受并报告刺激属性。

全身刺激训练是基础,多由家长在日常生活中训练,也可作为局部刺激训练的准备训练或训练结束时的放松训练。

2. 静态刺激训练和动态刺激训练

依刺激属性在时空上的变化程度,大致将有效刺激分为静态刺激和动态刺激。前者的刺激属性在时空上相对稳定,刺激属性从开始到结束变化不大,如用积木按压体肤。静态刺激考虑的内容主要有:刺激部位、刺激的面积、刺激的方向、持续的时长、刺激物的物理属性(如软硬、粗糙/光滑、形状)、多次重复刺激等。

动态刺激的刺激属性在时空上有可觉知的变化,刺激过程结束时才能完整准确地描述刺激的属性,如刺激的方向或角度的变化、强度的变化、刺激节律及其变化等。动态刺激可视为多个相同或不同的静态刺激属性在时间上的承继。

静态刺激训练是基础,动态刺激训练是核心,也是训练的重点和难点。

3. 粗略触觉训练和精细触觉训练

根据触觉感受器的类型及其传导通路的差异,触觉功能训练分为粗略触觉训练和精细触觉训练。前者是指触觉系统对刺激属性的粗略感知,大多处于感觉水平,知觉模糊,刺激信息大多在大脑的初级感觉区加以表征。精细触觉是指对刺激属性的清晰觉知,大多处于知觉水平,刺激经大脑初级感觉区的表征后进一步激活次级感觉区及其他高级功能区,对刺激进行有目的的感受和认知。精细触觉训练属于高位感统训练,在促进触觉功能的同时,还可以提高儿童注意力、认知能力和执行抑制力等。粗略触觉训练的知觉水平低,要求低,难度小,训练活动易于组织实施,属于低位感统训练,可改善儿童触觉功能、情绪控制及睡眠等。

在感统训练中,粗略触觉训练和精细触觉训练都需要,两者交替进行,并根据儿童触觉异常特点侧重某一方面训练,如 ADHD 儿童可侧重精细触觉训练,改善其注意力。

(二) 训练技术与方法

触觉功能训练基本不受外在环境因素限制,施训条件易于满足,可在经意或不经意间进行,训练方式方法多种多样。实践中,可从粗略触觉和精细触觉两个维度设计、组织训练。

1. 粗略触觉训练技术与方法

粗略触觉功能训练中,儿童关注触觉刺激水平较低,其他感觉系统正常完成其相应的功能。在训练中,训练人员偶尔会有意识地屏蔽其他感觉通道,引导儿童关注当下的训练,但更多时间是接受刺激。

(1) 触压为代表的刺激

触压为代表的刺激是指徒手或借助器械对儿童体肤进行触摸、揉搓、挤压、划拨、拍击和捏拿等不同动作方式的刺激,是最常用的触觉功能训练方法。该系列训练方法有较强的目的性,儿童受刺激的部位明确具体,刺激属性多样并可随时调整。如果训练人员能够将中医推拿结合,循经络或特定穴位进行推拿刺激,会收到很好的效果。

徒手训练初期,如果儿童对刺激存有较大触觉防御(触觉过敏),怕人接触,训练人员可手持儿童手臂对其自身体肤实施助动刺激,间或渗透训练人员肢体的触压抚摸,逐步增加训练人员肢体接触儿童体肤的机会。在器械训练中,训练人员根据儿童触觉异常特点及要刺激的部位选择合适的器械。触觉球是触觉功能训练最有效设备之一,价格低廉、刺激属性丰富,可用于体肤任何部位的刺激训练,机构及儿童家庭都可配置该设备。

该系列训练常伴随有不同程度的痒感,会引发儿童的心理不适。触觉敏感者的痒感更明显,不适反应更强烈,会出现躲避、抗拒或攻击行为。可尝试如下三种方法缓解不适痒感。一是快速重压,二是先面后点刺激,三是渐进刺激,即先刺激相对不敏感区域或敏感区域周围,逐步接近敏感区域;或引导儿童先自主触摸体肤,然后训练人员伺机介入训练。

(2) 振动

当被按压体肤的频率在 5~40 赫兹之间时,个体形成振动觉,低于 5 赫兹的刺激是间断刺激,高于 40 赫兹的刺激是连续刺激,个体觉知不到刺激间隔,或有麻胀感。振动刺激可以是徒手操作,也可使用振动按摩器实施。徒手训练机动灵活,便于拉近训练双方的关系,但难以维持较长时间,强度往往不够。器械训练可以保证训练强度。在器械振动刺激初期,儿童会出现体肤瘙痒、麻胀之感,偶见紧张、恐惧等不适反应。故,最初几次训练时,可先让儿童观看训练人员的自我振动刺激,在不经意间顺势间歇刺激儿童体肤不敏感部位,逐步增加刺激时长并触及体肤敏感区域。实际训练中两种方法交替使用,但以器械刺激为主。

(3) 翻滚

儿童绕身体的冠状轴或垂直轴进行的连续躯体滚动,实现对体肤较大范围的挤压、搓揉、触摸等的触觉刺激,分为前后滚和侧滚。

前后滚绕身体的冠状轴滚动,头部、背部为主要刺激部位,有前滚翻和后滚翻之分。前后滚的变式是"人体不倒翁"(儿童取交叉盘坐、叠盘,双手扳小腿或脚踝等处,躯干快速后倒,背及头部抵压地面后坐起,如此往复,动作如不倒翁),可大强度刺激背部、臀部体肤及皮下组织。

侧滚绕垂直轴滚动,身体大部分体肤接受刺激,如快慢相间的变节奏侧翻、斜坡滚、单向翻滚和左右反复滚、钻滚筒内滚、床单缠卷滚、水中翻滚、沙池翻滚、球池翻滚等。

影响翻滚训练的因素有三方面:第一,连续翻滚时长、次数和频率,时长越长强度越大,频率越高强度越大。第二,地面或介质的属性,如地板、地毯、草坪、沙地或沙坡等。第三,儿童着装的厚度及质地。儿童可尝试以不同薄厚、松紧、材质等的衣服进行训练。

翻滚训练要注意安全,场地要宽敞、开阔,沙地、草地等处需先检查是否有危险物品。

(4) 日常训练

家人在衣食住行的日常生活中有意识地让儿童体肤接触多种属性的刺激,如不同质地或松紧不等的内衣、鞋袜,进食软硬、干湿以及植物纤维含量不同的食物等。

(5) 穴位推拿

触觉、痛觉或温度觉问题严重的儿童,还可接受中医推拿,辅助训练。初期,感统训练专业人员及家长需学习有关经络和穴位的知识,掌握推拿技法。一些穴位具有较大的普适性,对很多儿童是有效的,如百会穴、风池穴、曲池穴、内关穴、合谷穴、背部大部分腧穴等。每个儿童的穴位敏感性有差异,需在训练中确认和调整。实践表明,推拿可以很好地改善儿童的触觉异常,并可能促进其他方面的发展,非常值得尝试。

2. 精细触觉训练的基本技术与方法

精细触觉功能训练属于高位统合训练,大脑的认知、言语、动作计划等多个功能区参与完成任务,简称高位触统训练。训练最基本的技术概括为三个方面:第一,训练人员引导儿童清晰觉知刺激属性。第二,体肤刺激属性多样化。第三,充分实现体肤刺激信息在多个系统间的转换与联系。

(1) 单一刺激属性的感知训练

该训练是指儿童体肤接受特定刺激时,训练人员引导儿童明确觉知刺激属性,形成对这些属性的认知、理解和识记,表达相应的概念和术语,简称单一刺激训练或单一训练。它是更复杂的精细触觉功能训练的基础,也是认知、言语学习的重要途径。

第一,多角度设计刺激属性。在儿童接受刺激前,训练人员需根据体肤可感知的刺激属性,多角度分析和设计所要施加的刺激属性,包括感知类型(温、痛、触、压)、感知部位、刺激静态性或动态性等。比如头部触压觉刺激训练,刺激的部位可分为头顶前部(额顶部)、顶部、顶枕部及脸侧颞部。若对顶部施加刺激,具体部位一般选择百会穴及其周围,刺激为静态刺激则需考虑刺激物属性,如手指、按摩器或玻璃珠等的刺激属性。如果以手指施加刺激,那么刺激的属性又有多方面,如指的数量(单指、多指)、单指的面积(大拇指、小拇指)、动作方式(压、揉、敲等)等。动态刺激则需考虑刺激力度的变化特点(由大到小、由小到大、先小后大等)、刺激动作方式的顺序(如压弹揉、弹压揉等)、手指数量变化特点等。总之,体肤可感知的属性是非常多的,多角度的分析和设计是确保儿童接受丰富刺激的前提。

第二，恰当引导儿童感知刺激属性。训练中，训练人员始终要把儿童的注意力引导到关注当下的刺激上，避免无关刺激介入。在此前提下，训练人员通过直接告知刺激属性以及询问儿童感受到的刺激属性两种方式引导儿童确切感知刺激属性。一般而言，认知障碍较为严重的儿童需采取直接告知刺激属性的方式来引导，新的刺激属性也采取直接告知的方式。随着感知经验的积累和认知言语水平的提高，可尝试使用是非问句（如"痛吗？"）或选择问句"不痛、有点痛还是很痛？"等。当儿童正确回答后，训练人员及时确认并表扬，不可反问或进行是非问（是吗？），否则会混淆他们的判断。无认知障碍的儿童可采取各种引导方式。

第三，以觉知单一属性为基础。该部分训练为儿童后续学习各种知识、技能做铺垫，所以准确感知刺激属性是根本，理解识记刺激属性并与相关术语建立联系是关键。为此，施加刺激要单一，避免错误联系。如压、揉、摸、掐、弹或冷、温、烫等刺激属性需单独训练，不宜整合。不同属性要区分清楚，如揉和压、轻和重、长和短等刺激要明显区别，比如感知刺激面积大小可分别以全手掌或拇指按压体肤。同一属性的多次实施要稳定，前后尽可能一致，如感受"重"压，每次用力要大，不可似重非重。低龄儿童及一些障碍程度较重的儿童可能需要对很多刺激属性进行单一训练，往往要反复多次，持续较长时间。对于体肤感知异常的儿童，单一刺激训练可能难以回避，否则儿童的注意力、认知、交往等多种能力发展会受到影响。

第四，逐步提高训练难度。在熟练掌握特定属性的基础上，增加对同一属性细微差别及其动态变化特点的有效区分。如"刺激面积大小"的训练，儿童在准确感知和确切报告刺激面积大小的基础上，减小多次刺激面积大小的差异。动态刺激的力度、形状、速度等多种属性都有动态性，需伺机训练，提高儿童感觉的敏感性，扩展感受刺激属性范围，增加注意时长，学习更多术语。

该训练中，儿童接受刺激是被动的——由训练人员实施，但感知刺激属性的过程是主动的，儿童必须清晰地觉知刺激属性，且不能发生错误联系。

（2）整合训练

在单一刺激训练的基础上，需进行体肤适宜刺激的多种属性的整合训练以及不同感觉系统间的整合训练，进一步激活大脑多个功能区，提高各功能区协调高效处理信息的水平。整合训练分两大方面：系统内整合训练和系统间整合训练。

第一，系统内整合训练。体肤有温、痛、触、压多种感受器，每种可感受的刺激属性又有多方面，这些属性都可以通过整合方式加以训练。

其一，跨类型整合训练。温痛触压不同类型的感觉属性的整合，如温触整合（不同温度的水滴在皮肤上流动的训练，儿童同时感受水温渐变、水流的线路、持续的时长等）。还有触压整合、压痛整合、触压痛整合训练等，具体设计需熟悉肤觉的适宜刺激及其属性分析。

其二，类型内不同属性整合。同一感觉的不同属性的整合，如给儿童的左手心滴两滴冰水、右手心滴一滴热水，引导儿童感受冷热刺激的部位、热度差、冷热面积大小等。

其三，比较鉴别刺激属性。引导儿童比较鉴别多种刺激或多次刺激的差异，如儿童闭眼将直径大小不等的球按降序或升序排列，又如儿童从布袋中摸出与训练人员手中完全相同的积木（质地、大小、形状）。多种刺激或多次刺激的数量及其相似性是调节难度的重要因素，实践中根据儿童发展水平适时调整。

第二,系统间整合训练。体肤的多种感觉信息还可以通过视觉、听觉、本体觉及言语动作来表达,实现不同系统信息的整合,是感统理论在触觉功能训练上的基本要求。

其一,触视整合。体肤感知与视感知的整合训练,分为视触同步法、先视后触法和先触后视法三种训练方法。

方法一,视触同步法。儿童边感受触觉信息,边视觉搜索与触觉刺激属性相同的目标信息。如先在儿童面前摆放5~6个积木(大小形状不同,材质为木质的或有机玻璃的),训练人员用一个积木(与面前的某一积木相同)在儿童头顶轻缓搓揉,儿童根据头部触觉信息整合视觉搜索,从面前的多个积木中找到目标积木。

方法二,先视后触法。儿童先看清、看全呈现的刺激属性,后通过体肤觉确认。如儿童先看清楚目标物(如长2 cm、宽1 cm的纸条,其上有3个小孔,间距相同,但小孔不在一条线上),然后从暗袋的5~6个纸条中触摸出目标纸条,目标属性越相似难度越大。

方法三,先触后视法。儿童体肤先感知刺激属性,后通过视感知确认体肤感受到的刺激。如儿童闭眼,训练人员持握儿童右手完成"右手在桌面上用力顺时针揉粗面触觉球"3~5次不等,完全感知到该训练所施加的5种刺激属性:右手、用力(球被压瘪)、揉(不是按、也不是来回搓)、顺时针(不是逆时针)、有突起的粗面球(不是光面球)。然后,儿童观看训练人员再现的操作,视觉判断训练人员的操作与自己体肤感受到的属性之间的差异。

其二,触本体动作整合。体肤感知与本体感知的整合训练。由于本体感知训练多通过动作实现,该系列训练主要表现为触感知与动作的整合,也分为三种具体训练方法:触动同步法、先动后触法和先触后动法。具体设计及训练技术与"触视整合"相似,见上文。

其三,触听言语整合。体肤感知与听觉言语的整合训练,也分为三种具体训练方法:触听言语同步法、先触后言语法和先听后触法。具体设计及训练技术与"触视整合"相似,见上文。

(3)联系训练

儿童经训练从各种感觉通道获取的信息往往是孤立的、分散的或碎片化的,需要相互联系,实现结构化,以便更好地学习复杂知识和技能,更好地解决实际问题。联系训练可以更好地实现这一目的,对改善特殊儿童的脑功能有重要作用。

第一,关联训练。不同感觉系统感受的一些刺激属性存在共同特征,具有同质性。感统训练可将这些存在关联的信息联系起来,增强儿童对刺激属性的有效感知和深刻理解,使其在实践中灵活应用。关联训练的核心不是感知和理解各种感觉信息的属性,而是通过不同感觉系统将关联的信息加以转换和联系。

其一,触视关联训练。根据视感知和触感知刺激属性的同质性,实现体肤感觉与视觉信息的转换与联系。

方法一,单触多视训练法。一种触觉刺激属性对应多种视觉选择的训练。例如,体肤冷刺激的视觉关联训练。训练人员先以冰冷物体刺激儿童体肤,然后儿童看图片或视频信息(如雪花、冰激凌、北极熊、温度计显示零下5度等,以及干扰信息),选择与体肤感觉刺激属性直接相关的信息。

方法二,多触多视训练法。多种触觉刺激属性对应多种视觉选择的训练。如圆圈与太阳、水珠、苹果或轮胎等相关联，直线与筷子、铅笔、铁轨、带鱼、丝瓜等相关联。三角形与粽子、风筝、切开的生日蛋糕、枫叶、金字塔、荞麦粒、墙角、鼻子、蝙鱼等相关联。先将圆圈、直线、三角形相关联的多种物品图片散乱印制在同一纸上，随后训练人员在儿童体肤（背部、头部等）表面随机画圆圈、正方形、折线、直线、三角形等，儿童看纸面图案指认物品图案，每一图案只能指认一次。也可视儿童的识字情况用单纯的文字进行训练。

触视关联训练中，训练人员可追问儿童选择信息的理由，特别是选择干扰信息的理由。若能够在干扰信息中联想到与目标相关的信息，要给予肯定和鼓励，表明该儿童可以进行更复杂的训练。

其二，触动关联训练。根据刺激属性的同质性，将体肤刺激属性通过动作表达，实现体肤感知与本体觉的转换与联系。如，儿童闭眼，训练人员在儿童手心划直线，随后儿童闭眼以动作表达触感知"直线"（如伸直上肢、走直线、侧平举双臂成直线、竖直上抛小球等）。

第二，规则顺应训练。规则的理解、执行和顺应是儿童掌握社会技能、实现社会化的重要内容。依据临时约定的新规则，实现无直接关联信息在感觉系统间的转换，以训练儿童的注意、认知和记忆能力以及对规则的遵从。

其一，触视顺应训练。根据训练人员临时制定的规则，儿童完成触感知信息与视感知信息的转换，注意两种信息无直接关联。如冷、热临时联系训练。临时规则是冷表示线性图案（如直线、折线、虚线、波浪线、不规则线等），热表示平面图形（如正方形、三角形、圆形等）。训练人员以冰袋（冷）、热水袋（热）刺激儿童头部或其他部位，体肤刺激一次，儿童随即指认打印好的一个图案。该类训练最初几次可能需要提示，确保儿童理解规则，随后进行正规训练。儿童一旦熟练完成，就需调整规则，避免重复训练而浪费时间。

其二，触动顺应训练。根据训练人员临时制定的规则，儿童将触感知信息转换成相应的动作，实现触感知与本体感知的转换。训练活动可随当时情况设计，如临时规则："拍3下"表示"蹲行三步"，"划竖线2条"表示"原地转2圈"等。训练的核心技术是触刺激的属性与要完成的动作无直接关联，儿童完全按临时约定的规则完成信息转换。

其三，触言语听觉顺应训练。设计思路如前，举例如下：若"手指触压"，则儿童发元音"a"；若"积木触压"，则儿童发组合元音"ia"。

在该类训练中，规则可以随意设定，但不同感觉的刺激属性还是要考虑到儿童的发展需要，巩固已学习过的刺激属性或其他学科的知识和技能。

第三，联想训练。该训练是以触感知信息为线索，进行广泛联想，所联想的信息可以是较为简单的已习得的知识、日常生活活动，也可是较为复杂的、抽象的心理活动、情绪情感、人际交往、社会规范等。这是一种充分激活大脑，最大限度地激发儿童进行高负荷认知活动的开放式训练。训练的核心技术是广泛联系，合理解释。

其一，情景联想。儿童由体肤感知信息联想到生活、学习的具体情景，如体肤热刺激联想到暖气片、电热水壶、做饭、体育课等情景。又如，在儿童背部竖划直线，儿童可联想到窗帘、门框、桌腿、垂柳枝条等。训练时，训练人员引导儿童多角度联想，多多益善。

其二，心理及社会联想。儿童由体肤感知信息联想到心理感受以及社会文化。如体肤热刺激联想到橙色或红色、害羞、受表扬、亲友久别重逢、铁扇公主、电视剧名"激情燃烧的岁月"、诗句"汗滴禾下土"等。

若儿童不理解联想规则，训练人员可适度示范。若儿童理解联想规则，但无联想目标（没思路），训练人员可适度提示，如范围、活动情景或具体特征等。

联想训练是一种难度大、对儿童认知能力要求比较高的训练，可能对改善ADHD儿童、高功能自闭症儿童的注意缺陷、认知范围局限、认知过程不连续以及碎片知识的结构化等方面有积极作用。

联想训练是高位感统训练中内容复杂、难度更大的高水平干预，并非每个训练对象都可以进展到这个阶段。该训练需符合两个基本条件。

其一，儿童具有较高的认知能力或经训练认知能力不断提高，能够将各种信息建立联系以及进行抽象的联想，理解训练规则和要求。中度及更严重认知障碍的儿童大多难以开展这方面的训练，勉强训练不仅浪费时间，还会挫败儿童自信心。

其二，前期进行过系统的感统训练。该训练要求儿童多种感觉系统信息与大脑中已习得信息进行联系，前期阶梯式的系统训练确保儿童大脑积累大量的相关信息，并充分理解这些信息的含义。

高位触统训练更能体现感统理论，对儿童发展更有意义，但国内外在这方面探索不足。读者可以在此思路的引导下进一步发展该技术，丰富感统训练的理论和实践。

（三）训练强度控制

触觉刺激对神经系统产生影响大约发生在刺激后30秒内，具有一定的滞后性。在儿童可承受范围内，触觉刺激的效果与刺激时长及强度成正比。所以，儿童触觉功能的训练需要有一定的刺激强度且维持足够的时长。当然，个体差异问题也是儿童触觉训练不可回避的因素，不同儿童以及同一儿童的不同训练阶段，其触觉刺激的耐受力有较大的差异，需在实践中区别对待，分阶段推进，逐步提高训练水平。对于触觉过敏者，训练中的刺激强度应该由弱到强，逐步提高体肤的抗敏感性；对于触觉迟钝者，训练中的刺激强度需由强到弱，逐步提高体肤的敏感性。

（四）训练途径

感统训练通过机构训练、家庭训练、学校训练以及日常活动训练四种途径来实施。

触觉功能训练的安全性高，且基本不受特殊条件的限制，一般以家庭训练及日常活动训练为主，机构训练为辅。训练初期以及高位触统训练，家庭成员需参与专业人员设计组织的训练活动，学习相关基础知识和操作技能，实现训练技术由专业机构向家庭的转移。随着家庭成员训练水平的提高，家庭将承担儿童主要的训练任务。所以，儿童触觉功能训练的基本模式是：家庭训练与机构训练相结合，以家庭训练为基础，机构训练提供技术支持与指导。这样既可确保训练效果，也可以大大减轻家庭的经济负担。

（五）训练注意事项

触觉训练需注意以下4个方面的问题。

第一，根据体肤敏感性实时调整刺激部位。人体体肤不同区域的刺激敏感性和耐受力有较大的差异，训练人员要根据儿童的实时反应，及时调整刺激的部位和力度。一般而言，与外界接触较多的部位对刺激的防御较少。训练初期，触觉刺激部位可从防御较少的部位（手背及指端、脚背及脚掌边缘、背部等）逐步过渡到防御较大的部位（手/脚心、腹、腋、颈正面、大腿内侧等），避免引起恐惧而导致训练无法实施。当儿童体肤各部位适应多种刺激后，刺激部位视训练内容要求来选择,不再受部位敏感性的影响。

第二,全面刺激与重点刺激相结合。首先,触觉训练坚持全面训练,即训练要覆盖全身各个部位(羞耻部位除外),分为头面与躯干及四肢、背侧与腹侧、内侧与外侧、近端与远端、穴位与其他部位等。刺激的类型要全面,触、压、温、痛都要涉及。同类刺激的属性要多样化,有静态刺激,更要有动态刺激。触觉的刺激属性非常多,是训练的重点,需持续较长时间,每次训练保持足够强度。其次,要根据儿童体肤感知特点有重点地加强训练。训练的重点既要考虑刺激部位(人的头面部与其他部位的体肤感知是相对独立的),更要考虑到刺激属性的感知,后者是训练的重点。

第三,从低位统合训练逐步过渡到高位触统训练。儿童新接受训练一般从低位触统入手,熟悉训练方式、规则,理解相关概念和术语。但训练人员需明确,低位触统训练主要是改善儿童的体肤生理机能,对中枢刺激强度不高,儿童感知到的各种信息的整合水平也比较低。儿童在接受系统低位触统训练的基础上,视其发展水平逐步进行高位触统训练。在高位触统训练中,儿童不再是被动接受刺激,而是在触觉刺激引导下多种感觉系统、运动系统以及大脑的认知、言语、记忆等中枢高级功能区整合完成训练,训练难度、训练水平显著高于低位统合训练。

第四,训练形式要多样化。为避免单一训练方式导致的训练疲劳,触统训练的形式要多样化,比如刺激的频率由相对慢的点击到较快的持续揉搓,或刺激的力度由重压到轻撩,或刺激的主体由儿童用手/脚的自我触摸过渡到毛绒玩具的触摸或撩拨,由训练者持握儿童的手/脚进行的被动按摩过渡到训练者徒手直接按摩等。训练组织形式也可以多样化,除了常用的一对一训练外,还可由多个儿童依次进行互助训练或其他游戏活动。儿童报告感知结果的方式也可以多样化,如口头报告、动作报告或纸笔报告等。

触觉训练的安全性较高,训练安防问题均为感统训练安防中的普通问题,详细参见第5章第5节有关内容。

二、训练项目及技术要领

触觉功能训练可借助器械来实施,如在海洋球池中的翻滚训练、粗面大笼球上的荡滚活动,也可以不借助专门的器械来训练。在此就器械触觉功能训练、徒手触觉功能训练给予详细阐述,同时简要介绍一些日常生活活动中的触觉功能训练项目及其操作要领。

(一) 球类系列训练

球类是感统室非常重要的轻器械训练及教育工具,具有多种触觉刺激属性,如小到直径为10 cm以下的小球,大到直径近100 cm的特大球(如大笼球);有的弹力较高,有的弹力较低;有的是我们常见的,如篮球、排球、乒乓球或网球等;有的是我们不常见的康复训练专门用球,如弹力较大的大笼球、柱体球或花生球等。在感统室,同一直径型号的球有多个,颜色各异,可以满足儿童兴趣不同及认知训练需要,也便于多个儿童同时训练。

球类训练项目的设计和实施需熟悉球的自然属性以及基本操作方式。

(1) 球的自然属性包括球的形状、大小、重量、硬度、弹性、表面光滑度和充盈度等。这些属性都是需要儿童感知的,并影响训练的组织实施。

(2) 球类的基本操作方式主要有拍击、挤压、滚荡、振动、传接等,均可在主动训练、助动训练或被动训练中单独应用和组合使用。这些方式会产生各种相应的刺激属性,需实时引导儿童感受这些属性。

（3）各种球无论大小、轻重、软硬都存在一定的安全隐患，儿童单独操练须谨慎，一般须在训练人员或相关人士的直接监控下使用。比如在大笼球上进行卧滚训练时，儿童就很容易从球体上滑落，会偶发骨折或关节脱臼等事故；又如小直径的弹力球可用于儿童自主搓揉体肤触觉高敏感部位，但一些特殊儿童会自主不自主地含咬或吞咽。

（4）新从业的训练人员须熟悉感统训练用的各种球的自然属性及基本操作，详细内容见第8章第2节。

【注】下文训练项目中的一些术语采用缩略语："体/姿"——体位与姿势，"导/馈"——引导、沟通与反馈，"安/卫"——安全与卫生。

1. 被动训练

各种球类都可用于儿童触觉功能的被动训练，但不同大小、材质的球对儿童的有效刺激部位不同，其训练方法也有差异，可采取滚压、弹击、揉搓等方法实施触觉刺激。训练项目和技术要领参见表6-1-1，表6-1-2及表6-1-3。

表 6-1-1　大笼球滚压

	技术要领
器械	光面/粗面大笼球，球径大小视儿童体格及儿童的兴趣来选择和调整
准备活动	全身性热身活动。【注】下面各节介绍的训练项目如无特别说明，"准备活动"将省略，但在训练实施中要组织儿童进行全身热身活动
体/姿	儿童取俯卧、仰卧位为主，坐位、撑位（膝、手掌着地）和站位为辅，各种体位交替进行多次循环。儿童两腿并拢或呈"V"字形，仰卧位时可盘腿；上肢伸直贴身或举过头贴地或水平外伸与肩在一条线上
动作要领	训练人员将大笼球放置于儿童躯体上做动态的滚动和静态的挤压。注意采取上下、前后、左右以及螺旋式等多种方向的滚压，这样才能有效刺激儿童的触觉系统，如图6-1-1所示 图 6-1-1　大笼球被动滚压
施力方式	滚或压的操作要注意调整施压的方式，可以对大笼球做有规律或变节律的挤压或在滚动过程中递增压力等。施力大小及方式要依儿童的实时反馈来调整
导/馈	每一训练环节中，训练人员准确及时地告知刺激属性，并要求儿童闭眼或眯眼、集中注意力感受；或要求儿童报告刺激的方向、大小等；要求儿童放松以及坚持等
调整	触觉敏感性较强的儿童，先滚压背侧面（儿童取俯卧位），再滚压腹侧面（仰躺）；先采用滑面球，然后用粗面球训练
安/卫	对于有心血管疾病者、肥胖者以及颈椎畸形者不宜采用俯卧位，其背侧触觉刺激采取坐位或侧卧位等体位。如果颜面部（儿童仰卧位）采用钉子球（粗面球的一种，球面密布较高突起）滚压需要十分小心，可以尝试在用毛巾遮挡面部的情况下进行，动作要轻柔。及时清理球面粘附的微尘及儿童口水等

续表

变式	
变式一	击鼓：球静置儿童躯体特定部位，训练人员有节奏地掌击大笼球面，如敲打鼓乐。儿童感受定点节律刺激，声响与压力的关系等
变式二	滚球击体：儿童取坐位或站立位，训练人员在距离儿童约1 m处用力滚球，击压儿童躯体，可连续滚击或交替使用不同型号的球
变式三	拍球击体：训练人员先在地面上拍球，让球落下击压儿童下肢、臀部及腰背等处，球交替击打地面和儿童躯体，颇有情趣。该变式适合个头较大的儿童

大笼球在手心、足心/背、肢体内侧等部位的训练上没有优势，需要选用中小球来实施。项目及技术要领参见表6-1-2，表6-1-3，表6-1-4。

表6-1-2 中小球滚压

	技术要领
器械	中小球，如篮球、排球、网球、小型弹力球等
体/姿	俯卧、仰卧、侧卧，坐位等。儿童姿势根据刺激部位，由训练人员实时调控
动作要领	在项目"大笼球滚压"的基础上，外加滑动、揉压等动作。中小球的滚压训练在躯体面积较小的部位（如手、臂、腿、脚等处）有很大的优势
备注	其他要领参见项目"大笼球滚压"，并根据儿童的实时反馈加以调整

表6-1-3 其他被动训练项目简介

项目名称	器械	儿童体位	技术要领
落球点击	网球、小型轻质弹力球等	仰卧、俯卧、侧卧	训练人员将不同型号的球从空中释落，点击儿童躯体。儿童报告刺激属性
助推滚球	网球、篮球等	同上	训练人员将球置于儿童头部，助推使球从其背侧或腹侧滚过，儿童报告刺激部位，球速等
投球游戏	直径约10 cm轻质触觉球	各种体位	一儿童向另一儿童躯体定向投掷球，击中目标得分，否则双方互换角色
笼球爬坡	大笼球	跪位，前臂撑	大笼球在儿童的头后部至臀部往返滚动，调节轻重、速度及滚动线形等
小球搓滚	小触觉球、网球、PU球等	各种体位	训练人员单手/双手持球搓滚、点触、挤压儿童腿/臂等部位，注意调节刺激属性，如轻重、时间间隔等

2. 助动训练

借助球类对儿童实施助动训练，是儿童触觉功能训练的基本方式之一，经常与被动训练和主动训练结合使用。助动训练的方法也比较多，如在训练人员帮助下儿童腋下及两腿间同时夹持并挤压按摩球，或在训练人员支持下儿童在大笼球上卧滚或振荡等，训练项目和技术要领参见表6-1-4及表6-1-5。

表 6-1-4 俯卧大笼球

技术要领	
器械	与项目"大笼球滚压"相同。训练初期,球充气不要太饱,这样儿童与球相互作用的面积大,动作稳定,易于调控动作幅度和方向
准备活动	儿童及训练人员需要做全身性的关节活动和韧带肌腱牵拉
体/姿	儿童取俯卧位于球面。头颈平举并可适当运动,上肢自然依附于球面并可根据移动中的失衡情况,反射性屈伸手臂,支撑身体;下肢伸直并拢或分开
准备动作	初期训练时,儿童先自然趴卧于球上,双臂抱球,两脚分开支撑于地面,训练人员按压儿童背部或儿童自己做下蹲动作数次,熟悉球的性能;随后训练人员推动儿童身体,球向前后运动或左右微倾,逐渐增加幅度直至儿童身体悬空于球面上。儿童适应训练后,准备动作可以省略。需要特别提醒的是:在儿童做下蹲适应性动作时,训练人员应一手悬空置于儿童背部上方,另一手做好抓握儿童上臂或外衣的准备,防止儿童用力过大而突然向前或侧向移动,翻滚倒地,造成伤害,引起恐惧,影响后续的训练 图 6-1-2 俯卧大笼球助动训练
动作要领	训练人员双手分别紧握儿童两踝部上下晃动或前后缓慢推拉或变节律推拉或左右微倾斜等动作,如图 6-1-2 所示
导/馈	训练人员与儿童言语交流,引导儿童集中注意力感受刺激属性,如刺激部位,幅度、方向、振动与滚动等
安/卫	大笼球上的悬空训练危险性较高,训练人员要提高警惕,无论在训练的什么阶段,切忌儿童单独操练

训练初期,儿童悬空于球面时多会出现肢体紧张的现象,残疾儿童的保护性反射更加明显,加之儿童与训练人员间的配合尚不够默契,各种动作均要求尽可能幅度小、缓慢行进为宜,尽可能避免儿童从球上滑落。为此,儿童外衣尽可能贴身,且质地粗糙;儿童下肢取分离姿势,训练人员站于儿童两腿之间,双手握于儿童腿部或抓握儿童的衣服。如果滑落已经不可阻挡(训练后期出现的可能性更大),训练人员应尽早向侧面释放儿童的下肢,或向后牵拉并释放下肢,确保儿童从侧面滑落,避免头颈部正面冲击地面。

滑落专项训练:大笼球置于体操垫上,训练人员推动球,让儿童体验不同形式的滑落过程,掌握应急反应技术,降低对球上项目的过度敏感性或恐惧感。

有些低龄儿童、脑瘫儿童及中重度智障儿童等训练对象会不时流口水或鼻涕,需要辅助人员及时清理或让儿童戴口罩训练(如果不愿戴口罩就不要勉强)。

仰卧大笼球的实施技术绝大部分与项目"俯卧大笼球"相同,需要注意的如表 6-1-5 所示。

表 6-1-5 仰卧大笼球

技术要领	
体/姿	仰卧位。在该体位上,儿童的肌肉紧张度更高,训练难度和刺激强度将更大
动作要领	训练人员抓握儿童的部位可以是腰臀部、大腿部的外衣,也可以是下肢其他部位,详细参见项目"俯卧大笼球"
备注	1. 初次接受该类训练的儿童,一般在"俯卧大笼球"项目训练的基础上再进行该项目的训练。经过几次训练后,俯卧和仰卧项目可交替进行 2. 技术要领的其他要素参见项目"俯卧大笼球"和项目"大笼球滚压"

3. 主动训练

与被动、助动训练相比,主动训练对儿童的触觉刺激强度大,训练方式、方法更丰富多样,富有趣味性,所以,在儿童熟悉相应球类性能的情况下,训练人员可以要求儿童独立操持球类进行主动训练。训练项目和技术要领参见表6-1-6,表6-1-7,表6-1-8,表6-1-9,表6-1-10,表6-1-11及表6-1-12。

表6-1-6 持球自滚自摩

技术要领	
器械	小型弹力球、按摩球,充气不要太足,以便儿童抓握
准备活动	上肢各关节、肌肉的热身活动,特别是手及腕部的活动要充分
体/姿	多种体位
动作要领	一手或双手持球,独自完成滚压、推摩体肤可触及部位;单手持球触及的范围广但刺激强度较小,双手持球触及的范围小但刺激强度较大
导/馈	儿童自我训练时,训练人员可引导儿童闭眼专注体验触压感;或辅之以节律性言语,如"左左、右右""前前前、后""重重、轻,重、轻轻""快快快、慢,慢慢慢、快快快""滚滚滚,揉揉揉"等。这样,儿童在感受刺激的同时,识记理解相关概念、术语,增加训练的情趣,提高注意力,促进认知发展

表6-1-7 腹滚大笼球

技术要领	
器械	不同类型的大笼球,训练初期选用充气不太足的球,随训练水平提高,改用充气足的球
准备活动	全身性准备活动以及四肢肌力训练
体/姿	儿童半蹲,腹贴球面,手臂扶球面或悬空,忌儿童从直立位直扑球体,这样很危险
动作要领	儿童由蹲位起立推球向前运动,下蹲时球向后运动,如此往复刺激腹部及大腿部。训练人员在球体的侧面密切注视儿童的动作及运动方向,提供保护
导/馈	训练人员既要鼓励儿童大胆自主推动球运动,也要及时提醒儿童下肢用力不要过大,防止人从球体上翻过去;在儿童有规律地前后滚动时,训练人员可要求儿童体会刺激的方向、速度、球面光滑度、充盈度等,并及时就儿童的表现给予评价反馈,让儿童更准确、大胆有节奏地进行自主训练
安/卫	严防儿童下肢用力过大翻过球体或侧翻在地,特别是前者一定要注意预防。为此,对于不能有效控制下肢用力的儿童,训练人员应该将自己的手悬置于儿童背上方,随时准备保护。卫生方面主要是及时清理儿童流落于球面的口水、鼻涕和汗水
变式	
变式一	原地腹压大笼球:儿童趴在球面上,通过下肢和腰的屈伸运动,上下挤压球面,并与滚相区别
变式二	闭眼腹滚:在睁眼训练的基础上,可要求儿童闭眼腹滚训练,提高儿童对刺激的感受和记忆

表6-1-8 背滚大笼球

技术要领	
体/姿	儿童取坐位或蹲位,背靠球面,手臂贴球面或向上伸直,忌儿童从直立位直接仰面倒向球体,这样很危险
动作要领	儿童由坐位或蹲位起立的过程中推动球向后运动,下蹲时球向前运动,如此往复刺激背部及臀部。训练人员在球体的侧面密切注视儿童的动作及运动方向,提供保护,如图6-1-3所示

续表

变式		
变式一	原地背压大笼球：球靠墙壁放置，儿童背靠球面，通过下肢和腰的屈伸运动，前后挤压大笼球	
变式二	转圈背滚大笼球：上下背滚的同时，下肢侧移，形成转圈运动	
变式三	闭眼背滚：在开目训练的基础上，可要求儿童闭眼背滚训练，提高儿童对刺激的感受和记忆	
备注	其他技术要领参见项目：腹滚大笼球	图 6-1-3 背滚大笼球主动训练

表 6-1-9 羊角球互动击体

技术要领	
器械	根据儿童的体格大小选择大小适中的羊角球，球充气不宜太瘪
体/姿	两儿童相对错位站立或自由移动
动作要领	两儿童手握羊角球互相击打对方体侧，击打位置要对等，头部为禁区，不可击打。训练还可以采取游戏形式，两儿童自由移动，躲避对方球击。也可以采取击点得分的方式增加训练的强度和激烈程度
导/馈	在站立位训练时，训练人员引导并提示儿童进行位置对等击球，提高儿童的动作控制能力，及时提醒并阻止儿童击打对方头部。儿童自由移动游戏时，训练人员为儿童击点计数，提醒儿童在运动中不要被球绊倒
安/卫	尽力防止球击儿童头部或在移动中被球绊倒，防止儿童球脱手撞击其他设备
变式	
变式一	背靠背，球击球：两儿童背贴背，同时挥球在体侧相击，左右交替进行，促使双方背侧互相挤压。可以尝试双盲练习
变式二	头顶羊角球：一儿童向上抛出羊角球，另一儿童及时用头顶落下的羊角球

表 6-1-10 滚推花生球

技术要领		
器械	适合单人或双人用的花生球，球充气要足	
体/姿	儿童先取坐位或跪位；两儿童进行互动训练时，分别于球体两侧错位坐/跪	
动作要领	儿童在训练人员的辅助下，先腹趴于球体上，借助下肢和上肢的运动，推动球体滚动，身体前行，直到球置于脚踝处，期间保持身体水平，随后反向运动直到球置于前胸部，如此往复数次。然后背侧进行滚压训练，训练人员帮助儿童头枕球体，借助下肢运动，推动球，直至坐在球体上，随后返回，如此同样数次，如图 6-1-4 所示	图 6-1-4 主动滚推花生球
导/馈	训练时，训练人员引导并提示儿童上下肢协调运动，腹部或背部紧贴球体，身体重力尽可能由球来承担。引导儿童体验刺激的部位、方向、快慢及球的自然属性	
安/卫	防止儿童头部撞击地面及周边物体	

续表

	变式
变式一	抱球自滚：儿童竖抱球,与球一起在地毯上滚动
变式二	下肢互动搓滚：两儿童分别于球体两侧错位对坐,小腿搁球体上往复搓滚球
变式三	你夹我踢：一儿童双腿夹球一端（大龄儿童所夹球需悬空）,另一儿童横踢使球脱离或纵踢使球穿越两腿
变式四	坐位抱球拔河：两儿童相对坐/跪于球体两端,双臂分别紧抱球体,同时开拔

表 6-1-11　背靠背挤球

技术要领	
器械	各种型号的球
体/姿	两儿童取坐位背对背,两腿盘坐或伸直呈"V"字形
动作要领	先两背相向用力,共同挤压球数次,随后一儿童弯腰,另一儿童伸腰完成背部搓球动作,然后左右交叉移动背部左右搓球
变式	
变式一	两儿童站立位完成挤压、搓球动作
变式二	站立位完成夹球下蹲站立动作或转圈动作
变式三	在坐位、跪位和站立位完成背夹两球的挤压或搓滚动作
变式四	双背运球：两儿童站立位背夹 1 或 2 个球侧向或前后方向移动
备注	其他要领参考相关内容

表 6-1-12　其他主动训练项目简介

项目名称	器械及体/姿	技术要领
坐压大笼球	大笼球；坐于球面,两脚着地	下肢紧贴球面,两手于身后撑于球面,上下压弹球体
脚搓滚触觉球	小型触觉球；椅坐位或站立位	两脚交替各个方向搓滚球
夹球下蹲	小型触觉球；立位	儿童腋下、腿内侧、脚腕内侧夹数个触觉球,同时完成下蹲和上肢协同动作,如图 6-1-5 所示
头顶球游戏	各种型号球,充气稍瘪；各种体位	球置于头顶并保持或滚动

图 6-1-5　夹球下蹲

（二）滚筒类系列训练

在感统训练中,滚筒类系列器械（详见第 8 章）主要有钻滚筒、阳光隧道和钻笼。它们是感统训练室的基础设备,在训练儿童的本体感觉、前庭平衡、感觉-运动协调性、空间感知、判断等多方面上有明显优势,而用于触觉功能训练可谓"兼职"能够较好地将触觉刺激与其他感觉刺激加以整合。其中,阳光隧道和钻笼内的光、声变化可很好地实现视觉、听觉与触觉及其他感觉的整合。

滚筒的自然属性包括弧面、内与外、材质等。训练类型可归为两大类：筒内活动和筒外活动。基本操作主要有：原地来回滚动、滚动行进。训练中，人们更多关注筒内的活动设计，而忽视筒外活动的设计。

该系列活动中，筒内活动安全性较高但卫生问题不易控制，如经常有鼻涕、口水、汗水流落筒内壁，偶有儿童尿液残留，要注意在入筒前处理，活动中定期处理。筒外活动，特别是筒上活动存在安全性问题，需要训练人员密切关注。

两个或两个以上儿童同时训练或序列行进时需防止儿童间的挤压或撞击。

1. 被动训练

滚筒类被动训练项目主要是筒内连续翻滚、左右摆荡，常用于不能、不会或不敢单独操作滚筒的儿童，如低龄儿童或重度脑瘫儿童。训练中，引导儿童感受滚筒的结构，材质等自然属性。训练项目和技术要领参见表 6-1-13 及表 6-1-14。

表 6-1-13 被动内滚

技术要领	
器械	钻滚筒
体/姿	儿童卧于滚筒内，头部、上肢伸出滚筒外或不伸出，下肢伸直
动作要领	训练人员先小幅度推动滚筒，让儿童左右摆动以适应滚动（对于年龄较小或敏感性较强的儿童，这个适应过程可能比较长，训练人员注意根据儿童的反应实时调整进度），逐步增加推滚的幅度直至儿童随滚筒翻滚身体
导/馈	首先，训练人员与儿童沟通，鼓励儿童积极体验，不要害怕；身体滚动时注意保护面部；对于滚动中一直闭眼的儿童，鼓励其睁眼，相反，对于睁眼的儿童，引导其闭眼体会。训练中，训练人员反复告知儿童筒的结构属性，并引导其感受
调整	对于胆小的儿童，尽可能让头颈部多露出筒外，且滚动的幅度要小，如前后摇晃等，或者要儿童自己独自在筒内移动身体，尝试滚动感觉，适应这种训练的性质
安/卫	筒口两端不要有任何物品，训练人员也不要在这两端推动滚筒；开始阶段，可选择在体操垫上滚动，不要直接在硬质地板或地毯上训练，以免头部撞击地面；儿童手臂不要交叉于胸部以免翻滚时垫压。儿童入筒前需处理好大小便，以免失禁。及时清理口水、鼻涕
变式	
变式一	斜坡滚：滚筒置于斜坡顶端，儿童趴卧或仰卧于筒内，筒及人借助重力势能下滚
变式二	纺锤筒滚：儿童置于塑制纺锤形滚筒内，训练人员滚动滚筒
变式三	屈体摆晃：在直径大的滚筒内，儿童屈体呈弧形，仰卧贴身于筒内，训练人员来回晃动滚筒

表 6-1-14 被动外滚

技术要领	
器械	钻滚筒
准备活动	全身性热身活动，上下肢关节的充分活动
体/姿	儿童先取站立或半蹲位于滚筒前，自然仰卧或俯卧（趴）于滚筒外，与滚筒长轴垂直。训练人员站于筒体侧，忌站在筒口
动作要领	首先，训练人员两手托于筒体，双臂夹住儿童腰部，两腿开立，儿童下肢伸直于训练人员两腿间，训练人员双手小幅度前后推动滚筒，让儿童适应滚动，此可谓"筒外摆滚"；稍后，训练人员双手握儿童下肢适当位置推滚筒，运动幅度、速度、前后转换逐步增加，此可谓"筒外行滚"

续表

变式	
变式一	趴滚手撑地：儿童俯卧于滚筒，以不同速度、幅度滚动，直到儿童双手触地，并支撑片刻，实时交流刺激属性
变式二	躺滚头触地：儿童仰卧于滚筒，以不同速度、幅度滚动，直到儿童头触地，并稍微用力支撑，实时交流刺激属性
备注	其他要领参见被动内滚或大笼球滚压训练

2. 助动训练

滚筒类的助动训练属于过渡性训练，适用于对滚筒或滚筒项目存在恐惧感及难以独立完成触觉功能活动的儿童。助动训练与被动训练的项目类型及其技术要领基本相同，区别是训练人员支持力度较小。项目举例如下。

例一 助动内滚

在项目"被动内滚"的基础上，增加儿童自身翻滚能力。训练人员指导儿童用上肢和下肢推动滚筒，训练人员实时助推，向主动训练过渡。

例二 助动屈体内滚

儿童跪卧大滚筒内，双手侧撑发力，推动滚筒移动。训练人员协助推动滚筒。

例三 助动外滚

在项目"被动外滚"的基础上，增加儿童自身推滚能力。训练人员指导儿童用下肢推动滚筒，上肢支持、保护和反推。训练人员实时协助，并做好安全保护。

3. 主动训练

儿童能独立完成筒内翻滚、爬行、筒外跪滚等动作，即筒内和筒外的主动训练。筒内活动较筒外活动安全性高，操作难度小，因此，主动训练时一般先让儿童练习单筒内滚项目。训练项目和技术要领参见下例及表6-1-15，表6-1-16。

例 主动单筒内滚

技术要领：儿童先趴卧筒内，自主左右翻滚身体，晃动滚筒，逐步增加翻滚幅度和转换频率，直至滚动滚筒，连续行进。有的儿童可以连续作业，有的可能反复尝试也不能独立驱动滚筒。不能驱动滚筒的儿童可尝试手臂侧压筒内壁助推身体翻滚。

表 6-1-15 主动单筒外滚

准备活动	全身性热身活动，上下肢关节及力量的充分活动
体/姿	儿童取全蹲位、跪位(腹趴)或取坐位、半蹲位(背趴)
动作要领	先进行筒外腹滚，儿童身贴筒体，上肢前展趴伏筒体上，下肢以不同力度推动滚筒移动。而后进行筒外仰滚，头颈及背部贴筒体，下肢用力起立并移动脚步，同时推动滚筒行进，身体逐渐直立。训练人员提高警惕，实时保护，并提醒儿童不要用力过猛
备注	其他要领参见主动单筒内滚或大笼球滚压训练
变式	
变式一	两儿童同向推滚：两儿童于滚筒同侧同时协调进行腹滚和仰滚
变式二	两儿童两侧互动推滚：两儿童于滚筒两侧同时协同进行腹滚和仰滚

表 6-1-16　穿越隧道

技术要领	
器械	阳光隧道或钻笼
动作要领	儿童跪爬穿过隧道。起初,训练人员在前引导,儿童随后,消除儿童紧张感,或训练人员在另一出口处指导呼唤
导/馈	训练人员蹲于隧道另一出口,与儿童沟通,消除儿童紧张感,鼓励儿童大胆进入隧道
安/卫	极易紧张、胆过小的儿童不必强求进入,可先于边上观摩其他儿童穿隧道活动,然后再尝试。两儿童或多个儿童同时穿行时,多有体肤挤压,不必担心,但要防止头面部受伤害;相对运动时要提醒儿童互相避让
变式	
变式一	倒退穿筒:下肢先入隧道,倒行逆进
变式二	两儿童相向穿筒:两儿童于连接处互助通过对方躯体
变式三	隧道运小球:儿童边爬行,边推动小球(篮、排、按摩球等)前进

(三) 球池训练

球池是儿童非常喜欢的训练设备,现多与攀爬墙组合,构建了感统室独特的训练环境。该环境具有丰富触觉刺激属性,如球的大小、多少、材质、表面光滑度、空心与实心,以及池壁的边角面、高低、内外等。训练人员在全面分析这些属性的基础上,根据儿童实际情况进行有针对性的训练。

1. 被动训练

对于绝大多数儿童而言,他们可以自主地在球池内进行游戏活动,但是训练目标不明确,程度不足,需要被动训练。个别幼儿、胆小黏人儿童以及障碍程度较为严重的儿童往往需要被动训练。项目举例及技术要领参见表 6-1-17,表 6-1-18,表 6-1-19。

表 6-1-17　你拉我扯

技术要领	
体/姿	儿童在池内取坐位或仰卧位,训练人员屈体站立于池外或池内
动作要领	训练人员挽儿童手/腕,推拉儿童进行起伏活动;随后要求儿童闭眼重复先前的动作,如图 6-1-6
导/馈	训练人员引导儿童感受球的刺激、光线的明暗变化等
安/卫	谨防儿童头部撞击池壁,特别是池上缘
变式一	下肢激浪:训练人员握儿童踝关节,提起儿童下肢后突然松手,使儿童下肢速击海洋球

图 6-1-6　你拉我扯

表 6-1-18　"海洋"洗澡

技术要领	
器械	球池,预置 2/3 球池体积的海洋球,少量小型号按摩球
动作要领	训练人员先进入球池,上下肢划拨海洋球,提高儿童入池的内驱力。然后,训练人员将儿童抱入球池,儿童坐于训练人员怀中,儿童身体逐步没入"球海",训练人员摇动儿童躯体周围的海洋球,似洗澡。稍后,训练人员推动儿童的躯体做多方向的运动,并逐步让儿童脱离训练人员的躯体接触,进行更大幅度的躯体活动

续表

技术要领	
导/馈	训练人员通过与儿童的躯体充分接触和言语鼓励,激励儿童大胆尝试;与儿童沟通,让儿童感受刺激的方位等
安/卫	对于极易紧张、胆小黏人的儿童须熟人陪伴开展活动,初次训练开始阶段不宜将儿童头部埋入球海内;防止儿童头部碰撞池壁;训练人员及儿童入池前将各种装饰品摘除,儿童的其他玩具、硬质有棱角的东西不宜带入池中。训练人员要及时清理儿童的口水、鼻涕和汗水,预防幼儿大小便;禁止在池内饮食或采用食物强化
变式一	堆球埋身:训练人员握住儿童双手,将身体周围的海洋球堆砌在两人的躯体旁边

表 6-1-19 淋球雨

技术要领	
器械	球池内预置少量海洋球,布满底部即可
体/姿	儿童在池内取坐位或卧位
动作要领	训练人员将整盆海洋球倾倒而下,触及儿童头及躯体。注意变换刺激的焦点,如图 6-1-7
导/馈	训练人员引导儿童感受球刺激的瞬间变化及持续时间等
安/卫	儿童仰卧位时须闭眼或用手护眼

图 6-1-7 淋球雨

变式	
变式一	阵雨:训练人员控制盆内海洋球的流量,时有时无,如阵雨
变式二	小雨点:训练人员单粒抛投海洋球点击儿童身体,时快时慢;儿童体验细微触觉刺激及刺激节律的变化。亦可以训练数的概念
变式三	大小雨点:在变式二的基础上,训练人员以大球、小球变换点击身体,儿童感受刺激大小的变化,能力好的儿童记数大小球分别点击的次数

2. 助动训练

球池类助动训练是为了让儿童学习相关操作技能,消除对球池环境的不适应等,常与被动训练和主动训练结合使用,共同促进儿童触觉功能的发展。训练项目和技术要领参见表 6-1-20。

表 6-1-20 助动跋涉

技术要领	
器械	球池,预置 2/3 球池体积的海洋球
体/姿	儿童取站立位,脚没入球;训练人员站立于池内或外(依池面积大小而定)
动作要领	训练人员手牵儿童,协助其行走或由儿童扶着池壁上缘行走。开始时,儿童以脚蹬地面行走,划开球海;随后进行跨步行走
导/馈	训练人员提示儿童尽力保持身体不倾斜或不摔倒,尽力自己来完成
安/卫	儿童仰卧位时须闭眼或用手护眼
变式参考淋球雨训练项目	

在表 6-1-19 淋球雨项目被动训练的基础上,增加儿童上肢、下肢或头部的运动,在运动中感受球雨的刺激,如雨线被切断。尽管切割雨线的过程很短,但是儿童应该感受到被动刺激和助动刺激的不同,训练人员注意引导儿童理解这种差异,或者断断续续,让儿童比较这两种刺激的差异。除跋涉和切断雨线项目外,训练人员还可协助儿童采用各种方式入池(如跳跃、坐滑、翻滚等),此类项目不仅能够提升儿童触觉功能,还能锻炼儿童胆量,训练项目和技术要领参见表 6-1-21。

表 6-1-21 跳水

技术要领	
器械	球池,预置约 2/3 球池体积的海洋球;池外置一较池壁稍高或等高的站凳
体/姿	儿童取半蹲或站立位;训练人员在池外
动作要领	训练人员协助儿童站立于池壁旁的跳凳上,儿童跳跃入池,反复多次
导/馈	训练人员鼓励儿童大胆跳跃或助推,同时与儿童交流"跳水"感觉
安/卫	若球池面积较小或球量较少时,严禁儿童后倒入池,以防撞地、碰壁
变式	
变式一	坐滑入池:儿童坐在凳缘或池壁上,训练人员助推滑入海洋球池内
变式二	闭眼跳水:儿童戴眼罩,训练人员助推"跳水"或依口令跳,或从攀爬墙跳入池中
变式三	翻滚入水:儿童蹲凳缘,双臂抱膝,背对水池,训练人员助推膝部,儿童翻滚入池

3. 主动训练

球池触觉训练以主动训练为主。在儿童适应球池环境后,可让儿童(一个或多个)独立在池内翻滚、爬行、行走和跳跃等,或者按指令完成相应操作。这些项目虽然安全性高,但需防嬉戏时撞击球池边缘。训练项目和技术要领参见表 6-1-22、表 6-1-23、表 6-1-24、表 6-1-25 及表 6-1-26。

表 6-1-22 跋涉

技术要领	
器械	球池,预置 1/2 以上球池体积的海洋球
动作要领	起先,训练人员牵手儿童,协助其行走或由儿童扶着池壁上缘,以脚蹭地面行走,划开球海;稍许适应后,由儿童独立练习。熟悉蹭地行走后,进行跨步行走,再蹦蹦跳跳或转圈等
其他要素及变式同表 6-1-20 助动跋涉	

表 6-1-23 球池戏水

技术要领	
器械	球池,预置少于 1/2 球池体积的海洋球
体/姿	儿童取站立位,躯干直立或屈体;训练人员站立于池内或池外(依池面积大小而定)
动作要领	儿童用手或脚或手脚并用随意拨抛海洋球,训练人员适度配合游戏

续表

	变式	
变式一	池内翻滚：儿童取坐或卧位，随意在池内翻滚，如图6-1-8所示	
变式二	划水：儿童坐池心，双手用力向前或向后划球	
变式三	拍拍打打：儿童坐靠池壁，下肢上下拍打海洋球或双腿水平夹球或向外拨球	
变式四	洗淋浴：儿童用小塑料筒盛满海洋球，倾倒在自己的头上或躯体其他部位	图6-1-8　池内翻滚

表6-1-24　沉船游戏

技术要领	
器械	球池，预置2/3球池体积的海洋球
体/姿	卧、坐位
动作要领	儿童在多种体位下通过躯体活动下沉，逐步将躯体没入球的海洋内，或双手拨球堆埋自己躯体
变式	
变式一	打捞沉船：儿童潜入球池后静持全躯，训练人员抚平表面，随后另一儿童立于池壁外，根据藏身儿童的呼唤一次性准确找到其躯体的具体部位，如脚、屁股等
变式二	造山运动：儿童用手将球堆积起来，池中形成一座山，然后坐在山上，身体沉入其中

表6-1-25　匍匐潜行

技术要领	
器械	球池，预置少于2/3球池体积的海洋球
体/姿	儿童取站立位，躯干直立或屈体；训练人员站立于池内或池外（依池面积大小而定）
动作要领	儿童爬卧于球池内，渐将身体没入球海内，在其中爬行，如游鱼
变式	
变式一	蛟龙出水：儿童在池底爬行中突然伸出脚或手或头
变式二	潜水探宝：儿童先闭眼感受手中的球的属性（属性独特，如玻璃珠）、随后训练人员将该球沉入池底，儿童潜入池中搜寻

表6-1-26　双童球池互动活动

技术要领	
器械	球池，预置约1/2球池体积的海洋球
体/姿	儿童取多种体位和姿势
动作要领	互动仰卧起坐：两儿童对坐于（盘坐或下肢交叉）球池内，双手互挽，互拉做仰卧起坐
变式	
变式一	牵手转圈：两童站立，互牵手，于球池内转圈
变式二	下肢轮作：两童两脚分别相对接触，下肢屈伸进行轮作互动活动

续表

	变式
变式三	四臂夹球：两童盘坐，膝相对，两手互挽，四臂伸直，左右摆动划球，随后四臂夹球，向上或躯体左右方向翻抛
变式四	屈伸背对背：两童取坐位，背对背，背间留有5cm以上间隙，同时做躯干屈伸运动，伸时挤压球，屈时球滑落
变式五	搓球背对背：两儿童背对背，两背间夹一按摩球，同向屈伸挤压按摩球或反向屈伸搓滚按摩球，或左右侧身运动

（四）徒手训练

徒手触觉刺激训练是通过儿童自身或他人（训练人员及训练同伴）的躯体间相互作用进行的训练方法，因训练不需要特别的器材，故称为徒手训练。该方法在感统训练中仍然是不可忽视的，切忌只有设备才能进行训练。徒手训练方法简便易行，受时空、物理条件等的限制较小，易推广。它不仅适合于感统失调儿童的康复训练，也是促进普通儿童身心发展的基本途径。徒手训练在感统训练的其他领域，如前庭平衡、本体感觉等领域也是基本的训练形式。

1. 被动训练

徒手被动训练中，儿童体肤被动接受训练人员的徒手刺激，训练部位有针对性，训练强度易控制，训练形式和内容丰富多样，儿童对刺激属性的感受和认知比较准确。施训时，训练人员大多用手精确施加刺激，并可灵活调节，有时也会用脚、膝或肘施加刺激，以变换刺激属性或增加刺激力度等。训练中，训练人员要及时引导儿童准确感受刺激属性，并识记理解相关术语和概念。训练项目和技术要领参见表6-1-27及表6-1-28。

表6-1-27 被动感受

项目名称	技术要领
拍拍打打，搓搓揉揉	儿童取各种体位/姿势，其他人（如训练人员、监护人或同伴等）对儿童躯体实施拍打或搓揉等动作。训练中，训练人员可考虑拍打/搓揉的轻重、快慢、节律变换以及着装薄厚等方面变换方式，提高儿童训练的兴趣以及训练的效果。可以专门训练，也可以随机训练，特别要注重随机训练，减轻儿童家人的负担
按摩放松	儿童运动前/后，训练人员用手搓揉肢体（主要是四肢），放松肌肉，或者训练人员用脚搓揉儿童的下肢及背部等。放松按摩时要求儿童尽可能舒展肌肉，心情放松，闭眼体验搓揉的感觉
穴位按摩	训练人员以不同力度推拿儿童百会穴、风池穴、腧穴、十穴、承山穴等，并引导儿童感受

表6-1-28 迎风

	技术要领
基本操作	训练对象取各种体位，身体保持静止。训练人员或另一儿童口吹气，刺激训练对象皮肤。训练对象集中注意感受"风"的刺激。闭眼、睁眼交替进行，体会不同视觉感知状态下的肤觉刺激
变式一	参与式感受。在接受以上项目的刺激时，刺激部位做轻微移动，感受"风"的刺激变化。难度调节："风"的刺激部位、方向与躯体微动的配合
变式二	感受及认知。训练人员用口吹气或吸管吹气，气流形成有意义的刺激，如方向、轻重、数字、直线/曲线、平面/波面等属性的刺激。训练对象在感受刺激的同时，认知、表达或模仿再现刺激的属性

2. 助动训练

徒手助动训练要求训练人员徒手辅助儿童完成触觉训练,主要用于协助儿童向主动训练过渡,也可开展同伴互助式活动,如表 6-1-29 中的"我画你猜"和"借手搓肤"。

表 6-1-29　徒手助动训练活动举例

项目名称	技术要领
我画你猜	儿童闭眼、静心、放松,训练人员在儿童躯体上(穿薄衣服)画图形、数学运算符号、写数字、文字、英文字母等,要儿童来报告
借手搓肤	对于触觉敏感性高的儿童,被动训练有一定的难度,可尝试借儿童手搓揉儿童体肤的方法进行训练。首先,儿童自我搓揉肌肤,随后训练人员持握儿童手搓揉儿童肌肤,期间逐步介入训练人员的手来完成训练活动

3. 主动训练

主动训练时,儿童可自主设计、选择刺激部位、刺激方式,或依指令徒手自我刺激。训练项目和技术要领参见表 6-1-30。

表 6-1-30　徒手主动训练活动举例

项目名称	技术要领
自我撩拨	儿童用手或脚以不同的力度搓揉肌体,特别是轻浮的忽快忽慢的撩拨,期间儿童可闭眼感受
背靠背	儿童与他人背靠背挤压、搓滚游戏,或背靠背读书等
挠痒痒	在游戏中,获胜儿童捆痒对手的躯体
点穴游戏	两儿童互点对方躯体,坚持不发笑/不躲闪者获胜

(五) 日常生活训练

利用日常生活环境及相关资源对儿童进行的训练称为日常生活训练。触觉功能训练在日常生活中也非常容易实施,比机构训练更便捷、灵活。日常生活活动中,可用于触觉功能训练的项目非常丰富,难以细列,这里列举部分项目及其操作技术(如表 6-1-31)。

表 6-1-31　日常生活训练活动举例

环境	项目名称	技术要领
家庭	翻滚	随意在床上、地毯甚至木质地板上翻滚或用玩具搓揉体肤
	搓围棋	在围棋籽粒上翻滚或用围棋搓揉体肤
	洗澡	成人用不同质地干湿毛巾等搓擦儿童全身,适当增加敏感部位的刺激
	亲子互动	家长有意识地与儿童进行周身躯体接触的互动训练
	搓背	儿童睡前、醒来,成人用手搓揉儿童背、腹及脚/手心等,睡前力度柔缓,醒来力度大
	柔物轻撩	用羽毛、细线、毛绒玩具等细软物品撩拨儿童肌肤
	感受吹风	用理发用吹风机吹拂儿童肌肤,技术要领见表 6-1-28 【注:吹风机与肌肤距离是重要影响因素,调节该距离可以进行多种形式的训练】

续表

环境	项目名称	技术要领
社区公园等	溜滑梯	儿童在小区滑梯上被动/助动/主动完成各种形式的滑行
	双童溜滑梯	双童在直道、波形道、螺旋道上腹/仰、正/倒滑行
	草坪游戏	儿童在公园草坪、牧场、草地上翻滚滑行等
	玩沙游戏	家庭旅游外出,遇有沙丘或沙滩,可让儿童赤脚随意玩沙、滚沙丘/沙滩,以沙埋人游戏,用沙搓揉皮肤,翻滚、匍匐前进及儿童互动游戏等。活动前检查场地以确保安全

触觉功能训练的基本思路是儿童体肤接受丰富刺激,确切理解各种刺激属性。训练的途径可以是专门的机构训练也可以是日常生活的随意训练。

人的活动大多是多维的、整合的,所以感统训练的实践活动难以严格局限在某个具体领域。任何一项训练活动往往同时伴随多方面能力的训练,一些前庭平衡训练项目、本体感觉训练项目同样具有触觉功能训练作用,只是侧重点有所不同而已。其实,对于感统训练而言,严格区分几大领域的训练也是没有必要的,毕竟最终的目的是为了提高心理、行为的统整能力。

第2节 前庭功能训练

前庭功能异常影响儿童发展多个方面,是感统训练的核心。在感统各领域训练中,前庭功能训练难度大、危险性高,对训练人员的专业素养和身体素质要求也高。训练人员需熟悉前庭系统有关生理学知识,详见第2章第2节,且持续关注有关研究进展。

一、训练的基本对策

前庭功能训练的设计与组织实施需考虑训练内容、训练技术与方法、训练强度控制和实施途径等基本问题,以及有关注意事项。

(一) 训练内容

前庭器官的适宜刺激是躯体运动产生的加速度,包括旋转加速度(角加速度)和直线加速度(躯体水平加速运动或上下加速运动),典型的事例如日常活动中的身体失衡、身体旋转、骤起急停等。所以,前庭功能训练内容有三个维度,即参训个体完成角加速度运动、直线加速度运动以及角加速度和直线加速度组合的运动,训练项目的设计和组织实施围绕这三个维度进行。角加速度运动可刺激三对半规管,训练设计需全面考虑。

(二) 训练技术与方法

根据前庭器官的结构及其适宜刺激,前庭功能训练的基本方法是使儿童躯体处于"失衡状态",前庭器官得到加速度刺激。

1. 旋转

旋转即全身或身体局部绕一相对固定轴的转动,前进以角加度刺激为主。身体旋转的基本方式有三种。其一,绕身体垂直轴的旋转,如儿童取站立位的身体左/右扭转(脚原地不动），或通过两脚移动实现全身原地旋转，或坐立于浪桥的吊台吊桶上的旋转或站/坐旋转盘上的旋转等。其二，绕身体冠状轴的旋转，如头部及躯干顺序进行的屈伸活动、身体不倒翁运动、游泳池中的屈体前后滚翻等。其三，绕身体矢状轴的旋转，如俯卧浪桥吊台上的旋转（吊台本身做水平旋转）等。

2. 滚动

滚动是指身体在旋转的同时有水平位移的活动，前庭接受角加速度和直线加速度刺激。滚动有多种变式。其一，绕身体垂直轴滚动，如卧位地面滚动、边转体边移动脚步、身体向前产生位移（转体行进）、沙坡上抱膝侧滚、钻滚筒内卧滚。其二，绕身体冠状轴翻滚，如坐位躯体前滚翻或后滚翻、在沙坡抱头屈体前后滚、跳水运动的屈体翻滚等。其三，绕身体矢状轴的滚动，如身体侧滚翻。矢状轴滚翻有较大危险性，一般不用于现代儿童自主训练。

3. 荡摆

荡摆是指身体在某一方位上来回摆动，多属于角加速度和水平加速组合刺激，但强度不及前两者。荡摆主要有两种。其一，前后荡摆，如坐位时上半身的前合后仰、仰卧起坐、浪桥上的前后荡摆等。其二，左右荡摆，如平衡台左右荡摆、在浪桥各设备上的身体左右摆动、人体跷跷板的摆动、走平衡木的身体摆动等。训练的强度主要取决于启荡和停止的速度，以及荡摆的幅度。

4. 起落与震动

起落与震动是指身体的跃起和下落或身体的上下震动，前庭接受水平加速度刺激，如蹦床上的上下蹦跳、大笼球上的卧位上下震荡、弹跳球上原地蹦弹等。

5. 骤起急停

骤起急停是指身体在水平方向上产生加速度的活动，如起步立定、跑步中停止、折返跑、跳高、跳远、跳水等。

6. 反射活动

反射活动是指儿童受到突发刺激做出的反射性应对，如被突然大声叫后儿童迅速转头或急停、行走时不慎羁绊、独角凳单腿支撑训练时训练人员轻推儿童肩等。

7. 组合式刺激

组合刺激是指上述6种刺激方式的不同组合。该训练方法因组合形式多变，难以归类，如滑梯滑行（在垂直方向和水平方向都有加速度刺激）、浪桥吊台的多向度刺激（如旋转和荡摆的组合）、蹦床上的跳转（既有旋转又有身体上下起落）、大陀螺训练（既有旋转又有荡摆）、大笼球上可以同时实施滚动和震动等，组合式刺激是训练的重点，训练人员须清楚每种组合刺激的具体感受器，确保三对半规管，椭圆囊、球囊都接受足够刺激。

上述各种刺激方式可以在睁眼状态、闭眼（视觉屏蔽）状态以及睁眼/闭眼交替状态三种状态下来实施。一般而言，训练先在睁眼状态下训练，其次是睁眼/闭眼交替状态，最后是闭眼状态下训练。闭眼状态下的失衡刺激更明显、更频繁，刺激强度也更大，但该方法要密切关注儿童的心理状态，如存有恐惧感则暂缓实施，同时也要确保训练安全。

这些刺激方式无论在徒手训练项目上还是器械训练项目上都有较大的普适性，是训练人员设计前庭功能训练方案的基础，也是训练人员组织训练活动、改变训练方式的基本技术。

（三）训练强度控制

前庭训练刺激强度取决于加速度刺激的大小时长。加速度越大持续时间越长，训练强度就越大。训练中须从这两个方面调控训练的强度。一般而言，可以先进行刺激强度较小的方式，如荡摆、震动等，然后采取旋转、翻滚等刺激强度较大的刺激方式，且逐步延长刺激时间。训练中，如果发现儿童出现眩晕、胃部不适等症状时，可让儿童静息2~3分钟，休息后进行其他项目的训练，避免儿童对该项目产生恐惧或厌烦。

（四）训练途径

前庭功能训练的技术性强、危险性高，且往往需要借助一定的设备才能达到足够的训练强度。为此，在感统训练的四种实施途径（见本章第1节）中，前庭觉的训练在不同阶段采取不同途径。在技能自动化前的较长时间内，训练宜以机构训练为主，家庭训练及日常活动训练为辅；在技能自动化维持训练阶段，可适当增加家庭训练的比例，但需要家庭购置一些简易设备如大笼球、花生球等，且要调整家庭设施，开辟足够训练空间。与此同时，对于学龄期儿童而言，家长应鼓励儿童积极参加学校体育锻炼，及各种训练队的活动，并坚持参与。

（五）训练注意事项

前庭刺激需要注意一些共同问题，主要有如下几个方面。

第一，刺激维度问题。前庭功能训练总体坚持单一向度刺激与多向度刺激相结合的施训原则。通常情况下，人们更多关注绕身体垂直轴的旋转问题，训练活动大多围绕这一向度来进行。其实，儿童前庭功能的异常往往是多向度的，需要在某一向度训练的基础上强化多向度训练，确保前庭器官的各个感受区都能够接受充分刺激。

第二，适时整合认知内容。前庭功能训练中渗透相关概念、术语以及文化教育知识，具体负载手段、方法、内容等需综合训练目的、受训儿童特点和具体项目来确定，并参见本章第1节有关内容，下文所列项目着重介绍动作要领，不再逐一详述认知渗透方面的内容。此注意事项也适用于本章本体感觉能力训练及综合训练部分。

第三，心理支持问题。训练初期，一些儿童需要特别的心理支持，以减少失衡的恐惧感，增加参与训练的自信心。具体方式有：陪伴训练（训练人员与儿童一起训练）、扶持（训练人员全程或间歇持握儿童双手或双肩等）、同伴互动游戏（能力较好儿童带新手共同训练）。

第四，评估和反馈问题。在失衡、旋转或闭眼状态训练中，儿童对自身的表现可能记忆得不深刻，故需要训练人员通过合适途径对儿童的表现加以评价和反馈，如及时告诉儿童一些定量指标完成情况、通过观看录像资料让儿童了解自己完成训练的情况。

第五，安防问题。前庭功能训练是借助加速度刺激来实施的，躯体失衡在所难免，安全问题时刻存在，故无论是徒手训练还是器械训练都存在一定的危险性，训练人员须做好各种安防工作，如提前布置训练大环境及局部环境，确保训练环境安全。须在技术上加强安防，如骤起急停训练项目须提前做好安防支持准备，技能自动化及其维持阶段也要保持足够的警惕性。初期训练时，儿童不宜单独自主训练，以被动或助动训练为主。在儿童主动训练过程中，训练人员置身其旁，密切关注训练过程，以便意外发生时及时给予保护。闭眼训练的危险性更大，需要训练人员贴身或近身防护。儿童如伴有心脏病、癫痫、脑血管严重畸形等疾病，该类训练须特别谨慎，其他安防的问题，详见第5章第5节的有关内容。

二、训练项目及技术要领

前庭功能训练大致分为器械训练和徒手训练两种类型。

(一) 浪桥系列训练

浪桥系列训练的基本技术是：儿童置身于摆荡台面，自主或在训练人员的协助下进行多种方向的摆动、晃荡或旋转等。训练中的安全问题是训练人员不可忽视的重要问题。该系列训练不鼓励儿童间的互助训练，因为儿童对助推用力的控制或自我保护能力还不是很好，发生意外的可能性较大。

本章第1节已经对训练内容和方法做了完整的介绍，在此列举多种活动形式。

1. 被动训练

浪桥系列设备主要用于儿童前庭功能训练，具有刺激方式多样、易于组织、训练强度好调节等特点，在各类儿童前庭功能训练的各阶段广泛应用。其中的被动训练主要用于低龄儿童、中重度脑瘫儿童和其他难以独立完成浪桥活动的儿童。训练方法有摆荡、旋转、多向度荡摆旋转等。训练项目和技术要领参见表6-2-1、表6-2-2及表6-2-3。

表 6-2-1 荡吊缆

技术要领	
器械	吊缆
体/姿	儿童在缆上的体姿可有多种，如取横向腹趴缆面，则要求儿童上下肢尽力伸直与躯干水平，抬头；其他体位注意两手抓握缆边或缆的支撑杆(简称"缆杆")
动作要领	起先，训练人员协助儿童爬/卧于缆上，缆支持于儿童骨盆至腹部，并确保缆面舒展。训练人员手握缆杆左右前后晃荡，或手持儿童脚前后摇动
导/馈	腹趴时，训练人员用言语提示儿童尽力保持上下肢伸直，头部微翘，全身肌肉放松，特别是面部；发指令要求儿童睁眼环顾与闭眼感受交替变化，或言语表达前、后、左、右、前荡、前摆、大摆等
安/卫	儿童取腹趴位训练时，需要训练人员协助才能顺利置身缆面，注意身体支点在身体上下位中间稍微近头部，防止活动时儿童头朝下翻落。儿童仰卧位时须闭眼或用手护眼。在儿童不能坚持时，适时下缆休息。可延长缆绳，降低缆面，防止发生意外
变式	
变式一	腹趴左右滚：低龄儿童，身体大部分可置身缆内，训练人员可左右摇动，身体左右滚动甚至翻滚
变式二	仰卧左右摆荡：6～7岁以上儿童可尝试仰卧自然屈体，双手抓握在缆的横杆上，训练人员推动儿童臀部或肩部而左右摆荡
变式三	坐荡：儿童臀部及大腿大部分坐于缆上，手握缆杆，训练人员于儿童背部助推前后摆荡
变式四	蹲荡：儿童双脚踩缆面，下蹲，双手握缆杆，训练人员从缆杆助推，前后摆荡，期间儿童可适当挺直下肢
变式五	骑荡：儿童跨缆面骑坐，训练人员持缆杆助推，使儿童左右摆荡
变式六	屈体荡：儿童仰卧(横向)，下肢从腰髋关节处屈曲，训练人员站位于臀侧，持缆杆左右荡或前后荡

表 6-2-2　荡吊台

技术要领	
器械	吊台
体/姿	与项目荡吊缆基本相同,不同的是:此训练项目可取盘坐位
动作要领	基本同项目荡吊缆。另外:吊台的摆荡幅度远远超过吊缆,注意控制幅度和用力均衡,对过分敏感、胆小儿童不宜特别强迫
导/馈	同项目荡吊缆
安/卫	参考项目荡吊缆。吊台摆荡或旋转时,防止绳索勒刮脸颈部、台面撞击训练人员等
变式	
变式一	随训练人员荡:胆小儿童可在训练人员怀里,随训练人员一起荡
变式二	双童荡:两儿童背对背坐或站于台面,训练人员助推一儿童背部起荡
备注	其他变式可参考训练项目一(荡吊缆)实施

表 6-2-3　荡吊兜

技术要领	
器械	吊兜
体/姿	坐或双前臂撑趴吊兜内
动作要领	荡摆操作要领同荡吊缆。如图 6-2-1 所示
导/馈	荡摆期间,与儿童进行言语交流。初期,训练人员直接告诉儿童荡摆方向(前后左右)、荡摆幅度(大小、变大、变小)。后期,儿童主动报告荡摆属性,或计数荡摆次数,或同时完成认知任务
安/卫	坐兜内荡摆时,儿童身体不可向吊兜开口外探;躁动无安全意识的儿童不宜在此设备训练;儿童训练结束下吊兜时需训练人员搀扶;不建议儿童站立兜内荡摆,除非有更有效的保护措施
变式	
变式一	双腿外伸荡:儿童坐兜内近口处,双手紧抓兜口缘,训练人员助推荡摆。该变式要求儿童在荡摆中不乱动,且双手持续紧抓兜缘
变式二	爬荡:儿童面向兜内,双臂撑兜底,训练人员助推起荡
变式三	双人荡:一人(体重较轻)坐兜内怀抱儿童,训练人员助推荡摆。该变式用于易紧张胆小儿童的初期训练,或熟练儿童带新训练儿童训练

图 6-2-1　吊兜荡摆

2. 助动训练

浪桥的助动训练是在训练人员的指导和帮助下,儿童学习摆荡体姿安排、助推用力及摆荡的持续等技术,并增加认知渗透。具体训练项目及其训练技术参见表 6-2-4,表 6-2-5 及表 6-2-6。

表 6-2-4　荡吊台

技术要领	
器械	吊台
体/姿	儿童椅坐吊台,双脚撑地,双手持握绳索

续表

技术要领	
动作要领	首先,训练人员站在儿童身后,双手拉吊台绳索向后移动,同时儿童脚向后移动并用力,学习和掌握使吊台偏离平衡位置的技术和方法。训练人员提前告知儿童抬脚,同时松手起荡。其次,训练人员站儿童面前,握吊台绳索倒退,儿童下肢移动,脚前行,直至儿童脚尖刚能触地时,训练人员松开绳索起荡
导/馈	训练人员及时告知儿童脚部移动及用力等

表 6-2-5　旋荡吊筒

技术要领		
器械	吊筒(有坐盘或无坐盘)	
动作要领	儿童双臂、双腿分别环抱竖悬筒体,训练人员助推筒体或儿童自主起荡,可摆荡、旋转或两者结合。幅度或速度渐增,睁眼和闭眼交替。对于初训练儿童,先在有坐盘吊筒上进行旋荡训练,后在无坐盘吊筒上训练,如图 6-2-2 所示	
导/馈	训练人员给予言语鼓励,让儿童坚持环抱吊筒,并引导儿童感受刺激属性,如方式、幅度、时长或数量等属性	图 6-2-2　旋荡吊筒
安/卫	下筒时防止筒体余荡伤及儿童头部,训练人员注意及时制动竖筒,特别是有坐盘的吊筒,或要求儿童下筒后取站立位	
变式		
变式一	坐位旋荡:儿童在坐盘上取坐位,旋荡整合	
变式二	无坐盘旋荡:双臂紧抱、双腿紧夹筒体,训练人员助推旋荡	
变式三	站立位旋荡:儿童站坐盘上,两脚分离筒体两侧,双手或单手持握吊筒绳索,旋荡。训练人员注意保护	

表 6-2-6　吊台旋转

技术要领		
器械	吊台	
体/姿	儿童盘坐或平坐(臀部至膝部坐于台上,脚伸出台面),双手紧握绳索	
动作要领	首先,训练人员依顺/逆时针方向拨转绳索,儿童随台缓慢旋转,绳索逐渐拧紧。初训几次不必拧得太紧,以便于儿童适应。然后,儿童随台反向旋转。期间,训练人员提醒儿童抓紧绳索。几次正反自然旋转后,吊台会停下来。在儿童适应如此训练后,训练人员可在旋转期间拨转绳索助推,维持旋转速度,提高训练强度,操作如图 6-2-3 所示	图 6-2-3　吊台旋转
导/馈	在训练人员的指令下,儿童在旋转中睁眼环视或闭眼静感;训练人员及时与儿童沟通感受,如觉难受即停止训练,稍事休息后再训练	
变式		
变式一	蹲位旋转:儿童在台上取蹲位,其他同上	
变式二	跪位旋转:儿童跪台面,双手握绳,训练人员助推旋转	
变式三	背对背旋转:两童背对背坐于台面,双臂互挽或独自双手紧握绳索。其他同上	

3. 主动训练

浪桥上的主动训练项目在各个支持面上都可以实施,形式大同小异,故在此按照训练的动作类型加以介绍,不再以具体的吊台、吊马或吊筒分别叙述。各类型动作的技术要领可参见表 6-2-7,表 6-2-8 及表 6-2-9。

表 6-2-7 腹趴荡

	技术要领
器械	吊缆、吊台
体/姿	儿童腹部支持于吊缆或吊台上,双脚撑地,双臂伸直或下垂,抬头
动作要领	首先,儿童腹趴于台或缆上并调整支持面与腹部接触的位置,身体悬空,前后均衡;然后,儿童向后移动脚,缆、台偏离平衡位置后抬脚起荡(正起荡),同时尽可能伸直双腿,但不要上翘,以防身体翻落支持面。持续摆荡方法:① 调整支持架距离墙面的位置,使儿童在荡向墙侧时可以用脚蹬墙面;② 摆荡中,儿童用脚蹬地面助推
备注	其他技术要领参见被动训练项目
	变式
变式一	倒起荡:儿童腹趴并调整好身体后,脚步向前移动使台或缆偏离平衡位置,移动一定距离后脚抬起起荡,身体向后荡,其他同正起荡
变式二	侧荡:儿童腹趴台面,调整好身体位置后,脚侧向移动后起荡

表 6-2-8 吊台吊兜自旋

	技术要领
器械	吊台、吊兜
体/姿	儿童取椅坐位或平坐位趴于兜内,双手紧握绳索。吊台还可取蹲位或跪位完成此项目
动作要领	首先,儿童将吊台绳或吊兜索拧紧到一定程度,然后坐于台面上双手抓吊兜口缘,收脚、抬腿启动旋转。或者,儿童先坐于台面上,脚步侧移旋转,拧紧绳索,然后收脚启动旋转
备注	其他要领参见助动项目(吊台旋转)

表 6-2-9 坐荡

	技术要领
器械	吊台、吊缆、吊马
体/姿	儿童坐浪桥支持台面,脚撑地,双手持握缆杆/绳索或台缘
动作要领	首先,儿童脚向前或向后移动,吊缆、台或马偏离平衡位置。然后,儿童迅速抬脚起荡,同时尽可能伸直双腿。当荡幅减小时,儿童及时在最低点双脚触地助推,维持荡幅。注意:脚尖助推是难点,一要迅速,二要两脚同步触地,如图 6-2-4 所示
导/馈	训练人员及时提醒儿童用双脚触地助推、抬脚、伸腿,对动作僵持的儿童要求其尽可能放松或在荡幅较小的活动中放松身体。期间,训练人员还要对儿童大胆完成动作给予表扬和鼓励,记录儿童摆荡的次数和质量
安/卫	训练人员密切注视儿童操练,当其从支持台面滑落时给予及时的帮助

图 6-2-4 坐荡

续表

变式	
变式一	躯体后仰坐荡：坐荡时，双臂伸直，头向后仰
变式二	吊台坐荡转圈：通过脚侧向助推，使吊台在摆荡同时旋转
变式三	站位起荡：儿童握吊马或吊台绳索后退，吊台/马紧贴儿童臀部及大腿上端，从站立位直接开始坐荡

浪桥系列的被动、助动、主动训练间的差异不在体位、旋或荡的方式及强度，而在儿童的参与强度以及认知负载量。主动训练可鼓励儿童先设计"玩法"，再独立完成。

（二）滚筒系列训练

滚筒类设备中，用于前庭功能训练的主要是钻滚筒。训练分为筒内活动和筒外活动，筒内活动主要刺激半规管，筒外活动刺激的前庭感受器与儿童体位姿势有关，训练时要明确每种体位姿势刺激的具体感受器，确保训练的针对性。滚筒前庭训练的基本操作方式与触觉功能训练相似，但本质不同，需要加大滚动的力度，产生有效的加速度刺激，如快速启动滚动或滚动中急停等。

1. 被动训练

滚筒被动训练分筒内活动和筒外活动。前者适用于力量不足或不会翻滚的低龄儿童，安全性高，操作轻松，刺激属性便于控制；后者可用于各个年龄段的儿童，危险性大，操控难度大，具体项目见表 6-2-10、见表 6-2-11。

表 6-2-10 筒内被动滚

技术要领	
器械	钻滚筒（柱形和纺锤形）、儿童头盔
动作要领	儿童佩戴头盔，平卧筒内，双臂抱胸前或上举置于头侧。训练人员助推筒体行进。先进行筒内滚动适应性训练（均匀助推行进），随后进行自然减速训练（单次助推后筒体及儿童自然行进至停止）。最后，用大部分时间进行正加速度训练，速度逐渐加大，如快启速停、往复折返等。训练人员实时要求儿童在睁眼或闭眼两种情况下进行训练
安/卫	儿童拳肘不得置于体侧；头颈微曲，以防蹭地面。使用纺锤形滚筒须更加小心
变式	
变式一	斜坡滚：用体操垫预置斜坡，然后在此斜坡上自然滚动下落；或利用滑梯的滑道开展该项目的训练
变式二	屈体左右摆滚：儿童仰卧筒内，下肢上举，双脚蹬筒内壁，训练人员站立筒口，助推筒体，左右摆滚，闭眼、睁眼交替

表 6-2-11 筒外被动滚

技术要领	
器械	柱形钻滚筒，儿童头盔、护腕等
动作要领	儿童横趴筒体外上方，双臂伸直，抬头。训练人员双臂夹儿童腰骶部或双手持握儿童双踝，助推筒体行进，直至儿童双掌支撑地面。训练人员实时要求儿童睁眼或闭眼。强度调整：滚动速度、幅度

续表

	技术要领
安/卫	滚动幅度把握得当,谨防训练人员身体失衡;或在筒体对侧铺软垫
变式	
变式一 (头颈)	仰卧滚动:儿童在横趴滚基础上,翻身取仰卧位,进行筒外被动滚,或双手撑地或双臂抱体侧头部触底
变式二	俯卧滚纵:儿童纵趴筒体上,双臂抱筒体、双下肢夹筒体,训练人员于筒口助推筒体左右摆滚

2．助动训练

上述被动训练都可以转变为助动训练——减少训练人员的支持,增加儿童的助动操作。下面补充一些操作较为复杂的助动训练项目,见表 6-2-12、表 6-2-13。

表 6-2-12　筒内跪滚

	技术要领
器械	滚筒,内径以 55 cm 以上较为合适
体/姿	儿童取四撑跪位(双手/双肘和双膝以下同时撑地面)
动作要领	在儿童跪于筒内后,训练人员慢慢推滚筒,同时儿童侧移跪行。逐步增加滚动速度。闭眼、睁眼交替进行
导/馈	训练人员提示儿童调整侧移的速度,不要着急,保持与筒的滚动速度的协调;变节律前,训练人员提前发出信号。指导儿童掌握身体失衡时的肢体控制方法
变式	
变式一	变节律内跪滚:滚动中的速度快慢和方向发生改变,提高儿童躯体对刺激变化的敏感性和应变能力
变式二	方向突变跪滚:跪滚行进中,训练人员突然停止,造成儿童身体翻滚,增加前庭刺激;儿童调整好跪姿后重复进行

表 6-2-13　骑筒摆滚

	技术要领
器械	小滚筒、大滚筒
体/姿	儿童骑滚筒一端,双手扳握筒缘
动作要领	训练人员于筒口另一端助推,左右滚动,儿童实时保持身体姿势
变式	
变式一	筒外跪摆:儿童沿筒体纵向双膝跪,躯干直立,双手托双膝。训练人员于筒口双手推筒,左右摆动,幅度缓慢增加,严重失衡时儿童可用手撑筒面,恢复姿态;训练辅助人员实时给予扶持、提供保护等
变式二	双童骑筒摆滚:两儿童同向或面对面(手拉手或手搭肩)或背对背(头枕对方肩或两背分离)协调摆滚训练

3．主动训练

滚筒主动训练用于运动能力好、胆大灵活、自我保护能力较强的儿童。主动训练的筒内活动同被动训练,筒外活动补充"筒外走滚",见表 6-2-14。筒外活动安全性低,需训练人员及其辅助人员近身防护。

表 6-2-14　筒外走滚

技术要领	
器械	小滚筒、大滚筒;儿童头盔、护腕、护肘
体/姿	儿童佩戴头盔、护腕、护肘,站立滚筒体上的中间部位
动作要领	首先,儿童在训练人员的帮助下或独立跪于筒外,四肢配合缓慢站立并保持稳定,躯体适度放松;然后儿童在训练人员的帮助下(手握训练人员的手)缓慢移动脚步,推动滚筒行进。适应性练习几次后,儿童独自完成训练
导/馈	训练人员随筒行并提供保护,提醒儿童放松躯体,保持身体直立、抬头;记录连续走滚的脚步数或完成一定距离需要的时间等
安/卫	当儿童失衡脱离滚筒时,尽可能跳离滚筒,切忌坐在滚筒上,防止儿童向后翻落筒体或落坐速度过快压坏滚筒
变式	
变式一	站筒侧摆:儿童沿筒纵轴方向站立,自主左右摇摆
变式二	倒走滚筒:在正走滚筒的基础上,儿童练习倒走滚筒
变式三	双童同向走滚:两儿童同方向站立于滚筒上一侧,合作推筒滚动行走

滚筒助动训练项目均可用于主动训练,训练人员根据儿童操作水平的发展状况以及训练强度的需要来组合实施。其他主动训练项目参考触觉功能训练中同类训练的"主动训练"。

(三)滑梯系列训练

滑梯训练的基本方式有徒手滑行和滑板滑行。徒手滑行训练时,儿童躯体直接在滑道滑行,可坐滑、腹/仰卧滑、正滑/倒滑(头在前)或多个儿童首尾相接滑行。社区或儿童游乐场的滑梯滑行属于徒手滑行。感统室的滑梯训练多采取滑板负载儿童在滑道上滑行,故名为滑板滑行,其训练强度较徒手滑行要大。滑板滑行的形式非常多,训练主要考虑 6 个方面的问题。其一,眼开合状态。睁眼训练在先,闭眼训练在后。其二,体位。儿童在滑板上可取卧位(仰卧或俯卧)、坐位(伸腿坐或盘腿坐)、跪位和蹲位分别训练。其三,面向。儿童取头面向前(正滑)或头面向后(倒滑),侧向不易操控,不具普适性。其四,滑行过程完成的动作。训练初期,儿童在滑行过程中始终保持起滑姿势,不再完成其他动作;当儿童熟练掌握基本的滑行技术且躯体平衡控制能力较强时,可在滑行过程中完成随意动作或指令性动作。其五,滑行起点。胆小、敏感的儿童可在训练人员的协助下于滑道的下半程起滑,逐步升高起滑点。其六,助力大小。儿童起滑或滑行过程中施加不同力度助推,加速滑行速度,提高训练水平,但要预先布置足够长的水平滑道,儿童须佩戴塑制头盔。如儿童胆小不自信或在初期训练时,起滑及滑道滑行时可反向拽拉滑板或儿童双手撑推滑梯道壁,降低滑道滑行速度,让儿童度过适应期。

滑梯系列训练最终以主动训练为主,助动训练和被动训练作为过渡。对于初次参训儿童或前庭过敏儿童不宜强求其必须自主滑行,否则会导致损伤。

1. 被动训练

滑梯是前庭功能训练的主要设备,也是安全性较差的设备之一。儿童训练初期和不具备独立滑行能力的儿童宜采用被动训练,如被动随滑(见表 6-2-15)、半程限速坐滑(见表 6-2-16)来降低难度,学习操作技能。

表 6-2-15 被动随滑

技术要领	
器械	滑梯、滑板
体/姿	训练人员取坐位,儿童取坐、跪等位
动作要领	训练人员在地面协助儿童适应滑板滑行的属性:儿童坐于滑板上,下肢伸直或盘坐,训练人员牵拉绳索作直线或曲线滑行。几分钟后,训练人员坐在滑板上,儿童与训练人员使用同一滑板或不同滑板,随训练人员滑行
导/馈	训练人员在滑行前及期间,告诉儿童滑行时要身体前倾,心理要放松,同时用手助推儿童身体向前
安/卫	防止儿童手部被滑梯侧壁挤压
变式	
变式一	坐怀滑行:儿童抱坐于训练人员怀中,正坐(与训练人员同向向前)或倒坐(与训练人员面对面),随后起滑
变式二	依背滑行:儿童跪或站立于另一滑板上,双臂攀附或双手抓握训练人员肩起滑
变式三	背靠背坐滑:训练人员正坐滑板,儿童背坐另一滑板,并与训练人员背靠背,儿童随训练人员滑行

表 6-2-16 半程限速坐滑

技术要领	
器械	滑梯、滑板(有牵引绳)
体/姿	儿童取坐位,面向前方
动作要领	训练人员通过牵引绳使滑板停在滑道中下段,儿童坐在滑板上起滑。滑行中,训练人员通过牵引绳控制下滑速度,确保儿童在滑行时不从滑板上脱落。根据儿童在训练中维持平衡能力状况,训练人员实时调整滑板下滑速度
导/馈	训练人员提示儿童及时调整坐姿,以适应滑行的需要,让儿童体会滑行时的心理感受,帮助儿童及时总结顺利滑行的身体调节的技术要求
安/卫	儿童衣服不要太宽松,衣襟、裤脚、鞋带等要整理得贴体,不要拖沓,以防止拌绕滑轮或干扰肢体运动。手臂平举伸直以防被滑板轮子或滑梯道壁挤压
变式	
变式一	伸腿坐滑:儿童臀坐在滑板上,两下肢并拢伸直起滑,训练人员通过牵引绳控制下滑速度。先正坐练习,然后倒坐训练(儿童手抓滑板边缘或握柄)
变式二	盘腿坐滑:儿童盘腿坐在滑板上起滑,训练人员通过牵引绳控制下滑速度。先正坐练习,然后倒坐训练

2. 助动训练和主动训练

经被动训练，儿童熟悉滑梯及滑板特点，掌握了训练的基本方法和要求，产生了积极训练的愿望和兴趣，就可以进行助动训练和主动训练，增加训练的强度，具体项目见表6-2-17、表6-2-18、表6-2-19、表6-2-20和表6-3-21。

表6-2-17 卧滑

项目名称	技术要领	
俯卧自然滑	儿童取卧位，滑板置于儿童腹部下方，面向前，两腿伸直、抬头，双手牵拉滑梯道壁起滑，滑行期间，双臂平举伸直。整个滑行是借助身体重力势能进行的，故为自然滑行，如图6-2-5所示。在坐滑的基础上，俯卧滑一般不再设计安排半程滑，而是全程滑。前者从滑道的下半程起滑，后者从滑梯的预备台起滑。	
俯卧助力滑	儿童俯卧起滑后，训练人员于儿童臀部助推，加速滑行速度，提高训练强度。其他同项目：俯卧自然滑	 图6-2-5 俯卧自然滑
仰卧自然滑	儿童取仰卧位，一板置其腰部，一板置于小腿部。下滑时双手抱头颈后部	
仰卧助力滑	在"仰卧自然滑"基础上，训练人员于起滑后助推儿童双膝，加快下滑速度	

表6-2-18 坐滑

项目名称	技术要领	
伸腿正向坐滑	儿童坐滑板上，面向或正或倒，两腿并拢伸直，双臂平举伸直、身体前倾起滑。滑板起滑点在滑道的不同位置，由低到高，逐步增加滑程的长度。助动训练时，训练人员帮助儿童稳定滑板，控制起滑速度。该项目的难度因素可从滑程来调整，以适应儿童不同训练水平及心理紧张程度的要求。坐滑的滑程一般为：半程坐滑和全程坐滑。睁眼和闭眼也是难度调控因素之一，操练技术熟悉后交替使用。其他项目中也经常应用，仅此提及，其他效仿即可	图6-2-6 盘坐正滑
盘坐滑	包括盘坐正滑和盘坐倒滑。其他同项目：伸腿正向坐滑，如图6-2-6所示	
伸腿反向坐滑	儿童坐的方向与滑行方向相反，其他技术同上。如图6-2-7所示	图6-2-7 伸腿反向坐滑

表 6-2-19　跪滑

项目名称	技术要领
正跪滑	儿童取跪位,滑板置于儿童膝及小腿下方,面向前,双手牵拉滑梯道壁起滑。滑行的难度因素主要是身体重心的高低、身体姿势调整以及滑程长短。起初,儿童屈体全跪(臀部及大腿紧贴小腿及脚踝),上肢前平举,两膝及小腿间的间距尽可能大。随训练水平提高,逐步提高身体重心,躯干直立(立跪),上肢侧平举。对于前庭失衡较为严重的或低龄儿童先采取半程起滑,降低难度,提高成功率,增加自信心,随滑行技术的提高,逐步过渡到全程滑。跪滑难度较大,初训时,儿童易于翻倒,须采取适当安全防护措施:在地面滑行通过两旁放置棉垫,若要翻倒则要求儿童侧倒
倒跪滑	儿童起滑前的坐向与"正跪滑"相反,其他同项目"正跪滑",如图 6-2-8 所示 

图 6-2-8　倒跪滑

表 6-2-20　蹲滑

项目名称	技术要领
正蹲滑	儿童取蹲位,滑板置于儿童双脚下方,面向前。难度因素仿跪滑设计
倒蹲滑	儿童蹲滑板上,面向与滑板滑行方向相反,其他技术要领参见"跪滑"

表 6-2-21　双童互动滑

项目名称	技术要领
背靠背坐滑	两儿童一同坐双人滑板,一正坐,一倒坐,背靠背起滑。下次互换角色训练。可从两者的坐位变化设计变式,如伸腿坐和盘坐等多种变式
一坐一跪滑	一童取坐位,另一童取跪位。坐童在前,跪童附后,双臂盘搭坐童双肩起滑,或跪童侧跪、单手持托坐童肩部。坐童先取伸腿姿、后盘腿进行训练。训练中,两童互换体位。双童互动训练时需穿鞋,赤脚或仅穿袜可能会夹伤脚
一坐一蹲滑	后面的儿童取蹲位于板上,双手扶在前一儿童(坐童)的肩上起滑。变式见项目"一坐一跪滑"
双跪滑	两童同取跪位,变式取决于跪姿势和方向,如双正跪,后者抱前者腰部或双手扶前者肩;一正跪一倒跪,背靠背起滑
前跪后蹲滑	前面一童正跪、倒跪,后一童取蹲位起滑

(四)平衡木系列训练

平衡木系列训练,功能如其名称,主要是前庭平衡功能的训练。平衡木上,儿童重心提高,心理压力增加,易失衡,可达到刺激前庭器官的目的。该类训练的核心技术是失衡刺激,而不是在平衡木上流畅完成活动。

该系列训练的主要因素有九个方面。其一,体位,主要是两种,站立和蹲,体姿比较单一。其二,基本活动,以行走为主,还可完成跨上-跳下平衡木或跨越平衡木等。行走步法包括:前行(正向行走)、侧行和倒行。脚步的移动方式有:拖步(一脚始终在前——前脚走,后脚尖抵前脚跟走)、正常步(支撑与移动在两腿间交替进行,分别称为支撑腿和移动腿)、交叉步(移动腿从支撑腿前方交叉而过为前交叉步,移动腿从支撑腿的后部交叉而过为后交叉步)。其三,训练方法,助动训练、主动训练和被动训练,以前两者为主。其四,视觉支持度,主要是闭眼时长,以及睁闭眼交替的频率。其五,行进速度。其六,外力助推力度,外力助推儿童会增加失衡幅度,增加刺激强度,但会引起儿童的不良情绪反应,需间隔施加外力。其七,附加活动,儿童同时完成认知言语任务、肢体运动活动(如传接球)等。其八,组织形式,分为互动训练、互助训练、个别训练等。其九,设备的物理属性,包括平衡木的高度、长度、造型,支撑面的宽度和光滑度,材质的弹性以及与其他设备组合使用情况等。

感统训练活动的设计和实施均需进行训练因素分析,以便实时调整训练活动,提高训练的针对性和儿童参与训练的兴趣。

1. 被动训练

平衡木上被动训练的目的多是消除儿童对悬空位的恐惧感、增强适应性,所以支持力度较大,如儿童在训练人员搀扶下完成平衡木上站立、下蹲、转体等活动。训练项目和技术要领参见表 6-2-22。

表 6-2-22 站立躯体摆动

技术要领	
器械	水平 S 形平衡木或直平衡木,去底座
动作要领	训练人员辅助儿童站立于平衡木上,手握儿童双手或双肩,前后左右多个方向摆动,让儿童在高重心位学习躯体姿态调节和平衡控制,消除紧张感和恐惧感
导/馈	训练人员提示儿童随训练者的用力方向摆动,并尽力控制平衡。同时,要求儿童尽力大胆尝试摆动,间或让儿童感受严重失衡及从平衡木上下落的技术
安/卫	儿童裤脚不拖地、鞋带紧系;赤脚、汗脚训练时需扶持
变式	
变式一	下蹲:儿童两脚开立(两脚分开,与肩同宽),在训练人员的搀扶下下蹲起立、踮起脚尖,速度逐步加快。该变式让儿童初步感受并适应悬空位的心理要求
变式二	直立摆:儿童直立,训练人员牵拉儿童双手或助其躯体,使儿童在多个方向上摆动,尽可能不从平衡木上落下。左右摆动时,可尝试一腿跷起后复原
变式三	原地转体:训练人员助推使儿童旋转躯体,脚不落地
变式四	单腿站立:在训练人员的大力扶持下,儿童单腿站立,左右腿轮换训练
变式五	旋转180°:儿童在单脚站立位,连续转体180°

2. 助动训练和主动训练

平衡木上的助动训练和主动训练项目在技术要求上基本相同,一并介绍。

平衡木自身的物理属性可进行调节,如可移除平衡木底座来降低训练难度,练习无底座平衡木行走项目。此时,横梁全部支撑在地面上,降低横梁高度,减少晃动,提高成功率。儿童在训练人员协助下或儿童自主进行正向行走、侧向行走、倒走及花样走等形式的训练。如图 6-2-9 所示。待儿童掌握无底座平衡木行走技能后,可逐渐提升平衡木悬空高度,儿童练习正向走、侧向走、倒走。训练项目和技术要领参见表 6-2-23、表 6-2-24 及表 6-2-25。

图 6-2-9　无底坐平衡木行走

表 6-2-23　正向走

项目名称	技术要领
拖步走	一脚始终在前,另一脚随前脚拖动行走。躯干直立,头部可微屈以便看清行进线路。训练初期,训练人员可握儿童手以给予扶持,或平衡木临近墙壁放置,儿童行走时可扶墙面。随对训练技术的逐步掌握,儿童减少辅助,独立行走;失衡下横梁后,随即上梁继续行走
正常步行	儿童两脚交替行进,重心在两腿间变换同时完成抛接球等活动。辅助方式项目:同拖步走
踮脚尖走	儿童踮脚尖行走,先踮单脚尖行走,后踮双脚尖行走。托脚走或交替走
跨步走	在正常行走的基础上,加大步幅行走
高抬腿走	正常行走的基础上,提高非支撑腿的高度,相当于单腿站立和行走的组合

表 6-2-24　侧向走

项目名称	技术要领
拖步侧走	儿童侧向站立于平衡木上,侧向行走。其他要领详见:正向走的"拖步走"
交叉步行走	儿童一下肢经体前(前交叉)或体后(后交叉)交叉于另一下肢的行走
蹲位侧走	儿童全蹲或半蹲,拖步侧移,或同时完成拍球

表 6-2-25　倒走

项目名称	技术要领
拖步倒走	儿童侧向站立于平衡木上,侧向行走。其他技术详见:正向走的"拖步走"
正常倒走	儿童两脚交替行进,重心在两腿间变换
踮脚尖倒走	在正常倒走的基础上,儿童踮单脚尖或双脚尖倒退行走,托脚走或交替走

此外,在前庭功能训练方面,平衡木上的训练还可设计多种形式,如平衡木花样走(参见本章第 3 节本体感觉能力训练)、双童互动行走、视觉屏蔽行走等。

(五)蹦蹦床系列训练

蹦蹦床(蹦跳床)是以前庭功能训练为主的训练设备。儿童在蹦床上训练的体位有卧位、坐位、跪位和立位,以立位为主。蹦跳的基本方式有上下跳、左右来回跳、转体跳(转跳)等。其他可调节的训练因素如睁眼/闭眼、儿童间合作互动以及完成其他操作等。

1. 被动训练

蹦蹦床被动训练用于训练初期的及障碍程度较重的儿童。训练活动如卧床振荡、压肩反弹被动蹦跳等。训练项目和技术要领参见表 6-2-26、表 6-2-27 及表 6-2-28。

表 6-2-26　卧床振荡

技术要领	
器械	蹦蹦床(大号)
体/姿	儿童取卧位,头颈下置软垫
动作要领	儿童卧床面中间,若个头较高,则双腿至膝下置于床面外,腘处置软垫,小腿自然下垂(仰卧)或伸直或两腿交替。训练人员双脚跨儿童躯体两侧,上下踩荡床面,儿童被动随床振荡。振荡幅度先小后大,逐步增加刺激强度
导/馈	训练人员用言语告知儿童充分放松躯体,睁眼或闭眼感觉躯体振荡
安/卫	仰卧位训练时,确保儿童头部置于床面,防止儿童头部撞击到床缘钢环
变式	
变式一	仰卧振荡:儿童在床面上取仰卧位随床振荡
变式二	俯卧振荡:儿童在床面上取俯卧位随床振荡,双臂伸直,头部可伸出床缘,胸及下颌下衬软垫或柱状气球

表 6-2-27　压肩蹦跳

技术要领	
器械	蹦蹦床(各种大小型号均可)
体/姿	儿童取坐位或跪位
动作要领	训练人员辅助儿童坐或跪于床面上,双手托儿童双肩并用力下压,后自然反弹,儿童被动感受蹦床活动性质
导/馈	训练人员言语告知运动的性质及方向,如"压、弹""下、上"等,让儿童感受受力性质及运动方向等属性
安/卫	下上蹦床防止身体失衡摔倒
变式	
变式一	椅坐弹:儿童取椅坐位,臀坐于床面,两脚着地,自然翻开,两手先撑于床面,后前平举或侧平举。训练人员站于儿童前,小腿与儿童小腿交叉,双手有节奏按压儿童双肩,儿童同节律上下蹦弹。注意引导儿童放松身体,闭眼体验节律活动过程。变式另有:盘坐弹和跪坐弹(先全跪后立跪)

表 6-2-28　我跳你弹

技术要领	
器械	蹦蹦床
体/姿	儿童取坐位、跪位或站立位
动作要领	训练人员与儿童同在床上,握儿童双手或托儿童双肩。训练人员在床上下蹲后起立或弹跳,带动儿童被动弹跳。训练变式参考项目卧床振荡的变式设计
导/馈	参考项目压肩蹦跳
安/卫	下上蹦床防止身体失衡摔倒

2. 助动训练

助动训练往往起到突破难点、降低训练难度、增强安全性等作用。蹦蹦床助动训练在训练初期使用较多。训练时,训练人员通过持腋、牵手等方式提供支持,使儿童掌握蹦跳技能。训练项目和技术要领参见表 6-2-29 及表 6-2-30。

表 6-2-29　持腋助跳

技术要领	
体/姿	儿童取半蹲位(屈膝下蹲但臀不触及小腿)
动作要领	训练人员双手置儿童腋下,在儿童从半蹲位跳起时给予助举,使儿童离床面有足够的高度,同时协助儿童保持身体平衡。如此反复弹跳,逐步减少对儿童的助举及身体平衡扶持
导/馈	训练人员要求儿童有节律下蹲、弹跳,保持身体平衡,提醒儿童加大下肢弹跳的主动性和力量;实时提示儿童肢体放松,体会操练过程。通过变换弹跳落脚点,要求儿童体会床面不同地方的弹力性质,以便提高两脚间的协调性
变式	
变式一	一跳一歇:起初,儿童在训练人员扶持下完成从下蹲、弹跳到回落的完整过程,重新计划好后进行下一次完整的操练,如此反复多次后进行变式二的训练。该训练中训练人员的扶持力度需较大,以确保儿童动作规范、过程流畅
变式二	连续蹦跳:在训练人员的帮助下,儿童连续蹦跳 3~4 次后稍休息,交流总结,然后再进行同样次数的操练,若干循环后,逐步增加每一循环连续蹦跳的次数

表 6-2-30　扶手蹦跳

技术要领	
体/姿	儿童取半蹲、全蹲或站立位
动作要领	训练人员双手持握儿童双手/腕,协助其蹦跳。其他技术参考训练项目"持腋助跳"
导/馈	同项目"持腋助跳"
变式	
变式一	同项目"持腋助跳"中的变式一和变式二
变式二	左右跳:儿童在训练人员的扶持下,左右交替蹦跳

3. 主动训练

在助动训练基础上,儿童独立完成多种形式的蹦跳,详细技术不再分项目陈述。具体训练技术参见表 6-2-31。

表 6-2-31　花样蹦跳

项目名称	技术要领
拔地而起	儿童站立床面中心,全蹲用力起跳,下落后再全蹲,如此反复。该形式注重蹦跳高度。随着技术逐渐熟练,逐步增加下肢力度和弹跳高度。腾空即刻尽力舒展躯体,随即放松身体,特别是头颈要伸直舒展。逐步增加上肢的动作,如侧上举过头伸直或击掌、前上举过头、手臂后摆击掌等
原地高频跳	儿童站立床面中心,屈膝弯腰起跳高度低、频率快。其他要领参考项目"拔地而起"设计
踮脚变频跳	儿童站立床面中心,踮脚尖屈膝弯起跳,落下后仍用脚尖支撑。弹跳高度低甚至未离开床面,但速度时快时慢或渐快到渐慢

续表

项目名称	技术要领
转体跳	儿童上下跳的同时旋转身体,逐步增加身体旋转角度,典型的有 90°回转(向左跳或向右跳)和 180°回转(向后跳),以及连续转体跳
四向侧跳	儿童站立床面中心,起跳后落点位于起跳点的前方、后方、左方和右方,依次进行四方蹦跳。上肢动作及躯体姿势要求参考"原地上下跳"
双脚交替跳	儿童双脚起跳后,单脚支持蹦跳,两脚交替
跳下跃上	儿童在床面连续跳 2~3 次,从床面跳跃到地面,转体跃上,如此重复。如果训练室两个蹦蹦床,儿童可在两床间跳来跳去
闭眼跳	儿童在闭眼情况下进行上述各种方式的蹦跳
双童协同跳	两儿童在蹦床上同时蹦跳。形式有:面对面、手拉手原地同时跳/转圈跳、背靠背跳等。协同跳要求两儿童相互关照,步调一致,整体有节律

(六)独脚凳系列训练

独脚凳系列训练可从三个方面进行训练因素分析。其一,独脚凳物理属性,包括凳腿形状(有的圆柱体有的楔形,触地面有的尖的有的平)、凳腿长度或高度(独脚凳凳腿长度有多种,训练室至少配置高低不等两种)、坐面光滑度(有的光滑,有的粗糙或粘贴粗糙材料)、材质(塑制和木质)。其二,地面物理属性,主要是触地面的软硬度和光滑度。其三,操作,包括双腿支撑坐、单腿支撑坐、坐位转体、附加活动(拍球或认知言语活动)、闭眼睁眼、组织形式(个别、互动或小组)以及训练方法等。

1. 被动训练

被动训练项目主要用于有肢体运动障碍儿童及前庭功能严重失调儿童,多数轻度、中度障碍儿童不需要此训练形式,直接进行助动训练和主动训练。训练项目举例及训练技术可见表 6-2-32。

表 6-2-32 坐摆躯体

	技术要领
器械	独脚凳、地垫
准备活动	儿童做下蹲运动、弓步压腿等活动
体/姿	坐位,躯干直立,双臂自然下垂或前/侧平举
动作要领	儿童在 1~2 名训练人员扶持下,坐于独脚凳上,屈膝、两脚撑地,训练人员双手持儿童双肩,前后左右摆动躯体,让儿童感受躯体在各个方向上的失衡及恢复平衡的感觉,逐步增加摆动的幅度和速度。此形式可谓"屈腿摆躯"
导/馈	引导儿童感受摆动的幅度、方向等,提示儿童放松身体、下肢用力与身体平衡控制相协调
变式	
变式一	辅助坐/立:训练人员一手扶握独脚凳,一手辅助儿童坐在独脚凳上。期间,儿童躯干保持直立。如此反复多次。该项目更多训练的是儿童的本体感觉,但它是儿童掌握独脚凳训练项目的基础环节
变式二	持凳坐/立:儿童单手持握凳面边缘下蹲,同时将凳置于臀下,然后起立,左右手交替操练。随后儿童双手持握凳面边缘,凳面贴臀部下蹲完成,坐于凳上。训练人员手扶儿童双肩,维持儿童身体大致平衡,确保顺利下蹲并坐稳

续表

	变式
变式三	躯静腿动：训练人员双手把持儿童双肩，使其躯干及头颈保持相对静止，然后在训练人员的辅助下或儿童自主进行下肢多方式的运动，如屈伸、抬腿轮作、下肢分与合等
变式四	伸腿摆躯：儿童下肢伸直、两腿分开呈"V"字形，训练人员摆动儿童躯体；反复几次后，儿童双腿并拢摆动身体。最后，一腿搭在另一腿上摆动躯体

2. 助动训练和主动训练

在被动训练基础上，当儿童能够单手或双手持凳坐在凳上，并能保持身体平衡后，独脚凳上的训练就以助动训练和主动训练为主。训练项目及其技术要领见表6-2-33。

表 6-2-33　独角凳训练活动

项目名称	技术要领
前合后仰	儿童在墙面附近坐独脚凳上，背对墙面，背与墙之间留5cm左右间隙，训练人员双手拉儿童双手，协助儿童舒展躯体靠在墙面，随后返回屈体。随训练水平提升，适度增加儿童背与墙的间距，减少训练人员扶持。该项目须在地毯上实施，或在独角凳下置胶皮垫，增加摩擦力
椅坐转圈	儿童取椅坐位，侧移脚，顺时/逆时针交替旋转。逐步增加单次移动的角度
双童背靠背坐	两儿童背靠背、头贴头分别在两个独脚凳上坐立，同时按照训练人员指令完成下肢的、躯干和上肢的各种动作
双童面对面坐	两儿童坐向面对面，保持一定距离，完成多种活动，如手搭对方肩做屈伸互动动作、单脚支撑闭眼坐比赛拍球、抛接球、数学计算等

（七）球类系列训练

在前庭平衡训练上，球类项目仍然是非常重要的项目。有关球类训练的基本技术在本章第1节已有介绍，它们的物理属性及基本操作方法详见第8章第2节。

1. 被动训练

球类前庭训练主要用于如下几种情况。

(1) 儿童伴有严重的肢体活动障碍，如一些脑性瘫痪儿童，他们可能难以提供足够的力量支持或呈现防护性反射动作。

(2) 儿童年龄小且伴有认知缺陷，难以执行训练人员的指令，只能被动感受刺激。

(3) 训练人员有意安排，确保刺激强度，引导儿童集中注意感受平衡、失衡及失衡后的躯体反射动作，理解有关操作要求等。

具体被动训练项目见表6-2-34、表6-2-35。

表 6-2-34　大笼球活动

项目名称	技术要领
腹趴球面训练	儿童在训练人员协助下，俯卧趴球面；训练人员双手托球夹持儿童腰髋部，上下震动或左右前后摆动。初期，根据儿童体长选择相对小的球或充气不太饱的球，开展训练。这样，儿童距地面较低，训练易于实施。然后，逐渐增加儿童距离地面的高度。与触觉刺激相比较，前庭功能训练要求给予儿童尽可能大的加速度刺激，即静与动的转换要快，要有力度

续表

项目名称	技术要领
坐球训练	儿童坐大笼球球面,双腿并拢自然下垂或分离,躯干、头颈直立放松,双臂自然置于躯体前侧或平举或上举。训练人员扶儿童双肩,或左右摆动或上下震动或前后滚动。起初,可在相对较小的球上训练(双脚着地),逐步在大球上训练(下肢悬空),如图6-2-10所示
仰卧球面训练	儿童取仰面躺在球面上,上下肢舒展,头颈紧贴球面;训练人员持握儿童双肩,或左右或前后摆动或上下震动

图6-2-10 坐球

表6-2-35 花生球上训练

项目名称	技术要领
卧枕训练	儿童仰卧位头枕花生球中部,训练人员于儿童头两侧以不同力度、不同频率按压花生球。儿童下肢伸直或在其下横垫另一花生球
坐球训练	儿童横坐花生球体,双腿在球同侧、伸直,躯干、头颈直立,双臂自然置于体前侧或平举或上举。训练人员扶儿童双肩,左右摆动/上下震动/前后滚动
跪球训练	儿童取跪立位或全跪位,训练人员持儿童双肩或握其双手,或左右或前后摆动或上下震动
骑球训练	儿童取坐位,两腿分别置于球两侧呈骑马姿势,躯干及头颈舒展,双臂或平举或侧平举,训练人员扶儿童双肩前屈后仰、左右摆动、上下震动等

2. 助动训练

与触觉训练不同,球类用于前庭训练,一般要求球的体积较大,如大笼球、花生球、柱体球、羊角球等。这些球稳定性较差,儿童单独操练难度大,因此先采用助动训练方式,辅助儿童仰卧、俯卧、坐或跪于球上。训练项目和技术要领参见表6-2-36。

表6-2-36 球类助动训练活动

项目名称	技术要领
海洋球池活动	基础操作要领:儿童脱鞋或穿鞋在海洋球上站立或行走。球池内放置的海洋球(弹性充气)不要太多,以布满池底为宜。训练人员携儿童单手或双手同池活动,辅助儿童双脚站立于球上或行走,走走停停,儿童双脚尽力不要触地面。该项目使儿童躯体失衡较小,易于组织实施
飞卧大笼球	基础操作要领:儿童趴卧大笼球上,双臂伸直,抬头,躯干用力保持伸直,躯体整体呈飞行状。同时,训练人员持握儿童下肢,完成摆动或滚动活动,儿童在失衡状态时反射性调整躯体姿势
	变式一:原地摆荡。训练人员一手扶持儿童腰部,一手推大笼球使儿童全部悬空,随后助推使球左右前后摆动或上下振荡或小范围绕环。如此往复多次,稍事休息
	变式二:持腿滚动。训练人员站立于儿童双腿间,双手持握儿童膝部在多方向滚动。训练人员提醒儿童躯体保持伸直舒展。作为前庭功能训练,训练人员要为儿童尽可能提供多个方向上的加速度刺激,这样才能取得效果,这是与触觉防御功能训练上的差异
	变式三:持脚滚动。训练人员双手持儿童双脚踝,推动球进行更大范围、速度变化更大的训练。其他技术要求同上
	变式四:笼球人体跷跷板(俯卧)。训练人员持压儿童双脚,儿童双臂伸直,躯体及头颈部在球上完成屈伸动作,似跷跷板

续表

项目名称	技术要领
仰卧大笼球	基础操作要领：儿童仰卧大笼球面，在训练人员的扶持下完成各种活动，儿童在失衡状态时反射性调整躯体姿势
	变式：原地摆荡；持腿滚动；持脚滚动；笼球人体跷跷板(仰卧)。儿童双臂、头部、躯干姿势要求及动作要领同项目"飞卧大笼球"
坐大笼球	儿童坐在大笼球球面上，躯干、头颈保持直立舒展，在训练人员扶持和要求下完成各种活动
	变式一：脚支撑坐荡。儿童坐球上，两脚支撑地面(调整球大小或球的充盈度)，头颈、躯干保持直立，双臂前/上/侧平举，训练人员于儿童身后助推或加压球，儿童完成左右、前后摆荡或上下振荡
	变式二：下肢悬空坐荡。儿童坐球上，两脚离开地面，呈悬空状，两腿并拢或分离。其他技术要领同上
	变式三：球顶盘坐。在训练人员的大力支持和安全防护下，儿童盘坐在球面顶部。起初，训练用球为中等大小的球，而且球的充气不要太饱。随训练水平的提高逐步选用大球和充盈度高的球。该项目危险性较大，不可由儿童单独操练，或变相独立操作(如球靠墙壁或墙角)

3. 主动训练

被动训练和助动训练活动都可以转变成主动训练，即训练人员给予口语指令，儿童依指令完成操作。在球类的前庭训练中，儿童重心高、身体幅度变化大、易失衡，训练人员要注意保护，但不必过度支持，否则刺激强度不足。在此补充一些项目，见表6-2-37、表6-2-38。

表6-2-37 跪球

技术要领	
器械	粗面或滑面大笼球，注意调控充盈度
准备活动	全身性热身活动，下上肢肌力训练
体/姿	跪位
动作要领	儿童手扶大笼球，下肢紧贴球面，身体缓慢前倾同时屈膝跪球，整个过程小腿正面与脚背尽量贴于球面，如图6-2-11所示
导/馈	引导儿童感受身体位置变化，将注意力集中于保持身体平衡上
安/卫	球体四周无危险物，必要时可预置软垫；训练人员近身防护，以防儿童滑落，发生危险
备注	训练初期，可令球抵墙面或其他支撑物，提高球体稳定性，降低训练难度

图6-2-11 屈膝跪球

变式	
变式一	马踏飞"燕"。待儿童熟练掌握双腿跪球姿势后，重心渐移向一侧膝部，另一侧下肢及双手离开球面
变式二	球面立跪。待双腿跪球稳定后，伸展躯干呈立跪状。此时儿童可立跪球上并阅读或回答提问或与他人对话
变式三	互动抛接。儿童跪于球上与训练人员抛接弹力球或触觉球或篮球等。也可两童取适当间距，面对面分别跪坐于两球上完成传球训练

表 6-2-38　花生球系列活动

项目名称	技术要领
骑花生球	儿童骑花生球上,上下振荡、左右/前后摆动
坐滚花生球	儿童坐花生球上,移动脚步来回滚动。肢体活动正常的儿童可以尝试背滚：坐滚继续向前行进,背部贴球滚动,直到头部,然后反向操作,直至上手后撑,臀部触地,球置于双腘下
跪双球静持	两花生球紧贴,儿童两腿分离,膝盖至脚踝搭跪在两花生球中部,身体直立,随后依训练人员的指令或示范进行上肢、躯干及头颈的多种活动
跪单球静持	儿童两腿分离,膝盖至脚踝跪在花生球中部,双手托膝盖两侧球面控制平衡,抬头,挺身。期间,如果身体失衡,可首先借助双手托球面制衡,其次脚尖触地或双手托地等
站双球摆荡	两花生球(大小相同或不同)相间 5~10 cm 距离,两球外侧四面放置体操垫。儿童扶握训练人员手,同时双脚分别站立于两球上,然后根据训练人员指令或示范完成各种动作,速度由慢到快,幅度由小到大。该项目有一定的危险性,训练人员须近身保护或握儿童手给予直接扶持

【注】直径较大的大笼球一般不宜由儿童单独操练,以防儿童从球面滑落,头部撞击地面。

(八) 平衡台系列训练

平衡台系列训练受三个方面训练因素影响。其一,平衡台的物理属性,包括台垫的属性如高度、曲度、台垫摩擦力、台垫的荡摆向度(单向度、多向度)等,台面的属性如形状、面积、光滑度,以及训练时同时使用的数量及其排布方式等。其二,地面物理属性,包括地面光滑度和硬度(木地板、PVC 防滑地板、地毯等)。其三,操作,包括体位或重心高低(主要有坐位、跪位、蹲位和站位),台上基本动作(如摆动、单腿站立、转体、跳上跃下、下蹲起立、多台间行走等),附加操作(如头顶球、认知言语活动等)、视觉支持情况(闭眼、睁眼及其交替),组织形式(个训、互动互助、序列进行等)。

1. 被动训练

平衡台多用于幼童或前庭敏感性较高儿童的训练。平衡台的被动训练,主要让儿童取坐、跪位于平衡台上,在训练人员的帮助下被动感知平衡台的前后左右摆荡,刺激其前庭。训练中也可通过增加摆荡的幅度、加快转换速度以及睁眼闭眼的交替体验加大训练强度。训练项目和技术要领参见表 6-2-39。

表 6-2-39　平衡台被动训练活动举例

项目名称	技术要领
平衡台坐荡	儿童先伸腿坐(脚撑地面),后盘腿坐台面上,训练人员双手托儿童双肩摆荡,或前后或左右,幅度渐增,转换速度渐快。睁眼/闭眼交替体验
平衡台跪荡	儿童跪于平衡台面(顺跪——面向摆荡方向跪,或侧跪——跪向与摆荡方向呈垂直关系),身体直立,训练人员扶儿童双肩助推摆荡。该训练项目用的平衡台台面如果有软垫支持,更有利于训练的实施。睁眼/闭眼交替体验

2. 助动训练

平衡台的助动训练,可在儿童熟悉平衡台的物理属性并掌握了身体控制能力的前提下进行。助动训练需要儿童尝试独立完成平衡台上的各种活动。在训练中,训练人员要给予儿童生理和心理两方面的支持。一方面要在儿童操作严重失衡时给予必要的扶持,另一方面要实时鼓励儿童,舒缓其紧张心理,增强完成动作的信心。训练项目和技术要领参见表 6-2-40。

表 6-2-40 平衡台助动训练活动举例

项目名称	技术要领
坐台活动	儿童独立完成在平衡台盘坐和伸腿坐的操作,然后随训练人员指令或示范完成多种形式的肢体活动,如坐向随指令改变(向左/右转等)、躯干/头颈的屈伸等。另外,体姿可变为跪位(儿童在台上取全跪或跪立位)和蹲位(儿童在台上取全蹲跪或半蹲体位),其他技术要领同表 6-2-39
双脚站台活动	平衡台放置在近墙壁处,为儿童上台或训练中的严重失衡给予支持,同时减轻儿童训练的心理紧张度。儿童双脚站立台面后,完成多种姿势调整训练:开立、直立、交叉立、对角线站立等动作,以适应平衡台的各种属性。在训练人员扶持下,儿童完成下蹲/起立、躯体旋转、上肢的各种活动等。睁眼/闭眼交替体验。此外,可取单腿立位且左右腿交替训练,其他同上
多台走跳活动	多个平衡台间隔排布,儿童在训练人员辅助下行走或跳跨

3. 主动训练

上述被动训练和助动训练项目是儿童在平衡台上受训的基础和过渡,均可发展成为主动训练项目,它们的技术要求在主动训练中没有大的变化,故不再重复,在此补充部分项目,见表 6-2-41。

表 6-2-41 平衡台主动训练活动举例

项目名称	技术要领
闭眼蹲台	基础操作要领:预置塑制高台垫平衡台,儿童蹲立于台面。当台端触地后,儿童及时加以调整,重建平衡,如此静持尽可能长时间。睁眼/闭眼交替,逐步增加闭眼静持时间,期间集中注意力体会身体失衡及调整,注意呼吸调整,身体舒展,尽可能放松。如果儿童难以适应高台垫平衡台的训练活动,可先在低台垫平衡台上训练,然后再在高台上训练
	变式一:并脚全蹲。双脚合并,全蹲于平衡台中间,躯干、头颈逐渐直立
	变式二:分腿半蹲。两脚分别位于中心两侧,半蹲姿势,静持。训练周期内,逐步增加两腿间距,直至台面两端
闭眼站台	基础操作要领:先在低台垫平衡台上训练,随后改为高台垫平衡台。其他见"闭眼蹲台"项目
	变式一:直立静持。儿童双脚并拢站立于台面中心位置,静持
	变式二:分腿站立。两脚分别位于中心两侧,两腿伸直,静持。训练周期内,逐步增加两腿间距,直至台面两端
双童坐位互动活动	基础操作要领:两儿童分别坐平衡台上,开展肢体互动活动
	变式一:伸腿坐互动。两儿童分别坐台上,两台相距一定间隔,背靠背或脚对脚互动活动
	变式二:盘坐互动。盘坐台面,面对面,或手拉手,或手搭肩,或背靠背,双童躯干、头颈屈伸互动或左右互动

项目名称	技术要领
双童跪坐 互动活动	基础操作要领：两童分别跪坐平衡台上，开展肢体互动活动。活动形式考虑的要素有：全跪和立跪，面对面和背对背，躯体摆荡向度，睁眼和闭眼
	变式一：背靠背全跪左右摆。操作如名称之意。睁眼或闭眼
	变式二：面对面跪立前后摆。两儿童分别跪立于两个平衡台上，面对面，手拉手或手托肩前后摆荡
	变式三：面对面全跪左右摆。操作如名称之意。睁眼或闭眼
一跪一坐 互动活动	基础操作要领：两儿童各持一平衡台，一个跪位一个坐位，开展肢体互动活动。每一形式互换体位进行训练。活动形式考虑的要素较多，比如有：坐位分为平坐和盘腿坐，跪位亦可分为全跪和跪立，其他要素有双童面向、躯体摆荡向度及睁眼和闭眼等。各种要素加以组合形成多种训练形式
	变式一：面对面活动，一坐一跪面对面，坐者扶跪者腰，跪者压坐者肩，或左右或前后摆荡。活动须互换角色对等操练
	变式二：背靠背活动，一坐一跪背靠背，坐者头抵跪者背，双童躯干做屈伸，灵敏感觉对方运动，配合自然，动作流畅
	变式三：面对背活动，前坐后跪或前跪后坐，肢体接触，互动活动

（九）徒手系列训练

徒手系列项目在训练实施形式上有较大的普适性，可以通过被动训练形式实施，也可以通过助动训练和主动训练形式进行，所以不再依三种形式分别叙述。训练人员可根据儿童年龄、项目操作能力、躯体活动障碍程度、训练的目的以及训练强度的要求等具体情况选择合适的训练形式。具体项目和技术要领参见表6-2-42。

表6-2-42 徒手系列训练活动举例

项目名称	技术要领
原地转圈	基础操作要领：儿童或站或蹲，在原地转圈。设计要素有：儿童重心高低、上肢姿势（贴体或平举）、旋转速度和方向、睁眼和闭眼等
	变式一：蹲位闭眼转圈。儿童闭眼从全蹲位跃起，同时旋转90°或180°，连续作业多次后反向旋转
	变式二：站立睁眼快速旋转。儿童从开立位开始旋转，双臂侧平举，脚下变换速度逐渐加快，有眩晕感后卧地休息
	变式三：站立位闭眼跳转。该变式是变式一在站立位的翻版
站立	基础操作要领：儿童双脚或单脚立完成蹲起、转体、摆身等活动。变式包括有依赖睁眼/闭眼站立、无依赖睁眼/闭眼站立、言语负荷闭眼站立、认知负荷闭眼站立等。
	变式：倒立。可主动或在他人协助下完成，每次倒立几秒，可多倒立几次
跑步急停	儿童以一定速率沿预定路线跑步行进，并依训练人员不定时指令"停"，完成行进中急停操作
不倒翁	盘坐位，两手抓住脚踝，屈背；随后身体向右后或左后方倾倒；使脊柱两侧接触地面并得到挤压，儿童连续进行动作的同时回答训练人员提问或背诵古诗、计算数学题目等。变式：后仰同时身体旋转，如图6-2-12所示

图6-2-12 人体不倒翁

（十）日常生活系列训练

前庭功能训练在日常生活中也可以广泛开展，家里的卧具、小区道路两边的埂以及游乐园里的滑梯等都是儿童前庭功能训练的现成设备，家长或训练人员应该充分利用这些条件，将感统训练室内的训练活动应用于日常生活中，这样可以提高儿童训练的主动性和积极性，但同时要十分注意儿童的安全防护问题。训练项目和技术要领参见表6-2-43。

表 6-2-43 日常生活训练活动举例

环境	项目名称	技术要领
家庭	卧滚	儿童卧床上或地毯上，肢体伸直舒展，成人助推儿童臀部或肩部翻滚，或借助床单翻滚效果更佳
	坐滚	儿童坐床或地板上，双手扳双腿后仰，背滚至头颈部后自然返回，如此往复多次甚至几十次不等，该活动俗名"不倒翁"或"刺猬滚"
	床面蹦跳	在成人的陪护下，儿童在席梦思床面上蹦跳，或家庭购置蹦蹦床进行训练
	原地转圈	儿童在床上或居家其他地方站立旋转，多需成人保护和支持
社区公园等	走埂	小区、公园道路两边的埂实际上是一大型的"平衡木"，儿童在上面行走或慢跑可以很好地锻炼平衡功能和本体感觉能力。在确保安全，不影响他人，不破坏绿化的情况下，家人应该鼓励儿童走路埂。起初，儿童走埂需要成人扶持，随能力提高，儿童不仅可独自完成，还可以尝试闭眼行走
	滑梯	在社区滑梯上游戏滑行，见本章第1节
	溜滑板车	先操作三轮滑板车，再操作两轮滑板车；先平地上滑，后在缓坡上滑（公园）。成人要尽早教会儿童使用滑板车的制动装置（手刹或脚刹）
	旋转盘	社区常用健身器材，圆形铁质，上下两个圆盘以轮轴相连接，旋转盘旁设有辅助架，供训练者扶握。训练者站立其上，手扶辅助架旋转躯体。儿童使用该设备训练时，要注意安全，特别是初次使用时要由成人扶持，否则儿童会从旋转盘上滑落
	公园游乐	公园不少游乐设施（如过山车、跳床、蹦极、充气堡等）具有强烈的前庭刺激功能，儿童在这些设备上可同时进行多方向的变速运动，刺激多个方向的前庭感受器
其他	沙丘活动	儿童随父母外出旅游，遇有沙丘的地方，可鼓励儿童从高处腾空飞跃或屈体滚沙丘等
	滑雪、滑冰、滑草	借助滑板或滑车在一定坡度的雪地/草地/沙丘或平整的冰面上滑行
	立定跳远	儿童单次或连续多次完成立定跳远动作，后者类似于"蛙跳"
	口令延迟游戏	儿童跑步或行走或跳跃或移动过程中，依据成人口令完成动作，抢令或反应过慢则输。口令类型多样、节奏富于变化，可配合混淆性口令以调节训练难度。如"齐步走"口令的下达方式包括"齐步—走！""齐—步—走！""齐—不（步）能走！"等

第 3 节　本体感觉功能训练

本体感觉系统感知自身躯体各部位所处的位置，肢体的运动方式、方向、幅度、速度等静态或动态的躯体动作要素。本体感觉训练对发展儿童的运动企划、提高动作的精细程度及不同肢体动作间的协调性有直接作用，它与前庭觉、视觉等感觉系统共同调控躯体平衡，并对儿童脑功能的发育、日常活动、学习活动以及成年后工作产生广泛影响。由于本体感觉的感受器分布于肌肉、肌腱及关节周围，所以本体感觉能力的训练均需通过各种运动活动来实现。

一、训练的基本对策

本体感觉系统有其独特的解剖生理特点，具有特定的功能。它的功能训练又是通过运动来实现的。所以，本体感觉训练内容及其训练技术设计需综合考虑本体感觉的生理心理知识以及运动生理相关知识。

（一）训练内容

本体感觉训练内容设计立足于本体感觉系统的生理特点，分两个维度：位置觉训练和动觉训练、意识性本体感觉训练和非意识性本体感觉训练。

1. 位置觉训练与动觉训练

本体感觉系统既可感受动作表达过程，也可感受动作表达的结果。前者为动觉，反应动作属性的形成过程，相应的训练称为动觉训练；后者为位置觉，反应肢体间的相互空间位置关系，相应的训练即为位置觉训练。

（1）位置觉及其训练

位置觉是指个体觉知身体各部分所处的空间位置及其相互关系，可谓静态的本体感觉。人的位置觉以天地为首要参照系、身体特定部位为相对参照系，并随体位及身体造型的变化而变化。如站立位时，人会觉得头上脚下、前胸后背、四肢在左右两侧；人体平板撑时，应觉知到头前脚后、背上腹下、肘在下等。在特定体位或造型下，又可以身体某一部位为参照点，觉知身体其他部位所处的空间位置，如站立位时，相对左肩，胸腹部及下肢都在右侧及下方等。

在儿童发育早期，视觉参与位置觉的形成，并起着重要作用。一些感统失调儿童不能或不愿闭眼，很可能是视觉与位置觉整合存在问题，一旦无视觉支持就不能清醒觉知自己身体的位置，引发心理紧张甚至恐惧感。障碍程度严重的各类儿童广泛存在位置觉异常，感统训练需加强这方面训练。

（2）动觉及其训练

动觉是个体对动作属性表达过程的感受和觉知，即动态本体感觉。动作属性表现为动作要素及其具体属性。动作由三个要素构成：动作部位（具体运动器官）、动作方式和动力。它们是动作形成不可缺少的因素。每一要素又表现为多种具体的属性。

第一，动作部位的具体属性。其一，动作部位的机能状况。感统训练中，不同儿童的不同训练部位的机能状况有较大差异，一些儿童肌力严重不足或强直，一些儿童本体感受器可能很不敏感，需要大强度刺激。所以，训练人员要与医生合作，对存在严重肌肉神经问题的儿童进行医学诊断，据此判断训练的可行性以及设计具体训练技术。其二，动作部位有大小之分。解剖生理一般将人体运动区域分为四大区域：头颈、躯干、上肢和下肢。每一区域又可进一步细分,理论上可以分解到每一块肌肉(大多不具操作性,也没有必要)。单次训练的动作部位过大,会导致其中一些小部位训练不到位,部位过小又不利于发展儿童的整体动作技能。实际训练时,大小区域交替训练。其三,同时训练的动作部位数量。基本原则是逐步增加数量,提高训练难度,但以不导致先前训练部位动作严重扭曲或无法表达为宜。其四,训练部位的主次。多个部位同时参与训练时,以动作技能表现差的为主,表现好的起着支持和辅助作用。总之,动觉训练力争动作部位最大化,直至不分区的整体训练。

第二,动作方式的具体属性。动作方式是动作的核心要素,分为关节运动和非关节运动两大类。前者又分为屈与伸、展与收、旋内与旋外和环转。后者包括开合、提降、舒展与缩聚、平移、翘摆等。每一种动作方式在表达时又表现出一些具体属性,主要有单次动作的幅度、速度、稳定性、持续时长、节律特点或特定含义(部分动作),多次动作的次数、频率、一致性、节律特点、规律等。

第三,动力的具体属性。动力是动作形成的驱动力,分为肌张力、肌力和耐力。它们在表达时表现出的具体属性主要有动力大小、持续时长和稳定性等。

动作三要素及其具体属性以多种复杂的联系方式共同影响动作的精细度和协调性。儿童本体感觉训练的重要目的是提高儿童的动作精细度和协调性。在训练中,各种具体动作方式是基础,具体属性是重点。

2. 意识性本体感觉训练和非意识性本体感觉训练

本体感觉分为意识性本体感觉和非意识性本体感觉。二者的信息传导通路不同,功能不一,具体见第2章第3节及有关学科。这两者需分别训练。

意识性本体感觉训练需要儿童在保持足够唤醒水平前提下,大脑有意识地感受并觉知躯体运动部位的位置关系以及动作表达的具体属性,这是有意识活动的重要信息反馈系统,对准确、流畅地完成生活、学习的各种活动有重要作用。该类训练明显受个体认知能力的影响。认知缺陷不严重的儿童可独立或在训练人员引导解释下觉知本体觉的刺激属性。认知缺陷严重儿童的意识性本体感觉训练难度较大,大多等同于运动训练。

非意识性本体感觉的信息传导通路短、信息转换的神经元少、信息传导速度快,属于反射性质的,训练肌张力的应急调节、运动计划的自动调节、躯体平衡控制及姿势维持等。该类训练还可同时刺激前庭感受器,属于两种感觉系统的整合训练。

本体感觉的具体训练内容要根据儿童本体感觉及动作异常程度而定。问题较轻且年龄较小的儿童,增加日常的室内外活动就可以获得充分的本体感觉刺激,但是运动发展明显迟缓或企图有效提高本体感觉能力的儿童,则需进行专业的训练。

(二) 训练技术

本体感觉系统可处理的刺激属性较为复杂,综合考虑训练内容的两个维度,从如下四个方面介绍本体感觉的训练技术。

1. 非意识性本体感觉训练技术

非意识性本体感觉训练的核心技术是引导儿童做出非计划性的动作反应,分为应急反应训练、失衡再平衡训练以及动作自适应训练等。

(1) 应急反应训练

该类训练中,儿童躯体接受突发刺激后随即做出肢体应急动作反应。

第一,牵张反射刺激法。在儿童不经意时,训练人员以巧力(力大而短)牵拉、推压、转动等方式刺激特定动作部位,引发刺激部位反射性动作。该方法可渗透在各种活动中,不可单独持续使用,否则会引起儿童有意识地应对或不良情绪反应。

第二,反射性动作诱导法。训练时,在意外刺激的诱导下,儿童身体特定运动部位反射性地快速做出躲闪、迎击等应对的动作。具体训练分区域进行,需要训练的动作部位及其组合主要有:头颈、上肢、下肢、头颈-躯干、躯干-下肢和全身。例如,下肢应急动作训练:儿童正常行走,训练人员随机横向抛滚球,儿童快速跨过球/应急踢开球/快速踩住球等。生活中,家长指导儿童在行走、跑动时及时跨过路面的坑、石块、爬虫、湿滑处等。

(2) 失衡再平衡训练

该训练中,儿童在无意识状态下受到失衡刺激后反射性地做出姿势调整,恢复躯体平衡,属于躯体的整体应急反应。个别训练项目如跑动中急停、单腿站立时侧推儿童肩部后的儿童摇摆调正等。互动训练如双人推掌躲闪、顶拐(双人均单腿支撑,手握屈腿踝部,屈腿膝部相互顶压,屈腿落地者输)等。其实,在日常活动中,个体每天都会完成一些失衡与再平衡刺激,所以只要给儿童充分的室内外活动,就可以提高平衡调节能力。在专业训练中,失衡刺激的创设是难点,频繁有规律的刺激会引起儿童的警觉甚至抵触情绪,往往需要穿插在其他训练活动中,或借助设备(如独脚凳、大笼球)来实施。该法大多同时训练前庭功能。

(3) 动作自适应训练

该类训练中,儿童在集中注意完成视觉、听觉、触觉为主的活动的同时,肢体自动化表达动作,个体不关注或间歇关注操作,如边读书边沿跑道的分界线行走或跨过预设的障碍物、边看视频边剥香蕉皮(眼睛不看手部)。又如,边听音乐或听故事边整理玩具或搭积木,边聊天边把豆子装进瓶子等。训练中,训练人员要求儿童把"大部分心思"放在视、听、触等显性的感知活动上,确保完整准确理解感知内容,顺便完成其他动作。该类训练还可提高儿童的注意分配。

非意识性本体感觉训练可提高儿童动作反应速度、平衡调节以及注意力,有效避免意外伤害、提高做事效率,对儿童健康及发展意义重大。各类特殊儿童大多可进行该类训练。感统训练初期,一些不能完成某些动作或动作具体属性表达存在明显问题的儿童可集中进行该类训练,为后续其他领域训练乃至文化教育做铺垫。

2. 位置觉训练技术

位置觉训练的基本技术是在多种体态下引导儿童感知身体具体部位的空间位置,理解身体空间位置的相对性。

(1) 典型体位下的位置觉训练

个体日常生活活动的常见体位主要有卧位、坐位、跪位、蹲位、站立位和倒立位。每种体位又可分为多种具体体位。可觉知的位置概念有上下、前后、左右、内外、远近、中心和周围,以及它们的就近概念(如偏上、偏下等)和组合概念(如前下、后上或左前等)。典型体位下的位置觉训练就是在特定体位下引导儿童觉知身体各部位的位置,以及相同部位在不同体位下的位置变化,如正常站立位下的头上脚下、前胸后背、左右两侧,而跪位时下肢在后下方、小腿更偏后、脚最后等。同时教育儿童理解识记具体体位及方位。

训练初期,需尽可能减少视听触压等感觉的干扰。如儿童配合,在闭眼或戴眼罩的情况下会更有利于位置觉的训练。

（2）特定造型下的位置觉训练

身体各部位经过运动形成的独特空间关系，即为造型，塑造各种身体造型是训练儿童位置觉并掌握相关概念的基本技术，对儿童适应生活、学习有重要意义。

第一，塑造及再现。儿童取合适体位，身体各部位放松。训练人员随意操作儿童身体可动部位后形成特定造型（如金鸡独立），儿童充分感受被塑造过程，然后自主或在辅助下再现造型。训练的技术要求有四。

其一，分步骤塑造。每个部位最终的空间位置要单独塑造，最终形成多个部位的特殊位置关系。

其二，训练人员的塑造最好一步到位，不可反复，否则会造成严重干扰，特别是认知能力较差儿童。所以，训练人员需先做好设计，预演塑造，再对儿童肢体施加塑造。

其三，儿童闭眼感知塑造过程，特别是上下肢可视部位的塑造。

其四，不必言语解释。训练人员只解释基本要求（如始终闭眼、集中注意感觉、复原造型等），不解释动作部位的塑造过程，也不解释最终的造型。

第二，模仿塑造。儿童模仿完成训练人员的示范"造型"或图片中的造型，是本体觉、视觉和动作的整合训练。首先进行分节模仿。儿童边看训练人员的示范边逐个塑造相同的动作部位，掌握每个部位的造型特点后，再将多个部位的造型连贯表达，形成最后的特定造型。然后尝试整节模仿。能力好的儿童可观摩完整的示范后，再凭记忆连续完成塑造。模仿示范的训练中，训练人员示范的一致性非常重要，务求提前设计并熟练表达。最后，儿童可以根据图示完成肢体动作部位的塑造。

第三，塑造的高位统合训练。能力好或进步大的儿童，可将言语、认知和动觉加以整合进行训练。具体训练方法有三。

其一，言语文字引导法。儿童根据训练人员的指令、言语解释（听理解）或文字说明（视理解），完成特定造型的塑造，如塑造吃面条的动作（具体内容如"左手端碗至腹前脐正上，右手持筷挑起面条举高与口齐平偏右嘴角，头微曲左倾，双眼稍右前下视"）。儿童边看文字或听指令，边摆布肢体，反复调试后完成造型。指令呈现方式有两种。一是"1+1"指令，一个指令后随即是儿童的操作，其后是下一个指令和儿童的下一步操作，直至完成全部操作，是降低训练难度的办法，多用于新开展的或难度大的训练。二是"111"指令，多个指令（或指令中包含多个操作）一次呈现，儿童理解并记忆完整指令后，连续完成操作，一气呵成，是高位统合训练中提高训练难度的重要方法。

其二，言语文字表达法。儿童视觉屏蔽，训练人员操作儿童肢体完成造型塑造，儿童肢体复原后解除视觉屏蔽。随后，儿童口述塑造过程，或凭记忆选择相关词语，准确全面地反映塑造过程及造型，词语涉及动作部位、肢体运动方式、方向及最终定型的具体位置。训练人员提前设计塑造过程、最终造型，并预制词语选项（包括干扰度不等的备选词语）。当儿童不能准确表述或选择出全部恰当的词语时，训练人员可重复操作全过程或部分环节，给儿童纠正、补充的机会。

其三，联系联想训练。儿童将塑造过程或造型与某些情景相联系或赋予某种意义，如屈体作揖的造型与过年、拜见长辈的情景相联系，与"礼貌""谦虚"等词语相匹配。儿童还可以根据训练人员描述的具体情景（或给出的词语或短句），自行设计造型并表达塑造过程。后两者更多是认知训练,其中的本体及动作刺激主要用来引导儿童进行多角度思考或想象。

第四,进行体操等方面的体育教育。体操、武术、舞蹈、太极拳及柔术等运动可以创造非常丰富的特定造型,是训练儿童位置觉非常好的载体。所以,本体功能失调或动作发展不佳儿童进行这些方面的训练会大有益处。这方面教育或训练的核心是要求儿童反复微调纠偏、准确表达训练内容的一招一式,而不是简单地比划。否则就成为一般的动作训练,本体觉刺激强度不足,训练效果可能不理想。

在位置觉的各种训练方法中,参与塑造的动作部位数量及部位间空间关系的复杂性是两个主要的难度调节因素,完成速度及准确性是评判训练效果的两个基本角度。训练人员据此设计或调整训练内容,评价训练成效。

3. 动觉训练技术

动觉是动作属性表达的觉知及调节反馈,是本体感觉训练的重心。动觉训练从动作要素入手,就动作的各种具体属性加以训练。训练技术因属性不同而不同。

(1) 动作部位的觉知训练

儿童可清晰地觉知动作部位并理解相关概念是进行所有本体感觉训练的基础,是训练人员与儿童有效交流所必需的内容。训练需掌握如下基本技术。

第一,解析具体动作部位。全身可表达动作的部位分为四大区:头颈、躯干、上肢和下肢。每个分区又有数量不等的具体动作部位。训练人员首先需全面系统地分层解析每个分区,直至具体可动部位,并熟悉其通用名称。如上肢分为左上肢、右上肢,每侧上肢又分为肩、上臂、肘、前臂、腕、手部,手部又分为掌和指,指有五指(每指有其具体名称),每指又分第一指关节、第二指关节或第三指关节或指尖、指中及指跟。躯干和四肢的具体动作部位可细分至每个关节。颜面部等的非关节运动以具体功能来划分其具体动作部位,如颜面部分为额、左右眉、上下眼睑、左右眼球、左右脸、鼻翼(鼻尖两侧)、上下唇、左右嘴角、下颌,口腔分为舌、咽喉和下颌部(完成关节动作)。

第二,大多不必专门训练。对于绝大多数儿童而言,动作分区及具体部位的训练渗透在动觉训练其他活动中或在其他学科教育中有意识渗透即可,无须专门设计动作部位训练的内容。极少数严重运动障碍者可能需要专门训练,如"是腕在动还是肘在动?腕肘一起动吗?"等。一些认知障碍者可能也需要就动作部位的名称进行认知训练,如"现在动的这个部位叫小拇指"等。

第三,全面训练。低龄儿童以及训练初期,训练人员有意识地、全面系统地训练儿童对动作分区及其具体部位的认识,评估儿童觉知具体动作部位情况,构建双方都熟知的动作部位的名称系统,便于后续训练的信息交流。

(2) 动力的觉知训练

综合考虑动力大小、持续时长和稳定性等具体属性,动力的觉知训练技术归结为如下四方面。

第一,动力具体属性的解析。在开展训练前,训练人员要详细解析动力可表达的各种具体属性,明确其名称。动力大小细分为大中小(重中轻)、越来越大(重)或轻、稍大稍轻、忽大忽小、再用力、再轻点等。动力持续时长以抓握儿童多个部位为例细分为:某力度抓握持续时长(秒)、不同力度抓握时长的异同(如轻握5秒、重握10秒)、不同次或抓握不同部位的时长比较,多次抓握时长规律(如三次抓握,时长递增等)。动力稳定性是前两个属性的组合,是训练的重点和难点,可细分为单次用力过程的力量的变化情况(稳定、忽大忽小或先大后小等)、多次用力间的力量变化、频率、节律及其规律等。训练中还会涉及其他具体属性,训练人员可以及时补充和完善。

第二,具体属性觉知及概念认知训练。训练初期,训练人员在对儿童施加刺激的同时,准确告知儿童当下感受到的刺激属性及其名称,引导儿童将觉知到的属性与相关概念相联系,为后续训练做准备。训练中期,训练人员可在实施刺激的同时或结束,要求儿童报告感受到的刺激属性。该阶段的训练力求全面系统,确保儿童准确觉知各种具体属性,理解并识记相关概念。

第三,再现刺激属性。训练人员对儿童施加动力刺激,儿童觉知刺激属性后,以训练人员为对象再现刺激属性。训练需注意三点。

其一,刺激属性由单一到组合。先就认识并表达大小和时长对儿童分别进行训练,随后训练儿童认识并表达时长及大小的组合,以及动力稳定性等其他属性。

其二,同样刺激属性通过动作方式在身体的多个部位表达。动力的大小、时长和稳定性可采用握、压、捏、推、转、蹬、顶等多种方式表达,不局限于单一动作方式。刺激施加的部位也不局限于少数部位,经常变化感受部位。

其三,儿童再现操作以有效区分具体刺激属性为准,大多不必要求与训练人员的相同。如训练人员指弹儿童额部三次,力量特点为大—小—大,儿童再现操作(如指弹训练人员的手背)时的力量大小区分清楚、变化规律正确即可,不必要求与训练人员的力度完全相同。当然,次数、时长等客观计量单位就必须符合要求。

第四,高位统合训练。听理解或文字阅读能力较好的儿童可进行高位统合训练。具体训练方法有二:言语文字引导法和言语文字表达法。

(3)动作方式的觉知训练

动作方式是动觉训练的核心,动觉的其他两要素的训练大多需依附于该要素上实施。训练的基本思路与前两个要素的训练基本相同,分五个方面介绍。

第一,详细解析全身的动作部位及其可表达的动作方式。在训练前,训练人员需参照训练内容(见前文)介绍的动作部位及动作方式的总体结构,分区分层给儿童解析全身的动作部位,使儿童熟悉每个具体动作部位的名称、可表达的动作方式及其名称。各种动作方式下的具体属性如动作幅度、速度等在训练内容介绍过,这里不再赘述。训练中可能会涉及其他具体属性,训练人员应及时总结归纳。

第二,觉知、理解与识记训练。训练初期,训练人员对儿童施加刺激的同时,准确告知儿童当下觉知到的动作方式及其具体属性,引导儿童将觉知到的刺激属性与相应的名称或概念相联系,为后续训练及文化教育做铺垫。训练需注意三点。

其一,先训练各种动作方式(如屈伸、提降等),再训练动作方式下的具体属性(如小幅度曲肘等)。

其二,最终要在视觉屏蔽下准确感知动作方式及其具体属性。训练初期,儿童可观看自己及训练人员的动作方式及其具体属性的表达,借助视觉准确觉知刺激特征及其概念。熟悉刺激后,儿童还是要在视觉屏蔽下,清晰准确觉知训练人员施加的刺激特点。

其三,同一动作方式及其具体属性可由多个动作部位表达。比如以"嗒-哒-哒"较慢节奏的外展训练,可由肩关节表达、也可由躯干表达,还可由髋关节表达。

第三,觉知再现训练。在前期训练的基础上,儿童需在闭眼状态下先感受施加的刺激,再表达感受的刺激属性。如连续缓慢大幅度外旋的训练,训练人员先握住儿童腕部,要求儿童闭眼或戴眼罩,然后均匀不间断缓慢外旋儿童单侧上肢,直至最大限度,可重复几次。随后,儿童闭眼或睁眼自主表达刺激属性。训练需注意三点。

其一,注意难度调节。根据儿童再现表达的具体情况,及时调整难度。影响难度的因素主要有:动作方式的数量及其整合度(如外旋的同时曲屈)、具体属性的数量(如小幅和快速)、具体属性的变化规律(如外旋过程中先快后慢等)。

其二,变换动作部位再现刺激属性。儿童再现表达的具体情况,可以与训练人员施加刺激的部位相同,也可以变化其他部位来表达,扩大刺激部位的范围,增加训练强度,降低训练疲劳。

其三,言语提示需个性化。儿童再现表达难免不准确,有时需要言语提示。动作笨拙但认知能力较好的儿童,尽可能不进行言语提示,训练人员反复施加刺激、儿童反复再现表达。动作灵活但认知能力较差的儿童可及时对其进行言语提示。

第四,模仿训练。训练人员以自身的动作部位示范动作方式及其具体属性,儿童观察并再现表达。训练注意四点。

其一,示范次数的调整。训练初期的示范次数要多,3~5次不等,便于儿童观察、解析和记忆动作方式及其负载的具体属性。刺激属性复杂时也需要多次示范。训练后期要有意识地减少示范次数,提高儿童的观察力、注意力及信息解析能力。多次示范务求一致。

其二,注意训练难度调节,同"第三,觉知再现训练"。

其三,多部位模仿,大致同"第三,觉知再现训练"。

其四,适度言语解释和纠正。儿童模仿多次仍不到位时,可对听理解较好儿童进行言语解释,对听理解较差儿童进行手把手的支持,纠正错误模仿。

第五,高位统合训练。训练技术同"塑造的高位统合训练",见前文。

4. 运动技能训练技术

本体感觉大多可通过运动来实现,所以各种运动技能(如走、跑、跳、游泳等)都具有促进本体感觉能力的作用。为此,本体感觉失调儿童除了进行专门训练外,还需加强运动技能的训练。训练需掌握一些方式方法。

第一,在简单运动技能中强化动作要素及其具体属性的训练。本体感觉失调儿童首先要加强多种简单运动技能的训练,并要理解识记有关概念名称。这些简单运动多是生命活动的徒手运动,主要有坐、翻身、爬滚、起立、行走、转身、跑跳、拍手、抛投等。儿童在掌握这些基本技能的基础上,训练人员或家长有意识地进行三要素下各种具体属性的训练。如能够完成坐与卧转化的儿童,可增加坐起动作幅度、速度及抗不同阻止的训练。

第二,尝试更多的复杂运动技能。根据儿童动作技能发展水平,训练人员或家长为儿童创造机会,让其尝试多种运动技能,如拍球、传球、跳绳、游泳、舞蹈、足球等相对复杂的运动技能,增加儿童参与训练的积极性,发现儿童感兴趣的运动领域。

第三,熟练掌握几项运动技能,力争成为生活的重要组成部分。在前期广泛参与的基础上,根据儿童意愿,训练人员支持儿童有规律地持续进行几项运动活动。儿童运动项目的选择首先要符合儿童的兴趣,最起码不使其产生抗拒情绪。其次要有利于弥补儿童运动能力发展的不足。三是要能增加儿童间的互动及社会规则的发展。

第四，总结教育训练的有效性。训练人员（特别是家长）是儿童运动技能训练的组织者、指导者和参与者，有效的训练技术因人而异，需训练人员在实践中开发和总结。基本原则是改变，在活动项目、组织形式、示范解释、评价反馈和引导支持等方面进行调整和创新，形成有针对性的个性化训练技术。

5．严重障碍儿童的训练技术

一些严重障碍儿童难以实施前四方面的训练，可尝试如下两个技术。

第一，推拿。训练人员用各种推拿手法刺激儿童肌肉、关节、腱器官等感受器，增加其对刺激的灵敏度，防止机能退化。推拿部位要全面，涉及全身各个关节及肌肉组织。

第二，被动运动。训练人员徒手或借助器械引导儿童肢体被动完成动作，刺激中枢建立相应的动作模式。各种关节运动是训练的切入点，在此基础上附加具体属性。被动运动前需进行医学检查，排除不可训练因素，避免伤害。

（三）训练强度控制

本体感觉训练主要通过运动来实施的，单次训练的力量负荷、活动转换的频率、持续的时长、间歇休息时长、参与训练的动作部位数量、言语认知负荷的难易度、每天训练总次数、周训练的频次，以及儿童训练时的精神状态等是训练强度需要考虑的因素。单次训练及训练周期内容，训练人员及家长不仅要关注儿童当时的训练表现，还要观察评估训练后第二天或更长时段其身体恢复情况以及对训练的兴趣等，适时调整训练强度，确保可持续训练。基本原则是将训练强度逐步提高到一定水平，忌长时间低强度训练。所以，训练初期最好以低强度训练为宜，不出现生理疲劳，随儿童体能的提升而逐步提高或波浪式提高强度。儿童体质、体能恢复等身体素质存在差异，强度增加的幅度也应该因人而异，需在训练实践中摸索。

（四）训练途径

本体感觉训练一般采取多种途径并行，最终以家庭训练为主。家长学习能力较强且问题并不严重的儿童，先以学校或机构的专业训练为主，家长参与专业训练，熟悉训练内容并掌握基本的技术，后主要由家长承担训练。问题较为严重儿童多需要较长时间的专业训练，并且家长需接受持续的指导训练。不少儿童更愿意接受团体或小组训练，则学校或机构就成为主要训练途径。训练途径选择的决定性因素是家长教育训练素质：学习能力、训练技术的创新应用以及训练活动的执行力。

（五）训练注意事项

本体感觉训练的注意事项有如下几个方面。

第一，全面系统学习相关知识。本体功能训练的内容比较多、比较细，需要训练人员及家长全面学习和准确理解，并在实践中反复训练。不仅要学习本书中介绍的内容，还要学习广泛的内容。这是全部训练的基础，不可忽视。该领域训练的技术和方法的创新要求高，本节及后续章节虽介绍了不少的训练技术，但是面对具体儿童，训练技术的创新仍然是训练有效性的关键。训练人员在掌握基本技术的基础上，要不断尝试创新方式方法，避免有限技术给儿童及训练人员造成心理疲劳。

第二，解析是基础，整合是目的。为了更全面更有针对性地训练，训练活动设计及组织实施往往需要对训练活动对象及内容进行因素分析，将动作部位、动作方式、动力及其具体属性进行分层解析，深入"基层"，理解本质，避免遗漏，并在更具体的层面进行训练。但是局部的训练并不能形成个体的整体能力,在分层分类训练的基础上将动作各要素以及要素下的具体属性加以整合,进行整体训练,最终形成适应生活和学习的有效技能和能力。总之,解析及其进行相应的局部训练是手段,整合及发展整体能力是归宿。

第三,区分运动训练和本体感觉训练。本体感觉训练大多通过运动实现的,最终目的也是为了促进运动能力发展,但必须清楚:本体感觉训练的核心是感觉系统的训练,在有效刺激外周感受器的同时为中枢输入明确的本体感受信息,而运动训练的本质是信息由中枢向肌肉组织的输出,最终训练的是肌肉、骨骼的生理机能,个体习得相关运动技能。为此,训练人员在训练中一定要有意识引导儿童觉知训练施加的刺激属性,形成表象和记忆,然后通过运动表达刺激属性。当然,对于认知障碍严重的儿童而言,只能借助运动发展本体功能。

第四,视觉屏蔽很重要。本体感觉是淡感觉,易受视、听、触等感觉信息的掩盖,现实中"看着容易,做起来难"的情况每个人都会有所体会。为了准确连续觉知本体刺激信息,多数儿童需要在训练中屏蔽其他感觉,主要屏蔽视觉信息。

第五,尽力负载认知、言语及规则等方面的训练内容。儿童教育训练最核心的任务是发展认知能力,本体感觉训练涉及大量与生活和学习相关的概念、术语和名称,需要儿童理解和识记。训练活动要尽力负载、渗透相关知识内容,或儿童专门进行训练。

第六,高位统合训练视具体情况开展。感统训练中高位统合训练是力争实施的训练内容,但它对儿童的认知能力及配合度有较高的要求,是整个感统训练的难点,需视具体情况进行难易度不等的训练。不必强求,否则不仅影响低位统合训练,还会挫伤儿童训练的积极性,从而使其产生消极心理状态。

第七,其他。本体感觉训练如使用器械会涉及安防问题,需注意提供支持和保护;颜面部及口腔等部位大多不便训练人员直接施加刺激,训练人员不可不顾卫生强制施加被动训练。本体感觉训练对物理空间多无特殊要求,同样的训练活动可在多种环境下实施,不必固守专用训练室。训练组织形式上,能够团体的或小组的,尽力不要个训;家长可有效组织训练的,不必过度强调机构训练。家庭训练非常重要,家长要积极主动地向专业人员学习,专业人员要表现良好的职业道德,尽力为家长提供专业支持等。

二、训练项目及技术要领

本体感觉训练也是借助训练器械和徒手两种途径来实施。感统训练室常用设备均可用于本体感觉功能的训练。为了与前庭功能训练相区别,训练人员在设计训练项目时须充分理解本体感觉功能训练的基本对策,见前文。

(一)球类系列训练

在本体感觉训练上,球类项目依然是非常重要的项目。有关球类训练的基本技术在本章第1节已有介绍,它们的物理属性及基本操作方法详见第8章第2节。

1. 被动训练

球类被动训练(主要是球体直径较大的粗、光面大笼球、花生球等)能够让儿童感知躯体各部位所处的位置及其变化,肢体的运动方式、方向、幅度以及速度等,适合于年龄较小、障碍程度较重、指令理解能力较弱的儿童。尤其是在训练初期,被动训练能够让儿童逐步熟悉、了解训练人员,适应训练模式,并且保证一定的训练强度。训练项目和技术要领参见表6-3-1。

表 6-3-1　飞卧大笼球

技术要领	
器械	大笼球
准备活动	训练人员和儿童都需要进行热身活动，特别是关节热身
体/姿	俯卧位、仰卧位、侧卧位
动作要领	儿童以一定体姿卧于大笼球上，训练人员手握儿童手腕、衣襟或脚腕等部位，前后左右运动，动作幅度由小至大，儿童可睁眼或闭眼感受身体位置变化及动作属性
导/馈	训练人员鼓励儿童积极体验身体状态，或直接告诉体姿状态及运动特点
安/卫	随时关注儿童神情与身体变化，防止其肌肉或关节受伤。适当准备纸巾，必要时擦拭儿童的鼻涕、口水

2．助动训练

球类助动训练可以培养儿童参与活动的主动性，为之后的主动训练作铺垫。有大笼球花样活动和人墙对攻等训练项目，人墙对攻技术要领参见表 6-3-2。

训练项目：大笼球花样活动。儿童俯卧或仰卧大笼球面上，完成各种肢体活动，基本操作要领参照本章第 1 节触觉功能训练项目中的"仰卧大笼球"和"俯卧大笼球"。为突出本体感觉功能训练的特点，儿童须依据训练人员的示范或指令完成各种动作。

表 6-3-2　人墙对攻

技术要领	
器械	直径适中且弹性较好的球为佳，如篮球、排球、足球等
准备活动	躯干及上肢关节、肌力的充分训练
体/姿	俯卧位为主，其他体位依据儿童自身能力和训练情况而定
动作要领	儿童俯卧地面，屈膝收下肢，面向墙体，相距 1 米以上，双手推球击打，并回接反弹球，如此往复。头部据墙体距离远近可影响训练难度
导/馈	训练人员鼓励儿童，提升其信心的同时提醒儿童注意躲闪反弹球，提高头颈非意识性本体感觉
安/卫	训练儿童掌握双手护头等防卫动作，或躲避反弹球的应急反应。训练时，儿童免戴眼镜

3．主动训练

球类活动形式丰富多彩，是儿童喜闻乐见的训练方式。球类主动训练，能有效刺激本体感受器，并提高儿童对球类运动的兴趣。训练项目和技术要领参见表 6-3-3，表 6-3-4，表 6-3-5 及表 6-3-6。

表 6-3-3　指点悬球

技术要领	
器械	按摩球、足球、篮球、气球等直径较小的球类，或者其他玩具
体/姿	儿童取卧位、坐位、立位等姿态
动作要领	儿童取一定体姿，训练人员持握小球（或其他玩具），让儿童依据口令用手来指点悬球位置。训练过程中，训练人员可适时改变自己的姿态或站位或与儿童距离远近，也可以调控球的大小、运动线路与速度快慢、用力大小、指点节律、指点次数等，从而改变训练难度

	技术要领
导/馈	训练人员及时运用语言引导、鼓励儿童,提醒其积极感受上肢位置的变化,并且吸引儿童注意力
变式	
变式一	指点静球。将不同颜色(或质地、大小、粗糙度)的小球悬挂起来,儿童依据训练人员口令指点小球,口令包含动作属性的多个方面
变式二	金鸡独立点球。儿童单脚站立,其他动作要领不变
变式三	跳跃击球。儿童双腿跳或单腿跳跃,其他动作要领不变

表6-3-4 脚踢悬球

	技术要领
器械	参见项目"指点悬球"
准备活动	儿童在全身准备活动基础上,对下肢关节、肌肉进行充分活动
体/姿	儿童可取卧、坐、立或悬空位
动作要领	按摩球或气球放置地面或悬挂在儿童前后左右各方向,距离儿童下肢可触及范围内。儿童以多种体姿,依训练人员要求,准确踢球。训练可调节因素如,球的布局、脚踢的动作属性(触球部位、踢球角度、力度、次数、左右脚配合方式等)
安/卫	悬球位置距离儿童不宜过远,防止踢空拉伤肌肉或关节

表6-3-5 定位移物

	技术要领
器械	适于儿童抓握的小球或者玩具
体/姿	多种体位下均可训练
动作要领	多种体位下,儿童双手持小球(或其他玩具),从身体一侧"运送"小球到身体另一侧的对称位置,或"运送"至训练人员指定点,要求定位尽可能准确一次完成。调节因素如运球速度、连续运球次数、单次运球时长(如10秒运到对侧)等
导/馈	训练人员及时评价儿童完成情况,让儿童了解动作的准确性
变式	
变式一	单手运送。由双手持球改为单手、两手交替进行,其他动作要领不变
变式二	闭眼运送。儿童视觉屏蔽状态下完成该项目

表6-3-6 背后运球

	技术要领
器械	适于儿童抓握的小球,如乒乓球、网球、高弹球、海洋球等,或积木、仿真水果等玩具或小型生活用品
体/姿	坐位

续表

技术要领	
动作要领	儿童采用背后运球的方式,将放置在身后一侧的小球转移到身体另一侧。坐位可采取盘坐、跪坐、椅坐或立坐位。随着训练水平的提高,可调整小球的大小、加快动作频率
备注	训练初期,可先训练体前运球,待熟练后,改为背后运球
变式	
变式一	连续运输。儿童身体一侧放置一盆小球,另一侧放置一空盆,要求儿童将小球连续运送到空盆中
变式二	"杂"球运输。将大小、质地、重量、粗糙程度、充盈度等性质不同的小球混在一起,让儿童连续运输或按特定要求运球(如先运小而轻的塑料球,再运大的实心海绵球),儿童理解并记住要求,一气呵成

(二)滚筒类系列训练

滚筒的特殊结构可以为儿童身体活动提供支撑,辅助表达有关动作属性,如筒内卧滚可以有效表达滚动的方向、速度及其变化等。儿童也可以将滚筒视为"玩具",实现肢体多种动作方式及其属性的表达,如手推、脚蹬或头顶筒体滚动不同距离等。总之,滚筒的本体感觉训练要与前庭功能训练相区别,着力实现多种动作属性的表达,具体训练设计及实施技术见本章第1节、第2节的相关内容。

1. 被动训练

具体项目参见触觉功能训练的滚筒训练部分,训练人员注意引导儿童感受身体各部位在空间中所处的位置、不同活动中躯体各部分之间的空间关系,以及不同部位肌肉的牵张力。

2. 助动训练

滚筒类活动的助动训练在促进儿童的本体感觉功能方面有明显优势,儿童可以通过在筒内或筒外的各种活动感知身体的运动方式。但该系列活动的助动训练对儿童体能及运动能力要求较高,较适合在训练周期的中后期进行。在助动训练中,训练人员需实时关注儿童的体位变化,给予适度支持。训练项目和技术要领参见表6-3-7。

表6-3-7 筒外跪滚

技术要领	
器械	大滚筒、护腕、头盔
体/姿	儿童取四撑跪位(双手和双膝同时撑筒体外)
动作要领	首先,儿童在训练人员的帮助下或独立自主骑于筒体,收下肢跪于筒脊;然后训练人员于筒口端助推,缓慢左右滚动,儿童实时跪行侧移。儿童在对这种悬空位跪行一定的适应后,逐步增加滚动行进的速度和距离。熟练后可进行闭眼、睁眼交替的筒外跪行,训练人员告诉儿童滚动幅度、速度的变化
导/馈	训练人员提示儿童提高注意力,快速调整身体姿态,提高应急反应水平
安/卫	该训练初期,儿童须佩戴护腕、头盔等保护设备,身体失衡或从筒体滑落时给予安全保护,避免头部着地;及时处理口水、鼻涕等

续表

	变式
变式一	筒外跪摆。儿童双膝跪同上,躯干直立,双手静置双膝上。训练人员于筒口双手推筒,左右摆动,有规律地改变幅度和速度,严重失衡时儿童可用手撑筒面,恢复姿态;训练人员实时给予扶持、提供保护等
变式二	一骑一跪摆。两儿童一个骑筒体,一个跪筒体,两两相对或同向,训练人员助推筒口缘摆动

3. 主动训练

滚筒类活动的主动训练建立在被动训练与助动训练的基础上,儿童在主动训练中有计划地实现训练效果,这对儿童以及训练人员都提出了更高的要求。该类活动适合于运动、认知等各方面能力较强的儿童。有些项目具有一定的危险性,须做好安全防护。训练项目和技术要领参见表6-3-8、表6-3-9及表6-3-10。

表6-3-8 过浮桥

技术要领	
器械	小滚筒、大滚筒、体操垫
体/姿	儿童站立或跪撑滚筒脊
动作要领	首先,训练人员将口径大小相同或不同的3～4个滚筒并排摆放,筒体或紧贴或留有间隔,形似过河"浮桥",桥两端放置体操垫,便于儿童上下桥,降低筒移动幅度。然后,儿童独自爬上桥一端,或爬或半蹲或直立缓慢移动脚步,穿过浮桥。先慢后快,逐步提高速度
导/馈	训练人员随筒行提供保护,提醒儿童放松躯体、动作协调、感受身体所处空间的变化并维持身体平衡,记录成功直立行走穿过浮桥的时间等
安/卫	防止儿童失衡。从筒口侧脱离,下筒时给予安全帮助
变式	
变式一	爬过浮桥。初期,儿童手膝支持爬过浮桥
变式二	过高低浮桥。儿童时爬时蹲,穿过高低相接的筒体
变式三	走过等高浮桥。同一型号滚筒并列排布,儿童依次跨过各筒体
变式四	走过高低不平浮桥。大筒径和小筒径滚筒相间排列,儿童依次跨过各筒体
变式五	双童相对过桥。两儿童分别从两端同时开始过桥,中间相会时互相帮助
变式六	双童过桥比赛。两儿童同时从一端开始过桥比赛,爬行过桥比赛和直立行走比赛

表6-3-9 过独木桥

技术要领	
器械	小滚筒、大滚筒、体操垫、儿童用护腕和头盔
体/姿	儿童沿筒体纵向站立于筒体一端,准备沿筒脊行走,双臂下垂,抬头挺胸
动作要领	首先,训练人员将3～4个滚筒口口相对,口间或紧贴或留有间隔,连贯一起或直或曲,形似"独木桥"。然后,儿童独自或在训练人员的帮助下站立于桥一端,缓慢移动脚步,沿筒脊行进,手臂摆动调整平衡。要求儿童自主设计步幅、步速及行走方式等
导/馈	训练人员随筒行提供保护,提醒儿童放松躯体,保持身体直立,抬头;记录连续走的脚步数或完整行走"桥"需要的时间等

续表

	变式
变式一	过等高独木桥。用同一型号的滚筒来训练在筒脊上行走
变式二	过高低独木桥。用口径大小不等两种型号的滚筒来训练在筒脊上行走
变式三	倒走浮桥。在正走滚筒的基础上,儿童练习倒走滚筒
变式四	双童过桥。两儿童同时同向或相向行走,相向行走换位时需要双方密切配合
变式五	跨筒过桥。筒间留有间隙,儿童跨间隙后继续行走。随训练水平的提高,逐步增加筒间间隔距离。双童互动也可以尝试

表 6-3-10 玩滚筒

技术要领		
器械	圆柱形滚筒	
体/姿	各种体位	
动作要领	儿童以滚筒为"玩具",变换多种玩法,实现身体多个部位多种动作属性的表达,如五指依次点压推滚筒,移动相同距离。每次操作后,训练人员引导儿童判断滚筒移动距离,让儿童建立推力大小与滚动距离之间的关系。逐步调整用力,力求实现每个手指用力尽可能相同。其他肢体的其他动作属性也采取同样的训练办法	图 6-3-1 滚筒方向盘
导/馈	训练人员密切关注儿童的操作,及时发现儿童操作中的问题,指导儿童调整操作方式并感受动作属性的变化	
变式一	双手交替前推后拨。双手交替推滚前行或交替后拨倒退。调节的因素有:交替方式,如左右手各推或拨相同次数后交替或不等次数后交替(适用于能力较高者)、推拨力度(筒滚动距离和速度)、推拨部位(调整筒滚动方向)、推拨频次、手形(握拳、开掌)等	
变式二	双脚交替推筒前行。脚推踢筒体,滚筒前行,左右脚交替推踢。调节因素参考变式一	
变式三	滚筒方向盘。筒体直立或倾斜,双手握筒缘,转动滚筒如操作方向盘,如图 6-3-1。调节因素如原地来回转筒或转筒移动、转筒幅度、速度、均一性等	

(三)平衡木系列训练

平衡木用于本体感觉训练时同时实现对前庭觉的刺激,但训练的重点是动作方式及其相关属性的表达,而不是躯体平衡控制的训练。一般而言,先以前庭训练为主,儿童掌握了器械上的平衡调节后,再进行本体感觉为主的训练。表 6-3-11、表 6-3-12 例举平衡木本体感觉训练项目及其技术要领,更多训练活动可参考本章第 2 节的相关内容来设计。

表 6-3-11 花样走平衡木

项目名称	技术要领
边走边做操	儿童在平衡木上正行、侧行、倒行中完成训练者示范的动作,如侧平举、头部左右旋转、下蹲、高抬腿等。在完成不同动作方式时,依指令表达动作多种属性

项目名称	技术要领
独木桥太极	平衡木上玩太极拳动作：如转体、弓步、上下肢协调运动、头颈随肢体动作而动,腰/腹部适度放松等
独木桥运物	儿童两手分提两桶,内置一定重量的实物,在平衡木上以多种方式行走
转体走	儿童在行走中按照训练者的指令完成如下操作：前行、向左/右转侧行、立定、金鸡独立、向后转前行、向后转倒行
拍球走	儿童边走平衡木,边拍篮球或网球。拍球方式有多种变式：左右手轮换、平衡木两侧交叉拍球、行进方向变换、步伐变化以及闭眼和睁眼交替进行
头顶物走	儿童头顶物品如书、塑料盆/杯、盆/杯盛球等进行各个方向的行走,如图 6-3-2 所示 

图 6-3-2 头顶物走平衡木

表 6-3-12 双童互动行走

项目名称	技术要领
一下一上走	一儿童两腿跨横梁,腿贴横梁侧壁,在地面上行走,另一儿童在横梁上走。变式有：双童正向行走,上行儿童双手托下行儿童双肩。下倒上正行走,上行儿童双手托扶下行儿童双肩面对面行走。下正上倒行走,上行儿童背贴下行儿童背行走。双童反向行走,下行儿童双手持托上行儿童的腰部行走。每一变式注意表达多种动作属性
单向行走	两童均在横梁上行走,表达多种动作属性 变式一：同向正。两儿童均面向前,从平衡木同一端起步行走,期间,后儿童双手搭前行儿童双肩,前行儿童双臂前平举或侧平举 变式二：背对背手拉手走。两儿童背对背,手臂后伸互挽行走
相向行走	两儿童分别从平衡木两端开始行走,大致于横梁中部相会,互动协助交换位置,继续行至另一端。如此往复多次
抛接球行走	相向行走中,双童抛接球。注意双方不要停下来抛接球
双童推手	双童掌对掌进行上肢、躯干屈伸、环转等互动活动

（四）其他器械系列训练

任何器械都可用于本体感觉训练,起着引导动作表达和调节刺激属性的作用。所以,借助器械训练的关键是准确理解本体感觉的含义,遵循本体感觉训练的基本技术,有关内容详见第 2 章第 3 节及本章第 2 节。下面例举其他器械训练活动,开拓训练人员设计活动思路,见表 6-3-13、表 6-3-14、表 6-3-15、表 6-3-16、表 6-3-17 及表 6-3-18。

表 6-3-13　平地滑板滑行

技术要领		
器械	滑板、木棒	
体/姿	俯卧位、坐位、站位	
动作要领	选择平坦的地面,儿童在滑板上,按照训练人员指令完成滑行,表达多种动作属性,如图 6-3-3 所示	图 6-3-3　平地滑板滑行
变式		
变式一	曲线滑行。借助小球(或其他物品)作为标的物,排成间距适当的一列,儿童带动滑板绕过标的物,呈 S 形前进或后退,而不触碰或撞倒标的物为佳	
变式二	坐/跪位滑行。儿童取坐位或跪位,双手持握木棒撑地滑行,变换滑行方向、速度等	
变式三	单脚踏板滑行。儿童一脚踩踏滑板上,另一脚撑地面助推"瘸"行,双脚轮换	

表 6-3-14　助推滑行

技术要领		
器械	滑板、体操球或小型号按摩球	
准备活动	一般性热身活动,可适当进行下肢韧带牵拉和关节活动	
体/姿	仰卧位	
动作要领	儿童仰卧滑板,下肢屈曲,双脚触墙体,而后以不同力度蹬墙,身体随滑板滑行,注意变换滑行角度和距离,如图 6-3-4 所示	图 6-3-4　助推滑行
变式		
变式一	俯卧滑行。儿童在滑板上取俯卧位,脚蹬墙面助推滑行	
变式二	拦截飞球。儿童滑行中,用手击打或抛接小球	

表 6-3-15　空中体操

技术要领		
器械	蹦蹦床	
体/姿	儿童取半蹲、全蹲或站立位	
动作要领	儿童站立蹦床面中心,全蹲用力起跳,下落后再呈全蹲。随即根据训练人员的指令进行上肢的运动,如侧上举过头伸直或击掌、前上举过头、手臂后摆击掌等,如图 6-3-5 所示	图 6-3-5　蹦蹦床空中体操
变式		
变式一	边蹦边拍。两儿童面对面站立在蹦床上,同时屈膝弯腰起跳,步调一致,然后进行你拍一我拍一的拍手游戏	
变式二	上蹿下跳。儿童在床面连续跳 2~3 下,然后根据指令从床面跳跃到地面的指定位置,再转体跃上,如此重复	

表 6-3-16　踩踏车训练

技术要领		
器械	单人平衡踩踏车	
体/姿	蹲位或立位	
动作要领	儿童取一定体姿,训练初期手握脚步器两侧扶手,双脚交替用力蹬踏,带动踩踏车直线行进。难度调控因素:体姿有直立位、躯屈半蹲;前进和后退;睁眼或闭眼;抓握扶手或不依赖扶手操作;变化踩踏节律,单一节律和变节律等,如图 6-3-6 所示	图 6-3-6　踏车独行
安/卫	地面平坦无异物,防止儿童蹬速过快而车倒摔伤	
变式		
变式一	行进接球。儿童蹬车同时与训练人员进行传接球训练	
变式二	两童互动。两童各蹬一车,肩并肩、手拉手或前后(左右)间隔一定距离,沿既定路线行进	
变式三	比赛。儿童在多种行进方式下进行比赛	

表 6-3-17　袋鼠跳跳

技术要领	
器械	袋鼠跳布袋
体/姿	立位
动作要领	儿童立于跳布袋内,双手抓袋边,根据训练人员提示的方向,双腿屈曲半蹲起跳,或原地跳、左右跳、跳转或跳跃沿特定线路行进,注意变换跳的幅度、频率及不同方式转换
安/卫	对于年龄偏小的儿童,训练人员应在其跳跃过程中给予一定扶持,防止摔伤或被布袋绊倒
变式	
变式一	过障碍跳。一列小球间隔布置于儿童跳跃行进线路,儿童跳跃的同时跳过球障
变式二	曲线跳。跳跃路线可呈 S 形、锯齿形等
变式三	顺手牵羊。儿童背着或脖挂小包,地面规则排列或随意散落小球数个,儿童跳跃时遇到小球则捡起装入小包中
变式四	双童竞赛。上述各项目在相同条件下进行双童或多个儿童间的比赛

表 6-3-18　独角凳

项目名称	技术要领
椅坐位体操	儿童两腿屈膝并拢坐于独脚凳上后,躯干、上肢及头颈完成屈伸、内收外展、旋转等体操活动。该项目中,训练人员站立于儿童面前,示范儿童需要完成的体操动作,躯干旋转时易失衡,训练人员需提前提醒儿童幅度不要太大、速度不要太快。随着儿童对训练技术的掌握,体操幅度和速度渐增,提高训练水平
单腿悬空坐	儿童一腿屈膝脚掌撑地,另一腿伸直悬空,或静持或完成外展内收等多种动作。训练人员示范悬空腿表达的动作属性,如慢快慢,分三次抬高悬腿等;两腿轮换训练

续表

项目名称	技术要领	
走梅花桩	3个以上独脚凳倒置，凳腿向上，间隔摆放，似梅花桩，儿童在各桩间行走。期间，单脚须在"桩"上稍作停留，如图6-3-7所示。凳腿过长或端部不平的独角凳不适合此项训练	 图 6-3-7　走梅花桩
坐跳	开始，儿童取椅坐位坐稳，两手分别持握椅面边缘；接着，儿童向左右前后等方向移动一小步，独脚凳贴臀随行；然后，快速坐下，保持上体直立和平衡。需要注意的是：移动起始，独脚椅离地不要太高	
流水作业	开始，儿童取站立位，两脚分开一拳距离，双手持凳贴臀，自然下蹲，坐于凳上，上臂上举，一腿悬空后外伸，随后反向完成上述动作，直至站立位。各个环节衔接自然、动作流畅，速度尽可能快	

（五）徒手训练

本体感觉功能的训练是通过个体身体的各种运动来实现的，个体不借助任何器械也可以进行本体感觉功能的训练。比如，儿童在闭眼状态下依据他人的指令指点自己的身体部位，贴鼻子游戏，以及倒走、侧行、跨障碍物等。对于感统失调儿童而言，无论是接受机构的专业训练还是进行家庭训练，徒手训练是其中重要的组成部分。由于各种徒手运动活动都对个体的本体感觉功能发展具有促进作用，故不再单独介绍相关训练项目及训练技术要素。需要提醒的是，徒手活动较器械训练枯燥，儿童易疲劳，因此，训练人员要适时调整训练内容、训练形式及难度。

（六）日常生活训练

儿童本体感觉功能的发展主要依赖日常生活的各种身体活动。对于存在本体感觉功能失调的儿童而言，加强室内外各种日常身体活动仍然是非常有效的训练途径。比如，跳皮筋、跳绳、踢毽子、打沙包、跳房子、老鹰抓小鸡、丢手绢、双人三足走/跑、游泳、骑车、轮滑、登山、体操以及各种球类运动等。

第4节　综合训练

分领域训练可以集中解决儿童某一感觉系统的问题，各种训练活动虽然大多具有多感觉系统的整合性，但统合水平毕竟不高，需要通过综合训练提高多感觉系统间的统合水平。感统训练的重点是多感觉系统的"统合"，而不仅仅是单一感觉系统的刺激训练。所以，分领域训练是综合训练的基础、准备和过渡，综合训练是感统各领域训练的共同归宿，是训练活动设计和组织实施的重心，在训练周期中占有较大比重。对于多数特殊儿童而言，虽然分领域训练可能需要较长时间，但综合训练仍然不可回避，且应随训练水平的提高不断加大训练活动中综合训练的比例。

当然，一些障碍程度较为严重的重度障碍儿童，他们的感统训练可能长期停留在分领域训练中，综合训练的统合水平较低。

一、综合训练的基本对策

综合训练的设计与组织实施需考虑训练的内容、方法、强度/难度控制和实施途径等基本问题。

（一）训练内容

因"统整"水平的差异，感统训练中的综合训练分为两大类：低位统合训练和高位统合训练。有关低位统合和高位统合的概念参见第1章第1节。

低位统合训练涉及感觉系统两两间或两个以上感觉系统间的整合训练，如视听整合训练、视觉-本体感觉间的整合训练、视-听-触-本体感觉间的整合训练等。低位统合训练项目的设计和实施以前庭觉、本体感觉和触觉为基础，视听觉等其他感觉刺激整合其中。

高位统合训练在低位统合训练的内容中负载认知、言语及音乐等内容，加强大脑皮层功能区与皮层下低位神经结构、外周感知器官和运动器官的整合。训练负载的认知、言语内容，有的是大脑已经习得的，有的是新学内容。这样，高位统合训练又分为两个水平。水平一：儿童在完成低位统合训练内容的同时，提取并呈现大脑已有的认知、言语内容，如蹦床上边跳边背诵儿歌、诗词或回答训练人员的提问。水平二：儿童在完成低位统合训练内容的同时，学习新的认知、言语内容。训练中，可供选择的认知、言语内容非常多，有的是生活常识，有的是学校的教学内容。而且，认知、言语内容介入训练活动的方式几乎不受时空限制，实施条件易于满足，故可大大丰富训练的形式，可有效解决训练疲劳问题，并对提高儿童的认知能力、言语能力和学业成就有直接作用。

与其他分领域训练一样，综合训练也是落实在具体的项目及相关的设施设备上，为了便于理解和更有效组织训练活动，本章将以器械为线索，从"单一器械综合训练""器械组合综合训练"两个方面来介绍低位统合训练和高位统合训练。

（二）训练基本方法

感统训练的基本方法如被动训练、助动训练、主动训练、间歇训练、间隔训练等仍然是综合训练的基本方法，训练中仍将广泛使用。但是，为适应综合训练组织实施的需要，提高训练的"综合水平"，综合训练尚需采取符合该领域训练的特殊方法。

1. 继时性综合训练法

该方法是指训练内容的完成在时间上有前后顺序，相继连续进行，如儿童躯体直立原地闭眼旋转5圈后，径直进行平衡木行走训练。又如儿童完成钻滚筒内滚动训练后，径直进行英文阅读练习等。继时性综合训练法适应于两种情况。其一，相邻两项无法同时进行，如在吊台旋转中无法同时进行文字阅读练习。其二，为同时性综合训练做准备。几项训练内容虽可以同时进行，但儿童对其中一些项目的操作未达到完全自动化，其他内容的同时介入反倒会导致本可完成的项目出现操作失误。对此，儿童需要分别就一些项目进行特别训练，如儿童在滑梯上跪/坐滑行技能尚未熟练时，就难以完成滑行中的传接球或头顶沙包训练，对此可采取继时性训练——在滑行快要停止前介入传接球训练项目。

2. 同时性综合训练法

该方法是指几项训练内容在时间上同时进行，如绕障碍物袋鼠跳、两童闭眼相对行走避让（通过一方或双方的声音判断方位及距离）、边走平衡木边回答训练人员的脑筋急转弯题目等。

一般而言,同时性综合训练的"统合水平"较继时性综合训练要高,训练难度也较大,对训练人员调控训练过程的能力要求也更高。

(三) 训练的强度和难度控制

在应对训练困难方面,综合训练与分领域训练有所不同,既要应对训练强度问题,也要调控训练难度问题。训练强度问题可参照分领域训练的办法来实施,如控制每次训练时长、项目密集度或训练环节重复的次数等。训练难度的调控是综合训练中训练双方应对训练困难最大的挑战。对于综合训练,一般可从四个方面来调控训练难度。其一,调控训练内容的数量。一般而言,一项训练活动中涉及的内容少,那么调集的感觉、信息加工及信息输出的通道就少,训练难度相对较低。其二,调控训练内容的难易度(熟悉程度),新内容介入的综合训练的难度相对更高。其三,调整内容的实施方式。继时性操作各训练内容的难度相对较低(见上文"训练方法")。其四,调控动作的节律。变节律动作的操作难度要比单一动作节律要难。当然,应对训练难点还有其他措施,参见第5章第4节有关内容。

(四) 训练的实施途径

综合训练内容的复杂性、组织实施过程易变性及应对的实时性,决定该领域的训练主要由专业机构的专业人员来承担。家长在接受充分培训并积累一定训练经验后,可配合机构训练开展内容相同或相近的家庭训练。

(五) 训练的注意事项

综合训练需要注意一些共同的问题,主要有如下四个方面。

(1) 训练人员要有"统合"意识。训练人员在设计训练方案时就应清楚意识到该项目需要哪些感知系统参与。训练实施过程中要根据训练目标适时调整训练内容,调节训练的整合水平。

(2) 训练人员要对儿童有全面了解。为了有效实施综合训练,训练人员需要在分领域训练中有意识地搜集、积累关于儿童的各方面信息,如意志品质、感知能力、运动状况、学校教学内容、兴趣爱好等,以便更好地设计训练方案、有效调控训练活动。

(3) 加强相关概念、术语的认知教育。经过分领域训练,儿童对训练中的基本概念、术语及训练技术要求和规则等有了相当的了解,但是综合训练中会渗透大量的概念、术语,需在训练中及时给予解释。具体教育内容要视训练项目、使用的设备及操作技术而定。

(4) 安防问题更为突出。综合训练的项目密集、整合度高,发生意外的可能性大增。为此,训练人员需要密切关注训练进程,通过扶持、近身支持、言语提示等方式给施训儿童提供安防支持。

二、训练项目举例及技术要领

综合训练活动的设计和组织实施同样要考虑训练设备、技术安全员、引导与反馈等训练要素。为避免重复,综合训练活动项目将不再详细介绍,仅举例说明综合训练活动的设计技术。需要强调的是:无论是器械训练还是徒手训练均可设计为综合训练,训练人员需根据儿童训练技能的发展水平实时开启整合程度不等的综合训练活动。

(一) 单一器械综合训练活动

任何一种训练器械除了可以进行分领域训练外,也可以在训练人员的参与下或参训儿童的合作中进行多感觉系统间的低位统合训练和高位统合训练。

1. 球类系列训练

(1) 海洋球池综合训练活动

海洋球池的综合训练活动,主要是儿童在球池内完成坐、跪、立、行、身体翻滚、手/脚划拨球等活动,同时接受触觉刺激、声/光变化刺激以及身体重心变化引起的平衡觉刺激,实现视觉、听觉、触觉、前庭觉、本体感觉间的整合,以及各种感觉与动作间的联系。训练项目和技术要领参见表6-4-1。

表6-4-1 海洋球池综合训练活动举例

项目名称	技术要领
球池司南	儿童仰卧海洋球池内,训练人员手握儿童脚踝并绕球池来回走动,形如旋转的司南
追雨线	儿童坐、跪、立于海洋球池内,训练人员将一盆海洋球倾倒下来。在倾倒过程中,训练人员告知儿童躯体随球流方向(前后或左右)移动,训练儿童的触觉及本体感觉
夹球转移	球池内放一小盆,儿童坐在球池壁边,双脚夹球将其运入盆中。训练人员可要求儿童夹某一颜色的小球,以增加训练难度
浑水摸鱼	儿童寻找球池内掺杂的5~6个目标球(如小号按摩球、排球或网球等)。儿童取站立位或坐位。闭眼或戴眼罩。儿童先在池内翻搅,然后在翻搅海洋球过程中,凭借触觉寻找目标球,并逐一检出。训练人员实时提示目标球的方位,以提高儿童完成目标搜寻的成功率

(2) 羊角球综合训练活动

羊角球是儿童喜欢的感统训练器材之一。借助羊角球可设计内容丰富、形式多样的训练活动,如拍、坐、骑、跳羊角球和羊角球上旋转等,还可将跳跃活动与口令、音乐节奏相结合,以提高儿童的肌体协调性、灵活性及身体的平衡能力。

羊角球训练活动以主动训练为主,助动训练和被动训练作为过渡,亦可采用多名儿童合作完成训练的组织形式。但对于初次参训儿童或前庭过敏儿童不宜强求其必须自主完成跳跃、旋转等活动,否则易导致损伤。训练项目和技术要领参见表6-4-2。

表6-4-2 羊角球综合训练活动举例

项目名称	技术要领
骑羊躲球	儿童骑坐羊角球弹跳,并躲闪训练人员抛过来的小球,防止被击中。训练人员站位多变,可面向儿童,也可围绕儿童移动并抛球,迫使儿童旋转
赶羊旋转	儿童坐球体紧握羊角球双角,在跳跃前行的基础上,根据训练人员指令左转或右转90°或向后转180°或者跳跃转圈。变式:可原地跳转或行进中跳转或行进到规定地点再旋转
骑羊过障	地面摆放若干小球,呈规则排列或不规则散落。儿童按要求骑羊弹跳越过球障
上下羊背	在羊角球上弹跳若干次,马上跳下羊角球在地面完成特定任务后,再迅速跨上球面弹跳,如此往复
双羊并驾	两童各骑一羊角球,背靠背,同时原地弹跳或转体跳。操练时可借助口令确保步调一致

2. 浪桥系列训练

浪桥系列综合活动要求儿童在完成摆动、晃荡或旋转的同时完成训练人员的各项指令,如抛球、接球、拨球、移动目标物、认字、运算等。训练后期还可以采取两儿童互动的方式开展训练，增强儿童的合作、交流能力。浪桥系列训练对儿童的统合能力要求较高，存在较大安全风险，训练人员须谨慎对待。训练项目和技术要领参见表 6-4-3。

表 6-4-3　浪桥综合训练活动举例

项目名称	技术要领
吊台抛球	儿童俯卧吊台，双手握一小球。训练人员手拉吊台线索前后摆荡或拨转、拧紧线索使吊台旋转。儿童在此过程中，依据训练人员命令抛出小球或将球抛到指定的位置或完成认看、言语任务。另外，可选择在浪桥的其他支持台面上进行类似的训练
吊台接球	同上。由儿童抛球改为接他人的传球
浪桥互动	两浪桥的 A 字形铁架相对放置，调整间距，使两吊马荡摆不至相撞。完成的项目有：坐荡脚蹬脚（两儿童均横坐各自吊马，从脚对脚起荡，回荡脚对脚，下肢用力助推）、卧荡递物（两儿童均卧荡各自吊马，同时相互间完成肢体接触动作或传递物品）、坐卧互动（一坐一卧，摆荡中完成肢体接触动作或传递物品）

3. 平衡台系列训练

借助平衡台对儿童实施综合训练，是儿童实现多感觉整合的基本方式之一。随着平衡台构型的改变，训练内容会产生多种"变式"。例如，走平衡台，平衡台上跳跃活动，平衡台跳转等。训练人员需结合儿童需要，综合考虑训练内容、组织形式、基本方法和强度控制等问题，组织实施合适的训练活动。训练项目和技术要领参见表 6-4-4。

表 6-4-4　平衡台综合训练活动举例

项目名称	技术要领	
三台卧荡	儿童屈膝仰卧位于三块平衡台上（胸肩部、臀部、脚部各一块），儿童依训练人员指令或示范完成上肢左右摆动，诱发身体失衡及失衡的控制。睁眼/闭眼交替体验	
走平衡台	在训练人员的扶持下，儿童在多个平衡台间行走。起初，儿童完成两步一台，然后再完成一步一台，随训练水平的提高，台间距渐增则步幅随之增加，或速度渐快。睁眼/闭眼交替体验	
	变式一：前行。儿童向前行走，头部尽可能不看台面，或同时完成认看、言语任务	
	变式二：侧行。儿童以跟随步（后脚随前脚行进）或交叉步（后脚从前脚前/后交叉到前脚前侧）侧向行进	
	变式三：倒行。儿童在台间倒退行进	
	变式四：转体跨步行进。儿童在台面转体，每台一转，变化体位方向，同时完成跨步行进	
平衡台上跳跃活动	儿童跳跃上下平衡台，或在平衡台间跳跃移动。训练人员注意在儿童跃上、跳下时给予近身保护。一般练习单台跃上或跳下，双层平衡台的该类训练须谨慎实施	
	变式一：跃上跳下。儿童需按顺序、流畅完成系列动作。从地面双脚起跳，跃上平衡台，调整身体姿态保持平衡，进行荡摆活动或完成各种动作，跳下平衡台（动作轻盈、平衡台不移动或侧翻）	
	变式二：跳来跃去。儿童在平衡台间跳跃，技术要求参考本项目变式一"跃上跳下"设计。形式注意多样性，如平衡台直线或曲线排布、平衡台荡摆向度相同或台间呈一定角度	

续表

项目名称	技术要领	
多向度走台	相邻两个平衡台的失衡向度呈一定角度,儿童在多个台上行走时可以接受多个方向的刺激。逐步增加闭眼训练时长,见图6-4-1	图6-4-1 多向度走台
	变式一:垂直向度走台。相邻两个平衡台的失衡向度相互垂直,儿童在两向台上行走	
	变式二:S形台行走。多个平衡台呈一定角度摆放,形成S形,儿童在台上顺序行走接受多个向度的刺激	
	变式三:圆形台行走。儿童睁眼/闭眼逐台行进,分别进行前行、倒行及侧行等各种方式的行走训练	
平衡台跳转	儿童站立平衡台,原地双脚起跳转体一定角度,一般为90°或180°,如左跳(90°)、右跳(90°)或向后跳(180°)	
	变式一:对角线跳。儿童两脚分别站立对角线两角,跳到另一对角线的两角上,或跳到同一对角线对角(对角线向后跳)。训练人员注意安全保护	
双童站台原地互动	布置两平衡台,两童分别站立一平衡台上,实施互动训练。主要考虑的技术要素有:儿童站向、平衡台荡摆向度、肢体互动方式等	
	变式一:面对面活动。两童的站台有一定距离,分别开展上、下肢,头颈活动。有的互动是肢体接触形式的,如击掌、"你拍一我拍一"、握手互拉等。有的是非肢体接触协调活动,或同向互动或镜像互动,如侧摆下肢、头颈环转对视等。改变平衡台荡摆向度进行操练	
	变式二:背靠背活动。形式参考该项目变式一设计	
	变式三:面向背活动。形式参考该项目变式一来设计	
	变式四:双童同台互动。预置一塑制高台垫平衡台(该台细长),双童分站平衡台两侧。先通过轻微移动脚部站立位置大致实现两端平衡,然后借助失衡时的条件性反射,调整姿势,使平衡台实现动态平衡	
双童互动走台	两儿童同时在多个平衡台上行走,合作完成互助动作。平衡台的摆放考虑它的荡摆向度、台间距、台间角度以及不同类型平衡台(如高低不等、台面大小不一)的组合	
	变式一:搭肩同向走。小个儿童在前,大个儿童在后,大个双手搭小个儿童双肩,协调经过每一个平衡台	
	变式二:相对行走。两儿童从两端分别起步走,在同一平衡台合作互助通过交汇处的平衡台,然后继续前行	
	变式三:平行侧移。平衡台布置成两排,两儿童手拉手或手搭肩平行侧移。或背对背手挽手平行侧移	

4. 平衡木系列训练

平衡木系列综合训练活动的设计和实施以前庭觉、本体感觉为基础，触觉、视觉、听觉等其他感觉刺激整合其中，有时还可以负载认知、言语及音乐等内容开展高位统合训练。如，儿童在平衡木上完成传接球、躲避球击、拍球等活动，头顶物品在平衡木上行走，儿童在行走中完成其他肢体活动或认知活动等。训练项目和技术要领参见表6-4-5。

表 6-4-5 平衡木综合训练活动举例

项目名称	技术要领	
木上玩球	儿童在平衡木上完成传接球、躲避球击、拍球等活动。平衡木上的儿童或行进或静立，或闭眼或睁眼，有意尝试多种行走方式	
	变式一：静立传接球。儿童静立平衡木上与训练人员或另一儿童进行速度不等的传接球活动	
	变式二：行进传接球。儿童在平衡木上行进的过程中进行传接球活动	
	变式三：行进躲球击球。儿童在平衡木上行进的过程中躲避或反击他人抛来的小球，尝试以头、手、脚等多个部位击球	图 6-4-2 木上玩球
	变式四：拍球行进。将水平与垂直S形平衡木对接（两木呈直线或形成夹角），儿童屈体拍球行进，如图6-4-2所示	
顶物行走	儿童头顶物品如书、塑料瓶（盆）或盆（杯）盛球等在平衡木上前行、侧行、倒行，或睁眼或闭眼，如图6-4-3所示	
	变式一：闭眼静立顶物。儿童头顶物品，闭眼，双脚或单脚静立平衡木上。同时完成认知、言语任务	
	变式二：顶物转体走。儿童在平衡木上顶物行走时，根据训练人员的口令，转体继续行走，或侧行/倒行/前行，或蹲/立后行走等	图 6-4-3 顶物行走
运物过桥	儿童单手提重物或双手提重量不等重物在平衡木上行走，将物品运输到平衡木另一端。可以进行多种方式的"运输"活动	
	变式：运输比赛。两童或两组儿童进行组间接力赛。注意明确比赛规则及活动中的安全	
金鸡对立	两童单腿站木上，面对面进行拍手和（或）脚对脚游戏	

（二）器械组合综合活动

在感统训练中，不同器械间的组合可以设计内容丰富、形式多样的训练活动。但是在传统训练中，器械间的组合活动相对较少，器械活动与徒手活动间的组合也存在同样问题。这在很大程度上限制了器械功能的充分发挥，也使得训练的内容和形式受到一定程度的限制。器械间的组合设计既可用于某一领域的感统训练，也可以用于综合训练活动。

1. 海洋球(池)组合训练活动

海洋球(池)与其他器械组合可用于儿童多种感觉功能的综合训练。训练活动内容丰富,形式多样,能有效提高儿童参与训练的主动性和积极性。比如,在球池内使用平衡触觉板开展"海底探索"等活动可以使外周感觉器与大脑感觉中枢、认知中枢有效整合。使用独脚凳进行"群岛漫游"则可以实现前庭觉、本体感觉、触觉与躯体动作的同时性整合和继时性整合。训练项目和技术要领参见表6-4-6。

表6-4-6 球池组合训练活动举例

项目名称	技术要领
海底探索	平衡触觉板拼接成某形状(圆形、正方形、英文字母等),平铺于球池底并被海洋球覆盖。儿童用脚或手摸索触觉板,完成池中行走或爬行,并报告触觉板构形
	变式一:搜寻断带。触觉板构形不完整,如3/4圆,儿童借助脚或手对触觉板的摸索,确定并拼接触觉板的"断带"
	变式二:海地对接。触觉板组件散乱放置于球池,儿童将组件牵入池底,并按照训练人员要求拼接成相应的图案
海中寻宝	将触觉坐垫置于球池底任意位置并被海洋球淹没;儿童或手摸或脚探,迅速确定坐垫位置并盘坐垫上。视觉屏蔽状态可提升训练难度 
内外联动	儿童取一定体姿沿球池内壁行进,同时拍打池外边的花生球或柱体球。难度调控因素包括:拍打方式可单手、双手交替,换手同时转体拍等。可睁眼或闭眼状态完成训练,如图6-4-4所示
群岛漫游	若干独角凳置于池内,凳面触地,凳腿向上且没入海洋球中;儿童单腿立于其中一凳腿上,另一腿探索、确定下一个凳腿,并适时转移身体,如此找到所有凳腿。训练人员做好防护准备,防止儿童跌落摔伤。训练初期,可适当调整海洋球数量,使凳腿露出"海"面,以降低训练难度
坐大踢小	大笼球紧挨球池外壁,儿童在训练人员的辅助下坐于球上,下肢自然下垂入球池,睁眼或闭眼状态完成踢球、夹球、持球转移等规定动作。训练人员或手扶儿童双肩或脚夹大笼球以增强球体稳定性,防止儿童跌落,同时可以按压或前后左右晃动儿童双肩,如图6-4-5所示。如球池足够大,可置大笼球于池内 
泡泡浴盆	陀螺内预置海洋球若干,另可加入小号按摩球5~6个,儿童坐于浴盆内,躯体随陀螺旋转时感受海洋球的触觉刺激
腾空入水	蹦床与球池紧贴放置或间隔一定距离,儿童以正跳、反跳、侧跳及跳跃转体等方式在两器械间转移。训练人员密切关注儿童跳跃状态,做好防护准备。器械周围要平坦无异物,必要时摆放软垫以提高安全系数

图6-4-4 内外联动

图6-4-5 坐大踢小

续表

项目名称	技术要领
仰望星空	大笼球紧贴球池外壁,儿童仰卧或俯卧于球上,头、上肢触没池球中,训练人员紧握儿童脚踝或持压双膝,进行不同幅度、频率的振动或荡摆,如图 6-4-6 所示。如球池面积大,可置大笼球于池内
	变式:淘宝比赛。儿童双手抱头,两臂内收,于头面部前组建一槽沟,依此槽沟盛球,将球运到球池外。两训练组间进行比赛,以从球池内转移出的球的数量来评判胜负

图 6-4-6 仰望星空

2. 球类组合训练活动

球类的物理属性决定了它们与多种器械有很好的兼容性,可以组合实施多种综合性训练活动。同样,不同类型球也可以组合使用。有关球类与其他器械的组合设计在前文已有不少介绍,后文还会涉及,故不单独详细介绍。

3. 平衡木组合训练活动

平衡木与大笼球、柱体球及蹦床等器械组合使用,开展多种训练,提高儿童视觉、听觉、触觉、前庭觉与本体感觉间的整合水平。在训练后期,还可以在训练环节中介入互动环节或游戏成分,提高训练的趣味性。该类综合活动对平衡控制的要求很高,参训儿童心理紧张度较大。训练人员需根据训练情况给儿童提供心理支持,必要时还需要协助儿童完成操作项目。训练项目和技术要领参见表 6-4-7。

表 6-4-7 平衡木组合训练活动举例

项目名称	技术要领
穿梭台木间	若干平衡台单向度或两向度间隔摆放,与平衡木平行,相间一定间距,儿童在台木间移动。行进路线:先木后台首尾相接、木台交错行进、一脚另一脚木行进等
	变式:平衡台交错放置于平衡木两侧,呈折线形,儿童依某体姿轮流穿梭于台木间
木上床下	蹦床近于平衡木一端且距离适当,儿童取一定体姿走过木上,跃入蹦床上或在蹦床的蹦跳中步上平衡木
木上运球	儿童怀抱或背背或头顶手扶大笼球或柱体球等在平衡木上完成各种行走
	变式一:双童夹球过单木。儿童面对面或背对背夹球在平衡木上行走,将球运到平衡木的另一端
	变式二:双童携球过双木。两平衡木并行放置,间隔适宜距离,两儿童分别站于两根平衡木上,双手或背对背夹球,将球运送到平衡木另一端。运送过程中,儿童可采取任何体姿防止球掉下
木上拍柱体球	儿童静立平衡木上拍柱体球或边走边拍球

4. 平衡台组合训练活动

平衡台与蹦床、独角凳等感统训练器械有较好的兼容性,可以组合使用,实现视觉、听觉、触觉、前庭觉、本体感觉间的整合,抑制过敏信息,增强各感觉通路间的有效沟通,促进多种感觉系统协调发展。训练项目和技术要领参见表 6-4-8。

表 6-4-8　平衡台组合训练活动举例

项目名称	技术要领
抱球过台	5~6个以上平衡台单向度或两向度、直线或折线摆放,间隔一定间距,儿童抱大笼球(先小后大)走/跨过平衡台
台间传球	两台相距1~1.5 m(具体间距视儿童身高及能力来定),同向度或垂直向度摆放,两童分别站立台上,面对面抛接高弹球(直径约2~3 cm)、网球、篮球、柱体球及大笼球等
	变式一:互动拍球。一童拍球击地,另一童拍击反弹来的球或接住后重复对方的操作 变式二:转体接/击球。在变式一的基础上增加转体动作,即儿童击球后转体360°,等待下一次反弹球 变式三:四童台际传球。四台A、B、C、D呈矩形摆放,宽边两台(B、C)相距约1 m,长边(A、B)两台相距约1.5 m(长宽间距可视情况调整)。四童分别站立或盘坐于四台上传球:单球、两球或三球沿边顺序传球或对角线传球 变式四:六童弦线传球。六台呈圆形摆放,间隔均匀。六童分别站立或盘坐于台上,面向圆心,单球或双球沿弦线(两童连线为弦线)传递
球行体间	两台同向度或垂直向度相对摆放,间隔一定距离,两儿童背对背或面对面分别站立平衡台上,大笼球或柱体球等悬置于两童躯体之间,近头部,两童微调身体间距,使球依躯体间隔下滑直至地面。评价标准:球下滑间隔次数越多,表现越好
	变式:夹球侧转。四台对角线摆放,两童面对面或背靠背,体间夹大笼球或花生球等,合作侧移90°至邻近平衡台
站台拍球	儿童立于平衡台上拍球(篮球、排球、柱体球或大笼球等),或静立拍球或拍球转圈
	变式:台间行进拍球。多个台面直线或不规则摆放,儿童拍球在台间行进,同时背诵儿歌或诗词或思考并回答训练人员的提问
穿凳过台	独角凳倒置,与平衡台间隔有规律或无规律地交错放置,儿童一台一凳交替行进
	变式:牵手过台。两儿童双手或单手相牵,合作完成全部台凳的行走
台床跳跃	平衡台与蹦床间隔适当位置放置,儿童于蹦床上弹跳几次,随后由蹦床跳至平衡台,在平衡台上跳转180°后,再次跳回蹦床,如此重复进行

5. 其他器械组合训练活动

除海洋球(池)、平衡木和平衡台,其他器械如独脚凳、单人跷跷板、插板、浪桥等也可以互相组合,设计多种综合训练活动,还可以采取多名儿童互动的方式开展训练。训练项目和技术要领参见表6-4-9。

表 6-4-9　其他器械组合训练活动举例

项目名称	技术要领
三童玩球	独角凳、平衡台、单人跷跷板各一,呈三角形摆放,两两间距约1 m。一童坐独角凳,单腿支撑,另一腿平举;另两童分别站立于平衡台和单人跷跷板上。三童顺时针或逆时针传球,球的大小可以调整,传递速度逐渐加快。1分钟后依次变换训练器械,重复操作
	变式:传接反弹球。在上述操作的基础上,先调整两两间的距离,确保球击地后反弹有足够的距离,然后进行击地反弹球的传接训练

项目名称	技术要领
荡摆插柱	插板置于浪桥正前方适当距离处,儿童俯卧吊台(或吊缆)上,训练人员助推吊台,前后摆荡。儿童依据指令单/双手插入或拔去不同颜色、粗细的插棍。训练人员积极鼓励儿童,并依据训练实况控制浪桥摆动幅度和速率,以调控训练难度,同时避免儿童手指被挫伤,如图 6-4-7 所示 图 6-4-7 荡摆插柱
	变式:荡摆搭积木。用积木替代插板,儿童在吊台等的荡摆中进行积木搭建

(三)徒手和日常生活综合训练项目

感统的综合训练项目也可以不借助特定设备来实施。有的是徒手训练项目,既可以在家庭、学校、社区进行,也可以在训练机构开展。有的是基于日常的室内外活动,在一些简易物品的支持下进行训练,举例见表 6-4-10。

表 6-4-10 徒手与日常生活综合训练活动举例

项目名称	技术要领
卷床单游戏	儿童缠绕单人床单翻滚或旋转 变式一:翻滚卷床单。单人床单平铺床面或地毯上,儿童仰卧床单一端,床单预先裹住儿童下肢(不要太紧),儿童手抓握床单开始翻滚。如果儿童不能自主翻滚,则成人手推儿童臀部、腰部翻滚,直至床单另一头。然后儿童自行解卷或成人持床单端协助解卷 变式二:旋转卷床单。儿童站立位,单手握床单一角,成人握床单另一端,帮助其将床单拉直,儿童边旋转、边移动脚步,完成卷床单活动。该游戏须在地面相对大的地方实施,防止卷曲期间跌倒后撞击受伤 变式三:双童互动。两童于床单两端,同时完成变式一或变式二
互打手背	儿童与成人手心相对上下叠放,下方翻手轻拍上方手背。先进行左右手单手游戏,后进行双手游戏
爬行游戏	婴幼儿在地板/地毯/床面上匍匐爬行取物/推球,或者四撑位(双手、双膝支撑躯体,躯干悬空)爬行 变式一:蜿蜒爬行。成人或另一童前拉一玩具车蜿蜒前行,儿童随后追逐 变式二:双童竞趴。两童跪趴于同一起始线,向同一终线爬行或争夺终线一玩具
翻滚击球	在相对开阔地面,儿童取俯卧位,训练人员站/蹲/坐于儿童正前方,与儿童相距 1m 以上不等的距离。训练人员向儿童方向的不同角度抛推地滚球,儿童通过身体翻滚击打或抓握从身体侧边滚过的球
开倒车	选择相对开阔、无其他安全隐患和干扰的地方,儿童在成人的直接保护或言语指导下进行倒行训练,提高儿童本体感觉和空间感知能力 变式一:保护式倒行。儿童随机倒行时,成人在其身后保护 变式二:直线倒行。在成人言语指导下,儿童根据面前行迹尽力保持倒行路线呈直线行走,适时调整出现的偏差

续表

项目名称	技术要领
开倒车	变式三：蛇迹倒行。儿童有意识地蜿蜒倒行,或使行迹均匀变化或随成人指令绕行大弯和小弯 变式四：倒行比赛。成人事先设计多条直线或曲线赛道(室外用滑石粉或白灰,室内用粘贴纸),2名以上儿童参与比赛 变式五：跨障碍倒行(比赛)。倒行线路中设置有横栏(绳),儿童在行进中跨越 变式六：倒行游戏。儿童手牵玩具车倒行,或背诵儿歌,或回答成人的问题
变向走	在相对开阔的地方,儿童根据成人的指令在行进中变向继续走 变式一："方向"口令变向走。儿童根据成人口令变向走,如向左转走、向后转走。期间,可要求儿童闭眼或加快速度走 变式二："方向＋步数"口令变向走。成人向儿童同时呈现方向及行进步数口令,如5步向后转走(步数先呈现)或向左转5步(变向在先) 变式三："儿歌诗词"口令变向走。成人口述儿歌、诗词(如儿童熟悉儿歌、诗词,成人仅说出题名或第一句),儿童一步一字行走,一句结束,儿童变换行走方向,如小—老—鼠—上—灯—台(向左传)、偷—油—吃—下—不—来(原地转圈)等
开飞机	儿童双臂侧平举,似机翼,完成起飞(由沙发或床边跃下)、滑向(直线跑、曲线跑和转圈、双臂平举静行)、高飞(踮起脚尖小步跑、双臂侧上举振动)、低飞(稍微屈膝、弯腰并低头,双臂平举振动)、颠簸(脚跟小步跑、双臂侧举上下大幅度振动)、降落俯冲(下蹲、收臂并扑向沙发或床边)。期间,成人给"飞机"不同飞行阶段"配音",并引导儿童边"飞"边模拟"发动机"声音 变式：按指令飞行。成人扮演导航员,儿童扮演飞行员,"天地对话"引导"飞行员"模拟不同飞行状态,向不同方向飞行或以不同速度飞行等
金鸡独立	单腿站立的基础上,儿童屈体、展翅(双臂外展静持或上下振动)、伸腿(非支撑腿伸直)、搜索目标(头部上下左右移动)。起先,可在床边或沙发边练习,以确保安全 难度调整：屈体程度
闭眼听写	儿童闭眼或戴眼罩,听写训练人员拼读的内容。汉字书写在田字格中。数字及数学列式计算写在横线本上,英文写在三线本上。训练初期,闭眼时间要短,以便儿童对自己完成任务的情况进行评估,为后续较长时间的训练做准备
看写分离	儿童目视前方内容,同时持笔书写该内容。期间,儿童视觉不对书写过程提供支持

本章小结

进行感统训练,训练人员需要立足相关基础理论,根据受训对象的特点,选择合适的常用器械,从触觉功能训练、前庭功能训练、本体感觉功能训练和综合训练四个领域着手设计项目并开展训练。由于每个领域内的多数训练项目的完成大都需要儿童多个器官的参与,都具有一定的统整性,因而并不存在纯粹的触觉功能训练、前庭功能训练或本体感觉功能训练,只是各领域训练的侧重点不同。所以训练人员不可能也不必要严格区分训练领域,而应该结合对象需要,综合考虑训练的内容、基本方法、强度控制和实施途径等基本问题,设计并组织实施合适的训练项目。

感统训练强调多感觉系统的"统合",而不仅仅是单一感觉系统的刺激训练。所以,训练人员应充分认识到分领域训练是综合训练的基础、准备和过渡,综合训练才是感统各领域训练的共同归宿,是训练活动设计和组织实施的重心,在训练周期中应占有较大比重。

需要特别注意的是,训练可借助器械来实施,也可以不使用器械进行徒手训练,还可以利用日常生活环境及相关资源进行训练。

训练项目的设计以及训练活动的组织实施贵在"变"。首先,要认识到训练器械可以有多种功能和操作方式,不能仅局限于设备说明书的介绍,为设备拓展训练功能是训练人员重要的专业素养之一。其次,本章介绍的不少训练项目配套了多种"变式",提示训练人员在训练时根据训练需要调整训练方式,提高儿童参与训练的兴趣和主动性,确保每次训练有足够的强度。最后,尽管本章介绍了不少成熟的训练项目,但是它们在面对具体对象时还是要进行调整,更需要训练人员研发新的训练项目。

思考与练习

1. 结合第 2 章有关内容,分别列表总结触觉功能训练、前庭觉功能训练、本体感觉功能训练的技术要素。

2. 在完成上题的基础上,分别设计针对触觉功能、前庭觉功能、本体感觉功能的器械训练项目和徒手训练项目。

3. 分小组讨论针对小学生进行低位统合训练和高位统合训练的要点,并尝试设计训练方案(训练方案中充分渗透小学学科知识)。

4. 在完成上述三题的基础上,尝试针对特殊儿童进行感统训练。

第7章 各类特殊儿童的感觉统合训练

学习目标

1. 了解智障儿童等5类特殊儿童的特点。
2. 重点掌握各类特殊儿童感统训练目标、内容、组织实施及训练人员技术要求。
3. 掌握5类特殊儿童感统训练方案设计的基本技术及组织训练活动的基本技能。

感统训练有其基本的实务要素和训练技术,它是各类儿童开展该领域干预的基础,具有普遍意义,但是特殊儿童伴随的障碍类型、程度等因素也会直接影响其训练方案的设计及训练活动的组织实施。这是无法回避的,并且特殊儿童的障碍类型表现出一定的差异性。为此,本章分别讨论5类特殊儿童感统训练基本对策及训练技术。本章各节重点讨论与5类特殊儿童训练相关的特异性问题,凡属于感统训练中基础的或共性的内容大多从略或简要介绍。故学习本章内容需要同时联系其他章节的相关内容。

第1节 智障儿童的感觉统合训练

智力障碍儿童是各类障碍儿童中数量庞大的群体。据世界卫生组织估计,全球现有智障人士2亿左右,约占全球人口的3%。[①] 针对该类儿童的教育与训练是特殊教育的重要内容。

智力障碍(Mental Retardation)是因遗传、环境不良因素导致的个体脑功能发育迟滞,其核心特征是认知障碍和社会适应行为障碍。此外,他们还可能伴随有运动障碍、感觉障碍、情绪行为障碍等。他们的核心障碍及伴随障碍决定他们的生活和学习活动有别于普通儿童,需要特殊的支持和指导,且支持程度与障碍程度直接相关,障碍程度越重需要的支持越多。根据认知及社会适应行为发展水平分类,智力障碍的障碍程度有轻度、中度、重度和极重度之分。即使同一障碍程度,个体间在心理行为的多个方面存在显著差异。智障儿童属于异质性较大的群体。为了更好地开展教育训练活动,儿童需要接受全面的评估。当前,智力障碍评估涉及儿童发展的各个方面,认知能力和社会适应能力是必须评估的领域。

受核心障碍及伴随障碍的影响,智障儿童普遍存在感统能力发展不足问题,障碍程度越重感统失调程度也越严重。所以,在智障儿童教育与训练中,感统训练就成为常用的干预技

---

① 汪海萍,等.2007年上海世界特殊奥运会志愿者培训教程[M].上海:华东师范大学出版社,2006:34.

术之一,得到广泛应用。它不仅可以有效改善该类儿童的感统失调状况,还对其运动能力、认知能力及心理健康状况产生积极的影响。

在我国,智障儿童的感统训练已有多年的历史,但面临不少问题,突出的问题有三个方面。第一,受益面比较局限。训练工作主要集中在经济发达地区及省会城市的培智学校,欠发达地区及中小城市的培智学校和随班就读学校较少开展感统训练。第二,缺乏系统性。在开展训练的培智学校,感统训练并未纳入学校教育的课程体系,周课时少,单位训练时间短,训练方式单调,训练强度不足。第三,家庭训练严重不足。智障儿童家庭无意识或无力开展针对子女的这方面训练。这些问题制约着感统训练在智障儿童教育及训练中的应用,一定程度影响了智障儿童的发展。

一、智障儿童特点

感统训练的组织实施受儿童感知、运动、注意、言语语言以及社会适应等多方面能力的直接影响。训练人员了解儿童的心理行为特点是开展训练的基础。

在感知方面,智障儿童的视觉、听觉、嗅觉、触觉等感觉感受性差,感受范围狭窄,反应较迟钝;知觉恒常性差,缺乏迁移和泛化能力。所以,他们的训练进度较慢、每个训练单元的容量较小,且需反复训练。

在运动方面,智障儿童的动作发育大多比正常儿童滞后,他们动作笨拙、精细程度低、协调性差。所以,训练中的动作要由易到难、涉及的运动器官由少到多,且有意识地加强肌力、关节活动度、动作精细度及动作协调性的训练。

在注意方面,智障儿童注意的集中性、广度、分配及转移大多比正常儿童差,常出现顾此失彼的现象。所以,训练时,训练人员须经常提醒儿童关注示范或当下的操作项目,项目间衔接和转换要慢,往往需要言语提示及动作引导。

在思维方面,智障儿童的表象能力差,思维多停留在形象思维阶段,分析、综合等抽象概括能力欠缺。所以,训练中要有意识地解释相关概念、术语和规划等。

在记忆方面,智障儿童的记忆缺乏目的性、速度缓慢、容量小、难以保持、再现困难。故,训练须考虑训练内容的密度、进度以及巩固练习的次数等,训练指令和要求不能太多,忌讳多个指令连续呈现。

在言语语言方面,智障儿童言语语言发育迟缓,常伴随口吃、构音不清晰以及语义理解困难等问题。故训练时需要介入言语语言的训练,指导语要简洁明了、语速要慢,并及时辅以相应的手势或支持性动作,帮助他们理解语义。

在意志品质方面,智障儿童可能存在能量代谢水平低或意志薄弱的问题,在教育及训练活动中容易出现疲劳,做事缺乏坚持性。为此,训练需要合理安排训练和间歇性休息的时间比例,及时调整训练形式、控制好重复练习次数以及合理使用强化物等,提高儿童训练兴趣,降低训练疲劳程度。

对于专业训练人员而言,要开展针对智障儿童的感统训练工作,尚需系统学习相关专业知识,全面、深入理解智障儿童心理、行为特点及生长发育规律,掌握必要的教育教学技术、行为干预及支持技术和儿童康复训练技术。

二、训练基本对策

智障儿童的核心障碍及其伴随障碍是他们进行感统训练的重要变量,直接影响训练方案的设计、训练的组织实施的各个方面。所以,针对智障儿童的感统训练在遵循该干预技术的一般原理及基本操作技术的基础上,须体现该群体的特殊性。

(一) 训练目标

智障儿童感统训练的主目标是促进该类儿童各种感觉能力的发展,提高感觉间以及感觉与动作间的协调性和统整能力,确保儿童较好地进行日常生活活动,并为提升其生存质量奠定基础。其辅目标是增强他们的认知、言语与感觉、动作间的统整力和协调性,提高其学习文化知识、掌握职业技能以及适应社会的能力。

训练目标的制定要考虑儿童的感知、动作发展水平,也要考虑其认知、言语语言、沟通交流以及体格发育水平。有的智障儿童还可能伴随有心血管疾病、精神疾病以及情绪行为问题,这些因素在训练目标的制定上不得不考虑。对于能力较强、伴随障碍较少或不严重的个体可制定连续目标,否则须制定离散目标或在不同训练阶段制定不同目标。

(二) 训练内容

智障儿童感统训练的内容涉及感统的各个领域,既有低位统合能力训练,也有高位统合能力训练。学龄前智障儿童的感统训练以低位统合能力训练为重心。在分领域触觉功能、平衡觉功能、本体感觉功能及视、听觉功能训练的基础上,逐步增加各领域间的整合。学龄期智障儿童的训练须在低位统合能力训练的基础上,不断增加感觉间以及感知觉与动作间的整合训练,动作与认知、言语的整合训练。训练人员根据儿童的障碍程度选择适合言语及认知内容的难度和密度,使儿童大脑皮层的认知、言语以及行为执行调控区域获得丰富的、整体的有意义刺激,促进脑功能的进一步发展。

智障儿童的认知障碍及其他伴随障碍的程度会直接影响训练的内容、进程。对于重度、极重度的智障儿童而言,他们的训练可能长期在低位统合能力训练上徘徊,认知、言语等内容的介入存在较大的困难,如果勉强介入这些内容可能会给低位统合训练制造不同程度的干扰,影响训练活动的实施。

(三) 训练组织实施

智障儿童的感统训练开始得越早越好,婴幼儿期即可进行训练。训练力求系统性并长期坚持,在其整个发育期均要进行足够强度、多领域的长期训练。这是训练的基本指导思想。智障儿童感统训练的组织实施总体遵循感统训练组织实施的一般做法(详见第 5 章第 4 节有关内容),但仍有一些特殊要求。

1. 训练活动的准备

智障儿童施训前的准备活动须注意以下几个方面问题。

(1) 根据障碍程度处理好准备工作的独立性与支持性的关系。轻度智障儿童一般要求其训练前独立完成自身参训的各项准备工作,并形成习惯。中重度智障儿童或伴随有其他较为严重障碍的儿童,其自身的准备工作往往需要训练人员、训练辅助人员或家长的提示、协助甚至替代,逐步学会部分或全部准备工作,但需做好长期支持的准备。

(2) 一些准备工作可能在训练中有反复,需在训练中及时处理。受训儿童的衣扣、系带等可能在训练中出现松散,需及时处理。训练可能导致儿童出汗增多或便频现象,这些也要在训练中及时处理,否则会弄脏衣物、污染环境,影响训练。

(3) 训练人员全面熟悉受训儿童的各方面信息,做好相关的准备。在训练初期,训练人员需多次查阅儿童的评估信息,并在训练后及时补充相关信息,力求在尽可能短的时间内全面深入了解服务对象,并据此做好其他准备工作,如不少智障儿童有流口水、鼻涕的问题(冬季更甚),训练人员须做好物质准备,以备急用;有的儿童惰性较大,缺乏坚持性,仅凭讲道理或表扬等非物质强化手段进行督促往往难以奏效,需准备一些物质强化物,如玩具或小游戏等;有的根本不听训练人员的指令和要求,东奔西跑,随心所欲,需家长陪伴训练或辅助人员协助,帮助儿童适应训练环境、掌握参训规则和要求等。同时,训练人员要对他们的信息传递方式保持足够的敏感性,熟悉其构音特点,理解其言语、肢体语言的含义,力图使双方尽快度过适应期。

2. 训练组织形式

一般而言,针对智障儿童的感统训练可采取各种组织形式,具体见第5章第4节有关内容。但仍需注意以下问题。

(1) 个别训练(一对一式或一加一式等)可能持续较长时间,特别是障碍程度较为严重的儿童需要通过个别训练,熟悉训练环境,准确理解指令和要求,熟练掌握操作技术。

(2) 在以序列式、小组式等形式组织训练时,需要关注个体的不规范或错误操作,发现问题及时给予支持,确保错误不被练习。合作训练中,训练人员需密切关注合作各方的操作,确保每个参与者完成相应任务。

3. 训练形式

训练形式丰富多样是儿童感统训练的一项基本原则,是有效避免训练疲劳的主要措施之一。智障儿童的感统训练也同样遵循这一基本原则。在此原则基础上,根据该类儿童的一般特点及其个体差异,科学设计训练形式,务求在有效实现训练目标的同时,提高儿童参训的趣味性和积极性。

(1) 长时间的控制性训练或被动训练要少。智障儿童参训初期、学习新项目或突破有难度的训练项目时可能会出现退缩行为,训练人员采取控制训练或被动训练往往是不得已的选择,但这两种方式不宜长时间、连续多次使用,需与主动训练、互动训练、游戏活动及间歇性休息相结合,以使儿童的紧张心理得以舒缓,避免儿童抗拒训练。

(2) 鼓励采取互动训练或互助训练,但需给予指导或支持。智障儿童间以及智障儿童与其他儿童间的互动训练或互助训练虽可有效提高训练效率,增加儿童间合作交流的机会,创设平等的训练气氛,但智障儿童可能会误解合作者的意图,动作会出现较大的偏差,这会给合作伙伴造成不同程度的伤害,影响训练的组织实施。为此,这两种方式的使用一般需在训练人员的密切关注下进行,或者儿童先与训练人员合作训练,熟练掌握互动训练或互助训练的操作技术,然后再与同伴进行同样项目的训练活动。当训练项目改变时,这两种方式的使用尚须重新训练,不可轻易认为他们曾经合作过,新项目合作理所当然也可行。因为他们伴有的认知障碍直接影响他们的迁移能力,举一反三存有不同程度的困难。

4. 训练难点及应对

智障儿童感统训练同样面临应对预设难点和突发难点、群体训练难点和个体训练难点问题。第5章第4节对这些问题有详细论述,它们对解决智障儿童训练中的困难具有普适性,其重点是:沟通与交流问题、坚持性问题。个体训练难点及其应对需针对具体情况而定,训练人员可参照其他儿童训练难点的应对策略尝试解决,但最主要的还要靠训练人员积极探索,研究探索有针对性的方法。

5. 安全防护、训练常见问题及其应对

智障儿童动作笨拙、协调性差,训练中易于出现摔倒、撞击器械及他人等意外事件,所以训练时训练人员需要近身防护或贴身保护,即使对一定训练经历的大龄儿童也不可掉以轻心。他们易出现生理及心理疲劳,需注意调节训练节奏和变换训练方式。他们对训练项目技术要素的理解、记忆往往存在不同程度的困难,需要训练人员反复讲解和示范或手把手地教,这对训练人员是不小的考验,需做好心理准备并实时调整自己的心理状态。当然,感统训练中的基本安防技术大多在智障儿童训练中会涉及,训练人员须熟悉相关技术,详细内容请参照第5章第5节有关内容。

(四) 训练人员的技术要求

智障儿童的训练需要训练人员特别关注如下技术要领。

1. 言语表达

训练人员与智障儿童沟通交流、对其发出指令时,第一,须提高其反应准备度和唤醒水平,确保其呈现接受信息的心理期待和行为趋向。第二,言语内容与活动实景可直接联系,比如,就儿童站在蹦蹦床上对其讲解如何旋转跳,忌讳借助图片、录像资料来"想象"如何旋转跳。第三,言语简洁、直奔主题,忌啰嗦。如"蹦蹦床上旋转跳"指令可分两次呈现:下蹲(儿童在床上完成自主下蹲或在训练人员支持下下蹲)、跳起时同时转体(儿童自主完成该动作,或训练人员双手持儿童肩部,儿童起跳时辅助儿童转体,让儿童体会指令的含义)。第四,语速稍慢,但语义连贯。语速慢可保证儿童有时间理解语义,词语连贯确保儿童完整准确理解语义。第五,重复呈现,内容需保持一致。第六,改变用词用语,适应儿童的理解。如果某指令重复2~3次后,儿童还是无所适从、一脸茫然,就不要再"重复",需改变"说法",选择他们能理解的词语及其他方式呈现内容。

2. 操作示范

训练人员针对智障儿童训练的操作示范要领有:第一,准确规范,重复示范要前后一致,也就是训练项目的操作顺序和动作特点均需前后相同,否则可能给智障儿童造成认知、记忆混乱,制造无谓困难。第二,动作表现力强,不拖沓。第三,处理好分节呈现与连续呈现的关系。一般而言,训练初期及训练新的内容需要分节呈现、分节操练,逐步增加一次呈现的环节数。每次究竟要呈现几个环节要视儿童的理解能力而定,总的方向是多环节连续呈现,利于儿童在尽可能短的时间内把握完整的操作过程,提高训练效益。

3. 支持与纠偏

即使儿童对训练人员的指令、示范理解无误、感悟准确,但是在操练时还是不可避免地出现问题,特别是连续操作时问题会更多,训练人员需适时给予支持,纠正错误或不规范的操作。训练人员对施训儿童的支持可分为言语支持和动作支持。言语支持可在某一操作前呈现,也可在操作失误发生瞬间呈现。前者为确保儿童正确完成将要实施的操作,后者让儿童确知错误发生的环节及性质,为后续正确操作做铺垫。动作支持是指训练人员手把手地辅助儿童完成操作,多在施训当下实施。训练人员的支持要适度,支持过多会影响儿童的主动性;支持过少可能导致错误被重复练习,还会使儿童及其家长产生训练人员不负责任之感。

4. 评价与反馈

对智障儿童训练完成情况,训练人员多从积极的角度进行评价,善于发现其完成较好的环节或细节,提高其参训的积极性和坚持性。对儿童错误操作的评价可暂时性回避或有选择评价。在训练初期,对儿童不足方面的评价须避重就轻,次数少且较为分散。训练中后期,不足方面的评价避轻就重,次数可适当增加,但密度不宜过高,仍须有一定的时间间隔。评价的内容以完成训练项目的相关内容为主,适当拓展评价的范围,如训练态度、训练大胆程度、与训练人员的配合情况等,凡是与训练直接或间接相关的内容均可纳入评价。评价反馈时机多在儿童完成某个训练环节的即刻或每次训练结束不久,不宜拖延太长时间,否则儿童不能将反馈的信息与训练完成情况有效联系,儿童最大限度地积累积极心理体验要打一定的折扣。反馈信息的传递方式可以是简洁的言语、手势、表情及动作(抚摸、拍捏、拥抱等),抑或它们的结合。实践中,训练人员在评价反馈上易出现的不足主要有三点。第一,评价次数不当。评价要么较少,几个环节或几个循环才进行评价。要么过多,事无巨细,凡事总要评价,干扰儿童自悟内省,有碍训练活动推进。第二,评价内容笼统概括,缺乏针对性。在训练初期及对反复出现的问题需要具体分析解释,忌讳使用"又错了""不是这样做的""停,重来"等含糊不清的言辞进行评价反馈。第三,评价取向不科学。评价要么一味肯定儿童的操作,甚至操作中的一些错误也给予肯定;要么过多关注儿童操作的不足或错误的地方,这个做得不太好,那个做得根本不对,导致儿童无所适从或逃避训练。

三、训练项目举例

任何设备均可用于智障儿童感统相关领域的训练,其基本操作技术参见第 6 章有关项目来实施。一般而言,智障儿童器械训练选择操作难度小、对儿童的心理压力轻、安全性高的设备作为介入点,逐步过渡到在操作难度大、对儿童的心理压力大的器械上实施训练。比如,对于一个从未接受过该类训练的儿童直接让其走滚筒就很不合适,因为儿童置身滚筒上,身体处于悬空位,重心高,心理压力大,操作难度非常大,且有一定的安全风险。如果选择海洋球池、蹦蹦床或花生球实施训练就比较合适。当然,具体选择何种器械训练为宜,还要综合考虑儿童障碍的性质、程度、个性特点、发育水平以及训练人员训练经验等因素。下面就感统室一些设备在智障儿童训练中的应用做进一步的解释或补充。

(一) 触觉训练举例

不少智障儿童存在触觉过敏或触觉迟钝现象,需要进行触觉功能训练。对于不存在触觉功能异常的智障儿童,触觉功能训练也是感统其他领域训练的辅助内容,并对促进其认知、言语等能力发展和提高心理健康水平有很好的作用,是智障儿童康复训练的基本内容。智障儿童触觉功能训练可以在专门的感统室进行,也可以在日常生活中实施,训练项目非常丰富,下面以海洋球池活动为例,介绍智障儿童触觉功能训练活动设计,训练项目及技术要领见表 7-1-1。

表 7-1-1　智障儿童触觉功能训练活动设计

球池"戏水"	
主要设备	海洋球池,球量须达池体积的一半;16 cm 以下的触觉球 6~7 只或更多
训练项目	技术要领
1. 自由戏水	1. 训练人员指导或辅助儿童在球池内操练爬行、翻滚或击打池球。本项目兼做准备活动,故操练时间可稍长或在后续的训练项目之间短时间内重复进行 2. 儿童完成操作时,训练人员对儿童进行动作认知教育,及时告知动作名称或要求儿童表述动作名称 3. 训练人员提供安全防护或辅助儿童清理口水等
2. 互动戏水	1. 儿童与助训伙伴/训练人员/家长同坐池中,面对面或背对背完成牵拉、推挤、球击对方、四臂夹球/盛球/抛球等操练 2. 训练人员调控操作,使互动中的动作富有节律性,并适时变换节律
3. 蹲跃戏水	1. 儿童依次完成 3 个小项目。(1) 睁眼蹲跃。儿童在睁眼状态下完成以下动作:下蹲后站立、下蹲后跃起、下蹲后跃起并转体。(2) 闭眼蹲跃。儿童在闭眼状态下完成第一个小项目(3) 蹲跃抓球。儿童跃起后直入球池并抓握指定颜色的球或双手分别抓握不同颜色的球,转体入池后双手合抱一球(随机抓握或抓握指定颜色的球),转体入池后双手分别抓握不同颜色的球等 2. 儿童操练该项目的每个小项目须重复多次。儿童完成项目 1 中的第三小项目可能会遇到颜色辨认困难,需要多次训练 3. 训练人员提供近身保护,严防儿童头部撞击池壁
4. 跳水	1. 儿童先站立池壁上缘(训练人员适当给予扶持),然后进行:睁眼蹲位(身体不跃起)正向扑入、闭眼蹲位正向跳入……直至闭眼跃起反向跳入 2. 调控该项目训练方式及难度的因素有:视觉状态(闭眼或睁眼)、起跳体位(蹲位、直立、先蹲后腾空跃起,难度渐增)、跳/扑入池的身体方向(正向——躯体前部先入池,反向——躯体背部先入池,后者难度大)。当然,还可以添加其他因素,如双臂抱胸、上手交叉抱头、转体入池等 3. 该项目尚需辅助训练人员在球池对侧保护儿童,防止儿童头部撞击池壁或池上缘。如果球池面积较小,池内球数较少(不足球池 2/3)就不宜开展该项目的训练

第 6 章第 1 节介绍的触觉功能训练项目大多可以用于智障儿童的触觉训练,但在面对具体儿童时需要重点考虑其认知能力、言语沟通特点及动作技能水平等因素。

(二) 前庭觉训练举例

许多智障儿童存在前庭功能异常,平衡能力较差,注意力不集中或集中时间较短的问题,需要进行前庭功能训练。前庭功能失调较为严重的智障儿童需要接受专业训练,家庭人员在日常生活中有意识地对其进行相关训练,强化专业训练成效;对于前庭功能失调不严重的智障儿童,训练可以在日常生活中进行。无论是专业训练还是日常活动训练,用于智障儿童前庭功能训练的项目非常丰富,下面以蹦床活动为例,介绍智障儿童前庭功能训练活动设计,训练项目及技术要领见表 7-1-2。

表 7-1-2　智障儿童前庭功能训练活动设计

蹦蹦跳跳，上上下下	
主要设备	蹦床
训练项目	技术要领
1. 准备活动	1. 蹦床活动对儿童的肌力、躯体平衡控制要求高，故儿童需要进行全身性的热身活动，以及与蹦跳有关的专门准备活动，活动项目包括：全身关节活动，上下肢肌肉、肌腱牵拉和力量训练，蹦床性能的适应性训练（如在蹦蹦床上进行卧位翻身、坐荡、静立和行走等） 2. 训练人员为儿童提供近身保护或扶持儿童完成相关动作，消除儿童心理紧张或防止儿童从蹦床上滑落
2. 上下蹦床	依据儿童障碍程度或现有动作技能，训练其掌握多种上下蹦床的方式，了解蹦床的结构及属性，提高其肢体间动作协调能力。儿童上下蹦床的训练活动有如下几种。其一，坐式上下床。儿童背靠器械坐于床面边缘，手后撑、体后仰，同时转体带动下肢离地登床，随后反向操作下蹦床。其二，爬式上下床。儿童先正爬（面床而跪并爬上蹦床）、侧爬（跪撑在器械旁，同侧肢体先上再带动对侧肢体移动）、倒爬（背对床体，双手撑地，下肢先登床）等，随后反向操作下蹦床。其三，前滚翻上床。儿童面床而跪且双手撑床边，头抵床面，下肢发力带动身体前滚翻上床。前滚翻下床动作不适合智障儿童，须谨慎实施。其四，走式上下床。儿童正走、倒走、侧走上下床。其五，跃式上下床。儿童距器械适当距离并面床而立，屈躯屈膝随即下肢发力跳跃上下蹦床。该活动还可选择侧跳、单腿跳等方式上下床
3. 下蹲上跳	训练人员持儿童单手或双手或由儿童独立在床面上完成下蹲上跳动作。跳跃方式包括双腿跳、单腿跳、左右单腿轮跳。视觉状态分为睁眼或闭眼，上肢姿态多变，可上/前/侧平举、抱头、交叉胸前等；调节因素如跳跃速率、节奏、频次、滞空高度等
4. 转体蹦跳	在项目 3 完成的基础上，增加转体动作。跳转角度由小到大，据情况而定。其他动作要领和操作要素同上。训练人员需做好安全防护工作，避免意外发生
备注：1. 项目 2 可穿插在项目 3 或项目 4 间进行。2. 对于多数智障儿童而言，项目 3、项目 4 难以在一次训练中达到自动化程度，需要多次反复操练	

第 6 章第 2 节介绍的前庭功能训练项目大多可以用于智障儿童的训练，但在面对具体儿童时需要重点考虑其动作技能水平、躯体平衡能力及操作时的心理紧张程度等因素，确保操作的成功率，避免意外伤害发生。

（三）本体感觉训练举例

多数智障儿童伴有本体感觉功能失调，这制约了他们运动能力的发展，特别是精细动作技能的发展，导致其生活质量不高，影响日常生活及学习活动。本体感觉能力训练是感统训练的基本领域之一，对提高其动作技能水平有重要意义。该项训练需通过相对复杂的躯体运动活动来实现，可以在专业训练室进行，也可以在日常活动中进行。儿童多运动、多完成多运动器官参与的复杂运动是提高其本体感觉能力的基本途径。下面以行走活动训练为例，介绍智障儿童本体感觉功能训练活动设计，训练项目及技术要领见表 7-1-3。

表 7-1-3　智障儿童本体感觉功能训练活动设计

花样走	
主要设备	平衡木
训练项目	技术要领
1. 准备活动	1. 儿童分别在睁眼和闭眼两种状态下完成肢体各关节的多种动作方式,训练人员以言语引导儿童感受每种运动方式及其相关属性,如幅度、速度等 2. 指认身体部位。按训练人员指令,儿童闭眼指认自己身体的部位 3. 单腿站立。对于不能独立完成者可依托支撑物或在训练人员帮扶下进行单腿站立训练。对于可独立操作者,训练人员须增加其训练强度,如轻推儿童躯体、儿童单侧负重等情况下完成训练
2. 预设指令走	1. 学习多种走法。训练人员示范正走、侧走、倒走、交叉走等走法,儿童学习不同走法并理解不同走法的含义 2. 依预设指令走。训练人员提前告知并示范儿童需要完成的走法,儿童依训练人员预设指令完成相应操作,预设指令如"15 步快速侧走""5 步慢速正走后 10 步快速倒走"等。指令容量视儿童的实时表现加以调整 3. 冥想操作完成情景。认知能力较好的儿童在完成操作后闭眼冥想操作过程
3. 实时指令走	训练人员在儿童完成前一个操作结束前发出指令,儿童依新指令调整行走方式,如儿童在正走 10 步快要结束时(第 10 步),依新指令"侧走 6 步后原地闭眼踏步 20 步",连续完成后续操作 该走法的关键是把握好新指令呈现时机,指令清晰
4. 变节律走	儿童根据训练人员指令内容及时长完成不同节律行走,指令如"正走……正走正走正走",儿童先慢后快完成正走。变节律走是项目 3 的高级行走形式,要求儿童能很好地控制动作
5. 走图形	1. 现实图形走。先在训练场地绘制大小不同的多种几何图形,如直线、曲线、三角形、四边形、圆形等。儿童间歇性闭眼依训练人员引导沿图形边缘完成序列性图形行走 2. 想象图形走。训练场地无现实图形,儿童依训练人员实时指令走出各种图形(行走中儿童表象训练人员的指令),指令如"6 步三角形""八步圆形"。儿童先进行睁眼练习随后闭眼完成正式操作

对于有本体感觉功能失调的儿童而言,各种日常室内外活动虽可以提高其本体感觉能力,但刺激强度不够,需要设计复杂度逐步提高的活动进行训练。更多训练项目参见第 6 章第 3 节有关内容。

(四) 综合训练举例

综合训练的统合水平高,直接刺激智障儿童的视觉、听觉、触觉、前庭觉及本体感觉,并对提高他们的认知、言语及沟通能力有重要的作用。在智障儿童感统训练周期内,分领域训练与综合训练交替进行,并逐步提高每次训练中综合训练项目的比重。下面以大陀螺旋转训练活动为例,介绍智障儿童综合训练活动设计,训练项目及技术要领见表 7-1-4。

表 7-1-4 智障儿童综合训练活动设计

星际探宝	
主要设备	大陀螺、海洋球、触觉球、网球、乒乓球、弹力球等
训练项目	技术要领
1. 准备活动	1. 儿童先进行全身性关节活动,然后盘坐完成 20 次"不倒翁"(双手扳双膝后滚再复位) 2. 儿童观摩他人训练或在训练人员帮助下尝试在大陀螺内旋转,熟悉大陀螺的物理属性和操作方式,缓解心理或肌肉紧张
2. 地面集训	1. 儿童坐于陀螺内被动感受,训练人员以不同频率、幅度、角度前后左右晃动大陀螺 2. 在训练人员间隔助推下,儿童依身体惯性驱动陀螺持续旋转,期间注意调控旋转速度、节律、旋转时长等
3. 星际探宝	1. 宝物布置。陀螺周围放置大小不同、多种颜色的海洋球、触觉球、网球、乒乓球、弹力球,供儿童旋转时抓取 2. 探宝聚宝。儿童依训练人员指令在旋转的同时将相应小球"搬运"至大陀螺内(旋转的陀螺如"空间飞行器",周边的小球似"宝物")。指令内容涉及小球种类(海洋球、触觉球、网球、乒乓球、弹力球等)、小球颜色、数量、单次搬运数量、抓取球所用手等。指令如"左手黄色海洋球、右手红色弹力球" 3. 依据儿童完成情况实时调整指令内容的复杂度
4. 宝物分享	儿童根据训练人员指令边旋转陀螺边将大陀螺内聚集的球抛投至目标区域,直至"撒尽钱财"
备注:训练用球直径不宜太小,也不散发香味,以免儿童误吞	

在智障儿童的感统训练中,综合训练项目实施的难度较大,往往需要根据儿童当时的参训状态做出调整,这对训练人员是个不小的挑战。为此,在进行该类训练时,训练人员除了在训练方案设计时做好预案外,还要有临场应变能力。

(五) 日常生活举例

社区儿童游乐设施、商用儿童游乐园也有不少设备具有感统训练功能,家长可携带子女前往"游玩",变换儿童训练环境,拓展信息刺激范围,舒缓儿童在专业机构及家庭训练的压力,提高儿童对专业训练的兴趣和积极性。项目挑选原则有:多通道刺激(视觉、听觉、触觉、运动觉等)、多沟通机会,创设主动尝试、操作和创新的机会;有意识地拓展认知范围等。事实证明,智障儿童日后脑功能的发育水平一定程度上取决于有意或无意开展的日常活动。

四、相关辅助训练

对智障儿童进行感统训练的同时,还需要配合其他辅助训练。一方面是源于该类儿童的障碍特点以及其生存生活的需要。另一方面,辅助训练可以拓展儿童认知范围、增强儿童沟通交流能力、促使其掌握生活自理技能,有利于感统训练的开展。

(一) 生活自理能力训练

通过机构、学校及家庭的合作,智障儿童长期开展生活自理训练,可以提高衣食住行、安全卫生等活动的自主性和独立性,提升生存生活质量,减轻感统训练中的额外负担,提高训练成效。

(二) 文化教育

文化教育是智障儿童教育与训练的核心,由家长、教师、志愿者等多方人士来承担。教育方式以逐步渗透、不断积累为宜。教育内容应与日常生活、自理自护密切相关,且应用性要强。文化教育与感统训练的辅训内容互有交集,不仅有利于儿童未来发展,也为感统训练顺利进行、扩展训练项目的范围等提供帮助。

(三) 社会技能训练

康复训练的最终目标是使残疾人重返社会,而融入社会必然要掌握相应的社会技能。所以,智障儿童无论进行哪类康复训练均不可忽视社会技能训练。开展此训练可提高障碍儿童社会交往、沟通交流能力,提高其融入社会的可能性。就感统训练而言,社会技能训练有利于帮助儿童与参训其他人员建立有效联系,提升训练质量。

(四) 运动康复训练及言语康复训练

智力障碍儿童常伴随运动障碍和言语语言障碍,前者制约行动,后者阻碍交流。加强此方面的辅助训练,无疑会对感统训练开展的顺利性、丰富性、有效性产生积极影响。更重要的是,训练此二领域,有利于儿童的一生的生活。

第2节 注意缺陷多动症儿童感觉统合训练

注意缺陷多动症(Attention Deficit Hyperactivity Disorder,简称ADHD)指的是儿童早期发生的认知、神经发育异常的综合征,主要表现为注意力、抑制力、情绪状态调整能力上存在困难。该类儿童的智力多处于同龄儿童智力的平均水平或稍低,部分儿童的智力水平会更高,呈现资优儿童的认知行为特点。

该障碍的发生率较高,估计不低于10%。男童明显高于女童,我国无全国性调查结果。

ADHD对儿童的学习活动、日常生活及社会交往造成广泛影响,也给家庭教育和学校教育带来不少困难,是当前儿童教育中突出问题之一。家庭中如有该类儿童,家长难免事事操心,关心他们的学习,关注他们的游戏活动,协调解决与同伴的冲突,帮助整理学习及活动用具等,凡事难如家长之意,家长总觉得问题时时都有可能发生。久之,家长身心疲惫,心情抑郁,家庭气氛沉闷。班级中遇有该类儿童,教师的工作负担和心理压力会大大增加,一方面要组织好全体学生的教育教学活动,一方面要花费很大的精力解决该类儿童的学习行为问题,往往顾此失彼,需长期面对不断发生的大大小小的"事故"。久之,教师失去耐心,将问题归结为家庭教育不力或儿童品德不好,师生间、家校间关系难以融洽,甚至发生冲突,儿童的学校教育面临被边缘化的危险。

ADHD儿童发生率较高,几乎涉及每个学校的不少班级,教师及多数家长也会认识到儿童存在的问题,但未给予有针对性的干预和帮助,这成为我国学校教育中非常薄弱的环节之一。为此,更新教师的知识结构,提高他们对该类儿童的全面认识和干预能力成为学校教育中亟待解决的问题之一。

多数研究认为感统失调是导致儿童ADHD发生的重要原因,所以感统训练成为该类儿童干预的主要手段之一,至今在国内外得到广泛应用。有关ADHD儿童感统训练效果的研究存在巨大差异,有的研究认为效果明显,有的认为效果不大。归纳相关研究成果发现,该类儿童感统训练的有效开展须坚持两个基本原则。其一，训练项目的统合程度要高，在训练周期中要以综合训练为主。其二，要进行高位统合训练，训练活动尽可能负载相对复杂的认知、言语内容。

一、注意缺陷多动症儿童特点

与普通儿童相比较，ADHD儿童的认知和行为特点非常突出。了解这些特点是针对该类儿童开展感统训练的基础。

第一，智力基本正常。ADHD儿童拥有正常的认知能力，理解指令和操作要求没有问题，学习能力和解决问题能力也不存在问题。所以，在进行感统训练时，他们可以准确、快速地理解训练项目的操作要领，学习模仿能力强，并根据操作的实际情况实时调整训练内容和操作方式，也会主动尝试与众不同的操作。

第二，有较好的运动能力。他们多数有良好的大运动能力，但动作精细度及动作协调性明显不足。所以，在进行感统训练时，训练人员可以很好地利用他们优势发展的大运动能力，设计相对复杂的活动，进行整合度较高的本体感觉训练，提高儿童各感觉系统的统整水平，并提高其动作精细度和协调性。

第三，沟通交流有障碍但不严重。在与合作伙伴及训练人员的沟通交流上，ADHD儿童大多不太遵守交往规则，出现答非所问、有问无答、信息不连贯等现象，这给训练活动的实施造成一定困难。这种现象多源于其自身的注意缺陷和行为冲动，也可能源于社会技能发展迟滞。所以，在进行感统训练时，训练人员还要采取一些行为矫治及心理支持技术，确保儿童准确高效地理解当下的操作指令、技术要求等信息。有明显社会技能问题的儿童，在训练活动中尚需渗透社会技能训练，为后续的有效训练做铺垫。

第四，注意力不足。注意缺陷是该类儿童核心特征之一，他们注意的集中性、持久性、转移、分配及容量存在缺陷。在学习、日常生活及康复训练中，他们往往表现为视而不见、听而不闻、不服从指令、不守规矩、健忘、做白日梦、做事有始无终等现象。在阅读漫画书、看电视、电脑网络游戏等低认知负荷活动中，ADHD儿童的注意力与普通儿童没有差异，但在做认知负荷较高的活动如做作业、写作文等学习活动时，他们就难以保持应有的注意力。提高该类儿童的注意力是感统训练的主要目标之一，调节他们的注意活动是训练有效实施的重要手段。

第五，多动-冲动。多动和（或）冲动是该类儿童的另一核心特征，表现为认知冲动和行为冲动。他们思考问题草率匆忙，想法形成快但缺乏周密性，做事缺乏条理，自我监控能力差。他们活动过度，总有不自主的多余动作，如坐弹簧，烦躁不安，有时会离开座椅漫游而不知，即使在陌生的环境中，他们也无所顾忌，给他人留下"不识相"之感。好动虽是儿童天性，但ADHD儿童的认知和行为往往缺乏明确的目的性、计划性、程序性，他们对自己的心理过程和行为表现往往不能清晰而有效地觉察、监控、反馈和自我调节。

受上述两个核心问题的影响，他们还会表现出其他方面的问题，如学习困难、学业成就低或波动较大，动作笨拙、协调性差，平衡能力差，情绪/品行出现问题、人际交往困难以及元认知能力低下等。这些伴随问题是感统训练的重要影响因素，是训练方案的设计及训练活动的组织实施不得不考虑的问题。

此外，专业的感统训练工作者在开展针对该类儿童实施干预之前，须系统学习有关该类儿童的特点、成因、评估诊断以及干预技术等方面的知识和技能，以便更好地面对儿童的差异性需求。

二、训练基本对策

感统训练在 ADHD 儿童的干预中广泛应用，大多能够取得不错的成效。基本对策可归结为：在常规感统训练中加强认知、言语的渗透，促进脑功能整体发展。

（一）训练目标

ADHD 儿童感统训练的主目标是强化其感觉、认知、行为间的整合能力，提高儿童的注意力以及信息从获取、加工到输出的连续性和协调性。辅目标是提升儿童的自尊心和自信心，促使儿童缓解心理压力，积累积极的心理体验，提高学习效率和学习成绩，改善不良的人际关系等。为实现这些目标，儿童需要进行低位统合训练和高位统合训练，前者是基础，持续时间较短，后者是训练的重点，是干预周期中训练活动的主体。

多数 ADHD 儿童的训练目标以连续性目标为主，离散目标作为过渡。但是如果儿童伴有较为严重的情绪行为问题，那么他们的训练活动可以在一段时期内根据离散目标来组织实施。

（二）训练内容

ADHD 儿童认知能力较好，重点进行高位统合训练。训练内容以前庭觉和本体感觉训练为主，尤其要加强前庭功能的训练。各种训练中尽可能整合认知、言语、规则及文化知识。训练初期，适当增加不同训练内容的转换，确保大脑尽可能长时间地保持较高的唤醒水平。随着训练水平的提升，逐步增加单一训练内容的时长和难度，让大脑可连续完整处理一系列相关信息，增加中枢持续工作的耐力。

（三）训练组织实施

ADHD 儿童训练组织实施总体遵循感统训练组织实施的一般做法（详见第 5 章第 4 节有关内容），但其认知行为上的独特性给训练活动的组织实施提出一些特殊的要求。

1. 训练活动的准备

ADHD 儿童施训前的准备活动须注意以下几个方面。

(1) 训练人员熟悉儿童基本信息及经常发生的问题，做好相应准备工作。训练初期，训练人员应与家长充分沟通，并通过自然观察更深入地了解儿童。比如有不少 ADHD 儿童，情绪冲动，缺乏自制力，一不顺心就发脾气，训练人员应针对这种情况，提前准备好相应的应对策略。大多数 ADHD 儿童在生活或学习中经常受挫，常表现出倦怠、懒散，训练易半途而废，训练人员要及时关注，并采用鼓励性措施来帮助儿童建立自尊心和自信心。该类儿童认知能力强，但容易出现认知疲劳，故训练人员要事先准备一些娱乐项目，如做小游戏或看电视，来缓解其疲劳。儿童在训练中还会出现多动、冲动等症状，训练人员要适时给予行为或心理支持。

(2) 方案设计的准备。一方面，由于 ADHD 儿童的突发问题比较多，所以应提前做好应急方案，应对突发事件；另一方面，训练初期是儿童和训练人员相互适应阶段，以各感觉的基本训练为主，训练中认知内容不宜涉及过多，且难度要低，随着训练活动的开展，认知内容逐渐增多，难度加大，如此循序渐进。

(3) 儿童的心理准备。训练人员及家长通过与儿童沟通、交流，并介绍项目内容，使儿童了解训练内容，调整好心理状态，以适应训练活动。

(4) 训练环境以及设施设备的准备。ADHD 儿童与其他障碍儿童相比，突出表现出注意力不集中，多动、冲动，易受到环境干扰等特点，所以施训前，训练人员要将环境以及无关设备的干扰降到最低限度。

2. 训练组织形式

感统训练的各种组织形式均可在 ADHD 儿童训练中应用，具体实施何种组织形式需考虑训练内容、儿童当时的心理状态以及互动合作伙伴的能力水平等因素。

(1) 以儿童主导式为主。如果参训儿童中有能力较强并且愿意帮助其他儿童的，可采用同伴助训式，帮助儿童形成积极的自我认知和自我概念。

(2) 合作式训练需督导。ADHD 儿童存在多动、冲动行为，不能有效控制自己的行为，在合作活动中不时会偏离主题，需要监督。有的儿童动作幅度较大，训练人员要及时提醒或纠正，避免伤害到对方或本人。

(3) 互动训练双方的认知水平差异不能太大。ADHD 儿童可大量采取互动训练，以提高训练效益，但参训双方的认知能力需比较接近，不宜差异过大，否则难以完成有效互动。

(4) 积极尝试竞赛式。2 名以上儿童同时训练时，可有意识地尝试竞赛式训练，增强儿童参与活动的积极性和竞争力，提高儿童的注意力。

3. 训练形式

针对儿童的个性特点，采取有针对性的、丰富多变的训练形式，可以缓解训练疲劳且有利于训练目标实现，并取得良好的训练效果。但仍需注意以下几个问题。

(1) 多种训练形式交替进行。儿童在训练初期，注意力水平低且多动、冲动，或者是在新项目学习中协调性出现问题，训练人员可采取被动训练，降低训练难度，减轻儿童心理紧张感；当儿童适应训练后，逐渐过渡到助动或主动训练。

(2) 注意间隔训练形式的使用。ADHD 儿童的训练以高位统合能力训练为主，容易出现心理疲劳。故要适当采取间隔训练措施，比如更换训练内容或穿插娱乐项目（如聊天，看电视等）来缓解疲劳，保持自主性，提高训练积极性。

(3) 儿童掌握操作要领后，可由儿童自主改变训练形式。此方法不仅能增加儿童的活动兴趣，更有利于训练目标的实现。

4. 训练难点及应对

ADHD 儿童的认知能力和学习能力较强，每次训练活动需要有一定的难度。随着训练的推进，训练项目难度要逐步提高。他们存在注意缺陷和认知行为冲动等问题，所以在训练进行过程中可能会频繁出现突发性难点，训练活动时断时续，缺乏连续性，有效训练强度不足。为此，训练人员须在设计训练方案阶段就要充分做好多方面的准备。在训练实施过程中要有更好的应变力，尽力促成训练有序进行，确保训练强度和效果。

(1) 预设难点的设置。在训练前期，训练人员依据儿童的个体情况预设难点，可通过"爬坡"形式增加训练难度，但坡度要小，连续性要强。在训练后期，儿童操作许多训练项目已经达到自动化水平，此阶段可采取"台阶式"跳跃性地增加项目难度，以此来提高儿童的训练能力和水平。

(2) 突发难点的应对。ADHD 儿童训练中的突发难点较为频繁，预见性低。有些难点是客观因素造成的，如项目复杂或操作技术难度大；有的源于儿童主观因素，如缺乏自信心、缺乏兴趣等。为此,训练人员要对儿童操作中呈现的难点保持足够敏感性,快速分析难点的成因,及时形成应对难点的策略。比如,儿童在训练时由于受到外界环境(比如训练室外的声音,训练人员之间的谈话等)的影响使得训练中断,训练人员要及时给予言语或非言语(面部表情或肢体语言)支持,使儿童注意力回到训练中来。儿童在训练中也会由于对训练内容不能很好地把握,出现自卑感,心理紧张感高,这会导致不能坚持训练,训练人员要给予心理支持或言语支持(如不要着急,想想再做或再说),来减轻儿童的心理压力。

5. 安全防护、训练常见问题及其应对

ADHD 儿童安全防护意识差、行为冲动,训练活动中不时会出现磕磕碰碰,伤及自身及他人。所以,在训练前期,儿童须接受安防技术的特别训练,以便应急之用。在整个训练周期内,训练人员均要经常对安全问题给予提示或支持。

训练中常见问题见第 5 章第 5 节,重点关注其中的Ⅲ类、Ⅵ类及Ⅶ类问题。其他问题依当时的情况加以调整。

(四)训练人员的技术要求

ADHD 儿童的训练要求训练人员特别关注如下技术要领。

1. 言语表达

ADHD 儿童感统训练中,第一,训练人员优先使用言语表达解释操作要领或要求,提高儿童的唤醒水平,使其做好长时间保持注意的心理准备,且在儿童操作前呈现言语信息。第二,训练人员详细解释内容,并重复呈现。在训练初期,重复使用言语语言指导。由于该类儿童注意力缺损,详细的语言解释才有利于儿童把握好主题信息,充分调动大脑自主加工的可能性。第三,音调语速适度变化,提高儿童对言语信息的注意力,并引发儿童的训练兴趣。第四,言语表达时,配合面部表情或肢体语言。第五,充分沟通。该类儿童认知水平较高,训练人员有意识地与儿童广泛交流,可增加彼此的信任,提高儿童的训练兴趣。第六,多种表述。训练中,同一内容可使用多种表述,不必前后完全重复。

2. 操作示范

训练人员针对儿童训练的操作示范要领有以下几种。

(1) 示范容量由少到多。ADHD 儿童的注意持续时间短、健忘,训练人员可先采取分节示范,然后进行多环节的连续示范,逐渐增加训练难度,使儿童总体把握训练技术并达到自动化水平。

(2) 示范操作幅度可适度夸张,使儿童对训练内容一目了然。

(3) 示范速度、角度要适当。训练初期,训练人员操作示范的速度要慢,关键处须同时以简洁言语加以解释,这有利于提高儿童的主动注意。训练中后期,随着儿童注意力的改善以及对训练人员施训风格的适应,训练人员操作示范的速度可以加快,或仅就关键处予以示范。训练人员示范时的站位角度要便于儿童学习操作。

(4) 让能力强的儿童进行示范。在训练的某些环节,可以让能力强的儿童扮演"小老师"角色,在训练人员的指导下为其他儿童示范操作。儿童间的理解方式较为接近,儿童的示范有时更利于相互间的沟通和学习,并对提升"小老师"的自信心有着非常重要的作用。

3. 支持与纠偏

除第 5 章第 4 节相关内容外,还需注意以下问题。

(1) 训练初期,儿童尝试操作或者冥想后再现示范动作可能会出现错误,无需及时纠正,让儿童在错误尝试中自己发现错误并改正。在后期的高位统合训练时,要提前介入言语支持(包括言语诱导,语言提示等),让儿童提前了解训练内容,以增加其大脑不同功能区域介入训练活动的水平。

(2) 对 ADHD 儿童而言,心理支持更为重要。由于多数儿童在生活或学习中经常受挫,故在训练中会表现出胆怯、缺乏坚持性、注意力涣散等,所以训练人员要及时给予心理支持,及时调整儿童的不良心理状态,使儿童形成积极的自我概念,提高抗压、抗挫能力。

4. 评价与反馈

在对 ADHD 儿童的操作进行评价与反馈时,训练人员需要注意以下几方面内容。

(1) 评价内容。训练人员在儿童训练中、间歇及训练后须对儿童操作的各方面进行评价反馈,内容可详可略,一个训练周期结束时进行一次较为详细的评价,并反馈给家长。

(2) 评价取向。儿童训练评价总体持肯定态度,多从好的角度对儿童进行评价反馈,逐步纠正儿童消极的自我认知,并增加家长坚持训练的信心。但对于儿童反复出现的问题和不足也不必总是回避,择时告知儿童及其家长。

(3) 评价反馈方式。评价反馈方式要多元化。第一,可采用口头语形式,也可通过非口头语途径,比如面部表情或是肢体语言等。第二,直接反馈与间接反馈相结合,以直接反馈为主。训练人员可直接将自己对儿童完成训练的情况告诉儿童,也可以通过家长告知儿童,多数情况以前者为主。第三,量化评价与质化评价相结合,并将评价结果图表化。详见第5章第5节相关内容。

(4) 评价时机。儿童完成单个或连续操作之后,训练人员须及时给予评价反馈。这样,儿童良好的表现得以肯定和支持,以便其积累积极的心理体验,不足的方面得到及时提示和纠正。但不必事事评价,特别是不足方面,否则会干扰儿童进行训练及自省,妨碍训练的有效开展。

(5) 评价结果的知晓范围。在个别训练情况下,训练人员直接向儿童及其家长等有关人士反馈训练情况的评价信息,知晓范围比较局限,儿童完成训练的过程中表现不佳的信息被限制在有限范围内,对儿童的负面影响比较小。但是,当同时参训的对象比较多时,训练评价信息的知晓范围就比较大,训练人员需控制不同评价结果的知晓范围。对于儿童表现上佳的信息应"广为流传",激励每个参训儿童,创造奋发向上、积极进取的良好训练氛围。对于儿童表现不佳的信息,要缩小知晓范围,适度为儿童"护短",以免挫伤儿童的进取心,并可增强儿童对训练人员的信任。

三、训练项目举例

因为多数 ADHD 儿童的运动、感知、认知、沟通等能力比较好,训练可采取以触觉、本体感觉和前庭觉某一领域为基础,重点进行综合训练,即训练活动尽可能同时激活多个感觉通道。

(一) 触觉训练举例

ADHD 儿童的触觉训练有两个目的。其一,改善其触觉过敏或过度迟钝问题。其二,借助触觉训练项目及其设备,进行触觉与其他感觉、动作及认知言语的整合训练,提高 ADHD 儿童对信息感知、加工及输出的统整水平。有关触觉训练的基本操作见第6章第1节,但针对 ADHD 儿童的触觉训练需同时加强视觉、听觉信息刺激,增加认知负荷及言语表达。下面以海洋球池活动设计为例,介绍针对 ADHD 儿童的触觉功能训练,见表7-2-1。

表 7-2-1　ADHD 儿童触觉功能训练活动设计

球池游戏	
主要设备	海洋球池,球量须达池体积一半;16 cm 以下的触觉球 3~5 只,颜色各异
训练项目	技术要领
项目一:单指令单动作训练 1. 水中作画。儿童从池壁上缘闭眼扑入球池,随即爬行或行走,轨迹构成数字、字母或几何图形。 2. 兴风作浪。儿童或坐或躺,上下肢划拨、翻腾池球,池球涌动如浪 3. 围湖造田。儿童或坐或跪球池,双手快速挑拣黄色球依池壁内侧聚拢,如土地;黄球上层排布绿色球,如植物;在上层点缀红球,如花朵或果实 4. 海底探宝。儿童通过肢体触觉搜寻散落在球池中的特定触觉球。提前熟悉目标球的属性,以便策略性解决问题	1. 熟悉要求。训练人员口头(听觉刺激)或动作示范(视觉刺激)呈现单一训练项目及其要求,儿童随即尝试完成指令要求的训练项目。训练人员的指令和儿童的尝试可进行多次,直至儿童理解该项目的要求。然后再练习下一个项目,熟悉该项目的要求。依此类推,直至理解四个项目的要求。 2. 连续训练。儿童理解指令后依训练人员指令完成操作,训练人员对儿童完成情况予以支持、引导和评价
项目二:多指令序列训练 该训练项目同项目一或在项目一的基础上增加新项目,具体要视儿童学习能力及训练兴趣而定	1. 训练人员一次呈现 2~4 个指令,如"水中作画""海底探宝",儿童依次完成两个项目的操作,一气呵成 2. 为确保儿童操作成功,训练人员在呈现指令后可要求儿童复述序列指令,并表象指令内容和操作顺序 3. 儿童操作期间,训练人员尽量减少直接提示 4. 该类训练的项目数须由少至多
项目三:多重指令整合训练 1. 基础训练内容重复项目一、项目二的内容或对其做小幅修改 2. 在操作基础项目的同时,完成认知及言语训练项目	儿童根据训练人员的指令完成基础项目时,还要同时加入言语、认知训练内容。例1:儿童完成"围湖造田"小项目的过程中,回答训练人员的提问,如"蓝色"一词的英文拼读:"blue-b-l-u-e"等。例2:儿童完成"海底探宝"时,回答训练人员的提问,如"还有几个宝物没有找到"
项目四:情境式自主训练 将项目一的四个项目连接成一个完整的情境或故事,并将认知言语内容负载于每个环节中	1. 情境设计。训练人员将项目一的四个小项目设计为"儿童海滩游玩、划船、捕鱼虾"的情境,概括为"一去二三里,同伴四五个,良田六七亩,八九十条虾",便于儿童理解记忆情境以及对情境的整体加工 2. 情境解读。训练人员向儿童讲解情境及需要完成的任务。本例解析如下:①"水中作画"相当于"一去二三里",走走停停,边走边思;②"兴风作浪"相当于"同伴四五个",四肢协调拨动池球;③"围湖造田"相当于"良田六七亩",儿童分类聚球,造良田、种庄稼;④"海底探宝"相当于"八九十条虾",儿童"农闲"捕鱼虾

球池中还可完成多种与触觉刺激有关的项目,如翻滚、拍打、你拉我推等,重要的是在触觉功能训练的同时,负载更多的认知和言语训练内容,让大脑同时处理多种信息。

(二)前庭觉训练举例

第 6 章第 2 节有关前庭功能训练的技术及项目均可用于 ADHD 儿童的感统训练。但是,其中介绍的大多为基础性训练项目,它们用于ADHD儿童训练时需要加以改造,如负载认知、言语内容,增加儿童间或儿童与训练人员间的互动,举例如表7-2-2所示。

表7-2-2　ADHD儿童前庭觉感统训练活动设计

悬空花样舞步	
主要设备	直平衡木(宽面)、S形平衡木
训练项目	技术要领
拖步行走。木上一脚行进,另一只脚轻触支持面拖动跟进。变式依次为:睁眼前行、睁眼倒行、闭眼前行、闭眼倒行	1. 训练人员通过指令调控儿童的行进速度以及行进方向,如正常行走项目中,训练人员快速下达反向行走指令,或根据训练人员指令快慢改进行走速度 2. 儿童行走中同时回答训练人员的提问。包括朗读、识记、数学运算等。如儿童跨步行走时,回答23乘以6等于多少?或回答训练人员口述的脑筋急转弯题目 3. 走平衡木不熟练的儿童须先在地面进行练习,熟练掌握技能后再在较宽的平衡木上施训,最后在较窄的平衡木上长期训练 4. 儿童完成闭眼训练项目时,训练人员给予儿童近身防护或间歇性支持
交替行走。两脚交替行进。变式为:睁眼前行、睁眼倒行	
踮脚尖走。踮脚尖交替走或拖脚走	
跨步行走。两脚交替加大步幅行进	
高抬腿走。抬高腿(膝关节呈90°)的行走。变式如前	
合作行走。两童面对面,双手相握同时完成前面的项目	

(三) 本体感觉训练举例

ADHD儿童的本体感觉训练应以提高动作精细度和协调性为主,开展一些动作精细度要求高、速度快、动作间转换频率高的训练项目。其中,认知、言语内容的负载仍然不可缺少,力求在高位统合训练中促进本体感觉能力的发展。实例见表7-2-3。

表7-2-3　ADHD儿童本体感统训练活动设计

穿越雷区	
主要设备	按摩球、足球、篮球、吹花球、网球、气球等大小、颜色各异球以及玩具汽车若干
训练项目	技术要领
项目一:按指令踢球。玩具汽车间隔1~2m左右不规则排布,其间散乱放置各种小球,儿童依指令快速移动并踢飞小球,飞球不得撞击玩具,儿童也不得碰玩具	1. 对于训练项目一,训练人员指令要非常明确,如"粉色小按摩球";当儿童搜寻有困难时可提示儿童所踢球的具体位置 2. 对于训练项目二,儿童在正式操作前可观察战车位置及行进线路。操作开始后,训练人员须不停地发出指令,儿童按指令精确操作。儿童移动肢体错误或动作方向错误都可能触及地雷,每触及一次地雷罚10分,每成功推出一辆战车奖励20分 3. 对于训练项目三,训练人员实时发出指令要求儿童左右脚变换搓球,并改变行进线路。一旦触雷须重新开始游戏 4. 训练项目四的实施需要辅助人员播放音频文件。训练指令只有两个,"左脚"和"右脚",以引导儿童变换搓球用脚。穿越雷区后,训练人员根据故事内容提问儿童
项目二:盲穿"雷区"开战车。项目一完成后,玩具(战车)原地不动,但球类散布于更大范围,似"地雷"。随后,儿童闭眼或戴眼罩,在训练人员言语提示下小心跨过地雷,接近战车,手推战车就近离开雷区,直至所有战车开出雷区为止	
项目三:雷区"踢"足球。儿童依训练人员指令用脚搓动足球在雷区的多个方向移动,足球及脚均不得碰触"地雷"	
项目四:一心"三用"。先将地雷间距调整得更大,扩大雷区面积。然后,儿童按指令左右脚搓足球穿越雷区,同时听理解音频文件的故事内容	

第 6 章第 3 节所介绍的训练项目大多可用于该类儿童的训练,但须提高儿童操作的精度和训练难度。

(四) 综合训练举例

经过分领域训练,ADHD 儿童已熟悉了训练用器械的物理性能,掌握了不少的操作技能,随后的大部分训练要以综合训练为主,操作环节变化快,各感觉系统间的整合度高,训练项目的挑战性更大。实例见表 7-2-4。

表 7-2-4 ADHD 儿童综合训练活动设计

灵羊舞步	
训练项目	技术要领
项目一:灵羊转圈牧童诵诗。儿童驱羊角球原地跳圈并背诵诗歌	1. 儿童首先熟练掌握羊角球蹦跳基本技能。依指令完成原地的跳跃转圈
项目二:灵羊蛇行牧童解题。儿童驱羊角球连续折线跳,行进路线如多个"z"首尾相接。先睁眼后闭眼操作。期间解答训练人员的提问	2. 项目一的第一阶段的诗词是儿童熟悉的,睁眼或闭眼背诵即可,第二阶段须随训练人员学习新诗词 3. 儿童完成项目二的过程中须口算数学题或辨析语句及语法等方面的错误。教师提前准备认知及音频材料
项目三:灵羊构形。儿童持羊角球跳跃的行进线路构成几何图形、数字或英文字母图形,如梯形、"3"形、"w"形等。先睁眼后闭眼操作	4. 儿童在实施项目三之初须告诉训练人员其即将构造的图形是什么或按照训练人员的要求完成构形蹦跳。闭眼操作应尽力与睁眼操作的结果相一致

在综合训练阶段,由于可选择负载的内容更加广泛,所以训练活动更好组织,一个训练人员可以负责多个儿童同时进行相同内容的训练,但要求训练人员在训练前做好充分的准备。

(五) 日常生活举例

ADHD 儿童的感统训练大多需要较长时间,需要借助日常生活训练增加训练强度。训练多需要家长参与,扮演训练人员角色,调整训练内容、方式及难度。比如社区公园的滑梯游戏,除了重复进行各种姿势的滑法,还应该在家长配合下完成更复杂、难度更高的项目(如滑到底后迅速起立,走 5 步,再原地顺时针快速转 5 圈后逆时针慢速转 2 圈,或在滑行中接住抛来的物品等)。又如跳绳,依指令随即变换跳的属性(如单脚跳、双脚跳、转向跳、30 秒内跳不同次数、背诵诗句并跳跃等)。总之,该类儿童的感统训练不在于非常熟练掌握某一操作技能,更不能重复进行某一项目的训练,而是要儿童不断尝试新的操作,同时处理多种信息。

四、相关辅助训练

ADHD 儿童除了进行感统训练外,还需接受心理行为干预,以提高自我监控能力,并且家长要接受心理辅导及家庭教育技能培训。

(一) 家庭教育问题

人的发展受遗传、环境和教育等因素的共同制约。特别在儿童青少年期,家庭因素起了不可替代的作用。因此家长在对 ADHD 儿童进行教育训练时,还应注意以下几点。

(1) 家长需了解儿童的行为、品性以及生长发育特点,积极与学校以及训练机构配合对儿童进行训练。

（2）对儿童进行积极的行为支持及干预。ADHD儿童在日常生活中常有多动、冲动、注意力缺乏、顾此失彼等问题，家长要耐心总结解决此类问题的支持方式或手段，及时干预。

（3）家长应调整不良的心理状态。对于儿童的一些不良情绪行为问题，家长要宽容、理解、支持并接受现实，要认识到问题存在的持久性，做好长期支持的心理准备。

（4）家庭成员之间的关系要协调。家庭成员关系不和或对儿童的教育方法出现分歧，都会影响训练效果，不利于儿童问题的改善。

（二）心理、行为干预

ADHD儿童多伴有多动、冲动以及情绪不稳定等问题，在日常生活中经常表现得幼稚、任性，缺乏自制力，一不顺心就乱发脾气等。因此，ADHD儿童接受有针对性的心理辅导、行为矫治等辅助训练，可减少过多活动或不良行为，提高抗挫及抗压能力，取得更好的训练效果。

（三）自我监控能力训练

自我监控是个体对自身心理状态、心理活动过程、外在各种行为及行为结果的监测、评价和自我反馈的高级心理活动。现代脑科学研究认为，大脑额叶前区某个特定区域可能承担此项功能。该功能区发育较晚，可能在6岁后开始发育，14岁左右可以连续监控自己的认知过程及行为，此后持续发展。

ADHD儿童额叶前区多存在异常，不能有效监控自己的心理活动过程及异常行为。所以，加强自我监控训练可能是改善ADHD症状的重要途径。训练的基本思路是：引导儿童觉知自己的注意活动、认知思维以及情绪行为的表达。具体分为前监控训练、实时监控训练和后监控训练。前监控训练是指在心理行为表达前就期望达到的状态或需要纠正的异常状态进行预设，并计划有针对性的措施。如训练前，训练人员平心静气地与儿童沟通"下面要进行多项任务，有的任务很难的，你往往会在遇到困难时放弃不做，且会哭闹，你今天准备怎么办？"训练人员引导儿童回忆过去，承认"历史问题"，表达"今天一定克服困难，控制情绪"的愿望。随后，儿童以预设的心理状态开始训练。实时监控训练和后监控训练是指引导儿童觉知当下或已经表达的心理活动或情绪行为。前例中，儿童完成任务过程中引导儿童感受任务难度以及解决问题时的"心理纠结"或"想要哭吗"等就是实时监控训练，训练结束后引导儿童觉知"克服困难的苦楚""几乎忍不住要哭的情绪状态""克服困难后的喜悦"等即为后监控训练。

儿童的任何心理活动和行为表现都可以进行监控训练，一般穿插在各种活动中，不必专门长时间训练。训练的关键技术是引导儿童平心静气地觉知心理活动和行为表现，并设计实现目标行为的措施。

第3节 学习障碍儿童感觉统合训练

1994年，美国学习障碍联合会（National Joint Committee on Learning Disabilities，NJCLD）对学习障碍的解释是：个体在听、说、读、写、推理或数学能力获得上存在显著困难，表现为学习成绩明显落后、学习方法掌握不当、学习策略运用不佳等。我国教育中一直将这类儿童称为"差生"或"后进生"。[①] 学习障碍有多种相近的术语,如学习困难、学业不良、特指性学习障碍等。

儿童学习障碍问题受到了世界各国教育学、心理学以及医学等学科的广泛关注。学习障碍不仅给儿童本身的学习和生活带来很多烦恼和痛苦,也给家庭、学校乃至整个社会带来不少问题。在重视知识、教育的今天,世界各国都试图对学习障碍儿童有更全面的认识,并能就其特点、不同种类采取一些有针对性的预防、诊断和干预措施。

基于不同的分类标准,学习障碍可分为不同的类型。依据儿童学科表现,学习障碍分为阅读障碍、算术/数学学习障碍、拼写障碍和写作障碍等。

针对儿童学习障碍的诊断和评估主要有认知能力评估、学业成就测试以及注意力评估等方面。在我国,针对儿童学习障碍的标准化评估还比较局限,通常是综合儿童的学科考试成绩以及学习过程、学习习惯、学习行为等方面的信息加以评判。

儿童学习障碍的成因比较复杂,个体间存在较大的差异,有些源于感统失调或伴有这方面问题,有些并不存在这方面问题,源于学校教育、家庭教育及个体身体健康状况等不良因素。所以,感统训练虽是学习障碍儿童的重要干预措施之一,但往往要与其他干预技术结合使用,或作为其他干预技术的辅助技术。

一、学习障碍儿童特点

学习障碍儿童虽然在学习活动及学习结果上表现出相对一致的特征,但是不同个体在心理行为表现上有较大差异,对感统训练的组织实施及其他干预手段的落实有直接的影响。

他们的大运动多不存在问题,但动作精细度不高、协调性差,所以在学习活动中显得笨拙、缓慢、知觉-动作不协调,如他们言语表达含糊不清、词不达意;阅读时,会出现跳字跳行、漏字、前后颠倒;书写时,错别字多、易漏标点符号、上下或左右结构混乱;抄写时,经常漏字、漏行、漏段等。

他们常出现各类多余的动作,如上课时难以认真听讲,不停地摆弄文具、掰手指、玩头发等,听讲不求甚解,缺少独立思考能力;完成作业时东张西望、缺乏条理性、草率、只讲量不求质。

他们的注意广度小、持续时间短、缺乏指向性及难以合理分配,儿童完成特定任务难以集中注意,极易受外界无关刺激干扰。所以,在感统训练中,应加强注意力训练,训练形式要丰富,训练项目需新奇、有趣,最大限度地集中儿童注意力。

他们在短时记忆、长时记忆上存在一些问题,如记忆速度慢、记忆容量小和记忆保持性差等,不能很好地将复杂的关系联系起来。故训练项目及呈现的指令和要求须符合他们的记忆特点,可由简单的单指令单动作项目逐渐过渡到多指令多动作项目,且注意采用多种形式及时进行重复操练,以达到良好的训练效果。

他们往往缺乏毅力、坚持性差、情绪稳定性差,有时会因小事大发雷霆,常出现焦虑、畏缩、抑郁等消极情绪,常有意无意地对学习活动产生抗拒行为。因此,第一,应创造一个有趣、安全、快乐的环境,降低儿童的消极情绪反应。第二,训练人员尽力与儿童建立相互信任的关系。第三,要对儿童兴趣变化保持敏感性,适时引导儿童进行有效的操练。第四,训练

---

① 方俊明.特殊教育学[M].北京:人民教育出版社,2005:334-335.

难度逐步提高,确保每次操作取得成功,积累继续训练的信心。

基于上述多方面原因,学习障碍儿童学习效率低、知识掌握速率低、接受能力较弱、不善于迁移。他们对学习策略的敏感性较差,学习活动的策略水平较低。故在针对该类儿童进行康复的过程中,应有意渗透学习策略和学习方法等内容。

二、训练基本对策

学习障碍儿童的感统训练不仅要把握训练干预技术的一般原理和基础训练技术,更应结合训练对象的障碍类型和特质,探寻适合该类儿童的训练方法,体现其独特性。

(一) 训练目标

学习障碍儿童感统训练的主目标是通过高位统合训练,提高各感觉通路间的统整能力,增强言语、认知、动作、感知觉间的整合性能,促进脑功能的整体化水平。辅目标是提高动作技能精细水平和策略性解决问题的意识,改变消极自我概念,积累积极心理体验,增强抗挫败能力。

该类儿童大多可组织实施系统的训练活动,需要制定连续的训练目标,完成一系列难度递增的高统整性项目。问题相对严重的儿童,在训练初期可能需要一些目标较为离散的训练活动作为过渡,确保其不抗拒训练活动,所以该时期的训练目标不一定强求连续性和系统性。

(二) 训练内容

学习障碍儿童感统训练除进行常规的触觉功能、前庭功能、本体感觉能力训练外,应着重对儿童进行高位统合训练,提高其感知觉、动作、言语、认知等两两整合或多个方面整合的能力。

在高位统合训练中,认知、言语内容的涉及面要广泛,形式要多样,如谜语、算术、古诗词、脑筋急转弯、儿歌、绕口令、英语单词和对话等均可纳入训练项目中。对于学龄期儿童,还可将其已学或正在学习或将要学习的知识渗透于训练活动中。可根据儿童所在年级及现有水平,选择、提炼其中的重点、难点、易错点,整合到训练中。如此,儿童在完成高位统合训练的同时,又复习、巩固、预习了课业内容。当然,训练人员应熟悉儿童所学学科内容,了解儿童学习能力及学习中存在的问题等。

(三) 训练组织实施

除第 5 章有关训练组织实施的一般要求外,针对学习障碍儿童进行感统训练有其特殊的方面。

1. 训练活动的准备

针对学习障碍儿童施训要特别做好如下准备工作。

(1) 充分掌握儿童各方面信息。训练人员须多角度、多途径搜集儿童信息,如儿童感兴趣的知识领域、钟爱的休闲娱乐项目或玩具、喜好的动画片,以及优、劣势学科和喜爱的任课教师等。训练人员掌握的信息越丰富,越有利于与儿童尽快建立良好关系,训练活动的设计、强化手段的选择更具有针对性。

(2) 方案设计体现高位统合训练特点,但不失灵活性,要设计应急方案。训练初期,特别是最初几次训练课,参训各方均处于相互了解、相互适应的阶段,若急于融入过多的学科知识点等认知内容,有时会容易引起儿童的反感,引发其消极情绪,导致训练无法有效实施甚至出现逃避训练、躲避训练人员等情况。因此,第一,切勿将"感统训练课"变成"学科知识复习课",将"训练室"变成"学校课堂",须确保感统训练为主,适度渗透认知、文化教育内容,循序渐进,灵活施训。第二,要注重应急方案的备设,"有备而来"地应对训练中的突发情况,对儿童在训练中出现的情绪波动、身体状况欠佳、训练项目难度不合适等情况有相应的应急对策。

(3)指导家长持续开展家庭训练。学习障碍儿童的训练最终主要依赖家庭训练,家长掌握相应的训练技能至关重要。但是在现实中,一些家长"大权独揽",将自己的意志强加于儿童,干涉儿童对训练项目的选择,导致儿童不敢表达自己的想法、放弃尝试、"自认无能",唯父母是从;另有一些家长"爱子心切",过度保护,阻止儿童参与一些难度较大的项目;还有一些家长推卸责任,把希望全部寄托在机构训练,忽视家庭训练,或不愿意承担家庭训练责任。这些情况均会影响训练的实施和训练成效。所以,训练人员应注重对家长的指导与培训,力争其改变观念,掌握有效干预技术,最终将训练的主要任务转介给家庭。

2. 训练组织形式

各类训练组织形式均适用于此类儿童,详见第5章第4节相关内容,但需注意以下几方面。

(1)积极尝试儿童主导式,有意识地采用互动、互助及同伴助训等形式。学习障碍儿童的训练要赋予儿童更多的自决权,锻炼其自我认识、自我管理、自我安排、自我监控的能力,充分其发挥主动性。一般而言,针对学习障碍儿童的训练较少采用被动训练形式,但如遇难度或危险性较大的项目(如跪大笼球读书、滑梯倒跪闭眼训练等),则需加以变通。

(2)适当增加亲子互动。开展亲子互动训练有多重意义。第一,训练者可观察亲子互动情况,更多地了解被训儿童及其家庭环境,为日后开展训练搜集有益信息。第二,缓解训练初期儿童的紧张感和不适应感,同时增进其与父母间的情感。第三,家长则可以学习训练方法与技巧,为家庭训练积累经验。在实施该类训练活动时,训练人员仍需积极参与训练活动中,仍然是训练的组织者和调节者,要做好指导、反馈、评价等工作。另外,亲子互动训练时,可选择孩子训练家长的方式,双方换位思考,"试易地以处",可能体会和收获的更多。

(3)依条件多采用团体、合作或分组等形式,营造竞争氛围。在开展该类训练活动时,训练人员要注意小组伙伴的协调和搭配,尽量安排"脾气相投"的儿童开展训练。另外,训练人员要密切关注儿童间互动情况,防止发生意外伤害。

3. 训练方式

感统训练的各种训练方式均会在学习障碍儿童中用到,但须注意以下三个方面。

(1)以主动训练为主。由于该类儿童不伴有肢体与机能障碍,训练旨在促进儿童的认知、言语与其他感觉系统间的统整能力,因此训练活动多采用主动训练方式。这可凸显儿童主导地位、促使其独立探索、激发其积极的心理体验,避免其一味被动接受他人指令,导致出现训练兴趣低下、注意力不易集中等情况。为此,参训双方可就训练内容设置、训练方式选取、项目安排和调整等方面进行沟通,重视并采纳儿童的"新奇想法",如训练人员鼓励儿童表达心中所想,引导儿童自主设计训练项目或改编原有项目,并适时调整训练方案等。

(2)必要时采取助动训练方式。特别是当儿童出现注意力分散、动作幅度不到位、动作不规范时,训练人员要及时介入儿童的训练活动,通过言语指导或动作扶持,引导儿童准确、流畅、顺利地完成训练。

(3) 重视间隔训练。由于该类儿童的感统训练以高位统合训练为主,体力消耗相对较少,产生的疲劳多为心理疲劳而非生理疲劳。故需要变化训练场景或更换训练内容或穿插休闲娱乐项目(如聊天、饮食补给、观看电视)等间隔训练措施,达到缓解心理疲劳,长时间维持适当的唤醒水平。

4. 训练难点及应对

除第5章第4节介绍的相关训练难点及应对策略外,根据学习障碍儿童的特点,另需注意如下问题。

(1) 预设难点的难度要适当。在训练中设置适当的难度是学习障碍儿童训练的基本要求。但难点的设计一定要基于不同训练对象的特点、能力状况及训练项目的内容,要控制好预设难点的数量、难度水平、排布以及时间间隔。训练项目的难度以"缓慢递增"为宜,给予儿童充分热身适应的机会和发展阶梯,切忌难度过高或跨度过大,令儿童望而生畏,产生消极情绪。但要比智障或脑瘫儿童训练难度大。另外,预设难点聚焦于前庭觉、精细动作以及复杂认知活动几者间的配合,可能会取得不错的训练成效。

(2) 充分设计训练方案和预案,有效控制突发难点。学习障碍儿童训练中遇到的突发难点相对较少,若有,多是由项目设置的难易度不合理所导致。因此,避免突发难点的关键在于项目选取和设计。

5. 安全防护、训练常见问题及其应对

学习障碍儿童身体机能并无障碍且自主意识强,因此其独立活动受限程度低、活动范围广,较其他障碍类型儿童来说,发生危险的概率更大。但训练的危险多在可控范围之内,且后果一般不太严重,具体应对策略详见第5章第5节。需特别指出的是,应着重关注技能自动化维持阶段、竞赛或小组活动中的安防工作。此时,参训各方均容易出现麻痹大意的心理,要谨慎对待、时刻关注,避免出现"安防疲劳"。

(四) 训练人员的技术要求

面对学习障碍儿童,训练人员在组织训练活动时需要把握如下技术要求。

1. 言语表达

(1) 增加非言语沟通。训练人员对儿童表达要求和发出操作指令时,可通过言语途径实现,也可以通过非言语途径实现,交替使用两种信息沟通方式,适度增加非言语沟通方式可以有效缓解儿童的心理疲劳,提高训练成效,如"注意啦,听老师讲!"可用眼神、肢体动作、手势等配合面部表情来替代,儿童的注意力可能更加集中。与此同时,切忌一成不变的言语表达方式。训练人员在组织训练活动的过程中要有意识地调整音调、音高、音长及言语节奏,抑扬顿挫,生动活泼地表达有关指令、要求以及其他方面的信息交流。

(2) 把握言语表达的时机。训练人员对儿童指令、要求、评价等需"当机立断",但尚需选择合适的时机,如儿童进行"沿指定路线跳跃过障碍"的训练时,如果儿童未按要求路线行进或遗漏障碍,训练人员无须在其训练进行中指出,可选择该项目完成后,引导儿童回忆训练过程,自行发现错误。

(3) 调控一次呈现指令的个数。根据训练阶段和儿童能力水平,有意识地逐步增加一次呈现指令的个数,如从"拿一个海洋球"到"左手拿一个红色海洋球,右手拿一个蓝色的触觉球,然后左右手交换球"等。如此,有助于提高儿童短、长时记忆能力,拓展记忆广度,提高大脑同时处理多条信息并进行加工的能力。

（4）把握信息容量,锻炼儿童提取关键信息的能力。面对智障、ADHD 或自闭症等儿童施训时,言语信息容量需小且简练准确。但面对学习障碍儿童,则不尽然,可呈现信息量较大的指令,传递与当前项目相关的信息,锻炼儿童快速把握主要信息的能力。

2. 操作示范

针对学习障碍儿童的操作示范要领包括:一是逐步减少动作示范。学习障碍儿童有较强的学习能力,除了新训练项目以及错误操作频发环节须进行动作示范外,大多训练项目的操作要领训练人员借助语言解释,就操作的动作方式、环节衔接等加以讲解即可。二是训练人员完成动作示范或言语解释后,要求儿童冥想环节及其技术要领,模拟再现训练人员的全部示范内容或口述操作要领。三是示范方式多元化。操作示范可采取同伴示范或借助视频影像来实现。四是调控一次示范的容量。原则上一次性呈现示范的容量与环节数量应随训练水平的提高而递增,但需依据训练对象的障碍类型和障碍程度有所变通。面对学习障碍儿童,操作示范可适当扩大示范容量,增加示范环节的数量。

3. 支持与纠偏

第 5 章第 4 节介绍的相关内容多在学习障碍儿童训练中用到,是训练人员实施训练的基础,须全面了解。在此,就有关问题加以补充和强调。一是处理好心理支持与技术支持的关系。在训练初期,技术支持和心理支持均须介入且必不可少,而训练后期,心理支持分量更重。训练人员需运用各种心理支持手段,尝试多角度、多方面给予训练对象支持,以期引导儿童摒弃错误归因、盲目自卑的心理,累积正面、积极的自我概念。二是纠偏的对象问题。纠偏包括动作行为(动作幅度、质量、正确性、流畅性等)纠偏和心理状态(过度兴奋、消极被动、烦躁不安等)纠偏。故,训练人员不仅要实时关注儿童动作完成的情况并及时给予纠正,更要善于捕捉学习障碍儿童心理状态的变化和波动,做出适当调整。三是纠偏时机问题。为避免错误积累和强化,智障或脑瘫儿童在训练中的错误一旦发生,训练人员则马上介入纠偏,但面对学习障碍儿童应灵活变通,为其提供自主发现错误、主动纠正错误的机会。如错误发生后,提示儿童可能出错或尚有完善空间,而非当即指出错误所在。

4. 评价与反馈

在评价和反馈的技术要领上,学习障碍儿童与 ADHD 儿童基本相同,训练人员除掌握第 5 章第 5 节有关内容外,重点参考本章第 2 节的内容来实施。

三、训练项目举例

学习障碍儿童感统训练的器械选择面广、项目创设限制因素少、组织实施并非难事,第 6 章以及本章前几节介绍的训练项目均可在该类儿童训练中实施,关键是在训练中整合丰富的认知、文化教育内容。

（一）触觉训练举例

学习障碍儿童可能伴有触觉异常,但大多不严重,故针对其开展的触觉训练项目的目的主要不在于改善触觉功能,而是借助触觉训练项目促进感知、运动、认知及言语等能力的发展,训练实例见表 7-3-1。

表 7-3-1 学习障碍儿童触觉训练活动设计

训练主题：双童戏球池	
主要设备	球池,预置 2/3 球池体积的海洋球
训练项目举例	技术要领
项目一：飞身入水 两童跨入,或跳入,或双臂伸展俯冲入球池并没入池底	1. 训练人员每示范或描述一个动作要领和技术要求,儿童随即投入训练。依此类推 2. 训练人员一次呈现多个指令后,儿童再开展训练 3. 认知负载训练。如,项目三书写内容包括汉字、字母、数字、简单算术题等。如,项目四躲闪飞球同时加入"正话反说"游戏。掷球儿童或训练人员说"揠苗助长",躲球方或两童争先回答"长助苗揠" 4. 情境式训练 利用训练创设的生动场景,引导儿童背诵古诗词。在进行本活动时可选用唐·李白的《望天门山》,每项对应一句 飞身入水惊江海,"天门中断楚江开" 飞流直下势如虹,"碧水东流至此回" 飞舞狂书双峰转,"两岸青山相对出" 飞球闪躲流光去,"孤帆一片日边来"
项目二：飞流直下 一童取坐位,或跪位,或倚靠池内壁,另一童持盆盛球不断"泼"向对方	
项目三：飞舞狂书 两童取一定体姿于池内,轮流在对方背部或掌心书写,被动感受方猜测	
项目四：飞球闪躲 一童取适当体位于池中并躲闪池外同伴抛来的海洋球	
备注：实施本项目还可参考表 7-2-1 提及的有关技术要领	

（二）前庭觉训练举例

前庭觉训练对改善学习障碍儿童的注意力、学习效率等方面有直接作用,是该类儿童感统训练的主要内容之一。

表 7-3-2 学习障碍儿童前庭觉训练活动设计

训练主题：滑滑、想想、讲讲	
主要设备	滑梯、高度不等的滑板各一,儿童用头盔、护肘和护腕。
训练项目	技术要领
基础训练项目见第 6 章介绍的滑梯训练各种项目	1. 儿童须熟练掌握滑梯的各种滑法及自我保护技术 2. 滑行中根据训练人员的实时示范,完成动作复杂的肢体动作 3. 儿童在完成基础训练项目的同时完成认知及言语任务,如儿童在起滑前 3～5 秒内训练人员向其速示写有"奶牛、卡车、卫星"三词的卡片,儿童滑行期间以此三词构思符合语义的句子,如"天空中的人造卫星可以清楚地拍摄地面奔驰的卡车和吃草的奶牛"。滑行结束即刻,儿童报告连词成句的结果 4. 儿童自己先构想滑行动作变式及认知言语,随后实践自己的构想,滑行结束后与训练人员交流自己构想与实践的一致性。如果构想与实践有较大差距,总结经验,并进一步尝试,直到成功

（三）本体感觉训练举例

本体感觉训练可以有效提高学习障碍儿童动作精细度和协调性,对改善其书写、阅读速度慢及质量不高等问题有帮助。训练项目转换要逐步加快、难度和复杂度要有所变化,活动完成质量要逐步提高。

表 7-3-3　学习障碍儿童本体感觉训练活动设计

训练主题：拍花生球,回答问题	
训练项目	技术要领
拍花生球的动作要领及变式见第 6 章。	1. 指令容量递增。"左手拍球行进"到"左手快 3 次慢 2 次拍球行进并绕过红色触觉球";"右手拍球"到"右手拍球,左手拾红色海洋球一个" 2. 指令呈现速度加快,重复次数递减 3. 训练人员运用适宜手段调控儿童拍球速率高低、行进速度快慢、行进方向的变化 4. 儿童拍球同时回答训练人员提问。包括数学运算(37 乘以 2 等于多少?)、成语接龙(诗情画意—意味深长—长风万里……)、猜字谜("炸豆腐"打古代两人名)等。儿童求解期间会出现拍球速度慢、稳定性差等问题,训练人员需实时提醒

(四) 综合训练举例

综合训练是学习障碍儿童感统训练的主要内容,占训练周期较大比例。训练活动可以采取同时性整合训练,在基础训练项目中整合认知、言语、文化教育知识等内容,提高大脑各功能区之间的信息交流与统整。也可以采取继时性整合训练,将儿童当前学习的文化课知识穿插于基础训练项目间,锻炼个体在不同性质任务间迅速转换的心理适应能力,提高学习效益。实例见表 7-3-4。

表 7-3-4　学习障碍儿童综合训练活动设计

训练主题：指令性吊缆插柱训练	
主要设备	插板,吊台或吊缆
训练项目	技术要领
预备训练：随意性吊缆插柱训练。儿童俯卧吊台或吊缆上,训练人员助荡吊缆前后荡摆,儿童从插板取出插柱或将插柱插入插板的插孔。(详见第 6 章第 4 节) 正式训练：指令性吊缆插柱训练。在保持预备训练基本操作的基础上,儿童按训练人员指令进行训练	1. 调节单次指令容量,如"左红""左中右红"等,指令容量逐步增加 2. 变换呈现方式,进行高位统合训练。如中文、英文或两者交替呈现指令(如"左红""right! blue!""左 red")等。正/反向思维,儿童随器械往返摆荡于高低点之间,依训练人员指令说出身体所处位置,如,指令"正说"则儿童荡至高点说 up,低点说 down;指令"反说"则高点说 down,低点说 up 等

(五) 日常生活举例

在日常生活中,家长有意对子女进行感统训练仍然是学习障碍儿童综合干预的重要环节,不可忽视,甚至会起到机构训练无法取得的效果。日常生活活动中训练项目虽系统性不强、强度不高,但形式灵活、训练所需的时空条件限制少,儿童完成训练项目的心理压力轻,有时更易于取得成功。此外,基于日常生活的训练可以增加亲子间的沟通和交流,增强彼此间的亲和力,对改善家庭生活氛围有重要作用。日常生活中,可用于儿童感统训练的活动形式非常多,关键是家长要有意识地开展这方面活动,参照表 7-3-5 所列项目设计更为丰富多彩的活动,以满足长期训练的需要。

表 7-3-5 学习障碍儿童日常生活活动设计

项目名称	技术要点
时光倒流	亲子互动项目。家长于儿童睡前轻叩或按压或搓揉童身,助童放松,同时引导其回想当天的所见、所闻、所想、所做;也可各自做自主训练项目,自我按摩且注意力集中于被触部位,而后全身放松仰卧床上,回忆一天的生活过程
丛林戏游	儿童以一定行进速度多向度穿梭于高低交错、密度不一的"绿丝绦"或障碍物间。如果是游园活动,则儿童调控身体位置以躲闪柳条或其他垂枝型植物的触碰,亲近自然的同时进行本体感觉能力训练。如果在家中,先在地板上间隔预置棋子或小型玩具,然后穿行其间。期间,儿童与家长进行认知/言语等方面的互动
随意问答	家长可不经意就生活"琐事"与儿童交流,一问一答,如"还记得上次来这里玩是什么时候?""刚刚走过的街道名称是什么?""昨天去超市买什么了?""前天上午第一节课老师提问你什么问题?"等,帮助儿童找寻其生活的线索及轨迹,有利于增强儿童瞬时/长时记忆、观察力和注意力
物品归整	家长有意识地邀儿童整理物品,如整理自己的衣物,收拾散落桌上的报纸杂志、杂乱无序的储物箱,整理书房,随意填塞的冰箱储藏柜等。此项目还可被引入感统训练室,如训练结束后,训练人员携儿童整理当次训练用器材及训练场地

四、相关辅助训练

学习障碍的发生、发展在一定程度上受家庭和学校教育观念、教育方式、教育方法、教育环境的影响和制约。因此,对学习障碍儿童进行感统训练时,家庭和校方需调整不当的做法并形成合力,优化学习障碍儿童的学习环境,配合感统训练的有效实施。

(一) 家庭教育

儿童的生长发展是受遗传因素和环境共同影响的。人自受精卵生产之时就表现出性别、体格和个性品质上的差异,且在其一生中呈现一定的稳定性,但是人的一生都不可避免地受外界环境的影响,遗传因素的影响不是一劳永逸的。特别是儿童青少年期,人的发展受环境的影响还是非常大的。在各种环境因素中,家庭因素扮演着非常独特的角色,起着其他因素不可替代的作用。家庭环境因素(如教育观念、家庭成员的心理健康状况、教养方式、主要教养者的行为习惯等)在很大程度上影响子女发展的进程和方向。孩子学业不良与家庭因素有直接的关系。面对儿童的学习障碍问题,家庭教育的改变将成为多种干预中重要方案之一,不可忽视。

家庭教育的改变主要包括:一要认可并接受儿童的独特性,二要改变错误的认识,三要改善不良心理状态,四要尊重儿童的兴趣爱好并恰当设计发展领域,五要改变不当的教育方式,六要丰富家庭生活的内容和形式,七要善于进行家校沟通。总之,学习障碍儿童的家庭教育需要家长在心理、家庭教养方式、家庭成员关系、家庭氛围、家庭教育资源以及家庭对外沟通合作等几个方面做出改变。

(二) 学校教育

学校教育同样是影响学习障碍儿童身心发展的重要因素。儿童,特别是学龄期儿童,其在校时间占据了日常生活的极大部分。学校教育方式、教师教学技能与育人方法、同伴沟通和相处顺畅与否都左右着学习障碍儿童的发展前景。

1. 教师方面

（1）教师要改变不恰当的视角，要在全面认识、理解、尊重学习障碍儿童的基础上，平等对待不同发展特点的学生，一视同仁，更多关注学习障碍儿童的优势和闪光点，包容儿童的劣势和不足。

（2）要切实采取行动，提供多方面的支持，如为儿童创设展示自我的机会和平台、促进学习障碍儿童和其他同伴间的交流、注重学习方法和学习策略的传授和渗透、有意识地培养儿童的意志品质，引导儿童学会自我管理和自我监控等。

（3）积极与家长沟通，双方（不）定期交流经验、反馈信息，共同应对儿童发展中的心理、行为问题。

（4）教师需从职业道德和职业技能两方面加强自身修养。教师借助多种途径，采用自学、培训、参观、请教他人等方式，学习有关学习障碍儿童的心理行为方面的理论知识和干预方法，切实为该类儿童提供有效的支持和指导。

2. 学校方面

在学习障碍儿童的成长中，学校层面也需要开展一系列适应性的工作。就我国当前的情况而言，学校需要进行的调整主要有：课程设置多样化，减轻学生文化课程的学习负担，学业成就评价多元化。增加学生运动、娱乐设施，广泛开展室内外活动。创建良好的学校教育人文环境，教师、普通学生能够平等友善地对待学习障碍儿童。避免过度保护，让各类儿童自主大胆地开展各种活动，提高儿童应对各种问题的能力。建立健全有关制度，确保学习障碍儿童在学校教育教学中获得有针对性的教育。

3. 同伴方面

同伴对待学习障碍儿童的态度和言行对该类儿童的发展产生重要影响。一方面，学习障碍儿童家长要引导自己的子女以积极心态主动参与同伴活动，广交朋友，特别是自我管理能力和学业优秀的同伴。家长间也要注意加强沟通和合作。另一方面，学校特别是课任教师、班主任教师要教育引导普通儿童及其家长不得歧视、躲避学习障碍儿童，创设良好的班级学习环境，各类儿童互帮互助，共同进步。

（三）心理、行为干预

学习障碍儿童中往往伴随有不同程度的情绪行为问题，如好动、多动、攻击性、消极自我意识等。因此，该类儿童在进行感统训练时还须接受心理咨询与行为矫治、心理健康教育。

第4节　自闭症儿童感觉统合训练

自闭症也称孤独症，是一种广泛性发展障碍，主要以严重的社会交往障碍、沟通障碍和重复行为为基本特征。他们在感知、言语语言、情感、社会交往、运动等多个方面存在不同程度问题。多年以来，自闭症是医学、心理学、教育学、社会学等多学科研究的热点问题，在病理、诊断和评估、教育与训练、支持与照料等方面取得一些成果，但并未形成有效的应对策略，仍然是世界级难题。

该障碍的发生率较高，且呈明显的上升趋势，不同研究者的结论有较大差异。我国无全国性的调查结果，具体发生率不详，但总量不少。该障碍男性发生率显著高于女性，但女性的程度更为严重。

当前,有关自闭症的成因、诊断评估、干预理论和干预技术非常多,各有侧重。训练人员需广泛了解相关研究。科学评估是所有工作的基础,也是当前自闭症干预的薄弱环节,需在评估工具和评估方法研发上下功夫。评估要全面,要涉及儿童发展的各个方面,也要关注儿童的特殊能力,特别是绘画、音乐、机械记忆等方面。有针对性的干预内容和有效干预技术是教育与训练的核心,训练人员需在掌握通用技术的基础上进行个性化探索。

感统训练是自闭症干预的通用技术之一,但近来颇受争议。这需要研究者和专业训练人员着力解决一个突出问题:儿童不配合训练。自闭症儿童的多方面障碍导致训练活动难以有效组织,训练不系统,训练强度普遍不足。训练人员在进行感统训练时,除了掌握本领域知识和技能外,还需要掌握行为干预、饮食营养以及睡眠、身体健康管理等方面的知识,或与其他学科人员充分合作。

一、自闭症儿童的特点

自闭症儿童差异大,表现的异常问题各不相同。综合来看,该群体主要表现出以下特征。

(1) 社会交往障碍。自闭症儿童在对视、识别面部表情和肢体语言等非言语行为的使用方面有显著障碍;独来独往、无视他人存在,不愿也不会与他人交流,不能建立同伴关系。极少自发地与他人分享情绪情感体验,缺乏情感互动,难以明确表达自己的感情和需要。在陌生场合,他们易出现焦虑、哭闹等情绪反应,常常说出或做出一些不合社交的事情。在感统训练中,训练人员应注重与该类儿童目光对视,增加互动游戏、情感交流等项目的训练,以提高他们的社会交往能力。

(2) 语言发育障碍。自闭症儿童语言发展一般较正常儿童延缓,表现出音量过高或过低、语调异常、自言自语、答非所问及刻板和重复语言等情况。部分自闭症儿童语言能力完全缺失,也不会通过手势或模仿等进行沟通补偿。故,在感统训练中,须实时渗透言语语言训练内容,矫正其不良的言语语言表达方式。

(3) 行为与兴趣异常。自闭症儿童表现出一种或多种重复行为,兴趣狭窄,持久专注于物体的细节,坚守一成不变的日常生活规律和环境布置,如重复看一个电视节目、相同的穿衣顺序、不变的房间布置,一旦受到阻挠,他们会出现大哭大闹、不安等情绪反应。有些自闭症儿童伴有自伤行为,如撞墙、自己抓自己、自己咬自己等。有些自闭症儿童有明显的攻击行为,如打人、咬人、抓人等。故,在感统训练中,应全面评估自闭症儿童的行为,探寻其情绪发泄的合理替代方式,提前制订围绕儿童自伤或攻击行为的有效应对方案。

(4) 感统失调。自闭症儿童在视觉、听觉、皮肤觉(触觉、温度觉、痛觉)、前庭觉、本体感觉的多个方面存在不同程度的异常,影响其感觉间的信息统整和整体把握感知对象。他们容易忽视视觉、听觉刺激的基本内容,但对某些特征性的声音或细节又非常关注。他们的皮肤觉过度敏感或迟钝表现,如不喜欢或逃避穿特定质地或款式的衣服,或偏爱某特定质地款式的衣服,对人际交往中的正常触摸会发出尖叫等异常反应,受伤时有时不表现痛觉反应。在前庭觉上,大部分自闭症儿童表现极不敏感,如喜欢看旋转物体、长时间做旋转类活动且无眩晕现象。该类儿童运动能力虽强，但本体感觉发展不完善，运动过程中往往出现各种多余动作，运动企划能力明显不足。

二、训练基本对策

自闭症儿童的感觉整合能力直接影响感统训练的各个环节。针对他们的感统训练在训练目标制定、训练内容甄选、训练的组织实施等方面不仅应遵循一般技术要求，还须体现自闭症儿童的群体性特征和个体差异性。如，自闭症儿童难以持续就某一领域问题进行集中训练，故须采取泛主题训练，训练项目多、领域广、项目转换频率高。

（一）训练目标

自闭症儿童感统训练的主目标是改善儿童的触觉、温度觉和痛觉过度敏感或迟钝的异常状况，提高其前庭觉敏感性和本体感觉能力，发展感觉与动作的统整能力，提升运动企划能力，为改善儿童异常行为及其他障碍奠定基础。间接目标是通过各项训练，提高儿童对周围事物的关注度，改善其身体概念和空间概念，促进其社会交往能力的发展。

自闭症儿童训练初期以离散目标为主，随着儿童逐渐适应训练的各环节，可以根据儿童情绪状况和运动水平制定适当的连续目标，以增强训练强度，提高训练成效。

（二）训练内容

自闭症儿童首先应进行感统分领域训练，丰富视觉、听觉、触觉、嗅觉、味觉、前庭觉、本体感觉各领域信息，有效刺激中枢感觉区。分领域训练实施一定周期后，可根据儿童情绪状态和运动能力设计难度较大的感统综合训练项目，一方面促进感觉间的统整能力，另一方面激发儿童寻求帮助的意识，促使儿童关注周围人物。伴有攻击性或自伤行为的儿童，其训练项目设计尚须考虑减少异常行为。轻度自闭症儿童根据其运动发展水平和感觉统整能力，可缩短分领域训练时间，增加综合训练，加强感觉间统合水平，训练中后期还可增加言语和认知等内容，进行高位统合训练。中重度的自闭症儿童需长时间实施分领域训练，适时尝试综合训练。受社会交往障碍和言语语言障碍的影响，自闭症儿童的高位统合训练有较大的难度，训练的组织实施尚需在实践中做个别化探索。

（三）训练组织实施

自闭症儿童的感统训练组织实施在训练活动的准备、训练组织形式、训练方式等方面需时时把握儿童特点，并根据儿童当下表现实时调整。

1. 训练活动的准备

自闭症儿童的心理、行为特点要求训练活动的准备工作尽可能全面、细致。

（1）充分了解儿童基本信息和特征性反应。训练初期，训练人员应充分了解儿童基本信息，如儿童基本情况、诊断评估信息、康复训练史、家庭教育等。随着训练的深入，训练人员应根据儿童表现，记录和分析儿童的特征性反应，如情绪变化、合作行为、异常行为等发生的情境和时机及信息传递方式，为后续训练做好充分的准备。

（2）与儿童建立良好的关系。自闭症儿童与训练人员的良好关系直接影响着训练中儿童的配合度和完成动作的质量，是有效训练的基础。首先，训练人员在充分了解其生理、心理、行为特点的基础上，主动介入儿童的有意识或无意识活动中，让儿童了解并熟悉眼前的"陌生人"。有的儿童喜欢关注细节，如衣服颜色、发型、纽扣等，若训练人员对这些细节有所了解，不妨将其纳入准备工作，或许会收到意外的效果。其次，有意识地构建依恋关系。无论是每一次训练活动准备工作还是训练中，训练人员应高频"现身"儿童的视野，积极引导儿童做好准备事项、抚慰其不安心理、解决其当下心理行为困惑、承担儿童与外界有效沟通的桥梁。一段时间后，训练人员所做的这些细致入微的工作大多会产生积极的结果——儿童对训练人员的信任度逐步提高，产生对训练人员的依赖，这是后续持续开展有效训练的重要基础。

（3）力求改变训练因素。自闭症儿童的刻板行为往往要求训练环境、训练人员、训练组织实施顺序等一成不变，相对固定的训练因素更有利于使自闭症儿童稳定情绪，较好地参与感统训练。但这会助长自闭症儿童的刻板行为，限制认知范围的扩展，进而影响其社会交往和言语语言的发展，不利于整体康复。因此，在训练周期内，应正确处理固定和变化的关系。在训练初期，训练因素基本保持不变，如训练活动安排在熟悉的环境、儿童家长及熟悉人员共同参与训练、训练活动以其感兴趣的项目为主等。在训练的大部分时间里，需有意识地调整训练环境、更换训练设备、调整参与训练的人员、变换训练项目等，提高儿童对"新训练因素"的适应性，达到缓解刻板行为，扩展儿童兴趣的目的。

2. 训练组织形式

自闭症儿童感统训练主要采用训练人员主导的个别训练（如渗透式、伴随式、一对一式）和儿童自助式训练。轻度自闭症儿童在个别训练的基础上，可采用互动、互助式训练，丰富训练形式，增加训练强度，以提高儿童的社会交往能力，具体见第 5 章第 4 节有关内容。

（1）儿童自助式。自闭症儿童运动能力较强且独来独往。在训练初期，训练人员难以有效介入其活动，儿童也几乎不能进行同伴互助互动训练，故此阶段的感统训练主要采取儿童自助式训练——儿童独自进行自己感兴趣的活动，训练人员不干预其活动，但要为其活动创设条件或提供安全支持，增加彼此接触的机会。

在训练中后期，随着儿童动作自动化水平的较大提高，也可适当采用此组织形式以提高儿童自主活动意识。训练中，训练人员应密切关注儿童的训练，确保儿童始终在视野范围内，时时关注儿童安全，对其具有危险性的行为及时预防和制止。

（2）训练人员渗透式。当儿童不抗拒训练人员时，训练人员可积极参与其活动，引入新的训练因素，"稀释"其固有的活动内容，拓展其认知、行动范围。

（3）训练人员伴随式。经过一段时间自助式和渗透式训练，儿童对训练人员产生一定的依恋，训练人员采用伴随式参与儿童的训练，引导儿童完成完整的训练单元。此后可进行正规训练。

3. 训练方式

训练初期，儿童与训练人员还未形成良好关系，难以与他人合作，适宜采取主动训练的形式让儿童自主活动。训练中后期，为了提高训练强度，促进儿童社会交往能力的发展，应加大助动和被动训练比例。

自闭症儿童往往很难长时间专注于一种训练活动，故主要对其采取间隔训练的方法，一方面提高儿童参与活动的积极性，另一方面增加训练项目，降低儿童刻板行为发生率。

4. 训练难点及应对

自闭症儿童训练的群体性难点在于儿童难以与训练人员或家长沟通、交流，训练人员不易准确了解儿童的需求及训练体验。个体训练难点在于自闭症儿童表现的差异性,如儿童虽然很喜欢旋转活动但不敢坐上吊缆,或儿童因为过于依恋一种物品或活动而拒绝进行其他领域活动……该类儿童感统训练的预设难点坡度不宜过大,需长时间坚持同一难度训练,若儿童能力较强可适当设置少量跳跃式难点的项目,以提高儿童参训的积极性。训练中突发难点是训练中常面临的问题,如儿童因天气、睡眠等原因导致的间歇性情绪和行为异常。

(1) 群体性难点应对。训练人员须充分学习和掌握自闭症儿童的群体性特征,针对儿童的交流沟通障碍,训练人员在训练中要对儿童的信息传递方式保持高度敏感性,及时把握儿童的心理、行为发展。训练人员还可与言语语言治疗师、心理和行为干预专业人员交流探讨,遇到难以解决的问题可请其他专业人员参与干预。

(2) 个体训练难点应对。训练人员在全面掌握儿童具体特点的基础上,分析儿童行为功能,对难点的发生保持高度的敏感性,积极探寻解决策略,若经多方努力仍找不出个别项目训练的对策,可暂时搁置难点和回避困难。

(3) 突发难点应对。训练人员应记录儿童平时训练中出现的突发事件的发生时间、情境及后续反应,为预防和有效应对后续训练中发生类似事件提供借鉴。

5. 安全保护及应急处置

自闭症儿童本体感觉差,爱爬高、动作幅度大、速度快,且安全防护意识不足。因此,安全防护是该类儿童施训的重要内容,基本做法有二:设计安全的训练环境和训练人员提供安全保护。训练中,训练人员要及时阻止儿童的危险动作,行动要快、语气要坚定,并呈现严肃的表情。具体内容见第5章第5节。

自闭症儿童自伤和攻击行为发生率较高,训练人员须对儿童此类行为发生的频率、情境做好记录,并始终保持足够的敏感性,特别是当气候、训练室环境、训练人员发生变化或在组织小组训练时,需更加留意该类问题的发生。

(四) 训练人员的技术要求

训练人员应立足于自闭症儿童的特点,关注以下几点技术要领。

(1) 言语表达。训练人员与自闭症儿童沟通或发指令时首先应找准时机,在儿童关注时及时呈现核心信息,言语要简洁、直奔主题,结合适当夸张的表情和坚定的语气。如"过来""跳上去""跨"等,只说出核心词汇,不必多做解释。

(2) 操作示范。自闭症儿童视觉注意差,操作示范主要采用被动感受式示范:儿童在训练人员的扶持下被动感受动作要领,学习新动作。若儿童能理解和模仿训练人员简单的动作,训练人员可在儿童情绪较好、注意力集中时进行动作示范,具体要求为:抓准时机,在儿童近处进行同向度示范(镜向示范也可尝试),动作速度不宜过慢,不拖沓,多环节连续呈现。

(3) 支持与纠偏。训练人员应关注对自闭症儿童的心理支持,如训练初期某些儿童需要摆弄特定物品或间歇性得到母亲的安慰后才能继续训练,训练人员可满足儿童的这类需求。随着训练的深入,可适时弱化儿童对特定对象的依恋。训练人员对该类儿童所使用的言语应简洁、准确,动作支持要适度,充分利用儿童寻求支持的时机发展其言语或社会交往能力。自闭症儿童错误动作一旦形成很难纠正,故儿童学习新动作时,训练人员宜采用持握或扶持儿童躯体的特定部位,使儿童在受控制状态下进行训练,感受训的操作要领,形成正确的动作。若儿童不规范的动作经多次纠正后仍不见效,可忽略或回避该类操作。

(4) 评价与反馈。障碍程度较为严重的自闭症儿童大多很难理解源于他人的言语或非言语评价,对他人的反馈几乎没有应答,但是训练中的评价反馈还是要进行,或许会有收获,如拥抱或给予钟爱的物品以奖励其积极行为等。对于障碍程度较轻的自闭症儿童,训练情况的评价和反馈与其他儿童的情况较为相似,可参考本章前几节有关内容实施。

三、训练项目举例

鉴于自闭症儿童心理行为的独特性,感统训练可先让儿童操作感兴趣的前庭觉训练项目,使儿童能以稳定的情绪参与训练,再逐渐过渡到触觉、本体感觉及综合项目的训练,逐步拓展训练范围,激发其关注周围事物。训练人员可设计易于干预、能引发儿童寻求帮助的项目,把训练作为与儿童沟通的一个切入点,创造儿童与他人沟通的机会,提高儿童的社会交往能力。

(一) 触觉训练举例

自闭症儿童的触觉训练目的是:改善其触觉过敏或过度迟钝,特别是痛觉异常问题,借助触觉训练项目发展儿童与训练人员的依赖关系,促进其社会交往能力发展。

表 7-4-1 自闭症儿童触觉训练活动设计

压马路	
主要设备	滚筒、瑜伽垫、平衡步道
训练项目	技术要领
1. 隔垫压	1. 儿童在睁眼/闭眼状态下,卧于地面,身上放置一块瑜伽垫,训练人员用滚筒来回滚压海绵的同时,表达滚压动作或所压身体部位,如"压头""压背""压腿""快快""慢慢"等。有意识地要求儿童长时间闭眼感受刺激属性 2. 该项目适用于触觉过敏的自闭症儿童,若儿童触觉不敏感,需加大滚动力度和幅度 3. 闭眼训练感受性强、训练强度大,但自闭症儿童难以闭眼或闭眼时间极短,训练人员须鼓励并监督儿童在闭眼状态下完成此系列项目
2. 隔平衡步道压	1. 儿童在睁眼/闭眼状态下,把平衡步道卷于身上,卧于地面,训练人员用滚筒来回滚压儿童 2. 滚筒不宜过重,且训练人员力度不宜过大,以免儿童负重过大
3. 滚筒压	1. 儿童在睁眼/闭眼状态下,卧于地面,训练人员用滚筒来回滚压儿童

第 6 章第 1 节介绍的触觉功能训练项目皆可用于自闭症儿童的训练,训练人员需把握时机,施加足够刺激,同时关注其情绪状态。

(二) 前庭觉训练举例

前庭反应不足是自闭症儿童感觉异常的一大特征,针对该类儿童的前庭觉训练应在遵循一般训练技术要求的基础上,适当增加互动和互助活动,以提高其社会交往能力。在感统训练中,专门的训练室和日常生活环境中的项目都可适用于自闭症儿童前庭功能训练,以吊台训练为例,介绍自闭症儿童前庭觉训练技术要领。

表 7-4-2　自闭症儿童前庭功能训练活动设计

旋转飞人	
主要设备	吊台、羊角球
训练项目	技术要领
1. 小幅荡摆	1. 儿童主动或助动坐或卧于吊台上后,训练人员推动吊台,做小幅荡摆。本项目训练的目的是让儿童适应吊台,可作为旋转项目的准备活动,操练时间可根据儿童特点调控。若儿童前庭不敏感则荡摆时间可稍长,若儿童前庭敏感,则此项目训练时间可缩短至几秒 2. 摆荡过程中,训练人员须要求儿童抓住吊绳、保持身体稳定,可轻拍儿童身体并与其交流,如"慢慢荡""左""右"等 3. 两童或亲子一同在吊台上荡摆
2. 荡摆撞球	1. 训练辅助人员手持羊角球站于吊台周围,训练人员推动吊台大幅摆荡时,儿童用手、头或脚撞击球 2. 训练人员须手抓住儿童衣裤、手臂或腿,以防儿童从吊台上滑落 3. 若儿童能力较强,可让其报告击球次数
3. 快速旋转	1. 儿童双手抓紧吊绳、身体保持平稳后,训练人员逐渐加快吊台旋转速度 2. 旋转时,训练人员须反复叮嘱儿童保持身体平衡,时刻准备提供保护
4. 快下飞车	1. 快速旋转结束后,儿童立即被动或主动地下吊台站于地面上 2. 训练人员应紧随儿童身后,以防儿童因眩晕而摔倒

第 6 章第 2 节介绍的前庭功能训练项目皆可用于自闭症儿童的训练,在确保安全的同时加强刺激的强度。

(三) 本体感觉训练举例

第 6 章第 3 节本体感觉训练项目及技术均可用于障碍程度较轻的自闭症儿童的训练,但需在训练中加强支持,力求完成完整的操作单元或连续完成多个单元。同时,也可参考表 7-4-3 列举设计的有关训练项目。

表 7-4-3　自闭症儿童本体感觉训练活动设计

传球	
主要设备	球;可用作障碍的物体,如球、书本、平衡台等
训练项目	技术要领
1. 踢球	1. 训练人员与儿童或儿童间用脚踢球,进行传接球训练 2. 可通过两人所站距离、球的属性(大小、形状等),传球的力度和角度调控传接球的难度 3. 能力较强的儿童可让其同时报告传球次数或依即时指令完成传球
2. 踢球过障	1. 儿童踢球,以最快的速度过障碍物,到目的地后把球投入目的筐内 2. 该项目的可调节因素有:球的自然属性(大小、重量等),障碍物属性(数量、体积、形状、间距),目的筐的大小,组织形式(个别、序列、合作)等

自闭症儿童难以长时间闭眼,需有意识地加以训练,如倒走、倒爬、过障碍,走的过程中间歇闭眼,逐步增加闭眼时长。

(四) 综合训练举例

感统分领域训练一定时期后,实施综合训练能提高自闭症儿童感觉和动作的整合能力,促进自闭症儿童运动企划能力发展。表 7-4-4 列举一些综合训练活动设计。

表 7-4-4　自闭症儿童综合训练活动设计

运动中推球	
主要设备	球，滑梯
训练项目	技术要领
1. 翻滚推球	1. 儿童俯卧式坐，把球推向前方 30～50 cm 远处的墙，随即侧翻滚接住回球，再将球推向墙，如此反复。指导儿童推球角度 2. 该项目的可调节训练因素有：球的自然属性（大小、表面光滑度、充盈度、重量）、离墙的距离，墙面光滑度和硬度，翻滚动作要求（方向、数量），以及认知、言语内容的介入程度等
2. 滑行推球	1. 儿童从滑梯滑下的同时，推置于滑梯旁或滑梯底部地面的球 2. 训练人员需贴身保护，以防儿童因推球力度过猛，从滑板上摔下

球类配合滑梯、蹦蹦床、浪桥等器材可设计和组织多种综合训练项目，此类项目不仅可促进儿童感统能力发展，也能提高自闭症儿童的注意力、听理解能力以及社会技能等。

（五）日常生活举例

充分利用日常生活中的各种资源，灵活地开展自闭症儿童感统训练，这既能提高训练成效，亦能增强亲子关系。

（1）摇荡浴巾。儿童躺于浴巾或床单上，施训人员抓着大浴巾的四个角进行上下或左右同向同幅度摇晃。可调节因素如：人员（父母或家庭其他成员、训练人员、志愿者等），儿童衣服的自然属性（松紧、材质、厚薄），浴巾的自然属性（大小、柔软度、材质），摇晃的幅度、速度、方向和次数，以及认知、言语等的渗透。

（2）互投纸团。儿童与家庭成员先合作制作若干纸团，并平均分配，然后以一定间距对坐/跪/立，将纸团抛向对方或击打对方。游戏中，家人注意示范"躲避"击打的方法或提示儿童躲避击打。可调节因素如：参与人员数量、间距，纸团大小，以及认知、言语等内容的介入程度。

四、相关辅助训练

自闭症儿童的社会交往障碍、言语语言障碍和情绪行为问题突出，故须长期进行心理和行为干预、社会技能训练、生活自理能力训练等相关辅助训练。这些训练有的可整合在感统训练中，有的需要专门训练，避免单一训练的局限性，耽误儿童其他问题的有效干预。

第 5 节　脑瘫儿童感觉统合训练

脑瘫儿童是特殊教育的重要对象之一，其脑部损伤是非进行性的，但其各方面的机能若无训练、教育，则会发生进行性改变。无论脑瘫儿童智力、运动能力等如何，都须加强教育与训练，越早越好。

1998 年，我国 0～6 岁脑瘫儿童发生率为 1.86‰，约有 31 万名儿童，每年新增 4.6 万。[①]

[①] 陈旭红，等.图解脑瘫康复技术与管理[M].北京：华夏出版社，2007：前言.

脑性瘫痪(Cerebral Palsy,简称 CP)简称脑瘫,2006 年长沙第八届脑性瘫痪康复会议给出的新定义是指自受孕开始至婴儿期非进行性脑损伤和发育缺陷所导致的综合征,主要表现为中枢性运动障碍及姿势异常。脑部损伤部位和程度的差异,导致此类儿童各方面能力、特征差异较大,类型较多。根据运动障碍类型,可将脑瘫分为:痉挛型、手足徐动型、强直型、肌张力低下型、共济失调型、震颤型和混合型。根据运动障碍部位分类为:四肢瘫、截瘫、双瘫、双重偏瘫、三肢瘫、单瘫。脑瘫的核心症状是中枢性运动障碍和姿势异常,还常伴随其他症状,主要有:智力障碍(以轻、中度为主)、言语语言障碍(语言发育迟缓、发音困难、构音困难、失语等)、视觉障碍(眼内斜视和屈光不正等),少数儿童可能伴有听觉障碍(多见于手足徐动型)。受主症及主要伴随症状的影响,他们还表现有体质差、感觉迟钝、情绪行为异常和学习困难等症状。

脑性瘫痪在儿童出生后的 2～3 月就可表现出神经反射及动作异常,临床诊断需要做一系列的检查,如神经反射检查、感觉运动反射检查、肌力检查、运动发育状况检查、平衡能力等的检查。脑瘫的诊断与评估涉及领域较多、检查项目比较复杂,需在专门的医疗机构进行。脑瘫严重影响儿童的生长发育,给他们的日常生活、学习及劳动就业造成广泛而持久的影响,也给其家庭和社会带来沉重负担。

时至今日,脑瘫的治疗(包括药物和手术治疗)、康复训练、教育仍然是科学界的难题。一般而言,儿童年龄越小,各种干预更易于实施,也会取得较大的效果,而大龄脑瘫儿童的运动能力训练面临非常大的困难,需将教育训练重心转移到认知教育、生活自理及心理健康等方面。所以,面对脑瘫儿童,各方人士既要积极主动采取措施,尤其加强早期干预,不言放弃,又要有面对进步慢、效果差或无效的心理准备。

一、脑瘫儿童特点

感统训练项目的制定、实施需先了解脑瘫儿童的身体机能(如心肺系统、免疫系统等),儿童有无慢性疾病,如癫痫、哮喘、过敏等,障碍部位和障碍程度、基本运动能力、认知能力、言语语言能力等,掌握儿童的心理行为特点。

运动方面,脑瘫儿童因脑部损伤造成其整体运动能力差、姿势异常,这是脑瘫儿童的核心特征。具体有,肌力、肌张力、关节活动度异常,耐力、速度、协调性不足,相当一部分存在关节等的畸形。所以,需针对儿童的肌力、关节活动度、肌张力进行有针对性的专业训练。尤其是学龄期的脑瘫儿童,需训练基本运动能力,否则运动能力会减退,姿势异常加重,甚至丧失移动能力。所以,在感统训练前,要对儿童的运动能力进行细致评估。感统训练初期,训练项目难度要较小。

感知能力,脑瘫儿童一部分存在视觉、听觉异常,触觉、前庭觉异常敏感或迟钝,本体感觉不足,一项或几项感觉异常。所以,在进行感统训练时需特别针对其触觉、本体感觉、前庭觉加大训练强度,同时增加基本视觉、听觉感知能力的训练。如视觉辨别大小、颜色、明暗、空间位置等,听觉辨别声音大小、声源方向、节奏等。

言语语言方面,脑瘫儿童由于呼吸、舌唇下颌等本身存在异常,常常会出现构音障碍,发音不清,重者完全无言语能力。有些脑瘫儿童会因认知能力不足、不良环境等造成其无法理解语言。所以,感统训练需设计专门针对口腔运动、呼吸、发声等方面的训练活动。对于无法理解语义的脑瘫儿童,需运用强化物对儿童的动作和训练进行诱导和控制。

身体状况,脑瘫儿童身体状况较差,多瘦弱、免疫能力弱、体质差,有一部分儿童患有癫痫、心脏病等慢性疾病,训练前,要询问儿童休息、睡眠、用药等情况。感统训练时,要注意安全,训练难度、强度要适中,并随时关注儿童的身体状况。

脑瘫儿童的注意、记忆、思维能力,由于脑部损伤部位及程度的差异,也存在较大差异。专业训练人员应注意脑瘫儿童在各个方面的差异,掌握各个儿童的生理、行为、心理特点,组织实施有针对性的个别化训练。

二、训练基本对策

脑瘫儿童的核心症状及其伴随性障碍是训练的重要变量,直接影响训练目标的制定、训练方案的设计以及训练的组织实施等各个方面。所以,针对脑瘫儿童的感统训练,不仅要把握训练干预技术的一般原理和基础训练技术,还应充分考虑到脑瘫儿童存在的运动障碍和姿势异常,探寻适合该类儿童的训练方法。

(一) 训练目标

脑瘫儿童感统训练的主目标是增强本体感觉、前庭觉功能,提高儿童动作精细度、协调性以及平衡控制能力。辅目标是提高视、听、触等的感知能力,促进认知、言语语言发展,改善体质健康,提升心理健康水平等。障碍程度较轻的脑瘫儿童可以设置连续目标,加强训练的系统性,加快训练进程。障碍程度较重或者伴随有智力障碍、言语语言障碍等的儿童则可先设置离散目标,然后逐步过渡到连续目标。有关目标设计技术参见第5章第2节有关内容。

(二) 训练内容

脑瘫儿童感统训练的内容很大程度上取决于受训个体的具体特点,重点是本体感觉训练和前庭觉训练,同时兼顾粗大动作、精细动作、肌力和耐力等的训练。对于肌张力过高或肌力过低的儿童往往还需要借助其他的辅助疗法,如针灸、按摩等。

对于程度轻或者是已经掌握了基本技能的脑瘫儿童而言,可重点进行高位统合训练,充分发展其优势能力。例如,对于智力正常、程度较轻的脑瘫儿童通过高位统合训练,可拓展认知范围,提高感知觉能力、心理健康水平和人际交往能力,为以后较好融入社会奠定良好的基础。但是,障碍程度较重或者伴随多种其他障碍的脑瘫儿童,设计并实施训练须充分考虑到儿童多方面的障碍特点,训练活动可能以分领域训练或低位统合训练为主,可否进行高位统合训练要视训练水平、进展情况来定。

(三) 训练组织实施

脑瘫儿童感统训练须遵循一般训练原则(详见第5章),还需针对其身心发育的特点,掌握相关技术。

1. 训练活动的准备

脑瘫儿童受训周期长,无论是训练机构还是儿童家庭均须做好前期的准备工作,主要有两个方面。第一,全面熟悉儿童信息。训练人员须熟悉受训个体的运动障碍类型、程度、部位,伴随障碍(特别是认知能力、言语语言能力),疾病、体质健康状况和心理健康状况等,安全防护能力以及曾经接受过的训练和治疗等信息。与此同时,训练人员也要掌握儿童在运动、感知、言语、社会技能等基础能力方面的优势发展领域,以便准确把握训练的突破口,有效组织训练活动。另外,要了解儿童的家庭训练环境,以便开展家庭康复训练。第二,调整训练环境,消除安全隐患。脑瘫儿童训练环境的安全性要求更高,训练前要根据儿童的特点对训练场所设施设备、地面、墙壁等进行全面检查,消除各种不安全因素。在每一次训练活动实施前,也要协助儿童做好参训的准备工作,详见第5章第4节。

2. 训练组织形式

脑瘫儿童自身的运动障碍决定了在训练初期和技能学习形成阶段多采取以训练人员为主导的组织形式。障碍程度较重的儿童多采用个别训练形式,在确保训练安全的同时维持一定的训练强度;障碍程度较轻的儿童可以采用序列式或者累加式训练形式,提高儿童参与的积极性。

经过一段时间的训练,当儿童基本掌握了训练项目的操作技能时,可尝试采用儿童主导的训练组织形式,如个别自主训练形式。此时,训练人员除了对儿童提供必要的安全保护外,还需通过言语、动作对儿童的操作给予指导和支持。但需要特别注意的是,儿童主导的组织形式多用于障碍程度较轻、能力较好的儿童(如智力正常的偏瘫儿童),或者是安全系数高的训练项目,如与海洋球池、阳光隧道等相关的训练形式。

3. 训练方式

训练初期或障碍程度严重的脑瘫儿童,被动训练是最常用也是最重要的训练方式,且持续时间较长。但是,长期接受被动训练,儿童易痉挛、疲劳,能力提高较慢,易产生烦躁抵抗情绪,积极性降低。所以,在被动训练的同时,可以适当穿插助动训练和主动训练环节。障碍程度轻的儿童要及时调整训练项目,由被动训练为主过渡到被动训练、助动训练和主动训练交替使用,最后以主动训练为主。

对脑瘫儿童实施主动训练时,项目组织实施需做好各项准备。安全性较高且难度不大的训练项目可以尝试主动训练,如独角凳上的训练、部分徒手训练项目(如坐位下肢轮替屈伸训练项目)等,但对于安全性差的项目,比如大笼球上的各种训练,滑梯、浪桥上的训练项目则不宜采用主动训练,若要采取主动训练,需加强保护,并鼓励儿童大胆尝试。

4. 训练难点及应对

实践中,脑瘫儿童训练的预设难点易于调控,但突发难点不易掌控,这就要求训练人员在训练活动中保持足够的敏感性,时刻观察儿童的操作过程,实时调整训练难度、训练形式和训练方式,或对其操作给予技术支持和心理支持。

脑瘫儿童易于出现训练疲劳、烦躁情绪等情况,所以训练人员还需要掌握一定的心理知识,实时借助合适的强化手段激发儿童参训的内驱力,提高儿童参训的耐力和毅力。同时,训练人员也要持积极心态或实时调整消极的心理反应,做好长期训练的准备,主动应对各种"意想不到"的事件。相关内容在第5章第4节、第5节有全面介绍,对解决脑瘫训练中的问题同样具有参考价值。

5. 安全防护、训练常见问题及其应对

脑瘫儿童的主要障碍及伴随性障碍使得他们在训练中易于出现各种安全问题,而且意外一旦发生,他们往往无力有效应对。所以,确保训练安全是脑瘫儿童参训的首要任务,训练人员对此要有足够的认识,切实落实到训练的各个环节,否则会导致训练中断、前功尽弃。

对于肌力不足、动作僵硬、平衡能力差的脑瘫儿童,训练中要采取贴身支持,如,抓、握、扶等。对于可以独立运动且躯体平衡控制能力较好的儿童可以采用近身防护或者借助言语提示实现安全操作,如在蹦蹦床上的训练活动中,"跳转"训练需要训练人员近身防护,而上/下、左/右等单向度蹦跳时以言语提示即可。当然,训练活动中也可以积极尝试对儿童进行安全防护知识的教育及安防技能的训练和教育,特别是障碍程度较轻儿童,他们通过训练是可以掌握基本的安防技能的。有关该类儿童训练中的其他安全防护等问题可参考第5章第5节来实施。

(四)训练人员的技术要求

面对脑瘫儿童,训练人员在组织训练活动时需要把握如下技术要求。

1. 言语表达

一些脑瘫儿童伴有认知障碍、视觉障碍、听觉障碍,所以训练人员的言语表达要缓慢、清晰、准确,尤其是在进行示范讲解和指导儿童做动作时,不可含糊不清,要通过核心词表达操作要领,如"转""跳""下蹲"等。对伴随听觉障碍的脑瘫儿童,训练人员的肢体语言就显得非常重要。

另外,脑瘫儿童由于训练周期长,要长期面对一个或者几个训练人员,极易对声音产生疲劳。训练人员在训练中要适当改变其语音、语调,增加趣味性,以缓解儿童的心理疲劳,提高其注意力。

2. 操作示范

在训练初期,示范动作分解要得当,示范速度要慢,尤其是在动作衔接处要结合语言讲解。训练中,训练人员要实时进行示范,必要时要进行一对一的被动感受式示范,即训练辅助人员扶持儿童模仿示范操作,使其准确感受操作要领。脑瘫儿童动作慢,尝试操作需要较长时间,训练人员勿急莫催,要耐心引导、关注。示范内容以标准示范为主,少用鉴别示范,以免儿童混淆。此外,对于伴有眼内斜视等眼球运动异常的儿童,训练人员示范操作的站位角度及高度要调整,方便儿童观察示范。

3. 支持与纠偏

在脑瘫儿童感统训练中,训练人员的支持与纠偏起着非常重要的作用,一方面要确保训练规范、安全实施,另一方面要避免儿童痉挛、姿势异常等固有问题进一步加重。训练初期,儿童的多数操作离不开训练人员的直接支持,要么在训练人员手把手地支持下完成操作,要么训练人员在动作支持的同时给予言语解释,对于障碍程度较重或体重较重的儿童,可能需要两人同时给予支持。儿童掌握基本操作技术后还是会存在不少问题,如操作失当、不流畅、效率低下等,那么纠偏就成为重要内容,有时要反复多次、持续较长时间。比如卧滚大笼球训练,初期儿童会因为身体平衡能力和上肢肌力不足等问题,不敢俯卧于球上。这时,儿童的操作往往需要两个训练人员的支持,实现卧球体、肢体放松、被动感受球滚动时的肢体调整,下肢和上肢进行支持的用力等。一段时间后,该项目的训练可在训练人员较少支持下完成上述操作。期间,训练人员通过言语解释或有限的动作支持帮助儿童合理用力、有效进行肢体间协调等。

4. 评价与反馈

脑瘫儿童感统训练的评价与反馈与其他儿童的评价反馈大致相同,可参考本章前几节以及第5章第4节有关内容来实施。在此强调以下三点:其一,关注细微进步,积极评价反馈。脑瘫儿童训练进步慢,需关注其细小的变化,及时肯定其细小进步。其二,有选择地评价。儿童训练评价总体要全面,但脑瘫儿童反复尝试也不能有效表达的操作,如肢体速度不能有效控制,对此可以漠视不评价,或持续训练后呈现变化势头时再评价,或评价次要训练因素(如快中慢3次屈腕,速度控制无区别,可以不评价,但可评价"3次做得都很认真""3次屈腕都很规范,但最后一次要慢一点再慢一点"等),或扶持下正确完成后大加赞赏并解释成功的关键所在。频繁对其"无能为力"进行评价会严重打击儿童的训练信心。其三,加强心理健康素质评价。脑瘫儿童感统训练非常辛苦,儿童需要肯吃苦、不退缩。所以,在训练过程中,适当增加勇敢尝试、坚持不懈、不怕失败等优秀心理品质的评价,培养长期持续训练的积极心态。

三、训练项目举例

脑瘫儿童感统训练的重点是前庭觉训练和本体感觉训练,以提高其动作精细度、协调性和平衡控制能力。训练中,要有意识地加强肌力和耐力训练,适度渗透认知、言语及文化教育知识。初期,绝大部分儿童要进行系统的低位统合训练,然后视儿童发展水平,开展高位统合训练,提高中枢整合处理多种信息的能力。

(一)触觉训练举例

受运动障碍的影响,脑瘫儿童的温痛触压各种体肤感觉系统明显存在刺激不足问题,体肤感知异常普遍存在。为此,在感统训练初期,专业机构及家庭需集中对儿童进行这些感觉功能的强化训练,具体见第6章第1节。在此以按摩球为例,介绍脑瘫儿童触觉功能训练活动设计,训练项目及技术要领见表7-5-1。

表 7-5-1 脑瘫儿童触觉功能训练活动设计

持球按摩	
主要设备	按摩球
训练项目	技术要领
1. 被动训练	1. 训练人员单手持球,在受训儿童的肩部、背部、腿部等处进行滚压、轻推、轻轻弹击等动作,要求儿童说出此时滚压、轻推、弹击的部位、训练人员的动作及动作方向、轻重等信息 2. 按摩的不同环节使用不同性质的球,要求儿童判断球的大小、表面属性变化,引导儿童体会不同体积、充盈度、软硬度的球造成的感受的不同。然后,训练人员将第一部分和本部分已经进行的内容进行组合,增加训练的复杂性和难度,让儿童在接受触觉刺激的同时进行知觉、认知能力的训练 3. 训练人员对儿童可见的正面部位进行按摩,在滚压、轻推、弹击时告知儿童所采取的动作的名称,并不断变换节律,如:"前前后后,左左右右,前一后,左一右"或者编成简单的儿歌、顺口溜,如:"小球小球真调皮,一会慢慢走,一会停下来,在我腿上爬一爬,在我肩上跳一跳,等我抓到你,看你调皮不调皮" 4. 由于脑瘫儿童可能在脊柱、四肢关节等处存在畸形或动作受限,训练人员须在操作前充分了解这方面的情况,防止引发次生"伤害" 5. 对于没有语言能力的脑瘫儿童,可以首先要求儿童指认身体部位、感受按压的强度、速度等,但训练人员需配合语言解释
2. 自主训练	1. 儿童一手握按摩球,在另一只手的手心多次轻推、滚压;一手或双手持球,独自完成滚压、推摩、轻轻弹击体肤、关节等各处;双手持球完成球在手中的转动、抓握 2. 训练中要求儿童变化按摩力度、部位、方式等,感受不同的操作属性,体肤不同之处触觉的差异,同时训练人员对儿童的感知能力、动作认知和动作精细度进行训练 3. 也可以要求儿童闭眼,对其本体感觉进行训练

触觉功能训练的安全性较高、难度较低,所以第 6 章第 1 节中的触觉训练项目也可使用。但是要针对脑瘫儿童巨大的个体差异性,重新调整项目的难度、顺序、组织形式、强度等。

(二)前庭觉训练举例

前庭功能训练对提高脑瘫儿童的运动能力及人身安全等方面有重要作用,是该类儿童康复训练的重要内容之一。为确保安全和有效训练,他们的训练多需要专业人员借助专业的感统设备来实施,如蹦床、滚筒、滑梯/滑板、吊台等。他们在肌力控制、姿势维持以及动作表达等多方面存在异常,故前庭训练需要对儿童进行近身或贴身防护,还需控制好刺激强度,避免引发异常的神经肌肉反射。下面以滚筒训练设计为例,解析脑瘫儿童的前庭功能训练技术。训练项目及技术要领见表 7-5-2。

表 7-5-2　脑瘫儿童前庭功能训练活动设计

滚筒内训练项目	
主要设备	滚筒
训练项目	技术要领
被动筒内卧滚训练	1. 儿童卧滚筒内,训练人员推动滚筒,儿童躯体随之滚动 2. 训练初期,训练人员推动滚筒的速度要慢、幅度要小,让儿童有一个自行适应调整的过程。然后可以逐步增大推动速度和幅度,或者速度时快时慢、幅度时大时小 3. 训练人员需要在快慢转换前给儿童语言提示,否则可能会使儿童产生恐惧、对其造成伤害。另外,除了变化推动速度,还可以变化推动的方向,或让儿童先睁眼训练后闭眼训练等 4. 训练人员需随时注意儿童在筒内的情况,防止其自主运动造成二次伤害

脑瘫儿童前庭功能训练对训练人员各方面的素质要求较高,尤其是身体素质、反应力,训练可从被动训练、徒手训练开始。训练中注意控制训练强度,关注儿童的身体状况,防止癫痫等的发生。

(三)本体感觉训练举例

本体感觉训练都是通过运动来实施。在动作训练时,儿童在训练人员引导下有意识地感受动作的各种属性,并尝试主动表达相同的动作属性。本体感觉训练对器材、场地的要求较低,家长在掌握训练技术后可在家中对儿童进行训练。训练项目及技术要领见表 7-5-3。

表 7-5-3　脑瘫儿童本体感觉训练活动设计

海洋球池训练项目	
主要设备	海洋球池
训练项目	技术要领
1. 钓鱼高手	1. 儿童采用坐位,用双手支撑身体,光脚夹海洋球移动一定距离,感受夹球力度,移球距离。重复操作 2. 对于障碍程度重的脑瘫儿童可要求其脚拨直径比较大的粗面球并移动较短距离即可。对于障碍程度轻的儿童,可以进行个体间"钓鱼"比赛,或不同能力儿童组合的小组赛、接力赛等 3. 期间,训练人员和家长可对儿童操作进行提示、表扬鼓励、呐喊助威,创造快乐训练、激烈竞争的气氛

续表

海洋球池训练项目	
主要设备	海洋球池
训练项目	技术要领
2. 海底寻宝	1. 将大小不同、形状各异的塑料板或者其他轻质材料制成没有棱角的物体,埋在海洋球池的底部。要求儿童将这些塑料板从底部找出,并将它们整齐堆放在球池的"空地"上(此处没有球)。儿童需首先采用坐位,用脚将埋在"海洋"底部的塑料板找出来,并把找出来的"宝贝"聚拢起来。然后采用四爬位,"开垦"出一片空地,将之前找到的"宝贝"整齐堆放在空地上 2. 儿童操作顺序没有要求,"开垦""寻宝"先后次序由儿童自己决定,但儿童操作的体位及参与操作的肢体要按要求进行,并在训练中给予督促、提示 3. 训练人员要关注儿童的身体、情绪状况,并及时给予帮助和支持 4. 为了提高儿童的兴趣,缓解其训练疲劳,可以在训练期间播放相关声音,如小鱼吐泡泡声音、海鸥叫声、水流声,创设身临其境的训练氛围

本体感觉训练要求训练人员首先具备相关的本体感觉基本知识,在此基础上设计训练项目。对于能力较差的儿童,可被动感受动作属性。

(四)综合训练举例

脑瘫儿童的综合训练项目难度差异较大,对于障碍程度较轻的儿童,可提高训练难度,在训练中增加认知内容。对于障碍程度较重儿童,则需在运动能力增强的基础上,进行简单的综合训练。训练项目及技术要领见表 7-5-4。

表 7-5-4 脑瘫儿童综合训练活动设计

阳光隧道训练项目	
主要设备	阳光隧道
训练项目	技术要领
1. 翻山越岭	1. 在阳光隧道内/下放平衡步道,在隧道下放若干大小不一的按摩球、花生球、柱体球等,要求儿童从阳光隧道内爬出。训练人员可对儿童爬行时间计时 2. 在进行此项训练之前需要儿童克服畏惧感,可在隧道内爬行。若儿童对爬行无积极性,可用食物、玩具或其他强化物在隧道的出口对其加以引导 3. 训练人员要注意在训练之前清理隧道内及周围的危险物品,如玩具等。并在儿童爬行时时刻关注其在隧道内的爬行情况,给予鼓励
2. 倒过隧道	1. 儿童在隧道内倒爬而出 2. 训练人员需随时关注儿童在隧道内的情况,防止其转身正爬而出。若儿童无法完成,训练人员需从入口正爬钻入隧道,与儿童头对头爬,帮助儿童完成倒爬 3. 可在隧道内放入食物等强化物,要求儿童倒爬带出。也可与训练人员"顶角"比赛(头顶头),提高儿童的积极性,增加趣味性
3. 推球过隧道	1. 在隧道内放入一大小适中的按摩球、羊角球等(其直径稍小于隧道口直径),要求儿童爬行,将球推出隧道 2. 可将球放置于隧道中间或近出口的位置,降低难度,然后逐步将球移近隧道入口 3. 训练人员要随时关注儿童爬行情况,给予鼓励

训练中,儿童容易出现疲劳、畏难的心理,需训练人员及时对项目进行调整,增加项目的趣味性,提高儿童的积极性和自信心。对儿童的努力,要给予鼓励、表扬。

(五)日常生活举例

除了在感统室训练外,日常生活中的训练项目可谓比比皆是,家长和训练人员可将这些项目纳入训练计划,丰富训练形式、拓展儿童接受刺激的范围、提高儿童适应不同训练环境和训练项目的能力。

例如利用卧具训练。

(1)穿越障碍。家长可以在床上为儿童放置枕头、未叠的被褥、体型比较大的毛绒玩具、颜色各异的毛巾等,让儿童置身其中,家长可以躲藏到儿童看不到的地方,呼唤儿童的名字,让儿童听辨声音传出的方向,穿越"重重障碍"寻找家长所在。家长要注意观察儿童在训练中的反应,观察儿童有没有快速正确地判断出声音方位。期间,家长也要做好防护工作,训练难度要由易到难,并做好难易之间的衔接,及时鼓励儿童坚持完成操作。

(2)翻山越岭。家长先将枕头、折叠的被褥等间隔摆放,搭建训练用的"崇山峻岭",然后引导或帮助儿童跨/踩/跃过"山岭"。家长可以通过调整这些卧具的高度、宽度以及卧具间的位置关系来改变训练形式或训练难度。

四、相关辅助训练

脑瘫儿童的运动障碍突出,并且常伴有言语语言发展迟缓、生活自理能力不足等问题。故对脑瘫儿童进行感统训练的同时,还需要配合其他辅助训练,进一步增强脑瘫儿童的运动能力,帮助其提高沟通交流能力并掌握生活自理技能。

(一)运动康复训练

脑瘫儿童的主要表现是运动障碍和身体姿势异常。所以,该群体除了进行感统训练外,还需重点加强运动康复训练,提高儿童的肌力、耐力、协调性,改善不佳的躯体姿势、重塑正常运动模式等。体操康复训练是运动康复训练的重要内容之一,对改善脑瘫儿童的协调性有一定作用,可在专门机构及家庭尝试开展。

(二)言语语言训练

约1/3~2/3的脑瘫儿童伴有言语语言障碍,如说话缓慢费力、字音不清、鼻音较重、语音语调异常等。[1] 言语语言训练也是脑瘫儿童康复训练的重要内容之一,需进行专业训练。感统训练与言语语言训练具有较高的兼容性,可实现多种目的,有效提高儿童大脑统整处理各种信息的能力。为此,训练人员除了要有意识地增加与儿童的言语互动(聊家常、谈训练)外,还需实时引导儿童准确感受各种刺激属性,充分理解并表达相关术语、概念及规则要求等。家长更要有意识地增加与儿童的沟通,督促或鼓励儿童多讲话,表达自己的感受、需要和观点等,切忌为遮丑"避而不谈"。

(三)生活自理能力训练

生活自理能力是每一个个体需要习得的重要的基础能力,是拥有正常生活、工作、学习和自主自立的前提和保障。障碍程度轻的脑瘫儿童经过一段时间专门训练,大多可以掌握

---

[1] 李林.国内小儿脑性瘫痪语言障碍康复的研究现状[J].中国康复理论与实践,2009,15(5):442-444.

日常生活自理技能。对于程度较重的儿童,经过长期艰苦的训练或者在辅具的支持下还是可以掌握一些日常生活技能的,如穿脱衣服、吃饭、洗漱等。当然,脑瘫儿童获得生活自理能力有很大的个体差异,有的儿童可能难以获得起码的生活自理能力,终生需要护理。

(四) 其他训练

除上述几个领域的训练外,还可以对儿童进行美术康复训练、音乐康复训练、文化教育。尤其是文化教育,这不仅是每一个特殊儿童的基本权利,也是其融入社会、实现自身价值的基础和基本途径。那些智力正常的脑瘫儿童完全可以接受与普通儿童同等的教育。绘画、工艺品制作和音乐律动活动等由于其形式活泼,对儿童有很强的吸引力,也常常被运用到脑瘫儿童的康复训练中,对提高儿童的基础能力及综合素质起到积极的作用,训练机构及家庭不可忽视这些领域的训练。

 本章小结

感统训练有其基本的实务要素和训练技术,它是针对各类儿童进行干预的基础,具有普遍意义。但是,特殊儿童个体差异大,障碍类型、程度等因素均会成为感统训练的重要变量,直接影响训练方案设计以及训练的组织实施。因此,训练人员除了需要遵循干预技术的一般原理及基本操作技术外,还需要结合障碍儿童的特异性,选择相关的对策及训练技术。

训练人员开展感统训练工作,需系统地学习专业知识,全面、深入理解各类特殊儿童心理、行为特点及生长发育规律,制定有针对性的主辅目标及训练项目,使用正确的教育教学技术、行为干预及支持技术和儿童康复训练技术等组织实施训练。尤其需要注意的是,在感统训练的同时,要进行辅助训练。一方面可以符合该类儿童的障碍特点要求以及其生存生活的需要。一方面,辅助训练也可以拓展儿童的认知范围、增强儿童沟通交流能力,有利于感统训练的开展。各类儿童的感统训练大多需要家庭和学校的配合,形成合力,优化训练环境,提高训练成效。

 思考与练习

1. 根据智力障碍儿童特点设计一份用于家庭训练的感统游戏方案。
2. 试比较注意缺陷多动症儿童和学习障碍儿童高位统合训练项目实施的异同。
3. 根据自闭症儿童生理学、心理学、医学研究的最新进展,设计更有针对性的感统训练方案。
4. 脑瘫儿童感统训练中,如何把家庭游戏活动与感统训练室的活动有效结合?
5. 总结儿童感统训练疲劳成因,设计有效应对方案。

第8章 感觉统合训练室的建设及管理

学习目标

1. 初步掌握感统训练室硬件建设的教育规划与设计。
2. 熟练掌握常用设备性能及操作技术。
3. 熟悉感统训练室相关制度和常规工作的管理。

本章详细介绍感统室的建设规划,设备功能、配置及使用,以及该功能室的管理,为学校、儿童康复机构新建、改建感统室和科学有效使用该功能室提供指导或参考。

第1节 感觉统合训练室的建设规划

随着我国特殊教育及残疾人事业的快速发展,越来越多的特殊儿童有机会进入特殊教育学校接受系统的文化教育和康复训练。与此相适应,规范建设和科学使用感统训练室日益成为特殊教育学校工作的重要内容。

我国不少地区的特殊教育学校及儿童康复机构建设有感统室,且历史不短,但是建设的模式可归结为"教室加设备",训练室的功效难以得到充分发挥,抑或存在安全隐患。原因在于缺乏相关的研究,建设规划中缺乏相关专业指导。这不只是感统室建设上的局部问题,而是整个特殊教育学校及儿童康复机构硬件建设的普遍问题。

感统室及其他儿童康复训练室的建设是一项专业性极强的工作,不能简单地视为"教室加设备",按照适应班级教学的教室来规划设计。它需要考虑多方面的因素,充分体现训练室的功能定位,以符合训练对象的身心特点。

一、建设规划原则

感统室是特殊教育学校、儿童训练机构重要的康复训练设施之一,其建设规划需要面对的不仅是建筑设计问题,还需要从训练对象的心理、行为和教育等方面加以思考,是儿童心理学、行为学及教育学在建筑上的综合体现。感统室及其他各类儿童康复训练设施的建设规划最根本的是要充分考虑满足障碍儿童发展需要。需紧密围绕"以学生发展为本"的理念,设计和规划训练室的基础设施及室内布局和设备配置。

(一)充分考虑训练对象身心特点及发展需要

感统室的训练对象是特殊需要儿童,所以感统室的建设规划要从儿童的角度整体规划,以确保建成的感统室符合儿童的身心特点、发展规律和发展需要;同时,其训练对象多伴随有不同程度的认知、言语和社会技能等方面的障碍,感统室的设计不得不考虑这方面的特

点。所以,感统室建设不只是训练设备在物理空间中的简单排列,而是对儿童训练活动提供有效支持的教育环境。

(二) 突出专业特点

感统训练解决的问题以及感统训练设备特点决定感统室的规划有别于其他康复训练室,有自身的专业要求。适合的训练设备较多,占地面积较大,需分区排布。感统训练的活动形式多样,对地面、墙面、天花板等室内不同物理空间有不同的要求。

(三) 以提高训练效能为核心

第一,感统训练室设备购置讲求实用性和有效性,根据机构训练对象的实际需要配置,避免重复配置或无效配置。第二,训练室须进行合理的功能区划,不同类型设备安置于不同区域,满足多名儿童训练需要,提高设备及训练室的使用率。第三,设备布局既要紧凑、相互联系,有效利用场地空间,又要考虑设备间的不相容性,减少训练活动意外事故的发生率。第四,无障碍设计上不仅要充分考虑物理无障碍,还要考虑信息无障碍和心理无障碍,让师生、家长、志愿者等人士安全、方便、有兴趣地使用。特殊学校的感统室使用频率高、使用对象相对固定,其选址要考虑儿童的年龄、年级特点,以便于学生快速、安全来往。

(四) 体现"环境是第三位教师"的思想

环境对人的学习活动有着潜移默化的作用,影响教师和学生的情绪和效率。训练室的环境设计要体现"环境是第三位教师"的思想,以提高环境的亲和力。如空间要宽敞,不可低矮、狭窄;软包及其他装饰造型要富有艺术性和童趣,但不可抽象、怪异;色彩要丰富且排布有序,但不要繁杂、激惹;充分利用室内空间,负载多种教育训练因素,不要求整齐划一、单调乏味;设备分类摆放要保持合理的容积率等。总之,训练室相对固定的环境(室内六面、窗户窗帘、照明设备、仓储设备)要充分负载教育因素,为训练活动提供多重教育支持。

(五) 环保耐用

训练室基础设施建筑用材、室内装修用料及其他训练用品应选用环保材料,避免对训练室内的环境造成污染,以确保相关人员的身体健康。各种材料质地要好、施工质量要高,确保训练室可以在较长时间内持续使用,降低使用成本,提高训练效益。

(六) 保护性与正常化相结合

训练室内外环境及其训练设备既要对学生安全使用具有保护作用和支持功能,又要避免过度保护,训练室的环境规划及设备配置做到保护性和正常化相结合。为此,对于危险性相对较大的活动区域需铺设地毯或软垫,墙壁墙角适度软包,但是对于危险性较小的活动区域可以不做特别处理。

(七) 参照标准、适度超前

感统训练的技术在不断更新,新的训练设备不断出现,学校、机构的训练室在运行一定周期后需要更新。所以,感统训练室的建设规划需要考虑未来发展的需要,在充分满足现有的国家或地方建设标准的基础上,适度超前,预设一定的空间和资源,以应对软硬件革新带来的挑战。

二、训练室的选址

当前,感统训练主要在儿童康复机构、特殊教育学校及部分幼儿园开展,感统室是这些机构多种功能室的组成部分之一,其建设规划需要从机构康复工作的整体加以考虑。特殊教育学校根据训练需要考虑它与其他康复训练室、教室的位置关系,合理布局,便于利用,减少相互干扰。

(一) 选址

感统室选址主要考虑的因素是:方便儿童使用。在我国的各类特殊学校中,培智学校大多配设有感统训练室,盲校、聋校、随班就读学校配设该训练室的较少。培智学校中,适用于感统训练的对象主要有中低年级(1~6年级)的智力障碍、脑瘫、自闭症、生长发育迟缓以及言语语言障碍儿童。为此,训练室应选址于方便1~6年级学生训练的地方。

特殊教育学校一般建设有多个康复训练室,如运动康复室、家政室、言语语言康复室和感统室等。为便于儿童开展训练,同时又对其他教育教学活动干扰较少,各类康复训练室一般集中设置。有的集中配设于教学楼的某个层面(多建于底层),可谓水平布局。有的统一配设在教学楼的一侧或独立的康复中心大楼,自上而下涉及多个楼层,可谓垂直布局。

如果各康复训练室属于水平布局,那么感统室最好设置于近电梯处,中低年级儿童可乘电梯从其他楼层快速抵达该训练室。如果各康复训练室属于垂直布局,那么感统室与低中年级儿童教室在同一层面,中间隔电梯或楼梯或卫生间。当低中年级教室不在同一层面时,优先安置低年级儿童教室与感统室在同一层面,中年级儿童教室在近电梯的上或下楼层。

(二) 注意问题

为尽可能减少感统训练与其他康复训练及文化教育间的相互影响,感统室的选址尚须注意以下几个方面问题。

(1) 减少康复训练室间的影响。感统训练会制造较大的声响,所以其上下左右的功能室一般不宜配设需要安静环境的康复训练室,如言语语言康复室、认知康复室、教室、图书馆、会议室等,但可配设运动康复室、作业康复室、游戏康复室、工艺品制作室、音乐律动室等。

(2) 避免室内外人流过大。感统室或其他康复训练室一般不设置在校内外交通汇聚的附近,以免室内外人流过大,干扰儿童的训练。

(3) 与卫生间等辅助设施相比邻。感统室的左右需配设有卫生间、饮水处、浴室等辅助设施,方便学生使用。

(4) 避免阳光直射或采光过暗。感统室须光照充足、光线柔和,避免阳光直射或室内光线过暗。训练室配设的训练设备如球类、滑梯、海洋球池等多为塑制品或木制品,直射光会加速设备老化,这对设备的危害较大。同时,在训练时,儿童活动量较大,直射光使室内温度更高,儿童出汗增多,加快疲劳出现。强光刺激还会干扰训练人员及儿童的视觉感知,影响训练过程。采光过暗会影响视觉判断及心理状态。

(5) 通风要好。一般的儿童活动场所均要求有良好的通风,以便儿童在活动中进行充分的气体交换,但是儿童康复训练场所(如运动康复室、感统室、音乐律动室等)较一般的儿童活动场所(如文化课教室)需要更好的通风条件,原因有二。首先,儿童在训练中的活动量大,气体交换量大,需要有良好的通风环境。其次,儿童康复训练室的装修材料及训练设备会长期散发一些有害化学物质,良好的通风可以有效排放这些有害物质,减少其对儿童及训练人员健康的影响。

三、室内规划

感统室的室内规划涉及训练室面积、各训练室分隔、辅助设施等总体布局,内部装修和训练设备布局等内部设计有关问题。室内规划要科学合理地安排室内物理空间,确保训练环境符合儿童的心理、行为特点,以及训练设施的有效利用。

(一)总体布局

感统室的总体布局主要需考虑面积、训练室分隔以及辅助设施三个基本问题。

(1)面积。感统室的设备较多,有大型设备,如浪桥(A字形铁架)、滑梯、海洋球池等,占地面积大,位置相对固定;也有大量的中小型设备,如阳光隧道、各种型号的球类等。所以,训练室场地面积比较大,须在 120 m^2 以上。如条件许可,场地面积可拓展至 200 m^2 左右,训练空间将不再拥挤。

(2)训练室分隔。当训练室面积在 120 m^2 以上时,可将其分隔成主室和辅室两部分。辅室面积 20~40 m^2 左右,具有多种辅助功能。其一,存放与当次训练无关的中小型设备,增加训练的安全性和活动组织的有效性,减少儿童注意力分散。训练发现,训练设备全部布置于训练室内会严重分散儿童的注意力,一些儿童会时不时脱离训练项目,操作其他设备,训练强度难以保证,训练人员组织管理难度增加。有的儿童对某些特定设备心存依赖,不参加训练人员设计的项目,有针对性的训练无法得到保证。其二,无干扰训练观摩(辅室内设置监控设备),在不影响儿童训练的情况下,有关人员可实时观摩训练人员组织的训练活动。其三,开展专业咨询及日常文档的管理,还可存放儿童随身携带物品等。

(3)辅助设施。感统室就近配设厕所、洗手台、浴室等盥洗设施和饮水设备,方便儿童、训练人员使用。这些辅助设备可设置于两类康复训练室之间,既方便使用又节约空间,降低运行、维护、管理成本。

(二)内部设计

感统室的内部设计主要涉及内部装修和训练设备布局两个基本问题。

1. 内部装修

考虑到儿童的发育特点及伴随有不同程度障碍的影响,儿童康复训练室一般需要进行室内装修,一则为了安全需要,再则使训练环境满足儿童的心理需求,提高训练成效。儿童康复训练室的内装饰风格一般要简洁、活泼、明快,让人感觉舒适。

(1)地面。感统室的地面先全部铺设复合地板或实木地板,颜色不宜太暗。地板纵向排布(与训练室的长边平行),便于进行各种滑行训练。地板块间接缝紧密,水平光滑。地板上的局部区域需要铺设地毯,增加使用者的触底摩擦力,减轻意外事故发生时对儿童造成的伤害,或保护地板免受机械损伤。不同区域可铺设颜色、图案不同的地毯,这样训练室会显得相对活泼一些。一些可拆卸/拼装的泡沫垫,表面过于光滑、化学气味持续存在,现较少使用。

浪桥训练区、海洋球池、平衡木训练区等相对固定的区域可铺设大块地毯。一些活动

（如各种球类活动、徒手活动等）的区域不固定或涉及范围较大，可在气温较低时短期铺设。

训练室须配设备用地毯。为方便使用、减少污染，训练室可选备小块地毯（块毯）。地毯的弹性和柔软度不宜过高，要有足够的触地摩擦力。地毯材质以棉质、毛织或混纺为宜，纯化纤材质地毯多会散发有害气体、易老化并产生化纤粉尘，影响室内空气的质量，不宜选配。

（2）墙面。感统室的空白墙面低段需要进行软包，高度约 1 m,距地板约 15 cm,之间为踢脚线，不软包，便于清洁。软包内最好是无骨架设计，内置固定支架会存在安全隐患。软包可采取区域化模块设计，每个模块负载教育因素（如模块为图形、数字、文字等），模块可拆卸、拼接，见图 8-1-1。外凸墙角线先做圆角处理后再进行软包。软包由三部分组成，最外面为包装面，面料便于清洁、耐脏，或表面光滑，便于粘贴附加学习资源。中间为弹性填充物，多为防火棉或其他便于塑形的材料。最内为固定面，与墙面结合，固定整个包装块。

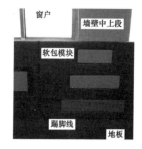

图 8-1-1　墙面软包

墙面中上段设置放置小型设备的支架、壁扇，空白处张贴风景画、训练技术示范图及训练室规章制度等，不可悬挂玻璃框。电源插座、通信接入口要符合消防安全要求。

（3）天花板。训练室天花板一般需要做吊顶装饰，整体涂乳白色或天蓝色涂料，也可以绘制各种图案，如蓝天白云图、山川河流图、动物图案或卡通画等。涂料或图画颜色不宜太过艳丽或淡雅朦胧。图画布局简洁舒展，切忌繁杂零乱。日光灯不宜悬吊于天花板上，须嵌入天花板四周边角线，这样可以避免灯具受损，相关训练活动可大胆行事，不再受防护吊灯安全的限制。

（4）门窗。为方便有肢体运动障碍儿童进出训练室，训练室门的宽度不得小于 1 m,门底不设门槛，最好与训练室内外地面在一个平面上，或设置防滑斜坡。为确保开关门的安全性，门扇向内开，门把手以球形为宜。

窗户玻璃的性能要好，抗撞击力强、不易破碎。内侧窗户（楼道侧）下端玻璃可贴膜处理，防撞击破裂，减少室外干扰。外侧窗户于室内侧安装高度为 30 cm 左右的不锈钢防护栏，防止儿童攀爬，保护窗户玻璃免遭袭击。多块窗帘不求统一，操作方式、色彩图案多样化，突出教育功能。窗帘使用一定周期后须更新或与其他训练室窗帘更换，以调节训练环境的整体氛围。

2. 训练设备布局

感统训练设备较多，须合理排布，以保证有足够训练空间，避免设备相互干扰。设备排布的基本思路是：第一，充分利用训练室周边场地以排布各种设备，确保训练室的中心区域有足够活动空间。第二，训练时会发生撞击、干扰的设备须安置在不同区域，这样不同儿童在不同设备上同时训练时就不会发生安全问题，如滑梯与浪桥一般相对排布于中心区域两侧。第三，训练项目可以相互衔接的设备宜临近排布，这样同一儿童可以相继完成不同项目的训练，如蹦床可紧贴海洋球池或平衡木排布。第四，新添置设备前要考虑其安置的场地。

（1）办公及小型设备陈列区域。训练室的一角可辟设为训练人员工作及小型设备陈列区，摆放办公桌椅、设备陈列柜。该区域可预备屏风，需要时可将训练区域与工作区适时隔离,便于训练人员与家长、儿童沟通交流或处理其他事务。设备陈列架可安排在墙壁中上段,距地面 1.2 m 以上,减少设备对儿童产生的诱惑。

(2) 海洋球池区域。海洋球池属不便于移动设备,需要放置于固定区域,一般安置在训练室的墙角。球池下及周围地面须铺设整块地毯,地毯面积是球池的 1.5 倍左右。海洋球池附近区域可排布蹦床、平衡木或平衡杠,周边墙面可安装攀爬墙等。

(3) 平衡木区域。平衡木、平衡杠一般靠墙面放置,便于儿童训练时扶托墙面,降低训练难度,提高训练的安全性。该设备也可以根据实际训练需要移动于空间较大的中央区域或海洋球池附近,进行综合训练。

(4) 浪桥区域。浪桥是由 A 字形铁架、吊台/吊马/吊缆等悬吊组件组成的大型前庭功能训练设备,占地面积大,位置相对固定。浪桥训练项目多为幅度较大的荡摆、旋转运动,其附近不宜安置其他固定设备,也不宜正对玻璃窗户,可安置于安全门所在墙面一侧。该区域所在地板须铺设地毯,增加儿童自主训练时的触地摩擦力,训练时还需要临时铺设体操垫,增加儿童落地的抗撞击能力。

(5) 滑梯区域。滑梯是感统训练室中另一个大型设备,可与浪桥相对安置,并与训练室长边平行,确保滑梯有足够的滑道。滑梯及其滑道可不铺设地毯,滑道附近不得安置任何设备,或在使用滑梯时,临时开辟滑道,清理滑道两边 1 m 以内的其他设备。

(6) 综合活动区域。训练室中央的大块区域是儿童徒手训练活动以及小型设备训练项目(如各种球类活动、滚筒活动、平衡台活动等)的实施场地,活动类型多,使用频率高,故称为综合活动区域。感统室设备排布应最大限度地增加综合活动区域的面积。

(7) 成果展示区。训练室需辟设儿童训练成果展示区域,张贴参训儿童训练照片、训练成绩以及训练进展情况的单一被试折线图等训练信息,起到鼓励儿童、督促训练人员的重要作用。成果展示区可规划在比较引人注目的地方,比如近门口的墙面上,方便信息更新,便于家长及管理人员督察。

感统训练室的建设往往是特殊学校基础设施新建、改建工程的一部分,其选址需统筹考虑它与学校各康复训练室、教室以及其他设施之间的关系。就特殊学校基础设施新建、改建具体个案而言,各康复训练室的配置受占地面积、经济投入、设计理念以及教育对象结构等因素的影响,各康复训练室如何布局、室内如何设计等问题尚须建筑设计人员会同特殊教育专业人员联合筹划,以确保各种功能室的专业适应性。

第 2 节 感觉统合训练室的设备及使用

随着科学技术的发展以及感统训练实践活动的进一步拓展,训练室配置的设施也在不断更新,新材料制作的新设备不断出现,但是其中的一些设备是训练室的常用设备,是感统训练室区别于其他康复训练室的核心标志。了解这些相关常规设备的性能、规格、基本操作技术是训练室建设以及开展相关训练活动的基础。同时,设备在不同情境下的使用以及设备间的不同组合又使得各种设备具有更多的拓展功能,为开展更多训练内容提供硬件支持。

一、常规设备

感统训练室的常规设备在百种以上,可从多个角度归类。就其直接训练功能而言,分为前庭感觉训练类设备、本体感觉训练类设备、触觉功能训练类设备、视觉感知训练类设备和听觉感知训练类设备等,以前庭感觉训练类设备为主。就其制作材质而言,分为塑制类设备、木质类设备、布制类设备以及混合材料类设备,以前两类为主。就基本操作方式而言,分为滚动类设备、弹跳拍击类设备、滑行类设备、荡摆旋转类设备、行走类设备等。本节综合多种分类角度,选择介绍常用设备以及这些设备组合使用的大致思路。

(一) 常用设备性能及常规操作

感统训练室的代表性设备有大笼球、滑梯、浪桥等几十种,详见附录一。训练人员不仅要熟悉每种设备的优势功能和常规操作技术,还需了解其结构特点,以便选配合适的设备。

1. 球池(Ball Pool)

(1) 功能。用于刺激触压觉、色觉等,平衡控制动作及躯体等训练。

(2) 操作。儿童在其中进行翻滚、爬行、阻力行走、抓握海洋球等训练。

(3) 安全要求。① 防止私人物品落入球池,扎伤儿童。② 幼儿进出球池需要成人扶持。③ 进行池内行走训练,特别防止向后倒,以免头颈后部撞击池壁上缘。

(4) 别名、结构及规格。别名海洋球池、波波池。球池形状和面积有多种型号。有的球池有独立封闭的池壁,面积相对较小,适合幼儿训练用。大多球池固定在墙角,外侧池壁为弹性材质,高 50 cm 以上,厚 20 cm 以上。内侧为墙壁,下端软包,上段于固定攀爬墙,见图 8-2-1。可根据训练室面积定制。

图 8-2-1 球池

池内有海洋球,也称波波球,直径 5~7 cm 不等,空心充气密封,多种颜色,有软硬质之分(现多用软质),表面光滑或有突起。一般情况下,球量约占池体积的 2/3,具体数量要根据训练需要调整。

2. 平衡触觉板(Tactile Path)

(1) 功能。用于不同形式的训练,刺激儿童脚部、手部及全身触压觉神经末梢,改善触觉、平衡觉及空间感知能力。

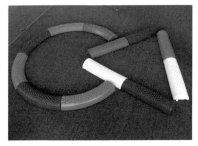

图 8-2-2 平衡触觉板

(2) 操作。儿童在睁眼/闭眼状态下正走、倒走、侧走、交叉走,手及躯体其他部位的主动或被动触摸。

(3) 安全要求。① 身体失衡后侧向倒地,以免撞击膝部或头面部。② 训练前清洗脚(或穿薄棉袜)、手等部位,以防有汗液而打滑及污染训练器械。

(4) 别名、结构及规格。本设备为塑料制品或木制品,表面设有形状各异的触压觉刺激点(触点)。塑制品由多种颜色的直片和曲片组成,它们两两扣接可构建直线行走道、圆形行走道或其他复杂行走道(见图 8-2-2)。

3. 平衡步道(Rungs Way)

(1) 功能。用于触觉功能及本体感觉功能训练等。

(2) 操作。可采取自主或互助形式完成爬、走、跑、跳等训练。

(3) 安全要求。儿童上下该步道时要防止脚趾触碰步道边角。可在步道边缘铺设软垫。

图 8-2-3 平衡步道

(4) 别名、结构及规格。塑料制品或木制品，由多边形细棒穿接而成，似竹帘，可卷曲(见图 8-2-3)。

4. 触觉球(Bumpy Ball or Porcupine Ball)

(1) 功能。进行触压觉功能训练，并在平衡觉、本体感觉以及认知训练中有重要功能，是感统训练中重要辅助器械之一。

(2) 操作。用于儿童接受被动/主动的触压刺激，如持球搓揉肌肤、手抓握训练、脚踩/踢训练、儿童间互动抛接训练等。还可与其他设备结合使用。

(3) 安全要求。① 儿童踩踏触觉球易导致躯体失衡，需注意保护。② 使用该球进行颜面部触压刺激时，注意避开眼区，防止刺伤眼球。③ 谨防儿童揪、咬球面的凸起。

(4) 别名、结构及规格。又名按摩球，表面有丰富的凸起，乳胶制品，质轻，弹性好，抗损力强。产品有多种型号，大小不等，颜色各异(见图 8-2-4)。

5. 羊角球(Jump Ball)

(1) 功能。用于躯干、头颈姿势保持与下肢运动间协调训练，前庭觉训练，运动计划及空间感知能力训练，并对改善儿童注意力，增加下肢、腰腹部肌肉力量有较好的促进作用。用于触觉训练是羊角球的"兼职"，可丰富训练内容和形式。

(2) 操作。儿童坐球体上，双腿置球前，稍分离。双手紧握手把，身体屈曲，赤脚/穿鞋，睁眼/闭眼于不同方向跳动或转体或跨障碍物(表面钝圆无尖角)等。

图 8-2-4 触觉球

图 8-2-5 羊角球

(3) 安全要求。① 训练场地地面平坦、不打滑，场地内无其他物品。② 多名儿童同时训练时，注意保持适当距离，防止互相撞击。③ 幼儿在家庭内训练时须有成人密切监护，确保安全。

(4) 别名、结构及规格。羊角球为塑胶制品，弹力及承载力均比较大，因球体有两个竖起的手柄而得名。该类球有多种型号，直径从 30～50 cm 不等，是 3 岁以上儿童常用的感统训练或游戏活动器材，在家庭和幼儿教育机构中得到广泛使用(见图 8-2-5)。

6. 弹跳球(Hop Ball or Bunching Ball)

(1) 功能。基本同"羊角球"，但刺激强度更大。

(2) 操作。基本操作同"羊角球"。

(3) 安全要求。安全要求基本同"羊角球"。幼儿单独爬滚球有危险。

（4）别名、结构及规格。又名单环羊角球、拉环羊角球，两个手柄连接在一起。直径通常大于 45 cm，5～6 岁以下儿童一般不便使用（见图 8-2-6）。

7. 粗面大笼球（Large Bumpy Ball）

（1）功能。一般用于各类儿童的平衡感觉、躯体反射调节、缓解肌痉挛的训练，并具有促进血液循环等功能，是感统训练的重要设备。

（2）操作。儿童俯卧、仰卧或坐于球体，上下振荡或前后左右滚动，也可以推球按摩、拍击儿童身体。

图 8-2-6　弹跳球

（3）安全要求。① 儿童不可单独爬或坐球体上。② 活动场地面积要大，需清理场地周围物品，以防儿童落球后与坚硬物品相撞。③ 体重较大儿童在球体上训练时，训练人员需有足够的力量或有辅助人员协助训练。④ 儿童仰卧滚动训练时，防止后仰跌倒，头颈受伤（颈椎畸形儿童禁用）。

（4）别名、结构及规格。又名钉子球、按摩球、大触觉球、健身球等。该类球为塑胶制品，弹性强，重量轻，球面突起（触觉刺激点），非常粗糙，球径 40～125 cm 不等。它们在刺激面积较大的躯干、腹/背等部位有较大的优势，触觉训练球刺激较强，多用于触觉不敏感或过度敏感儿童的训练。经过一段时间训练后，可交替使用粗面大笼球和滑面大笼球，丰富训练形式，提高儿童对训练的自决能力和自主性（见图 8-2-7）。

图 8-2-7　粗面大笼球

8. 滑面大笼球（Bobathe Ball）

（1）功能。基本同"粗面大笼球"。

（2）操作。同"粗面大笼球"。

（3）安全要求。安全要求基本同"粗面大笼球"。

（4）别名、结构及规格。也可称为巴氏球或体操球（Gym ball）等，同属大笼球系列。滑面大笼球表面由大面积的光滑面和细纹相间构成，细纹可增加摩擦力，该类球的触觉训练刺激较弱，用于训练初期或触觉敏感性高的儿童（见图 8-2-8）。其他信息参见"粗面大笼球"。还有双面大笼球，球面一半粗糙一半光滑。

图 8-2-8　滑面大笼球

9. 圆柱球（Physio Roll or Physio Ball）

（1）功能。用于平衡觉、触觉、躯体反射调节以及注意力、空间感知等方面的训练。

（2）操作。儿童单独或互动完成骑球上下弹震、腹滚、背滚、跪位静持以及单手、双手交替或互动拍球。同时，圆柱球也可以直接用于各种感觉与认知、言语统整的高位统合训练，如抱球翻滚或弹震的同时诵读诗词等。

(3) 安全要求。① 在球体上以坐、跪位训练时，训练人员给予适当保护，尽力防止儿童躯体后倒。② 场地较为开阔，场地及周围无异物。③ 禁止在无他人支持下儿童独自站立或进行跨越球体的游戏活动。

(4) 别名、结构及规格。又名柱球、柱体球。高弹性橡胶制品，周径及柱高有多种型号（见图 8-2-9）。

10. 花生球（Peanut Ball）

(1) 功能。平衡觉、触觉及躯体反射调节的训练同圆柱球，但在注意力训练上较圆柱球难度大。

(2) 操作。多与圆柱球操作形式相同。

(3) 安全要求。多与圆柱球的安全要求相同。

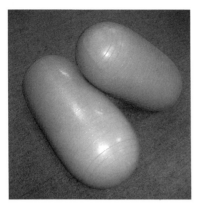

图 8-2-9 圆柱球

(4) 别名、结构及规格。材质是高弹性橡胶，周径及柱高有多种型号（见图 8-2-10），表面有光滑、粗糙及两者兼具三种。

11. 滑梯（Sliding Board）

(1) 功能。在水平和垂直方向两维度上刺激前庭觉，用于平衡能力、头颈及躯体运动动态控制和消除心理紧张等方面的训练，并对触觉功能、视觉功能等的发展有促进作用。

(2) 操作。在闭眼/睁眼状态下，儿童在滑板上以特定体位（卧、坐、蹲和立位等）完成自上而下的滑行。滑行时，上肢、躯干、头颈完成规定动作、指令性动作或进行互动活动，如抛接球及智力游戏活动等。

(3) 安全要求。① 在滑道滑行前，儿童先在平面练习

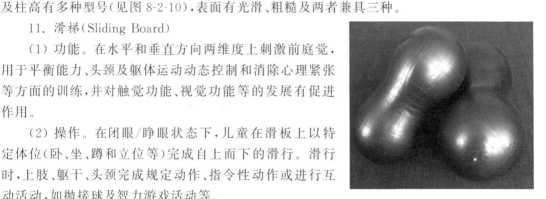

图 8-2-10 花生球

从板上滑落的自我保护动作（抱头翻滚），以备意外发生时应急应用。② 滑板经过的地面及滑行远端需布置软垫或训练人员随儿童滑行以提供保护。③ 滑行时手臂不可屈曲，手不得持握滑板边缘，避免夹击。④ 训练初期需穿鞋、长裤、长袖上衣。⑤ 滑道底端及前方水平面不可放置其他物品，以防儿童从滑板滑落后伤及身体。

(4) 别名、结构及规格。又名滑滑梯或滑道。感统训练室配设的滑梯多为木制品或塑料制品，有多种规格。滑梯是一种以斜坡滑道为核心构件的儿童游戏、训练器械，是促进儿童前庭功能、触觉功能以及提高运动企划能力的重要训练设备。该设备在感统室、幼儿园、居民区、公园及儿童游乐场所广泛配设。就制作材质而言，滑梯分为：塑制滑梯、木制滑梯、充气类滑梯等。就滑梯的组件数量而言，滑梯分为单滑道滑梯和组合滑梯（Combined Sliding Board），后者由多种构型的单滑道滑梯连接而成，多为幼儿园、儿童训练机构及儿童游乐场的游乐设施。滑梯的滑道构型分为直道、波形道和螺旋道。新产品高度可调节，适应范围更广。

滑梯训练的动力源于身体的重力势能，由高到低滑行。滑行速度与滑道坡度、长度、滑道的材质以及滑行时的方式（徒手还是借助滑板）等因素有关。

室外滑梯上的活动为徒手训练类型，一般不便于使用滑板。感统室的滑梯训练为滑板滑

行,该设备由两部分组成:滑行道和准备台。滑行道为一斜坡,倾角30°左右或可调节。准备台为一平台,与滑行道高端等高,供受训者滑行前作准备用及放置滑板。有的准备台外端设计有台阶,便于儿童上下(见图8-2-11)。

12. 滑板(Scooter Board)

(1) 功能。用于视、听、触、本体感觉、前庭功能等的整合训练及身体动作协调性训练等。

图 8-2-11 滑梯

(2) 操作。单独式与滑梯结合使用,完成多向度、多体位的训练。卧趴板上,双手滑行。仰卧板上,双手抱头,双下肢推板滑行。分腿坐倒滑(可头顶沙包),盘坐惯性滑。一脚踩于车上,另一脚滑行。用滑板搬运货物。

图 8-2-12 滑板

(3) 安全要求。① 防止滑轮及板面碾压、夹挤手脚等。② 禁忌儿童独自站立、蹲在滑板上。

(4) 别名、结构及规格。木制或高密度板制品。滑板有两部分组成,上为板面,多为长方形,也有正方形、三角形、圆形和椭圆形,面积大小不等,如小板的尺寸为$30×40\ cm^2$,大板的尺寸为$50×60\ cm^2$。下面为万向滑轮,轮径大小对训练水平有影响,如大轮滑板在滑梯上的滑行速度快,训练水平高,在平面滑行时不易夹挤手脚(见图 8-2-12)。

13. 平衡木(Balance Beam)

(1) 功能。用于前庭功能、本体感觉及空间感知能力训练。

(2) 操作。儿童在睁眼/闭眼状态下,完成前行、后退或侧行等动作,可以是儿童自主操作(主动训练),也可以在训练人员或同伴的协助下进行(助动训练)。为提高训练水平,可要求儿童在行走中完成指令性动作、成功运输物品或进行互动训练等。

(3) 安全要求。① 周围无尖锐异物或障碍物。② 注意脚下打滑,以免跌落。③ 上下平衡木时,注意平衡木边角,防止刮、击脚趾及腿踝等处。④ 多名儿童同时在多个平衡木上训练时,注意两两间隔,须保持 1 m 以上间距。同一木上儿童数量要符合平衡木负载要求。

(4) 别名、结构及规格。该设备无别名,为木制品或塑制品,木质板材中空产品承重小,不便训练人员示范或高体重儿童使用。平衡木为悬空的条状训练设备,由底座和横梁两部分组成。前者固定于横梁并确保横

图 8-2-13 平衡木

梁有一定的离地高度,底座高度一般不可调节,但可以拆卸。有的平衡木不配设底座,稳定性高但训练水平低。后者为行走的支持体,多为四棱柱体。横梁有的呈直线形(训练技术要求较低),有的呈曲线形(训练技术要求较高),称为 S 形平衡木(水平 S 形平衡木和垂直 S 形平衡木)。横梁上面为行走面,多为平面,偶见弧面。行走面长 200 cm 左右,宽 10 cm,行走面距离地面约 30 cm。不同构型的平衡木可首尾相接组合使用,改变训练难易度(见图 8-2-13)。

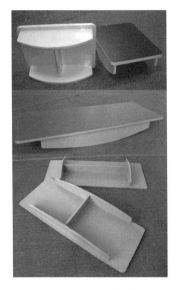

图 8-2-14 平衡台

14. 平衡台(Balance Plate)

(1) 功能。用于促进平衡能力,提高身体的控制力,同时可增强身体对所处空间位置的感受能力等的训练。

(2) 操作。儿童取站、坐等多种体位完成前后左右摆动,或同时抛接球。跃上或跳下,跳转一定角度,或在多个台上行走、跳跃等。双人台上,两儿童可牵手荡摆或上翘下落等。

(3) 安全要求。平衡台下布置大块软垫谨防打滑。儿童上下台面时需得到扶持或非常谨慎,谨防跌倒后躯体与平衡台相撞击。

(4) 别名、结构及规格。又名平衡板,为木制或高密度板制品。平衡台由台面和台垫组成。台面是被训练者卧、坐、跪、立的地方,面积大小不等,有仅供单人训练的小面板——单人台,也有可供双人训练的大面板——双人台。单人平衡台有的有扶手,便于跪/坐荡摆时抓握,多用于幼童或前庭敏感性高的儿童的训练。台面有的光滑,有的粗糙。低龄儿童或障碍程度较重儿童先在粗糙台面上训练,然后在光滑台面上训练。台垫是导致平衡台失衡的关键部件,其曲度大小及高低决定平衡台的训练难度和刺激强度(见图 8-2-14)。新产品可在多个向度摆动,且有防滑保护功能。

15. 单人跷跷板(Rocking Seesaw)

(1) 功能。功能基本同"平衡台",但刺激强度较大。

(2) 操作。在睁眼及闭眼状态下完成站、蹲动作,或与其他动作组合实施综合训练,如进行头颈部、上肢及躯干的各种动作或与同伴完成板上传接球等活动。站立面向下平放,可训练儿童站梅花桩。

(3) 安全要求。① 首先训练下板的方法,避免板失衡后侧击小腿。② 初训者及幼儿训练需要训练人员扶持或近身保护。③ 板下铺大块地毯,防打滑。

图 8-2-15 单人跷跷板

(4) 别名、结构及规格。又名摇滚跷跷板,多为塑制品。单人跷跷板结构与平衡台相似。板面为长方形,较平衡台窄,板下的凸起较平衡台台垫的曲度大且触地面积小,训练难度大但刺激强度高(见图 8-2-15)。

16. 晃动平衡杠(Sway Balance Plate)

(1) 功能。用于儿童姿态反射、平衡功能、协调性、注意力和空间感知能力的相关训练。

(2) 操作。儿童睁眼/闭眼抱臂或双臂平举,在悬梁上完成前行、倒退、侧行。仰卧悬梁中间进行前后、左右荡摆。行进或摆荡过程中综合其他训练项目,如头顶沙包、传接球、左右手不等负重(两手持握重量不相等的沙包)等。训练初期,儿童往往做出间歇性手撑杠体的动作,属于正常反应。

(3) 安全要求。① 幼儿不得单独使用该设备,初训儿童需要成人扶持。② 悬梁两端及下面不得有其他物品,儿童不得站于悬梁两端,更不能坐卧两端。③ 高个子儿童青少年使用该设备时要防止平衡杠整体侧翻。④ 体重较大者不要行走至悬梁的端底,防止悬梁翘起。⑤ 使用前检查设备的各部件,特别是连接处的螺丝及链条等的磨损情况。

图 8-2-16　晃动平衡杠

(4) 别名、结构及规格。又名晃动平衡木、平衡杠、平衡浪木等。木、钢制品,整体架构似双杠,由杠体、悬梁及铰链组成。杠体由空心钢管焊接而成,管外包被泡沫层,防止使用者躯体直接撞击钢管,杠脚可用螺丝拧固于地面。悬梁借助金属铰链悬挂于杠体内,宽度似成人脚宽,仅供单脚站立(见图 8-2-16)。

17. 迷宫平衡板(Balance board maze)

(1) 功能。用于躯体平衡、注意力、上下肢精细动作及视觉-动作协调等方面的训练。

图 8-2-17　迷宫平衡板

(2) 操作。儿童取坐位或立位多向度晃动,立位运球。双人单盘或双盘互动训练,完成各种躯体动作。单手或双手驱动盘中小球(如玻璃弹珠、塑料弹球、小钢珠等),使其依轨道运行等。

(3) 安全要求。四周无异物。

(4) 别名、结构及规格。又名蜗牛平衡板(盘)或太极平衡板(盘)。该设备为硬质或软质塑制品,其上为一圆面,圆面内有凹陷的轨道。轨道构型有的相对简单,将圆面分隔成太极双鱼图案,有的复杂,轨道走向多变。该设备下面成椎体面,是造成失衡的关键部分,锥面的高低影响操作的难度。该设备还配设直径 2～3 cm 不等的小球,可在轨道内运行(见图8-2-17)。

18. 大陀螺(Giant Top)

(1) 功能。用于前庭功能训练,躯干动作方式及协调性训练,上肢与躯干动作协调性训练,注意力训练等。

(2) 操作。儿童盘坐陀螺内,身体晃动带动大陀螺旋转。大陀螺水平快速旋转,内放海洋球或高弹球,球随陀螺转,儿童伸手快抓小球。另可依据儿童体态和大陀螺直径改为双人同坐进行训练。

图 8-2-18　大陀螺

(3) 安全要求。年龄较小的儿童训练时,需要训练人员在旁辅助。

(4) 别名、结构及规格。又名旋转浴盆。塑料材质。常见规格为直径 82 cm。

该设备总体构型如玩具陀螺,为塑制品。它可分为上面的柱体部分和下面的椎体部分,中空底部钝圆,儿童置身其中进行训练。大型号的设备可供两个儿童同时活动,小型号的只能供一个儿童训练。该设备操作简单、安全性高,是儿童喜欢的训练设备(见图 8-2-18)。

19. 浪桥(Swing Frame)

(1) 功能。主要用于前庭觉功能训练。如与其他设备结合使用,可训练儿童的注意力、视感知-动作协调能力。

(2) 操作。儿童取卧、坐等体位在睁眼/闭眼状态下进行多向度荡摆、旋转。训练形式可以是主动训练,也可以是被动或助动训练。在浪桥的不同组件上,儿童完成的动作不相同。吊台、吊筒及吊缆除了完成荡摆训练外也可以完成旋转训练,吊马则以荡摆为主,现较少使用。训练水平高的儿童可以在荡摆或旋转训练的同时完成躯体其他动作或儿童间的互动活动,如传接球、搭积木、插/取插件等。

(3) 安全要求。① 训练场地铺设软垫,清理周边无关设备、物品。设备远离墙面及玻璃窗。② 检查A字形铁架及其他悬吊组件螺丝紧固情况,绳索与吊台等组件的连接是否牢固。③ 训练初期,使用安全带固定儿童躯体。④ 谨防旋转训练进行当中,儿童突然离开吊台等设备。⑤ 儿童不得单独使用该设备,需有训练人员在场实施监视、指导,也不宜儿童间进行互助训练。⑥ 训练人员及时调控荡摆幅度,防止儿童躯体特别是头部撞击铁架。

(4) 别名、结构及规格。有些厂家简称该设备为A字形铁架或A字架。该设备使用金属、布料、塑料制品等多种材料制作而成。

浪桥可视为中国传统游戏活动设备"秋千"的改装设备,是感统室的常规大型设备之一。它由支持架和摆荡台面两部分组成。支持架为钢管材质,构型一般为A字形,两边为支撑臂,中间为横梁,用螺丝固定于支持臂顶部。横梁距地面约1.7 m,支持臂间距约2.5 m。高低及左右间距不可调节。架高、间距可要求厂家根据训练室大小来制作。有的支持架为三脚架,三个钢管在顶部连接或固定在一圆环上。架臂下端一般用弹性较好的塑制泡沫软包。摆荡台面有多种类型,且不断有新的组件出现。常见的摆荡台面有:吊缆(帆布或化纤布制作)、吊台(塑制或木制矩形台面)、吊马(塑制或木制柱体形滚筒,表面由糙面布软包,筒体水平悬挂于支持架横梁)、吊筒(也称为"竖抱筒",材质和软包同吊马,筒体竖直,一端连接于浪桥横梁。有的在筒体下端设有坐盘,提供支撑)、吊兜。摆荡台面通过绳索与横梁连接,距地面20 cm左右,可通过改变绳索悬挂横梁的间距调整台面离地高度,适应儿童身高的要求。新设备不用铁架,将荡摆台面悬挂于悬吊梁或天花板上,不用时可拆卸,有效解决了铁架存在的诸多不利因素,更适合面积不足的训练室选配。新设备训练强度也大大增加。不足之处是:拆装需两人配合,稍显麻烦。

浪桥系列训练可以形成多个方向变速运动的刺激,多为整合性质前庭刺激(训练中产生的加速度对两个或三个方向的半规管产生刺激)。浪桥占据空间较大,拆装移动不便,儿童独自训练有一定的危险性,方案的设计及训练的组织实施需考虑儿童的年龄、力量及前庭的敏感性等因素(见图8-2-19a、图8-2-19b和图8-2-19c)。

20. 弹跳床(Trampoline or Bungy Bounce)

(1) 功能。可强化前庭刺激,并锻炼儿童弹跳力和下肢肌力。

(2) 操作。睁眼或闭眼状态下完成跳下/跃上蹦床、双腿分合或前后交替跳、跳跃转体、跪跳等。另有床上跳绳、跳跃抛接球等。

(3) 安全要求。检查稳固螺丝,排除周边障碍物,避免无意识跃出床面。

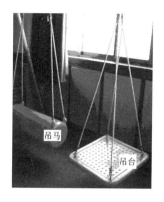  

图 8-2-19a　浪桥　　　　　图 8-2-19b　浪桥　　　　　图 8-2-19c

（4）别名、结构及规格。又名蹦蹦床、跳跳床。常见规格：直径 90 cm、100 cm、130 cm 等。

蹦蹦床是一种提供弹跳助推，快速提升儿童重心的训练设备，款式多样，儿童娱乐机构多配设有该类设备，且多为大型设备，供多名儿童同时游玩。感统训练室蹦蹦床主要有两类：充气类塑料蹦床和钢架网布蹦床，多为小型设备，每床仅供 1～2 名儿童训练。钢架网布蹦床因不易受损更受青睐。它的基本组件由三部分构成：床架、床面和弹簧。床架为钢制结构，有一个圆形钢环以及环下有 4～6 只床脚，高度约为 20 cm。钢环直径有多种尺寸，70～150 cm 不等。床面由高强度化纤线编织而成，故称为"网布"，具有很好的弹性和韧性。床面通过弹簧牵挂于钢架的钢环上。弹簧是蹦床弹跳助推力的主要来源，其上被覆布套，以防伤及被训练者。有的蹦蹦床于钢环上配设安全扶手，供儿童蹦跳时抓握（见图 8-2-20）。

图 8-2-20　弹跳床

21. 独角凳（One Legged Stool）

（1）功能。该器械的优势功能是促进身体前庭平衡功能，强化身体形象概念。

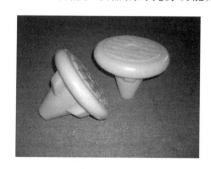

图 8-2-21　独角凳

（2）操作。一腿屈膝 90°支撑，另一腿伸平，保持平衡，同时可以拍球或进行认知训练。

（3）安全要求。坐稳后再进行训练。地面平坦，铺地垫，四周无障碍物。

（4）别名、结构及规格。独脚凳由凳面和凳腿两部分组成，因凳腿仅 1 个而得名。凳面为圆形，直径 20 cm 左右，凳腿长度及触地面形状（钝圆、平面）是训练难度的主要因素。独脚凳多为塑制品。（见图 8-2-21）

22. 脚步器（Pedal Roller）

（1）功能。本体感觉及前庭功能训练器械，可增强动作协调性、重心控制能力和平衡能力。另可负载认知内容，对儿童进行高位统合训练。

（2）操作。象步走（重心移一侧）、屈体走（躯干屈曲）、蹲步走（下肢微屈）、屈体推行（双手按压踏板前行）。

图 8-2-22　脚步器

（3）安全要求。地面平坦无异物。

（4）别名、结构及规格。又名踩踏车、平衡脚踏车等，由车轮、踏板和扶手（可拆卸）组成。塑制和铁制。常见的有单人车和双人车（见图 8-2-22）。

23．袋鼠跳布袋（Potato Sacks）

（1）功能。增强儿童腿部和腰腹部力量，强化前庭刺激，提高身体的运动能力和协调性。

（2）操作。立于袋中，双手提袋边，沿既定路线进退或原地前后、左右、转身跳跃。

（3）安全要求。场地平坦，需近身保护。

（4）别名、结构及规格。又名蹦蹦袋、跳跳袋、袋鼠跳跳袋、布袋。帆布或塑料材料制作而成。袋底袋高尺寸是主要训练调节因素（见图 8-2-23）。

24．滚筒（Rolling Barrel）

（1）功能。可用于运动、平衡、认知等整合能力训练。

（2）操作。双手推/退滚，低重心平衡训练。另可配合认知内容训练。

图 8-2-23　袋鼠跳布袋

图 8-2-24　滚筒

（3）安全要求。地面平坦无异物。

（4）别名、结构及规格。塑料或皮革制品，直径和长度不等（见图 8-2-24）。

25．阳光隧道（Crawl Tunnel）

（1）功能。用于促进儿童本体感觉功能的发展，促进头、手、脚之间的协调，刺激前庭感受器，视听整合刺激的相关训练。

（2）操作。爬进退出，隧道内翻滚。取出放入隧道中的玩具。

（3）安全要求。儿童如果害怕，可让其先观看他人训练，触摸和摇动隧道，产生兴趣并消除恐惧感。也可在隧道里放入儿童喜爱物品或者训练人员在隧道另一端鼓励其爬过去。

（4）别名、结构及规格。又名时光隧道，由不锈钢条及防水布制作。常见规格：45 cm×180 cm，50 cm×210 cm，60 cm×280 cm 等。

阳光隧道是单滚筒连接而成的隧道，连接处透光。该器械可让儿童在爬行的同时体会躯体运动感，光、声等刺激的改变。本器械更适合开展本体感觉及前庭平衡训练，帮助儿童改善触觉敏感/迟钝，区别身体的形象及头、手、脚协调运动能力（见图 8-2-25）。

26．钻滚筒（Crawling Barrel）

（1）功能。进行平衡能力训练，并可进行增强运动能力的训练，另可配以认知素材进行高位统合训练。

图 8-2-25　阳光隧道

(2) 操作。爬行、翻滚。相同或不同材质滚筒组合进行训练。

(3) 安全要求。为缓解紧张感和害怕情绪,可在筒中放入儿童喜爱的物品让其取出,或者在滚筒另一侧鼓励儿童前进;滚动行进时防止儿童头部碰撞地面。

(4) 别名、结构及规格。根据形状不同又可分为圆柱形滚筒和纺锤形滚筒等。常见规格:60 cm×100 cm。滚筒是感统训练室中的常备设备之一。有的由塑料做成,称为塑料滚筒,有的以硬质塑料为滚筒的骨架(内胆),内外面进行软包装(海绵或塑料泡沫垫层),表层布面颜色和图案丰富。有的较为简单,由钢丝圈和帆布带连接而成。滚动直径有大有小,约在40~60 cm之间。训练时,滚筒可单独使用,也可以连接起来,增加长度,似隧道,连接处透光,故名曰"阳光隧道"。滚筒可用于智障、注意缺陷多动症、自闭症等多种障碍的特殊儿童的感统训练及其他能力的训练。滚动在训练儿童的本体感觉、前庭平衡、动作协调性等方面有明显优势。该系列活动的基本操作主要有:原地来回滚动、滚动行进。训练

图 8-2-26　钻滚筒

中,训练人员与儿童更多关注筒内活动,忽视筒外活动及筒内其他姿势的应用。该系列活动中,筒内活动安全性较高但卫生问题不易控制,如经常有鼻涕、口水、汗水流落筒内壁,偶有儿童尿液残留,注意在入筒前和活动中定期处理。筒外活动,特别是筒上活动存在安全性问题,需要训练人员密切关注(见图 8-2-26)。

27. 旋转盘(Spin Board)

(1) 功能。训练儿童前庭觉、触觉、本体感觉,提高身体各部位协调性。

(2) 操作。坐/跪/蹲/站于圆盘上,通过上下肢及腰部协同扭动旋转。训练方法多样,可结合认知内容,进行高位统合训练。

(3) 安全要求。旋转盘上及周围无异物。谨防儿童失去控制摔落或用力过猛扭伤。

图 8-2-27　旋转盘

(4) 别名、结构及规格。旋转盘为一圆盘形器械,金属制品,外被塑制壳,或光滑,或粗糙,兼具触觉刺激和按摩功能,或有纤维绒布包装,保温隔热。该设备由上下两层组成,似传统家用石磨结构。其下层固定,起支持作用,中心有滚珠轴承,上层围绕下层轴承旋转,旋转阻力小,轻微助力即可驱动。有些旋转盘上层边缘配设有附件——牵拉线,供手持握牵拉,助推旋转盘旋转或制动。有的无任何附件甚至无外包装,金属壳裸露(社区扭腰器大多如此)。感统室内配设的旋转盘一般是可移动的,无须护栏等支持配件,但社区内该设备却是固定的,且有护栏配件,供操练者扶持(见图 8-2-27)。

28. 协力脚踏车(Twin Walker)

(1) 功能。发展儿童的交际能力及合作、协调能力。

(2) 操作。可采取自主或互动形式训练。

(3) 安全要求。地面平坦无异物。儿童训练时身体不宜过分侧倾,以防侧翻。儿童双脚须固定于脚踏板中央,以防行进中夹挤脚面。低龄儿童训练时须有成人贴身保护。

图 8-2-28　协力脚踏车

(4) 别名、结构及规格。又名双人脚踏车或踩踏协力车,为钢塑制品,结构似踏步器。踏板长 66 cm,宽 19 cm,高度 64 cm,把手一般可拆卸(见图 8-2-28)。

29. 1/4 圆平衡板(Balance Fun Set)

(1) 功能。训练平衡能力和本体感觉能力。

(2) 操作。依据设备组合形式,选择训练内容,形式多样。

(3) 安全要求。周围无异物,防止儿童跌落撞伤。该设备重量大,侧翻会造成很大伤害,儿童不可独立使用。

(4) 别名、结构及规格。又名 1/4 圆平衡木。木制品或塑料制品,常见规格为直径 126 cm。此设备的基本组件是 1/4 圆形组件,共 4 个,组件质地坚硬、颜色鲜艳。可仅用 1/4 圆形组件,也可根据需要组合成"S"状、半圆或整圆实施训练(见图 8-2-29)。

图 8-2-29　1/4 圆平衡板

30. 插板(Plug Board)

(1) 功能。用于感知-动作协调训练,本体感觉及空间感知能力的训练。与浪桥、柱体球、花生球等设备结合使用,增加前庭觉、注意力等的训练强度。

(2) 操作。儿童俯卧吊台或吊缆上,在训练人员的助动摆荡下,操控预置前方的插板。操作方式多变:(不)定序插入或拔出、依指令插入或拔出不同颜色、形状的插柱。

(3) 安全要求。与浪桥组合使用时,需控制台面的摆动速度,防止挫伤儿童手指。与球类组合使用时须防止儿童从球体上滑落,头面部撞击到插柱上。

(4) 别名、结构及规格。塑料制品或木制品等。插板一般由插柱和底座组成,类型多样、型号各异,训练室适当多配(见图 8-2-30a 和图 8-2-30b)。

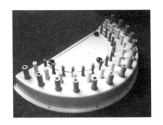

图 8-2-30a　插板

图 8-2-30b　插板

31. 圆形滑车(Roller Scooter Board)

(1) 功能。用于上、下肢动作控制和前庭平衡能力训练。

(2) 操作。儿童取卧、坐、站等体姿,完成双手助滑、物品搬运、联结车阵等项目,可进行一人、两人或团体游戏活动。该器械可与滑梯组合使用。亦可手动操作,小球以不同速度在轨运动。

(3) 安全要求。地面平坦无障碍。起滑、转向、停止时速度要慢或由训练人员提供支持,以防儿童从车上滑落。

图 8-2-31　圆形滑车

(4) 别名、结构及规格。塑料材质,常见规格:直径 46 cm(见图 8-2-31)。

32. 充气跳马(Rody Horse)

(1) 功能。用于促进幼儿、儿童前庭功能和本体感觉能力的发展。

(2) 操作。骑坐、倒坐、爬坐、侧坐。

(3) 安全要求。地面平坦,周围无异物。防止过度后仰跌倒,损伤头颈。

(4) 别名、结构及规格。尚无其他别名,塑料制品,结构见图8-2-32。

图 8-2-32　充气跳马

33. 训练用安全保护设备

为了增加参训儿童的自信心,拓展训练方式,提高训练强度,减少意外伤害的程度,训练室需配设一些具有安全保护功能的辅助设备。这些设备主要有软垫(体操垫)、保护带、头盔、护膝、护肘等。

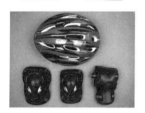

图 8-2-33　保护设备系列

软垫是训练室中必备的常规安全保护用具,在徒手训练以及各种器械训练中得到广泛应用,特别是儿童训练初期以及婴幼儿的训练往往在软垫上实施。软垫尺寸有各种各样,也可以根据个性化需要量身定做。软垫的垫面有的是革质的(便于清洁但摩擦力小),有的为布面(易污染但摩擦力大)。垫内填充物是海绵(弹性小,造价高)或珍珠棉(弹性高,造价低)。感统训练室需配设不同质地、不同尺寸的软垫,以适应不同训练的需要。

保护带可固定、支持儿童的躯体,防止从器械上滑落。比如,在浪桥上的各种训练多需要保护带来固定儿童躯体,提高训练的安全性及训练强度。训练室需配设长度、宽度不等但负载力高的多种型号的保护带,比如3～5 m的帆布带、粘搭扣带或有扣合装置的安全带等。当前,感统训练室配设保护带的做法还不是很普遍,一些有风险的项目往往不被训练人员采纳,一定程度限制了训练的组织实施,延长了训练周期,并直接影响训练成效。

儿童用的头盔、护膝、护肘及护腕(见图8-2-33)等贴身保护器具在儿童训练初期使用得较多。儿童用的头盔等为塑制品或泡沫制品,质轻,对训练影响不大。

(二) 常规设备的拓展功能

感统训练室任何设备有其设计功能或称为直接功能,但也有其拓展功能。使用者切忌固守其直接功能,而忽视其更广泛的用途。设备是物质的,它自身不能创新,但是训练人员要通过方案设计灵活运用设备,使设备物尽其用,开发更多的训练使用形式,这是设备使用上的一个基本原则。

(三) 设备编码

在我国,生产感统训练设备的厂家非常多,设备的规格及编码自成体系,还没有学科内的编码以及规范的产品规格等,这给设备的规范生产及应用带来不少麻烦。如果能够制定一个关于设备名称、规格的编码系统,将会带来多方面的好处:特殊学校及有关机构建设该训练室时就可以非常精确、具体申报所需设备,训练项目设计及科普推广时可以使用同一套编码呈现所使用的设备,不会出现误解,设备性能介绍更加简洁。训练室设备管理更加清晰明了。

设备编码的要素主要有：设备大类、亚类、大小/形状、质地等,如滑面大笼球可编码为SI01SX96,该编码各符号所指代分别是：SI 为领域代号,是感统英文缩写,该类设备编号均以此打头,以区别其他康复训练用设备。01 为球类大类代号,S(smooth)为球类亚类,表示滑面球。X 为球类的大小,代表大号,随后数字表示球的具体尺寸是直径 96 cm。球的颜色对训练设计影响较小,不加以编号。其他类型的设备仿此模式加以编码。

二、训练室常用辅助设备

感统训练室还可以增配一些辅助设备以更好地开展训练或研究工作。这些设备主要有：数码监控设备、平板电脑、音响设备、数码照相机、数码摄像机等。

此外,出于训练条件的控制、设备维修及组装、室内清洁等需要,训练室需配设相应的工具及常用消耗品,主要有：充气泵(如脚踏气泵、打气筒或电动气泵),是球类充盈度调节的重要设备,如果训练用球充盈度调整比较频繁时可选购电动充气泵;扳手(单口活动扳手、内六角扳手)、螺丝刀(普通螺丝刀和十字螺丝刀)、榔头、钳子、剪刀等维修工具。常用消耗品有：胶带、双面胶、各种彩色粘胶纸(带)等。

三、设备选购有关问题

感统训练内容复杂、形式多样,适用对象广泛,所以训练室选购配置的设施设备要考虑训练的专业需要及对象的适应性。

(一)器材有足够的负载力

感统训练室购置的训练器材首先要有足够的负载力,确保参训儿童、训练人员的人身安全以及训练活动的有效实施。每个训练器材究竟要有多大的负载力要视训练形式而定。如果训练活动仅局限于儿童个别训练,那么器材的负载力只要满足单个儿童体格要求即可。如果训练活动采取互动式训练,那么训练器材可以充分负载至少 2 名儿童。此外,当儿童的训练活动必须在训练人员或家长贴身陪伴下才能进行时(如胆小黏人或胆大莽撞儿童一般需要成人陪伴),训练设备的负载力要能够满足至少 1 名儿童和 1 名成人活动需要。我国的感统设备生产厂家不少,同类设备负载力有较大的差异,它们大多可满足儿童个别训练要求,但要进行互动训练、成人直接参与的训练以及训练人员的示范性操作,这些设备大多难以负载。为此,学校及训练机构在选购训练设备时,可以要求厂家特制某些设备,以便开展多种形式的训练。

(二)同类器材需配设多种型号

感统训练对象在年龄、体格及能力上有较大差异,训练室配置的设备要符合儿童本身的发育特点,球类、滑板、平衡台等设备可选配多种型号。球类的规格在形状(圆球形、柱体形、橄榄形、大豆形等)、大小、表面光滑度、硬度及颜色等多个维度上变化。平衡木在曲直的方向、离地高度、行走面形状(平面、凸面、凹面)以及行走面光滑度等维度上变化。其他小型设备也可选配不同型号。

(三)器材颜色鲜艳、质地均匀

训练室选配的训练器材要颜色鲜艳,以提高儿童、训练人员的唤醒水平。器材质地要均匀(特别设计例外),以避免器材本身对训练的干扰。比如各种球类,如果材质不均匀,在弹跳时就会改变方向,儿童无法准确判断其运动轨迹,给训练活动带来不必要的麻烦。

(四)器材制作工艺精良

选购设备须关注边角、接缝、表面光滑度、色彩均匀度等细节,要工艺精良,使用舒畅。

第3节 感觉统合训练室使用管理

感统训练室的有效、安全使用需要有相关的规章制度来保障,同时工作人员根据相关制度做好日常管理工作。制度建设以训练人员的岗位职责为核心,制定从训练对象接受训练服务之始至训练结束各环节工作的详细规则,明确相关人员的工作职责、工作内容和工作程序等。在管理工作中,比较烦琐的是日常事务管理工作,包括训练活动的辅助与协调、设施设备使用管理、卫生安保、设施设备维修及更新,以及档案管理等。

一、相关制度

训练室根据机构开展工作的需要、上级主管部门的有关规定,以及国家、行业有关法规和规范制定训练室运行的相关制度,规范从业者行为,确保训练室软硬件经济、高效运行。

(一)感统训练人员的岗位职责

感统训练人员应依据有关规定,履行相关的岗位职责。

1. 接案

(1) 接待有关人士(教师和家长等)对感统训练及本机构开展相关工作情况的咨询。

(2) 进一步了解疑似问题儿童的情况,初步判断儿童问题性质及感统训练的必要性。

(3) 与有关人士协商安排感统失调疑似儿童的专业评估有关事宜。

(4) 指导并安排有关人士搜集、整理儿童日常生活、学习中的相关信息。

(5) 初建儿童训练档案。

2. 评估

(1) 借助专业工具或通过生态观察及病因学推断等途径,对疑似儿童的感知—运动、认知、言语以及感统能力进行全面评估。

(2) 组织有关专业人士对评估结果进行综合分析,形成初步结论。

(3) 向儿童家长等有关人士解释评估结果及后续应采取的措施。

(4) 补充儿童训练档案。

3. 训练计划制订

(1) 根据评估结果,组建包括家长、教师及其他专业人员参与的训练计划制订小组。

(2) 组织训练计划制订小组进一步分析评估结果,补充相关信息。

(3) 制订详细的训练计划,形成初步的训练计划文本。

(4) 儿童家长及训练机构双方签字,确认训练计划。

4. 训练组织实施

(1) 根据训练计划,安排儿童的训练周期、频次及具体训练时间。

(2) 明确在训练周期内双方的职责。

(3) 根据训练计划设计系列训练方案。
(4) 根据训练方案组织实施机构训练以及其他辅助训练(如家庭训练、课间训练等)。
(5) 填写每次训练记录表,及时查阅辅助训练信息。
(6) 实时与有关人士沟通训练信息,通报训练进展及成效。
(7) 根据训练实际情况,及时调整训练计划。
(8) 训练结束时,撰写结案报告,完善并封存儿童训练档案。

5. 转介及儿童其他信息通报
(1) 儿童需要到其他机构训练时,训练人员及时整理训练信息,提供转介服务。
(2) 接受来自其他机构转介的儿童,索求转介信息,调整及组织实施训练工作。
(3) 训练中,如发现儿童的其他问题,及时与教师、家长沟通信息,以便针对儿童进行其他方面的治疗或训练。
(4) 及时做好转介及儿童其他信息通报的记录工作。

6. 家庭干预指导与咨询
(1) 对于不需要或难以坚持在机构进行训练的儿童,训练人员给予有关人士家庭干预指导与咨询。
(2) 对于机构在训儿童,指导家长及教师等进行补充训练,确保训练强度。
(3) 指导家长、教师等有关人士参与机构训练工作,传播训练技术。

7. 研究与自我发展
(1) 定期就训练案例进行分析整理,开展研究工作,提升自身专业素养。
(2) 独立或与他人合作编写训练课程资源,并不断丰富和更新。
(3) 参与机构内、机构间的合作课题研究。
(4) 撰写研究报告。

8. 社会服务
(1) 接受上级主管机构、捐赠机构(人士)的督察和调研。
(2) 接待兄弟机构的参观、访问和工作交流。
(3) 指导实习儿童的短期或长期观摩活动和实践工作。
(4) 依据机构安排,承担感统训练人员岗位培训中实训阶段的指导工作。
(5) 定期参与面向社会、学校、家庭等的科普宣教活动。

9. 日常管理
(1) 撰写、汇报年度计划及工作总结。
(2) 安排儿童的常规训练,协调相关的人力、物力资源。
(3) 及时填写训练室使用日志或督察有关人员完成该事务。
(4) 组织或督察有关人员做好训练室的日常保洁卫生工作。
(5) 协助有关人员完成训练室基础设施以及训练设备的安保、检查、报修及故障排除工作。

(二) 训练室使用规则

为确保特殊儿童训练的科学、规范、安全和高效运行,训练机构负责人会同训练室负责人、普通专业训练人员及其他使用训练室的人员,依据相关要求,结合训练室实际情况,制订感统训练室的使用规定。

训练室使用规则可从如下维度来制定：训练室的功能定位及服务项目、训练室的使用程序、训练人员及其他使用者的基本行为规范、儿童训练室使用特别注意事项（见本书附录二）、非专业参训人员的临时培训及安全教育、意外事故的应对及处理、训练室设施设备检修更新、安全保洁规范等。

训练室的实际情况差别较大，故训练室的使用规则在各维度下的具体内容难以逐一详述，训练室负责人员需结合所在机构的实际情况加以制定。但必须注意的是：制定这样的规则不仅有利于训练工作的有效实施，防止意外事故的发生，也是处理各种意外事故的重要依据。

（三）其他规章制度

训练室还需制定其他规章制度，如训练室负责人职责、训练室安全制度、设施设备管理制度等，以规范相关人员从业行为、保障训练室财产安全等。如果训练室开展营利性质服务，尚需制定服务收费制度、争议协商措施。

二、训练室常规管理工作

训练室常规管理是训练活动有效、有序开展的基本保证，涉及多方面经常性、事务性、突发性工作，主要有如下几个方面。

（1）训练活动的辅助与协调。管理人员协助专业训练人员开展一系列与儿童训练相关的工作，如接听来访电话、查收并整理邮件和手机短信息等，回答来访者的非专业问题，协助训练人员安排儿童的训练时间以及训练活动的调整等。

（2）设施设备使用管理。设施设备管理是训练室常规管理的主要工作之一，主要有：根据训练室的总体布局排布存放训练设备，制作和粘贴设备标签；根据训练要求调整训练设备布局，布置训练环境，检查所用训练设备及基础设施的状态；及时应对设备运行的一般故障，如更换浪桥绳索、滑板滑轮，给球充气等；训练结束后，及时组织儿童及其他人员将设备归位，确认设备是否有损坏并填写使用日志（见本书附录三）等。

（3）卫生安保。卫生工作有：及时处理儿童流落在设备上的口水、大小便，定期对设备除尘或消毒，对训练室地面、墙面、窗户进行保洁，清洗、更换窗帘。安保工作有：门、窗、灯、电源插座、通信线路和消防器械等基础设施的日常检查与检修，软包、窗户防护栏、储藏柜及训练设备的检修，训练所需低耗材料的补充等。

（4）设施设备维修、更换。当设施设备出现重大问题，管理人员难以应对时，需要向上级机构报修，协助专门机构进行维修、更换或报废等工作。

（5）档案管理。训练室的档案记载训练室软硬件建设及开展工作的发展历程，是训练室整体建设和发展的重要组成部分，是年度工作总结和机构谋求进一步发展的主要依据。训练室的档案主要有专业活动档案及设施设备管理档案两大类。前者记录训练室开展的各种活动，如训练活动、课题研究、人员培训及对外交流等；后者记载训练室设施设备建设、更新及使用效益情况。

训练室档案有多种用途，比如专业活动档案可用于科学研究、儿童训练转介服务、家长等有关人士核查机构开展的训练工作及成效等。设施设备管理档案可用于了解机构设备投入情况,方便捐助人(机构)了解其捐助设备的使用情况以及测算机构运行成本等。

训练室档案需分类管理,及时补充新信息,适时进行整理,妥善保存各种信息,谨防遗失,严防他人盗用。档案除了以各种数字格式保存外,一些重要信息(如儿童训练档案)还要以纸质方式保存,以备不测。

当机构受训儿童较多时,训练室可配设专门的管理人员(同时管理其他康复训练室)负责日常管理工作,协助训练人员处理日常事务。如果机构受训儿童不多,日常管理工作多由专业训练人员承担,必要时临时抽调其他人员协助完成有关事务。训练室的常规管理工作头绪多、事务杂,从事该工作的人员需要耐心细致,有较高的责任心,能够与特殊儿童友善相处。

 本章小结

随着越来越多的特殊儿童进入特殊教育学校接受系统的文化教育和康复训练,规范建设和科学使用各种康复训练室也日益成为特殊教育学校工作的重要内容。感统训练室是特殊教育学校、儿童训练机构重要的康复训练设施之一,其建设规划、选址以及室内规划都需要从训练对象的心理、行为和教育等多方面加以统筹,最根本的是要充分考虑满足障碍儿童的发展需要,合理布局,减少干扰,确保训练环境符合儿童的心理、行为特点,提高训练设施的有效利用。

感统训练室配置有大量设备,一些经典设备是感统训练室区别于其他康复训练室的核心标志。了解这些相关常规设备的基本属性、性能、规格以及基本操作技术是训练室建设以及训练人员开展相关训练活动的基础。此外,出于训练、研究、设备维修以及室内清洁等需要,训练室还可以增配一些辅助设备、相应的工具和常用消耗品。由于感统训练内容复杂、形式多样,适用对象广泛,所以训练室选购配置设施设备时还应考虑训练的专业需要及对象的适应性。

没有规矩,不成方圆。感统训练室作为特殊的康复训练室,还需要制定一系列的相关管理制度,明确训练人员岗位职责,规范从业者行为,确保训练室软硬件经济、高效运行,使训练活动及相关工作有效和有序开展。

 思考与练习

1. 实地考察某训练机构、特殊学校或随班就读学校的感统训练室,调查分析其设施设备使用及运行管理状况。

2. 根据本章第2节内容,利用身边低值材料(安全无毒)尝试设计可用于前庭觉训练的小型训练器械。

3. 结合实际情况制定感统训练室运行及管理的规章制度。

第9章　从业人员的培养及职业素养

1. 了解感统训练从业人员理论知识教育的内容、方法及考核办法。
2. 熟悉感统训练从业人员实务技能的获得和评定。
3. 深刻理解感统训练从业人员应具备的职业道德和职业能力。

感统训练是一项专业性极强的康复训练和教育干预活动，需要从业人员掌握系统、广泛的理论知识和实务技能，积累实践经验，丰富和发展感统训练的理论和技术。这样，从业人员才能有效开展工作，为有特殊需要的儿童及其家庭提供有针对性的服务。我国尚未就感统训练人员的知识、技能要求制定职业标准。本章结合我国其他新职业开发的基本做法，重点讨论从事感统训练的人员需要具备的理论知识和实务技能，以及获得这些知识和技能的途径、方法及其考核办法，并简要介绍从业人员需具备的职业素养。

第1节　从业人员理论知识教育

感统训练立足脑科学理论而创立，经过几十年的发展，积淀了坚实而宽厚的理论基础，有志于从业该领域的人士须接受系统的专业理论知识教育，熟练掌握感统领域内及相关学科的基础知识，为后续的实务技能训练做铺垫。从业人员理论知识教育重点解决三个方面问题，即理论知识教育的课程设置、实施途径以及受教育者理论知识水平考核。

我国目前尚未从职业准入角度构建该领域从业人员的培养系统，培训机构纷杂且各自为政，理论知识教育严重不足，从业队伍总体水平不高。

一、理论知识教育的意义

与任何领域从业人员的成长一样，感统训练从业人员需要学习感统训练这一领域本身的理论知识，也需要学习其他与此相关学科的理论知识，这是步入该领域的基础，并对其后续的成长有着非常重要的意义。

第一，是从业人员认识和深刻理解学科性质的根本。感统训练自身及其相关理论知识界定其本身的学科属性、讨论的问题、面对的对象、解决问题的方法和途径以及学科发展的研究方向等。从业人员只有系统学习有关理论知识，才能全面认识学科的性质，深刻理解学科存在的重要性、必然性，以及学科发展的规律。

第二，是从业人员开展实践活动的基础。从业人员掌握感统训练技术离不开对有关理论知识全面深刻的理解。从业人员对理论知识掌握得越扎实，他们对技术的理解就越准确，掌握起来也越快。从业人员开展的面向儿童的实践活动是在理论知识指导下进行的，他们训练中面对的问题也要借助理论知识，剖析问题之所在，最终才有可能解决相关问题。在实践活动中，领域内理论及领域间的相关理论贯穿训练的全过程，渗透在训练的各个方面。理论是技术的灵魂，是实践的引擎。

第三，是从业人员发展的源泉。科学在发展，从业人员面对的问题在变化，服务对象的要求在提高，这是每一个从业人员必须面对的基本从业生态，它要求从业人员必须加强学习、不断提升自我素养。理论学习是从业人员发展的源泉，可提升从业人员技能水平，拓展解决问题的视野。

第四，是理论完善和创新的重要途径。理论根植于实践，感统训练理论的完善和创新除了领域内实践外，还有一个重要的来源——相关学科的研究成果。从业人员在实践中不断学习和吸收相关学科的最新研究成果是推动感统训练理论和实践进步的重要途径。

第五，是从业人员科学定位从业取向的依据。在感统训练领域中，从业人员可以根据自己的兴趣爱好、性格特点、优势学科背景知识等选择更能发挥自身特长的具体工作，如喜欢幼儿教育的从业者，可以从事幼儿感统游戏工作，促进普通幼儿或感觉失调幼儿的感统能力发展。有针对学习困难儿童教育经历的人，通过感统训练的专业培训，可在小学开展学习困难儿童的感统训练。长于心理学测量和评估的从业者，可以在感统训练机构从事儿童的测评工作。虽然从业人员获得从业资格需要全面的知识和技能，但是在实践工作中，多是通过团队合作来实现的，每个人还是侧重于感统训练的某个环节或某个领域（如本体感觉训练），或更适合的训练对象（某类特殊儿童或某个发育阶段的儿童）。从业人员在岗位上究竟适合做什么与从业人员的理论知识有很大关系，比如一个从业者如果对学龄前儿童的心理和教育没有足够理解，其从事发育阶段儿童的感统训练就会面临不少困难。一个对自闭症理论知识缺乏的人就不适合对自闭症儿童开展感统训练。

总之，从业人员接受理论知识教育对从业者获取从业资格和提升从业素质是必不可少的。忽视理论知识的教育无论对从业者本人的发展还是对服务对象都是非常不利的。现实中，一些培训机构出于利益的考虑或从业者出于就业的需要，在感统训练人员的培养上往往忽视理论知识教育，走捷径，将感统训练简单化和纯技术化，学员仅学习感统器械的操作要领。这样，训练人员根本不可能根据儿童的具体情况设计有针对性的训练方案，也难以组织有效的训练服务，训练成效就更没有保障了。

二、理论知识教育的课程设置

感统训练的终极服务对象是多个发育阶段、各种伴有感统失调的儿童。从业人员除了学习感统训练的理论和实务外，还需要更为广泛的理论知识，具体涉及三大领域的十多门学科。

（一）课程结构

（1）医学类课程，主要有：人体解剖生理学、脑科学、特殊儿童病理学和发育学等。

（2）心理学类课程，主要有：儿童心理学、生理心理学、心理测量与评估、特殊儿童心理学和临床心理咨询等。

（3）教育学类课程，主要有：特殊儿童教育学、特殊儿童教学设计、特殊教育有效教学技术和特殊儿童家庭教育等。

（4）专业课程，主要有：感统训练的基础理论、感统训练实务以及特殊儿童早期干预等。

（二）课程目标及相应的课程设置

不同级别的从业人员根据培养目标，设置区别递进的课程。初级训练师能够熟练掌握感统训练基本技术，根据训练方案独立开展针对具体儿童的训练工作，其教育课程以专业课程的学习为主，并学习儿童心理学、特殊儿童心理学和特殊教育学等学科。中级训练师能够立足专业知识设计有针对性的训练方案，故需非常熟悉专业课程的理论知识和实务外，还要学习人体解剖学、发育学、临床心理学和特殊儿童教学设计等课程。高级训练师能够胜任初级训练师和中级训练师的培训工作，故在进行中级培训的基础上，尚需有丰富的训练儿童的临床经验和出色的授课技能，并学习脑科学、生理心理学、心理测量与评估和特殊儿童家庭教育等课程。

（三）课程实施

理论课程培训由教育行政机构委托有资质的专业机构组织实施，如负责招生、培训教师的聘任和教学工作实施等工作，行政机构承担考试、考核以及资格证签发等的工作。

三、理论知识教育的实施途径

感统训练理论知识教育可采取集中培训与自学相结合的方式进行。有较好背景知识的人士，如医生和特殊教育教师等，可以自学。基本没有相关背景知识的人士，接受集中培训往往是必需的。理论知识的教育途径可能因从业者谋求的专业训练师的级别有所变化，一些人在初级学习中以接受集中培训为主，但在中级学习中以自学为主。这一切由学习者对相关学科的学习能力而定。

四、理论知识教育的考核

考核是专业人才培养的基本环节。考核的内容既包括感统训练学科内的知识，也包括该学科的相关领域的知识。既有基础知识，也有综合知识和研究前沿的知识。感统训练学科理论知识的考核内容涉及面广、基础性强。

考核可采取多种形式进行，包括纸笔作答、答辩、案例剖析和专题报告等。

考核的组织和结果认定须由多方人士组成的专业考核小组来实施。小组人士可以经验丰富的感统训练人员、儿童心理学家、特殊教育教师、作业治疗师和儿科医生等。

第2节 从业人员实务技能训练

现代从业人员的成长须经历先后衔接、相互影响的两个培养环节，理论知识教育和实务技能训练。在理论知识教育的基础上，从业人员通过实务技能训练将理论知识与实践相联系，加深对理论知识的理解，掌握基本从业技能。实务技能训练是从业人员培养落脚点，主要涉及以下几方面内容：实训前的相关准备、实训的主要领域设计、实训的组织与实施，以及实务技能的评定等。

一、实务技能训练的意义

学员在成熟训练人员的指导下,通过临床实践掌握感统训练技术的培训方式称为实务技能训练,简称"实训"。实训是从业人员成长为合格训练师的必经环节。实训有以下多方面的意义。

(1) 实现技术由文本到操作的转移。学员在专业理论和实务培训中学习的内容还是相对抽象的,实训可以实现知识和技术的直观化、系统化和细节化。学员通过实训可以全面、深刻地理解理论知识,掌握实务技术的操作要领、组织过程,根据对象的实时状态作出调整以及应对训练时突发问题等。

(2) 实现对服务对象的认识由概括到具体、生动的转变。理论培训中,学员认识的对象都是概括化的"模式儿童",他们的心理状态和行为表现是被分析后的类化的特征。但是在临床训练中,不同儿童有较大的差异,同一儿童的不同时期也有不同的训练状态,他们的各种心理状态和行为表现是以整合的形式呈现的。这样,学员特别是与儿童无深层次接触的新手,总觉得文本上的儿童与现实中具体的儿童有相当大的差距。所以,学员借助实训环节实现对服务对象的认识由概括到具体、生动的转变。

(3) 实现训练工作的有效组织和管理。感统训练涉及多环节和多维度,且周期性较长。合理安排和有效组织是训练工作顺利进行的基本保障。学员只有通过实训环节才能够掌握组织管理的过程和细节。

二、实训前的相关准备

实训前的准备工作涉及:实训机构准备和学员准备。

实训机构的准备工作主要包括:选择有资质的临床训练机构、经验丰富的训练师(承担实训导师)、稳定的服务对象、完整的硬件设施等。特别是导师,他们是实训的主要组织者和技术指导者,事关实训的成效。导师不仅要有过硬的技术和丰富的实践经验,而且要具备指导学员的能力,让学员经过实训能够顺利走向从业岗位。

学员的准备工作主要包括:①知识准备,学员在培训的基础上进一步熟悉相关的理论知识和技术知识,并尽可能将其系统化。②条件的准备,学员为保障实训的进行须安排充足的时间用于临床实践以及经验的整理和反思,准备记录用具(如记录本和摄像机)和学习其使用(记录内容须征得有关人员的同意)。学员着装及修饰要符合训练人员的工作要求等。③思想态度的准备,学员要认识到实训对从业的重要性,做到积极进取、虚心求教和深入探索,以积极的态度和饱满精神状态参加每一次的实训学习。④职业伦理的准备,熟悉儿童工作有关常识和从业者的一般职业道德规范,学习并深刻领悟"责任感、诚信、自尊、自我管理、合作精神和社会公德"等的内涵,并在实践中尽力践行。

三、实训的主要领域

根据感统训练专业课程的内容,学员在实训期间的训练领域主要是:触觉功能训练、前庭功能训练、本体感觉能力训练以及各领域间整合的综合训练,还可以尝试更有挑战性的高位统合训练。如果训练机构有多种类型的训练对象,学员可尝试参与不同发育阶段儿童(学龄前期和学龄期)、不同障碍程度(轻度、中度或重度)的各类儿童(自闭症儿童、注意缺陷多动症儿童、学习障碍儿童、发育迟缓儿童和智力障碍儿童)的训练工作。实训的领域还需要兼顾训练的方式方法,如主动训练、助动训练和被动训练,个别训练和小组训练,治疗性训练和游戏化训练等。如果一个机构的训练对象比较单一,可以尝试在不同机构进行阶段性训练。总之,在实训阶段,学员尽可能参与不同障碍类型儿童以及同一类型多个个体的感统训练,这对学员的成长非常有益。

四、实训的组织与实施

学员实践技能的训练采取以有组织定点实训为主、自主实训为辅的组织形式。

(一)有组织定点实训

有组织定点实训是学员切实掌握实践技能的主要途径。该组织形式的基础是培训机构应该建立稳定的实训基地,或者与实训基地联合开展培训工作。实训基地应该有稳定的训练对象和一批专业技术娴熟的训练人员。双方制订详细的实训计划,为每位学员配设实训导师或根据训练内容的要求及时变更导师。培训机构定期对学员的实训情况进行总结和评价,并适时调整实训计划。培训机构应该建立方便的联系途径,及时倾听学员的反馈,确保学员在实训机构能够真正参与训练对象的诊断、训练方案的设计、训练的组织实施、训练方案的调整以及家庭训练咨询等实践技能的每一个环节。

(二)自主实训

自主实训是学员获取实践技能的有益补充。该组织形式的基础是学员掌握了一定的感统训练技术,熟悉组织实施过程和环节,对突发问题有一定的应对能力。具体的自主实训的途径和形式可以多种多样。学员可以作为志愿者去特殊教育学校、儿童康复机构、幼儿园及其他类型的训练机构等,组织儿童开展感统游戏活动或家庭训练咨询活动;可以尝试为亲朋好友的感统失调儿童进行训练或家庭训练指导。自主实训为学员提供宽松的学习环境,让学员在实训内容上有更多的选择,在时间、空间上有更大的自由度,但是自主实训给培训机构的管理带来一定的困难,如实训的严谨性难以控制、实训成效难以界定以及实训管理成本高等。

五、实务技能的评定

在实训后期或结束后的特定时期内,培训机构组织专业技术人员对学员的实务技能进行评定,评判其是否胜任儿童感统的训练工作。随着我国从业人员职业化进程的加快,从业人员的专业技术界定将由从业者申请,在专门界定机构实施技术水平。

(一)评定的主要环节和过程

实务技能的评定须在临床训练实境下进行,主要环节有:申请者(学员)对训练对象实施测评、对测量结果加以分析、制订短期(1个月4次)训练计划、实施临床训练(1~2次)、总结反思训练问题、回答评定人员的问题。前3个环节可由申请者提前完成,后3个环节由评定人员参与现场完成。随着数码技术的普遍应用,评定人员亦可尝试录像分析的办法界定申请者的专业技术。申请者提交上述前5个环节的全程录像资料,评定人员在分析录像资料的基础上安排完成第6个环节,答辩形式可以是面对面的,也可以通过电话、视频等来实施。采取录像分析的办法有其优点,如学员施训时的压力小,表现力好,可以实时修正不足之处,以及提高评定人员的工作效率和降低培训成本等。其不足是学员施训细节(如儿童的表现和训练人员使用的技法等)可能因拍摄角度不佳而不能展示,导致评定结果有偏差。

(二) 评定方案

实务技能的评定方案涉及两个方面:评定项目和评定标准及评定注意事项。

1. 评定项目和评定标准

从业人员的实务技能评价需要制定科学、全面的评定项目和评定标准。评定项目涉及训练实务的各个方面,包括:儿童的信息搜集、问题评估和分析,训练方案的制订,临床训练的组织和实施,训练人员与开展训练工作直接相关的个人综合素质,以及对实践的总结反思能力。评定项目及其标准详细参见表 9-2-1,并根据实际情况加以修订。

表 9-2-1 训练人员实务技能综合评定项目及标准

训练主题:　　　　　训练人员:　　　　年　　月　　日

评定项目	指标	评定标准	等级		
			5	3	1
儿童问题评估及分析					
评估	多元性	多种评估方法及其相应多种情境的合理创设,如问卷法、生态观察法、病因学推断等			
	科学性	科学使用指导语,准确理解每个评估项目的含义			
	完整性	全面了解儿童在生活、学习、交往中的具体表现和儿童成长发育的基本信息,以及需要进一步确定的信息			
	规范性	测评工具的准备、呈现,信息记录和结果分析符合康复评定规范			
问题分析	全面性	全面陈述儿童可能面临的问题			
	准确性	准确界定问题的领域及其程度			
	可干预性	分析问题对儿童发育的影响,可干预程度及预后情况			
	干预条件分析	儿童问题干预实施需要的条件:专业训练机构资源状况分析、家庭训练需要的条件、儿童参与训练需要解决的自身问题等			
方案制订	科学性	目标制定科学、训练过程及方式设计科学、训练项目设计科学			
	可操作性	总目标和阶段性目标具体、可实现,训练项目及方式可实施			
	完整性	全面计划儿童的主要问题及相关问题;预制可能的意外问题及应对策略			
	主次有别	立足解决主要问题,同时兼顾次要问题及其他能力的发展			
训练的组织实施					
问题分析	主次有别	分析与本次训练直接有关的儿童感统失调问题以及相关问题			
	准确性	准确分析和界定儿童的感统失调问题			
	相关性	陈述影响本次训练的儿童的其他问题			
训练目标	针对性	制定的训练目标直接针对儿童感统失调问题			
	具体性	训练目标具体,细化到每一训练环节的主、辅目标			
	可行性	制定的目标是本次训练内容所要达到的要求			

续表

评定项目	指标	评定标准	等级 5	等级 3	等级 1
训练内容	趣味性	训练项目要有童趣,对儿童的主动参与有较大的吸引力			
	科学性	训练内容符合本学科及相关学科的有关理论			
	针对性	项目大多数针对本次训练的主要问题和次要问题			
	难易度	项目的设计难易结合,有一定比例难度项目			
训练过程	完整性	各训练环节完整			
	衔接过渡	各训练环节之间衔接紧凑			
训练策略	训练形式有针对性	选择与训练目标、训练内容相适应的训练组织形式,能充分承载内容			
	训练形式多样性	采取多种形式开展训练,及时应对儿童出现的形式疲劳			
	重点处理	关键技术环节的示范要到位,强化训练			
	难点应对	对儿童在训练时出现的技术难点保持足够的敏感性,适时适度给予支持,破解难点			
	器械使用	器械训练和徒手训练相结合,器械训练、徒手训练相间进行;器械的使用符合训练目标和内容要求			
效果	参与度	儿童按要求参与训练的主动性和积极性			
	施训质量	儿童按要求准确完成训练项目的质量			
个人综合素质					
基础素养	精神状态	精神饱满,积极主动;自信、大方、大胆			
	态度	耐心、细致;严格与宽容相济			
	情绪表达	赞许儿童的态度真实、有激情;不满情绪表达慎用或有策略地使用			
	言语指导	指导有针对性,指令明确,数量适当,呈现实时			
	言语表达	语速、语调有变化;言辞简洁,语意清楚,表达流畅、表现力强			
	肢体语言	示范动作稳健、表现力好;肢体语言呈现要合适			
	配合	互相尊重,互相信赖,双方配合默契			
	评价与反馈	及时评价儿童操作完成情况;评价用语有利于儿童更好地完成训练,评价次数适当;适当使用物质奖励,谨慎使用惩戒的方法			
创新	新颖性	项目或训练方式新颖别致,有吸引力,儿童感兴趣			
	科学性	创新项目介入要符合本学科或相关学科的有关理论			
	承载力	创新项目或方式能够有效实现训练目标			
	可操作性	项目或方式在训练人员的示范或支持下,训练对象可以完成			

续表

评定项目	指标	评定标准	等级		
			5	3	1
总结反思与问题回答					
总结反思	效果	训练项目完成情况,目标达成度,方式方法有效性;儿童表现;训练者临场应变等			
	问题	训练项目和形式上的问题,儿童自身的问题,训练人员自身的失误或应对不力问题			
	对策	提出科学可行的解决问题的具体设想			
答辩	问题一	评定人员从不同角度提出问题,训练人员作答			
	问题二				
	问题三				

备注：1. 评定人员根据培训内容及训练人员申请鉴定专业资格的级别,设定评定项目及每个项目的分值,划分评分级别。2. 本表适合个训评定,如果训练人员采取小组训练形式,需要补充儿童个体间的互动以及训练人员对小组训练的组织和驾驭等项目的内容

2. 评定注意事项

（1）评定方案在实施前,需根据训练对象的障碍特点、年龄等作适当的修改。

（2）参与评定的人员以 3～5 人为宜,不少于 3 人。

（3）应该将评定方案提前告知训练人员。

第3节 从业人员的职业素养

职业素养是指从业者从事特定职业的职业道德、职业能力和个体身心素质等的综合体。每个劳动者,无论从事何种职业,都必须具备一定的职业素养。职业素养对从业个体的成长以及特定职业的发展有着重要影响,并直接决定从业者的服务质量。随着时代的发展和从业竞争的加剧,从业者的专业化、职业化要求越来越高,特定职业的存在及其发展前景与从业群体整体的职业素养有很大关系。所以,加强从业人员职业素养的提升成为每个行业领域中广为关注和高度重视的问题。

一、职业道德

职业道德是指在特定职业活动中,从业群体须共同遵循的、体现特定职业特征的、调整特定职业关系的职业行为准则和规范。职业不同,其职业道德也有所不同。职业道德规范从业群体中每个个体的职业行为,需要每个从业者严格遵守来维护它的效力,它是特定职业健康、稳定和持续发展的重要保证,对维护职业服务对象的权益起着重要的作用。感统训练是面向儿童及其家庭的专业性服务活动,从业者应该具备遵纪守法、爱岗敬业、诚实守信和关爱儿童等职业道德。

（一）遵纪守法

自觉遵守国际儿童相关组织与多个国家倡导的《儿童权利公约》，以及保护儿童、促进儿童平等发展的相关宣言，遵守国家及地方政府制定的有关儿童权益保护、教育和康复训练的法律法规。遵守儿童康复工作和教育工作的行业规范。遵守从业机构制定的各项规章制度。依法开展儿童训练服务工作，依法维护自身的权利。独立运营训练机构时，须依法申报和审批，程序规范，手续完备。不得利用法律上的空白或不完善，从事有损服务对象权益和有损行业形象的活动。

（二）爱岗敬业

热爱儿童训练工作，对工作高度负责，认真准备训练工作，认真组织训练活动，完整细致地记录、整理和分析训练信息，不敷衍塞责、不得过且过。珍惜岗位，从业者应该深刻认识到工作岗位不仅是安身立命之源，也是自身学习和积累经验的平台，它成就了从业者的成功。

（三）诚实守信

科学客观地解释儿童问题的性质、程度以及可训练程度。不随意夸大儿童问题的严重性，或用"后果不堪设想"等言辞恫吓儿童监护人，影响监护人对儿童问题及训练需求的判断。对于程度轻，可通过家庭训练解决的问题，最好不要安排专门的机构训练。

合理安排训练周期和每次训练时长，不有意拖延训练周期和每次训练时长来谋取更多训练费。不随意缩短训练时长，不随意增减同时参训儿童的数量，特别是增加同时训练儿童的数量要非常谨慎。不随意更改训练时间，或取消训练安排，如需更改须提前做出安排。不将训练对象轻易转托他人训练，特别是技术水平尚未成熟的训练者。

训练方案的调整虽然在训练周期中经常发生，但需要事先与儿童的监护人充分沟通，并提供方案调整的充足理由。

保护儿童及其家庭的各种私密信息，不外泄儿童及其监护人的信息。

从业人员以训练对象或其家庭成员为科学研究对象时，须预先征得家长同意，并承诺收集的被试信息仅用于研究，不对外泄露。如果课题研究有经费支持，须给被试支付一定费用。

从业人员不得随意拍摄训练对象在任何情景下的影像资料，如果训练工作需要，需征得家长同意，使用后及时销毁，不得以儿童训练影像资料为机构及从业者个人做广告宣传。

同类机构间合作共进，取长补短，不夸大自己或自己从业机构的优势和训练效果，不贬低同类机构的训练成效，不以其他机构转介的训练对象贬低该机构的声誉。

（四）关爱儿童

从业人员关心爱护每一个接受训练的儿童，尊重他们的人格，平等公正地对待儿童。对接受训练的儿童严慈相济，促进儿童全面发展。充分保护儿童的安全，关心儿童的身心健康，维护儿童的权益。细心观察儿童的特点，体察儿童的需要，对儿童训练中出现的问题保持足够的敏感性，善于发现儿童的优点和点滴进步。仔细设计训练环境，确保训练流畅高效进行，减少无关事件干扰，避免不安全事件发生。耐心对待儿童训练中的各种问题，如儿童进步慢、不合作以及不同障碍间的相互影响。耐心对待家长对训练情况的过问和对有关问题的咨询，耐心与家长交流沟通，消除双方分歧，减少家长焦虑以及提高家长对子女发展的信心和期待。

无论儿童的障碍程度有多严重,绝对不表现歧视、轻视或嘲讽儿童的言行,也不采取体罚、辱骂或殴打儿童等措施实施训练任务。与儿童体肤接触避开隐私部位,不得借助训练猥亵儿童。

(五)为人师表

从业人员作风正派,严于律己,以身作则,表现出作为儿童工作者应有的高尚情操。举止文明儒雅,语言规范且富有亲和力,仪容仪表端庄,衣着得体,符合训练工作的要求,潜移默化中起到垂范儿童行为举止的作用。尊重同事及家长,廉洁奉公,不利用职务之便谋取私利。

(六)回报社会

从业人员利用专业所长积极参与相关科普手册的编写及宣教活动,推广科学地教育儿童青少年的知识,提高全社会应对儿童发展问题的能力。积极参与各种义务咨询及训练指导活动,扩大科学知识的服务面。特别要关注弱势家庭子女,减免他们的服务费用,要有教无类,不歧视或区别对待生活处境不佳的儿童。

(七)志存高远

从业人员志存高远,为推动行业的发展不遗余力。乐于奉献,甘为人梯,积极承担准从业人员的实践指导和相关研究工作,为壮大从业队伍和提高队伍整体素质奉献自己的智慧和经验。

二、职业能力

职业能力是个体立足于基本能力的基础上形成的从事特定职业的知识、技能、特长、态度及学习能力的综合素养。感统训练是服务儿童的专业性活动,从业人员的职业能力应该符合这一特定职业的要求。

(一)基础知识

感统训练涉及多个学科,从业者需要学习和掌握生理学、心理学、教育学及其分支学科的有关知识,奠定从事该领域工作广泛而厚实的知识基础。从事训练机构管理工作或独立经营训练机构的人员应该掌握更广泛的知识。

(二)实务技能

从业人员通过培训和自学掌握开展训练的多种技能,科学设计训练方案,规范组织训练,减少训练的盲目性和随机性。差异干预思想贯穿从业生涯始终,立足儿童差异,设计和规划符合儿童身心特点和学习能力的训练方案。即使是同一对象或相同的训练内容,也因为训练时间的不同,其身心状态会有所不同或存在巨大差异,训练活动的组织实施需要实时调整。

(三)沟通能力

感统训练人员应具备与儿童、儿童家长以及同事等人士进行沟通的能力,特别是与儿童的沟通是其工作的重要组成部分,直接决定训练进程和效果。作为一名专业训练人员,应该熟悉儿童的言语、认知、注意力和情绪行为等方面的发育规律,掌握与儿童沟通的一般技能技巧,同时又需要全面了解具体训练对象的特殊性,尽快建立训练合作关系。

同时,在训练周期中,从业人员与儿童家长或相关辅助人员的沟通也是必不可少的,比如儿童问题的测评、训练方案的制订和调整、家庭训练的配合以及期间可能出现的分歧、误解、甚至冲突等都要求从业人员具有良好的沟通能力。

（四）学习能力

为了更好地服务训练对象和提升自身的专业素养，从业人员需要具有不断学习和精益求精的自我完善意识，有意识地拓展知识领域，及时学习新的理论知识，不断更新知识结构。及时总结训练经验，虚心学习他人成功经验，不断丰富和更新训练技术体系，提高训练成效。

（五）创新能力

在这个竞争激烈的社会，创新能力是从业人员生存和发展的基本途径，是现代从业人士职业能力素养的核心要素之一。从业人员基于实践平台，开拓思路，在训练的各个方面努力创新，力争为服务对象提供更好、更有针对性的训练服务，提升自己的职业地位，推动整个行业的发展。

三、个体身心素质

个体身心素质是指从业个体的身体、心理健康状况。与其他职业对从业者的要求相类似，从事感统训练人员应该具备良好的身心素质，可持续稳定地从事岗位工作。

（一）良好的身体素质

感统训练是以动为主的干预活动，从业人员以指导者、组织者和参与者的身份融入训练活动中，他们大多与儿童一道完成走、跑或跳等多种运动，又需要在站立、蹲、坐或卧等多种体位下进行示范指导或互动训练。所以，从事该领域工作的人员必须有很好的身体素质（一定的力量、较好的耐力和身体柔韧性、很好的动作协调性）中青年人主要是青年人更适合从事该领域工作。从业人员不隐瞒或虚夸自己的健康状况，不以羸弱之躯勉强组织训练。从业者若患有不宜从业的传染性疾病时，应主动回避训练工作，同时要及时将有关信息通报从业机构及曾经接触过的儿童，以便采取必要的补救措施。

（二）良好的个性心理品质

个性心理品质是指个体具有的专注力、好奇心、毅力、抗挫折能力以及团结协作的精神等心理特征。

在服务工作的全过程——从接案至结案，以及每次训练活动——从准备到结束，训练人员要保持旺盛的精力，做好做精每一项工作。对每个儿童的每一次训练保持足够的信心和强烈的探究心。

平静应对训练中出现的各种问题，耐心面对训练显效慢等问题，以积极的心态面对训练可能出现的失败以及由此而带来的各种压力。

公私问题严格区分，不将个人的不良情绪在工作情境中传播，杜绝在儿童训练过程中泄私愤、干私活以及处理其他私人事务。

有意识地培养团结精神，与同事、家长等人士密切合作，互帮互助，取长补短。同舟共济，携手应对困难，共同分享成功。

四、职业素养教育

职业素养教育是一种养成教育。良好职业素养的形成是从业者在职业活动中不断学习、积累优秀品质和修正不良习性的结果,贯穿职业生涯的全过程。同时,良好职业素养的形成也有赖于从业群体中优秀个体的榜样示范、相关机构的监督和社会舆论的引导。

首先,从业者的自我教育是职业素养养成的基础和关键。感统训练从业人员作为职业从业者,应该自觉学习并践行普遍意义上的职业行为规范和职业道德准则,以及作为公民的基本社会公德。作为儿童工作者,应该学习和实践与儿童工作相关的职业道德。作为儿童康复特定领域中的专业工作者,应该自觉学习并践行符合专业要求的职业行为规范和职业习惯要求。从业者应该加强身心素质的锻炼和不良状态的调适,健身养心,始终保持健康的体魄、旺盛的精力和积极乐观的心态。当从业者对感统训练不再有职业认同感、不再谋求职业技能的发展和提高、不再对服务问题持有足够的敏感性及解决问题的积极性或不再坚持业已养成的职业习惯时,从业者就不具备从事该工作的职业素养,就不适合继续在该领域从事工作,否则损己害人并影响行业的整体形象。

其次,相关机制的健全也直接影响从业人员的职业素养。我国需要大量高素质的感统训练专业人才,需要加强从业者的职业素养培养和评价,建立科学、系统的专业人员培养及其监管机制,如加快职业化进程、职业标准的制定以及职业资格准入标准的推行,加强从业人员专业培训的系统性以及职业行为督察,加强训练机构和从业人员培训机构的资质审核,以及经营组织管理规范性的监督,严防急功近利、欺世盗名和恶意竞争等不良现象的发生或蔓延。

最后,社会舆论的积极引导对从业人员职业素养的养成和提高起重要作用。服务对象的家庭组织、媒体机构和儿童社会工作者等要积极关注儿童干预领域工作,积极倡导良好职业素养者及其所属机构的事迹,披露不良从业者及训练机构的劣迹,扬善惩恶,奖优抑劣,优化儿童服务工作的整体职业环境。

本章小结

感统训练是一项专业性极强的康复训练和教育干预活动,从业人员需掌握坚实、宽厚的理论基础和实务技能,积累实践经验,不断丰富和发展感统训练的理论和技术。这样,从业人员才能有效开展工作,养成该领域从业所必需的职业素养,为有特殊需要的儿童及其家庭提供有针对性的服务。

基础理论决定学科的存在,也决定学科的发展。广泛而系统的理论知识是从业人员理解学科性质和开展实践活动的基础,也是他们获取从业资格和提升从业素质必不可少的。鉴于儿童感统失调的多样性,从业人员除了学习感统训练的相关理论和实务外,还需要掌握更为广泛的理论知识。

实训对从业人员有重要的意义。一般以定点实训为主、自主实训为辅的组织形式。实训期间,学员经过一系列的准备,根据感统训练专业课程的内容,尝试选择合理的组织形式,实施各个领域的实训工作。在实训后期,学员还需要接受专业技术人员对自身实践技能的评定。学员正是通过实训掌握感统训练技术,从而成长为一名合格的感统训练师。

随着时代的发展,社会对感统训练人员的专业化、职业化要求也越来越高。从业人员首先应具备相应的职业道德,其次要掌握一系列专业技能,还要具备良好的身体、心理健康状况。总的来说,感统训练人员应努力提高自身的职业道德、职业能力和身心素质,力求形成良好的职业素养。

 思考与练习

1. 探讨感统训练从业人员理论知识教育与实践技能训练的关系。
2. 作为一名感统训练从业人员,如何有效利用实践技能评定标准来提升从业水平?
3. 立足真实案例,分析感统训练从业人员的职业道德现状。
4. 利用本章内容做好见习、实习活动准备并在活动结束后撰写总结报告。

附 录

附录一：感统训练室常用设备

序号	名称	规格、要求	单位	建议数量	备注
1	滑梯	倾斜度可调节	套	1	
2	木质滑板车		台	4	
3	软垫滑板车		台	2	
4	单人跷跷板		个	4	
5	双人平衡台		个	1	
6	多向度平衡板	长216 cm	套	1	
7	多向度单人平衡台				
8	平衡板连接件		个	2	
9	平衡板拓展件		个	3	选配
10	阳光隧道组合		套	1	
11	袋鼠跳步袋（单人）		个	4	
12	袋鼠跳步袋（双人）		个	2	
13	蹦床	直径不小于100 cm	个	2	
14	单人脚步器		个	2	
15	多人脚步器		个	2	
17.1	吊台		个	2	
17.2	吊兜		个	1	
17.3	吊桶		个	1	选配
17.4	A字形支架、悬挂绳索、保护带	如吊台等采取悬梁设计，则不需要A字形支架		1	
18	触觉球套装（软质）	直径2～10 cm不等，颜色、图案各异	套	1	
19	羊角球	大小不等	个	5	
20	滑面大笼球	直径100 cm左右	个	2	
21	滑面小笼球	直径50～70 cm	个	2	
22	粗面大笼球	直径100 cm左右	个	2	
23	双面大笼球	大号、中号	个	各1	
24	花生球		个	2	
25	粗面花生球		个	2	
26	柱体球		个	2	
27	大陀螺		个	2	
28	彩色丘陵		套	1	
29	踩踏石		组	3	选配
30	彩色软垫		套	按需	

续表

序号	名称	规格、要求	单位	建议数量	备注
31	翻滚垫	350 cm×46 cm	个	2	
32	攀爬墙	不小于 216 cm×282 cm	块	3	
33	海洋球池	不小于 240 cm×160 cm;池壁内无骨架支持	套	1	
34	平衡轮	直径 130 cm	个	1	选配
35	插棍		套	1	
36	软包钻滚筒(柱体)	内径 43 cm,外径 70 cm	个	2	
37	彩色拼接积木	100 cm×100 cm×100 cm	套	1	
38	弹力球组合	直径 7~20 cm 系列	套	1	
39	万象组合		套	1	
40	滚珠平衡盘		个	2	
41	多人平衡盘	直径 110 cm	个	1	
42	弹跳球形垫	直径 36 cm	个	2	
43	平衡步道组合		套	1	
44	踩踏触觉球	直径 16 cm	个	4	
45	表情弹力球	直径 20 cm 左右	套	1	
46	小号高弹球	直径 4~5 cm 以下,尽可能多,定期增补	套	若干	
47	平衡木(多向度)	2~3 种不同构形	套	1~2	

【注1】滑道、球类等设备有不同型号,视儿童体格选配。

【注2】规格要求栏内信息仅供参考,因为不同厂家生产的同类设备在规格上并不统一,有的差别很大,难以填写。

【注3】本设备配置参考上海七维教育支持中心"感统训练用设备"编制,部分设备的功能及操作正在研究开发中,书中尚未介绍。

附录二：儿童训练室使用特别注意事项

1. 训练前,训练人员需对儿童生理机能状态,特别是心血管功能有全面了解,避免因生理机能问题导致训练事故;全面检查儿童衣着内外附加的饰品、易碎品等,以免训练时对儿童造成伤害;敦促或协助儿童提前解决好大小便,做好失禁儿童的防护工作;训练时如出现儿童失禁现象,训练人员需及时清理。
2. 儿童在饱腹或饥饿时不宜进行训练,口含食物时须禁止训练。训练中,一般不要使用食品、饮料和可吞咽小玩具作为强化物;如需要饮食可在隔离室内进行。
3. 训练前,训练人员需全面检查自己衣着内外附加的饰品、易碎品等各种与训练无关的东西,以免训练时对儿童造成伤害。
4. 训练时,训练人员应高效开展训练工作,不得无目的地任儿童漫游;密切跟踪儿童行动,不让儿童脱离视野;儿童独立操作设备时,训练人员需提供充分保护;不可将儿童单独滞留于实验室内,也不可将儿童托管给他们不熟悉的人看管或训练。
5. 未经培训或无专业人员现场指导的普通人士不得组织儿童开展训练或游戏活动。
6. 一些只适用于儿童训练用的设备,成人不得尝试使用,以免伤人损物。
7. 新器械用于儿童训练前,训练人员需充分熟悉其性能,掌握安全操作技术。
8. 任何人不得随意拍摄儿童训练情况,不得拷贝儿童个人信息。
9. 训练时,如发生儿童受伤或其他意外事故,应沉着应对,如问题严重,应及时救治。

(引自华东师范大学特殊教育学系特殊儿童康复训练实验室编,略有修改)

附录三：感统训练室使用日志

编号	使用者		具体训练项目名称	设备使用情况		任务达成度	卫生	安全	日期（年月日）	时长（起止时间）
	姓名	单位		设备名称	运行情况					
备注	运行情况：指本次使用的设备是否出现故障、是否有损坏等。 任务达成度：指本次训练活动的目标达成度，可填写"完全达到""基本达到""未达到"。 卫生：指本次使用者在训练结束后是否进行相应的卫生保洁工作。 安全：指本次使用者是否将使用过的设备归复原位、切断电源、关闭窗户和锁实防盗门等									

（引自华东师范大学特殊教育学系特殊儿童康复训练实验室编，略有修改）

北京大学出版社
教育出版中心 精品图书

21世纪高校广播电视专业系列教材
电视节目策划教程（第二版）	项仲平
电视导播教程（第二版）	程 晋
电视文艺创作教程	王建辉
广播剧创作教程	王国臣
电视导论	李 欣
电视纪录片教程	卢 炜
电视导演教程	袁立本
电视摄像教程	刘 荃
电视节目制作教程	张晓锋
视听语言	宋 杰
影视剪辑实务教程	李 琳
影视摄制导论	朱 怡
新媒体短视频创作教程	姜荣文
电影视听语言——视听元素与场面调度案例分析	李 骏
影视照明技术	张 兴
影视音乐	陈 斌
影视剪辑创作与技巧	张 拓
纪录片创作教程	潘志琪
影视拍摄实务	翟 臣

21世纪信息传播实验系列教材（徐福荫 黄慕雄 主编）
网络新闻实务	罗 昕
多媒体软件设计与开发	张新华
播音与主持艺术（第三版）	黄碧云 睢 凌
摄影基础（第二版）	张 红 钟日辉 王首农

21世纪数字媒体专业系列教材
视听语言	赵慧英
数字影视剪辑艺术	曾祥民
数字摄像与表现	王以宁
数字摄影基础	王朋娇
数字媒体设计与创意	陈卫东
数字视频创意设计与实现（第二版）	王 靖
大学摄影实用教程（第二版）	朱小阳
大学摄影实用教程	朱小阳

21世纪教育技术学精品教材（张景中 主编）
教育技术学导论（第二版）	李 芒 金 林
远程教育原理与技术	王继新 张 屹
教学系统设计理论与实践	杨九民 梁林梅
信息技术教学论	雷体南 叶良明
信息技术与课程整合（第二版）	赵呈领 杨 琳 刘清堂
教育技术学研究方法（第三版）	张 屹 黄 磊

21世纪高校网络与新媒体专业系列教材
文化产业概论	尹章池
网络文化教程	李文明
网络与新媒体评论	杨 娟
新媒体概论	尹章池
新媒体视听节目制作（第二版）	周建青
融合新闻学导论（第二版）	石长顺
新媒体网页设计与制作（第二版）	惠悲荷
网络新媒体实务	张合斌
突发新闻教程	李 军
视听新媒体节目制作	邓秀军
视听评论	何志武
出镜记者案例分析	刘 静 邓秀军
视听新媒体导论	郭小平
网络与新媒体广告（第二版）	尚恒志 张合斌
网络与新媒体文学	唐东堰 雷 奕
全媒体新闻采访写作教程	李 军
网络直播基础	周建青
大数据新闻传媒概论	尹章池

21世纪特殊教育创新教材·理论与基础系列
特殊教育的哲学基础	方俊明
特殊教育的医学基础	张 婷
融合教育导论（第二版）	雷江华
特殊教育学（第二版）	雷江华 方俊明
特殊儿童心理学（第二版）	方俊明 雷江华
特殊教育史	朱宗顺
特殊教育研究方法（第二版）	杜晓新 宋永宁等
特殊教育发展模式	任颂羔

21世纪特殊教育创新教材·发展与教育系列
视觉障碍儿童的发展与教育	邓 猛
听觉障碍儿童的发展与教育（第二版）	贺荟中
智力障碍儿童的发展与教育（第二版）	刘春玲 马红英
学习困难儿童的发展与教育（第二版）	赵 微
自闭症谱系障碍儿童的发展与教育	周念丽
情绪与行为障碍儿童的发展与教育	李闻戈
超常儿童的发展与教育（第二版）	苏雪云 张 旭

21世纪特殊教育创新教材·康复与训练系列

特殊儿童应用行为分析（第二版）	李芳 李丹
特殊儿童的游戏治疗	周念丽
特殊儿童的美术治疗	孙霞
特殊儿童的音乐治疗	胡世红
特殊儿童的心理治疗（第三版）	杨广学
特殊教育的辅具与康复	蒋建荣
特殊儿童的感觉统合训练（第二版）	王和平
孤独症儿童课程与教学设计	王梅

21世纪特殊教育创新教材·融合教育系列

融合教育本土化实践与发展	邓猛 等
融合教育理论反思与本土化探索	邓猛
融合教育实践指南	邓猛
融合教育理论指南	邓猛
融合教育导论（第二版）	雷江华
学前融合教育（第二版）	雷江华 刘慧丽

21世纪特殊教育创新教材（第二辑）

特殊儿童心理与教育（第二版）	杨广学 张巧明 王芳
教育康复学导论	杜晓新 黄昭鸣
特殊儿童病理学	王和平 杨长江
特殊学校教师教育技能	昝飞 马红英

自闭谱系障碍儿童早期干预丛书

如何发展自闭谱系障碍儿童的沟通能力	朱晓晨 苏雪云
如何理解自闭谱系障碍和早期干预	苏雪云
如何发展自闭谱系障碍儿童的社会交往能力	吕梦 杨广学
如何发展自闭谱系障碍儿童的自我照料能力	倪萍萍 周波
如何在游戏中干预自闭谱系障碍儿童	朱瑞 周念丽
如何发展自闭谱系障碍儿童的感知和运动能力	韩文娟 徐芳 王和平
如何发展自闭谱系障碍儿童的认知能力	潘前前 杨福义
自闭症谱系障碍儿童的发展与教育	周念丽
如何通过音乐干预自闭谱系障碍儿童	张正琴
如何通过画画干预自闭谱系障碍儿童	张正琴
如何运用ACC促进自闭谱系障碍儿童的发展	苏雪云
孤独症儿童的关键性技能训练法	李丹
自闭症儿童家长辅导手册	雷江华
孤独症儿童课程与教学设计	王梅
融合教育理论反思与本土化探索	邓猛
自闭症谱系障碍儿童家庭支持系统	孙玉梅
自闭症谱系障碍儿童团体社交游戏干预	李芳
孤独症儿童的教育与发展	王梅 梁松梅

特殊学校教育·康复·职业训练丛书（黄建行 雷江华 主编）

信息技术在特殊教育中的应用	
智障学生职业教育模式	
特殊教育学校学生康复与训练	
特殊教育学校校本课程开发	
特殊教育学校特奥运动项目建设	

21世纪学前教育专业规划教材

学前教育概论	李生兰
学前教育管理学（第二版）	王雯
幼儿园课程新论	李生兰
幼儿园歌曲钢琴伴奏教程	果旭伟
幼儿园舞蹈教学活动设计与指导（第二版）	董丽
实用乐理与视唱（第二版）	代苗
学前儿童美术教育	冯婉贞
学前儿童科学教育	洪秀敏
学前儿童游戏	范明丽
学前教育研究方法	郑福明
学前教育史	郭法奇
学前教育政策与法规	魏真
学前心理学	涂艳国 蔡艳
学前教育理论与实践教程	王维 王维娅 孙岩
学前儿童数学教育与活动设计	赵振国
学前融合教育（第二版）	雷江华 刘慧丽
幼儿园教育质量评价导论	吴钢
幼儿学习与教育心理学	张莉
学前教育管理	虞永平

大学之道丛书精装版

美国高等教育通史	[美]亚瑟·科恩
知识社会中的大学	[英]杰勒德·德兰迪
大学之用（第五版）	[美]克拉克·克尔
营利性大学的崛起	[美]理查德·鲁克
学术部落与学术领地：知识探索与学科文化	[英]托尼·比彻 保罗·特罗勒尔
美国现代大学的崛起	[美]劳伦斯·维赛
教育的终结——大学何以放弃了对人生意义的追求	[美]安东尼·T.克龙曼
世界一流大学的管理之道——大学管理研究导论	程星
后现代大学来临？	[英]安东尼·史密斯 弗兰克·韦伯斯特

大学之道丛书

市场化的底限	[美]大卫·科伯
大学的理念	[英]亨利·纽曼
哈佛：谁说了算	[美]理查德·布瑞德利

麻省理工学院如何追求卓越	[美]查尔斯·维斯特
大学与市场的悖论	[美]罗杰·盖格
高等教育公司：营利性大学的崛起	[美]理查德·鲁克
公司文化中的大学：大学如何应对市场化压力	
	[美]埃里克·古尔德
美国高等教育质量认证与评估	
	[美]美国中部州高等教育委员会
现代大学及其图新	[美]谢尔顿·罗斯布莱特
美国文理学院的兴衰——凯尼恩学院纪实	[美]P.F.克鲁格
教育的终结：大学何以放弃了对人生意义的追求	
	[美]安东尼·T.克龙曼
大学的逻辑（第三版）	张维迎
我的科大十年（续集）	孔宪铎
高等教育理念	[英]罗纳德·巴尼特
美国现代大学的崛起	[美]劳伦斯·维赛
美国大学时代的学术自由	[美]沃特·梅兹格
美国高等教育通史	[美]亚瑟·科恩
美国高等教育史	[美]约翰·塞林
哈佛通识教育红皮书	哈佛委员会
高等教育何以为"高"——牛津导师制教学反思	
	[英]大卫·帕尔菲曼
印度理工学院的精英们	[印度]桑迪潘·德布
知识社会中的大学	[英]杰勒德·德兰迪
高等教育的未来：浮言、现实与市场风险	
	[美]弗兰克·纽曼等
后现代大学来临？	[英]安东尼·史密斯等
美国大学之魂	[美]乔治·M.马斯登
大学理念重审：与纽曼对话	[美]雅罗斯拉夫·帕利坎
学术部落及其领地——当代学术界生态揭秘（第二版）	
	[英]托尼·比彻 保罗·特罗勒尔
德国古典大学观及其对中国大学的影响（第二版）	陈洪捷
转变中的大学：传统、议题与前景	郭为藩
学术资本主义：政治、政策和创业型大学	
	[美]希拉·斯劳特 拉里·莱斯利
21世纪的大学	[美]詹姆斯·杜德斯达
美国公立大学的未来	
	[美]詹姆斯·杜德斯达 弗瑞斯·沃马克
东西象牙塔	孔宪铎
理性捍卫大学	眭依凡

学术规范与研究方法系列

如何为学术刊物撰稿（第三版）	[英]罗薇娜·莫瑞
如何查找文献（第二版）	[英]萨莉·拉姆齐
给研究生的学术建议（第二版）	[英]玛丽安·彼得 等
社会科学研究的基本规则（第四版）	[英]朱迪斯·贝尔
做好社会研究的10个关键	[英]马丁·丹斯考姆
如何写好科研项目申请书	[美]安德鲁·弗里德兰德等
教育研究方法（第六版）	[美]梅瑞迪斯·高尔等
高等教育研究：进展与方法	[英]马尔科姆·泰特
如何成为学术论文写作高手	[美]华乐丝
参加国际学术会议必须要做的那些事	[美]华乐丝
如何成为优秀的研究生	[美]布卢姆
结构方程模型及其应用	易丹辉 李静萍
学位论文写作与学术规范（第二版）	李 武 毛远逸 肖东发
生命科学论文写作指南	[加]白青云
法律实证研究方法（第二版）	白建军
传播学定性研究方法（第二版）	李 琨

21世纪高校教师职业发展读本

如何成为卓越的大学教师	[美]肯·贝恩
给大学新教员的建议	[美]罗伯特·博伊斯
如何提高学生学习质量	[英]迈克尔·普洛瑟等
学术界的生存智慧	[美]约翰·达利等
给研究生导师的建议（第2版）	[英]萨拉·德拉蒙特等

21世纪教师教育系列教材·物理教育系列

中学物理教学设计	王霞
中学物理微格教学教程（第三版）	张军朋 詹伟琴 王恬
中学物理科学探究学习评价与案例	张军朋 许桂清
物理教学论	邢红军
中学物理教学法	邢红军
中学物理教学评价与案例分析	王建中 孟红娟
中学物理课程与教学论	张军朋 许桂清
物理学习心理学	张军朋
中学物理课程与教学设计	王霞

21世纪教育科学系列教材·学科学习心理学系列

数学学习心理学（第三版）	孔凡哲
语文学习心理学	董蓓菲

21世纪教师教育系列教材

教育心理学（第二版）	李晓东
教育学基础	庞守兴
教育学	余文森 王晞
教育研究方法	刘淑杰
教育心理学	王晓明
心理学导论	杨凤云
教育心理学概论	连榕 罗丽芳
课程与教学论	李允
教师专业发展导论	于胜刚
学校教育概论	李清雁
现代教育评价教程（第二版）	吴钢
教师礼仪实务	刘霄

家庭教育新论	闫旭蕾 杨萍
中学班级管理	张宝书
教育职业道德	刘亭亭
教师心理健康	张怀春
现代教育技术	冯玲玉
青少年发展与教育心理学	张清
课程与教学论	李允
课堂与教学艺术（第二版）	孙菊如 陈春荣
教育学原理	靳淑梅 许红花
教育心理学	徐凯

21世纪教师教育系列教材·初等教育系列

小学教育学	田友谊
小学教育学基础	张永明 曾碧
小学班级管理	张永明 宋彩琴
初等教育课程与教学论	罗祖兵
小学教育研究方法	王红艳
新理念小学数学教学论	刘京莉
新理念小学音乐教学论（第二版）	吴跃跃

教师资格认定及师范类毕业生上岗考试辅导教材

教育学	余文森 王晞
教育心理学概论	连榕 罗丽芳

21世纪教师教育系列教材·学科教育心理学系列

语文教育心理学	董蓓菲
生物教育心理学	胡继飞

21世纪教师教育系列教材·学科教学论系列

新理念化学教学论（第二版）	王后雄
新理念科学教学论（第二版）	崔鸿 张海珠
新理念生物教学论（第二版）	崔鸿 郑晓慧
新理念地理教学论（第三版）	李家清
新理念历史教学论（第二版）	杜芳
新理念思想政治（品德）教学论（第三版）	胡田庚
新理念信息技术教学论（第二版）	吴军其
新理念数学教学论	冯虹
新理念小学音乐教学论（第二版）	吴跃跃

21世纪教师教育系列教材·语文教育系列

语文文本解读实用教程	荣维东
语文课程教师专业技能训练	张学凯 刘丽丽
语文课程与教学发展简史	武玉鹏 王从华 黄修志
语文课程学与教的心理学基础	韩雪屏 王朝霞
语文课程名师名案例分析	武玉鹏 郭冶锋等
语用性质的语文课程与教学论	王元华
语文课堂教学技能训练教程（第二版）	周小蓬
中外母语教学策略	周小蓬
中学各类作文评价指引	周小蓬
中学语文名篇新讲	杨朴 杨旸
语文教师职业技能训练教程	韩世姣

21世纪教师教育系列教材·学科教学技能训练系列

新理念生物教学技能训练（第二版）	崔鸿
新理念思想政治（品德）教学技能训练（第三版）	胡田庚 赵海山
新理念地理教学技能训练（第二版）	李家清
新理念化学教学技能训练（第二版）	王后雄
新理念数学教学技能训练	王光明

王后雄教师教育系列教材

教育考试的理论与方法	王后雄
化学教育测量与评价	王后雄
中学化学实验教学研究	王后雄
新理念化学教学诊断学	王后雄

西方心理学名著译丛

儿童的人格形成及其培养	［奥地利］阿德勒
活出生命的意义	［奥地利］阿德勒
生活的科学	［奥地利］阿德勒
理解人生	［奥地利］阿德勒
荣格心理学七讲	［美］卡尔文·霍尔
系统心理学：绪论	［美］爱德华·铁钦纳
社会心理学导论	［美］威廉·麦独孤
思维与语言	［俄］列夫·维果茨基
人类的学习	［美］爱德华·桑代克
基础与应用心理学	［德］雨果·闵斯特伯格
记忆	［德］赫尔曼·艾宾浩斯
实验心理学（上下册）	［美］伍德沃斯 施洛斯贝格
格式塔心理学原理	［美］库尔特·考夫卡

21世纪教师教育系列教材·专业养成系列（赵国栋 主编）

微课与慕课设计初级教程
微课与慕课设计高级教程
微课、翻转课堂和慕课设计实操教程
网络调查研究方法概论（第二版）
PPT云课堂教学法
快课教学法

其他

三笔字楷书书法教程（第二版）	刘慧龙
植物科学绘画——从入门到精通	孙英宝
艺术批评原理与写作（第二版）	王洪义
学习科学导论	尚俊杰

博物文库·博物画临摹与创作

人的潜意识是可以通过他的绘画和梦来体现的。
——著名心理学家 弗洛伊德（Sigmund Freud, 1856—1939）

鼓励病患借着绘画的过程来将其内心的情绪、感受表达出来。
——著名心理学家 荣格（Carl Gustav Jung, 1875—1961）

画 1 小时画获得的东西，比看 9 小时获得的东西还多。
——著名教育家 迪斯特·韦赫（Disaster Wech）

通过创作绘画作品和对绘画作品及其创作过程中的思考，个体可以增加对自我与他人的认识，学会适应各种症状、压力、和创伤经历，提升认知能力，享受绘画创作所带来的积极向上的生活态度的乐趣。
——美国绘画艺术治疗协会（AATA）

来自荷兰鹿特丹的画家 David Barth，出生于 1998 年，从小就患有自闭症。

3 岁那年他拿起画笔，用绘画这种独特形式和世界对话，为我们呈现出一个纯粹美丽的世界。

"博物文库·博物画临摹与创作"中，不仅可以直接在书中作画，而且每个物种都有准确的中文译名和拉丁学名，同时配有简明生动的文字介绍，这是一套可以让读者深刻认识笔尖生命的图书。

书　名	书　号
古尔德手绘巨嘴鸟高清大图：装裱册页与临摹范本	978-7-301-28267-0
利尔手绘鹦鹉高清大图：装裱册页与临摹范本	978-7-301-28298-4
古尔德手绘极乐鸟高清大图：装裱册页与临摹范本	978-7-301-27568-9
古尔德手绘鹦鹉高清大图：装裱册页与临摹范本	978-7-301-27604-4
艾略特手绘极乐鸟高清大图：装裱册页与临摹范本	978-7-301-27566-5
梅里安手绘昆虫高清大图：装裱册页与临摹范本	978-7-301-27565-8
古尔德手绘雉科鸟类高清大图：装裱册页与临摹范本	978-7-301-28127-7
异域珍羽：古尔德经典手绘巨嘴鸟	978-7-301-30321-4
雷杜德手绘花卉图谱：临摹与涂色	978-7-301-28313-4
西方手绘珍稀驯化鸽：临摹与涂色	978-7-301-28685-2
玛蒂尔达手绘木本植物：临摹与涂色	978-7-301-28312-7
古尔德手绘喜马拉雅珍稀鸟类：临摹与涂色	978-7-301-28271-7

扫描二维码，免费观看中国著名植物科学画家**孙英宝**、著名画家**王静**的示范课